Klara Lenzen

Anna Jakob & Sigrid Frank

Tief im Herzen und fest an der Hand

W0339665

Dieses Buch widmen wir unseren

Sternenkindern

und unseren Kindern fest an der Hand.

Zudem allen lieben Menschen, die uns durch die schwerste Zeit unseres Lebens begleitet haben!

☆

Namen und andere Details wurden verändert, um die Anonymität der in diesem Buch erwähnten Personen und Organisationen zu wahren.

Klara Lenzen

Anna Jakob ☆ Sigrid Frank

Tief im Herzen und fest an der Hand

2. Auflage April 2008
© 2008 Klara Lenzen (Herausgeberin & Autorin)
Unsere Adresse im Internet: www.tiefimherzen.com
Umschlaggestaltung & -foto: Klara Lenzen
Satz & Layout: Klara Lenzen & Uli Moll (www.etc-aktuell.de)
Korrektorat: Gabriele Koske (www.endkorrektur.de) & Tina Klinkner
Lektorat: Klara Lenzen & Gabriele Koske
Herstellung & Verlag: Books on Demand GmbH, Norderstedt
ISBN-13: 9783837045253

Inhaltsverzeichnis

Vorwort Seite 7

Klara Lenzen
Sternenkind Stella Chiara Seite 9

Nachwort Klara Lenzen Seite 161

Anna Jakob
Sternenkind David Seite 163

Sigrid Frank
Sternenkind Leonie Seite 223

Nachwort Sigrid Frank Seite 317

Hilfreiche Internetadressen Seite 319

Vorwort

Wenn Dein eigenes Kind den Himmel vor Dir selbst erreicht, steht die Welt schlagartig still. Ist es also verwunderlich, dass man mit solch einem Schicksalsschlag derart überfordert ist, dass man sein ganzes Leben in Frage stellt? Sicherlich nicht. Das wissen *WIR* aus eigener Erfahrung.

Wer sind *WIR? WIR,* die Autorinnen dieses Buches, sind Mütter, deren Kinder den Himmel erreicht haben, noch bevor sie das Licht der Welt erblicken durften. Unsere Sternenkinder kamen zwischen der 29. und 41. Schwangerschaftswoche im Jahre 2005 still zur Welt.

Jede von uns hat in den ersten Wochen und Monaten nach der berühmt-berüchtigten Nadel im Heuhaufen gesucht, nach einem Strohhalm, der uns wieder Halt im Leben geben sollte. Ein Patentrezept gegen die Trauer gibt es nicht. Doch es hat uns geholfen zu wissen, dass wir nicht allein sind mit unserem Schicksal. So lernten wir Frauen uns in einem Sternenkinder-Forum im Internet kennen. Hilfreich für uns waren neben dem persönlichen Austausch auch Bücher von Betroffenen. Leider sind auf dem Büchermarkt Autobiografien zum Thema Totgeburt und dem Leben danach aber noch dünn gesät. So entstand die Idee zu diesem Buch.

Aus dieser Erfahrung heraus – zu wissen, wie wichtig es ist, sich nicht allein mit seinem Schicksal auf dieser Welt zu fühlen – möchten wir Betroffenen die Möglichkeit bieten, sich mit uns zu identifizieren, durch die in diesem Buch niedergeschriebenen, sehr persönlichen Erlebnisse. Auf diese Weise können wir ihnen vielleicht Mut und Hoffnung für die Zukunft geben. Denn heute ist uns bewusst, dass das Leben durchaus positiv weitergehen kann. Jede von uns hat mittlerweile ein Folgekind. Obwohl keine von uns unmittelbar nach der stillen Geburt ihres Kindes, das sie fortan TIEF IM HERZEN bei sich trägt, die Hoffnung auf diese Zukunft mit einem Folgekind FEST AN DER HAND hatte.

Auch Menschen im Umfeld betroffener Eltern soll dieses Buch als hilfreiche Lektüre dienen. Sie wissen oft nicht, wie sie helfen können und brechen dann manchmal den Kontakt zu Betroffenen ab, weil sie schlichtweg „Angst“ haben: Angst, etwas Falsches zu tun oder zu sagen; Angst vor der Konfrontation mit dem Tod; Angst vor den eigenen Gefühlen; Angst vor der Angst.

Durch die offene, gefühlvolle, unzensierte und bewusst sehr ausführliche Schreibweise der Autorinnen dieses Buches erfahren Familien, Freunde, Bekannte, Kollegen und Helfer, wie man mit einer solchen Situation, dem schweren Verlust eines Kindes, umgehen kann; aber auch, welche Aussagen und Handlungen besser vermieden werden sollten, um Betroffene nicht zu verletzen und somit zusätzlich zu belasten, da sich Trauernde oftmals in ihrer eigenen Welt befinden und ihre ganz eigene Sicht der Dinge haben.

Teil 1

Klara Lenzen

Sternenkind

Stella Chiara

1 Lebensziele

Wenn man mich früher gefragt hätte, welche Ziele ich im Leben einmal erreichen möchte, hätte ich vermutlich folgende aufgezählt: Einen guten Job nach erfolgreich absolvierter Ausbildung, die Liebe meines Lebens finden und heiraten, ein Kind – oder auch zwei – mit diesem Mann, mit meiner Familie gesund und ohne finanzielle Sorgen durchs Leben gehen.
Nach ein paar gedanklichen Ausrutschern während der frühen Pubertät, als ich wie viele junge Mädchen von einer Karriere als Sängerin, Model oder Schauspielerin träumte, war ich doch ein recht bodenständiger Mensch geworden. So auch meine Vorstellungen vom Leben. Den Traum von Karriere, Familie, Haus und Hund. Wer träumt ihn nicht? Stück für Stück versuchte ich, meinen Träumen näher zu kommen. Ich besuchte die Realschule, holte meine Fachhochschulreife an einer Wirtschaftsschule nach, absolvierte meine Ausbildung zur Groß- und Außenhandelskauffrau und studierte parallel in einer Abendschule BWL, Englisch und Spanisch, um mich nach bestandener Prüfung staatlich geprüfte Wirtschaftsassistentin nennen zu dürfen. Innerhalb kürzester Zeit schaffte ich es schließlich, mich in einer renommierten, international tätigen Hardware-Firma von der Einkaufsassistentin zur Abteilungsleiterin mit Handlungsvollmacht hochzuarbeiten.
In meiner Freizeit traf ich mich gerne mit Freunden zum Feiern, Essen gehen, Karaoke singen oder Salsa tanzen. Oder ich verbrachte meine Urlaube mal wieder in der Karibik.
Insgesamt führte ich ein selbstständiges, abwechslungsreiches und sorgenfreies Leben – und dennoch … Trotz aller positiven Lebensumstände fehlte mir etwas Entscheidendes. Ich hatte oft das Gefühl, nicht vollständig zu sein. An einer Karriere kann man arbeiten. Ein Mann fürs Leben jedoch findet sich nicht auf Knopfdruck. Männer lernte ich viele kennen. Aber die Liebe fürs Leben war nicht dabei. Nach vielen Enttäuschungen beschloss ich, es ruhiger angehen zu lassen und mir erst einmal ein schickes Auto zu kaufen. Welch Ironie des Schicksals, dass ausgerechnet der Privatverkäufer meines Traumautos mittlerweile mein Ehemann ist.
Unsere Liebe war von Anfang an groß, und doch stand sie nicht immer unter einem guten Stern. Unsere Beziehung durchlebte alle Höhen und Tiefen, die man sich nur vorstellen kann. Mein Mann Jens war bereits verheiratet und hat mit seiner Ex-Frau zwei Töchter, Jana (*1989) und Jenny (*1992). Obwohl seine Ehe zum Zeitpunkt unseres Kennenlernens bereits stark gefährdet war, fühlte er sich lange zwischen seinem „alten Leben" und seiner „neuen Liebe" hin- und hergerissen. Erst nach drei Trennungen von mir, innerhalb des ersten Jahres unserer Beziehung, entschied er sich endgültig für ein Leben mit mir.

Wir führten rund zwei Jahre lang eine Wochenendbeziehung auf 320 Kilometern Distanz, bevor wir den Entschluss fassten, zusammenzuziehen. Zum damaligen Zeitpunkt gab es ohnehin einen Umbruch in der Firma, für die ich tätig war. Komplette Abteilungen wurden aufgelöst oder stark verkleinert. So bekam ich damals eine Frist von sechs Monaten, mich nach einer neuen Anstellung umzuschauen. Für mich der Startschuss ins neue Leben in einer neuen Stadt.
Ich zog also zu Jens. Wir zwängten einen Teil meines Mobiliars aus meiner 50-m²-Großstadtwohnung in seine 28 m² kleine Junggesellenbude, die sich in einer schönen Residenz- und Fachwerkstadt mit immerhin 73 000 Einwohnern befand. Für Jens hatte diese Größe die letzten Monate ausgereicht, da er ohnehin kaum etwas aus seinem alten Haus, das er mit seiner Ex-Frau und den Kindern bis zur Trennung bewohnte, mitgenommen hatte und er sich seiner finanziellen Lage zunächst ungewiss war. Erst als sich nach der Scheidung von seiner Ex-Frau die Finanzen planen ließen und wir die Bewährungsprobe „zu zweit auf 28 m²" bestanden hatten – obwohl die Nachbarn einmal sogar während eines heftigen Streits die Polizei rufen wollten –, suchten wir uns eine größere Bleibe. Nur eine Straße von diesem „Puppenhäuschen" entfernt, fanden wir unsere Traumwohnung. Eine wunderschön ausgebaute, ehemalige Molkerei mit riesiger Holz-Terrasse in ruhiger Lage am Stadtrand.
Ich fand eine Anstellung als Chefsekretärin bei einem großen Stahlkonzern. Dort war ich die ersten Monate nach meinem Umzug tätig. Leider war meine Arbeitsweise wohl zu innovativ für diese alteingesessene, traditionelle (sagen wir ruhig eingestaubte) Firma. So bekam ich drei Monate Lohnfortzahlung und begab mich erneut auf die Suche nach einer Anstellung, die meiner bisher gewohnt selbstständigen Arbeitsweise nicht im Wege stand. Nach einigen kurzen Tätigkeiten, die mir durch eine Zeitarbeitsfirma vermittelt worden waren, beschloss ich, mich selbstständig zu machen.
Ich wollte einen dieser eBay-Verkaufsshops eröffnen, die mittlerweile in ganz Deutschland vertreten sind. Ich hatte bereits alles in die Wege geleitet. Alles war vorbereitet zur Unterzeichnung des Mietvertrages für ein Ladenlokal in der Innenstadt, unweit von unserer traumhaften Wohnung. Am Abend wollten wir uns mit dem Vermieter treffen, um die Papiere zu unterzeichnen. Ich nenne es erneut Schicksal, dass ich kurz zuvor mit der Mutter von Jens telefoniert hatte. Denn sie erzählte mir, dass mein Geschäftsvorhaben bereits zwei Tage zuvor, unweit von „meinem" Ladenlokal, von jemand anderem realisiert worden war. Als Jens von der Arbeit kam, fuhren wir sofort dorthin, um uns mit eigenen Augen davon zu überzeugen. Ich hatte über Wochen viel Arbeit und auch etwas Geld in diesen Traum einer Selbstständigkeit investiert. Als ich vor den Fenstern des neu eröffneten Geschäftes stand und somit feststellen

musste, dass mir tatsächlich jemand zuvorgekommen war, konnte ich meine Tränen und die Verzweiflung nicht mehr zurückhalten. Ich begann mitten auf der Straße hysterisch zu heulen. Erst die Kündigung meines Traum-Jobs, dann die Entlassung während der Probezeit. Die unzähligen Absagen mit Standardtexten wie: „Leider müssen wir Ihnen mitteilen, dass Sie für diese Position überqualifiziert sind.“ oder: „Unter der Vielzahl der Bewerber haben wir uns mittlerweile für einen anderen Kandidaten entschieden.“ Und dann zerplatzte auch noch mein Traum von einer Selbstständigkeit.
Irgendwie geriet mein ach so bodenständiges Leben etwas aus der Bahn. Beruflich zumindest. Aber Jens fing mich auf. Er hatte zum richtigen Zeitpunkt, am richtigen Ort die richtigen Nachrichten: Sein Arbeitgeber hatte ihn gefragt, ob er nicht für die nächsten Jahre in einer Zweigniederlassung im europäischen Ausland arbeiten wolle. Diese Niederlassung befinde sich in Italien. Genauer gesagt, im warmen Süden Italiens, direkt am Meer. Ganz in der Nähe von Bari. Bari, die Hauptstadt der Region Apulien, ist eine bedeutende Hafen- und Universitätsstadt an der Adria. Die Tätigkeit dort sei mit einer Beförderung und Gehaltserhöhung verbunden. Von dem schönen Wetter in dieser Region Italiens mal ganz abgesehen.
Endlich die Chance auf ein eigenes Leben. Vielleicht auch zu dritt. Denn bis dahin war es uns aufgrund der hohen monatlichen Unterhaltszahlungen an Jens' Kinder und seine Ex-Frau finanziell nicht möglich gewesen, große Sprünge zu wagen und womöglich an ein gemeinsames Kind zu denken, ohne einen gewissen Lebensstandard, den wir uns schließlich gerade erst wieder aufgebaut hatten, einzubüßen. Was hielt uns also noch in Deutschland? Ich hätte geantwortet: „Nicht viel!“ Jens hätte geantwortet: „Meine Kinder!“
Es vergingen Wochen, bis er nach vielen Gesprächen mit Jana, Jenny und seiner Ex-Frau den Entschluss für uns traf, ohne seine Kinder nach Italien zu gehen. Wieder rückte eines meiner Lebensziele näher: die Möglichkeit, eine „echte Familie“ gründen zu können.
Nachdem mir Jens im Frühjahr 2004 auf der Straße von dieser Möglichkeit auszuwandern erzählt hatte, nahm er mich tröstend in seine Arme und flüsterte frech schmunzelnd: „Wenn wir zusammen nach Italien gehen, muss ich dich ja vorher noch heiraten.“
Bis dahin hatten wir nie konkret über das Heiraten gesprochen. Er war schließlich noch relativ frisch geschieden. Nur ab und an hatten wir davon geträumt – und die Verwirklichung der Träumereien wieder vertagt; es war einfach noch keine Basis fürs Heiraten vorhanden. Aber jetzt, da sich unser gemeinsames Leben in klare Bahnen zu begeben schien, konnten wir realistische Zukunftspläne schmieden.

2 Ein ereignisreiches Jahr

Bald begann ich, mich nach Brautkleidern und Accessoires umzusehen und unsere Hochzeit zu planen, die noch im September des gleichen Jahres stattfinden sollte. Wir hatten rund vier Monate Zeit bis zum „Ja-Wort" und rund sieben Monate bis zum Umzug nach Italien.

Für uns stand fest, dass ich in Italien erst einmal nicht arbeiten gehen würde. Vielmehr wollten wir uns der Familienplanung widmen, und ich sollte während der ersten Lebensjahre unseres Nachwuchses zu Hause bleiben. Da waren wir uns einig. Sobald Jens bei seinem Arbeitgeber die Papiere unterzeichnet hatte und der Umzug somit feststand, setzte ich die Pille ab, die ich vierzehn Jahre lang eingenommen hatte. (Zur Linderung meiner Menstruationsschmerzen war sie mir damals sehr früh verschrieben worden.) Wir ließen es also darauf ankommen und waren auf alles vorbereitet. Dachten wir zumindest!

Nur etwa zwei Monate nach Absetzen der Pille wurde ich plötzlich unausstehlich. Ich zickte im wahrsten Sinne des Wortes herum und kannte nicht einmal den Grund dafür. Eines Nachmittags machte ich intuitiv einen Schwangerschaftstest, als Jens noch im Büro war. Ich hatte ohnehin gerade ein Zehnerpack Teststreifen übers Internet bestellt – man muss schließlich auf alles vorbereitet sein …

Ich hielt den kleinen Teststreifen in den Urinbehälter und wartete nervös auf eine farbliche Veränderung. Lange musste ich wirklich nicht warten. Binnen weniger Sekunden schon erschien ein zweiter Balken neben dem Kontrollstreifen. Eindeutig: Ich war SCHWANGER!

Ich wusste in diesem Augenblick nicht, ob ich lachen oder weinen sollte. Natürlich hatte ich in Absprache mit Jens die Pille abgesetzt, und natürlich war ich mir darüber im Klaren, dass ich jederzeit schwanger werden könnte. Nur, konnte ich denn ahnen, dass ich bereits im zweiten Zyklus nach dem Absetzen positiv testen würde?

Ich stand im Badezimmer mit diesem Teststreifen in der Hand und lächelte vor mich hin. Gleichzeitig überlegte ich, wie ich es Jens möglichst schonend beibringen könnte, denn auch er hatte ganz sicher nicht so schnell mit einer Schwangerschaft gerechnet.

Zuallererst suchte ich die Telefonnummer einer gynäkologischen Praxis im Ort heraus und vereinbarte einen Termin zum Bluttest, um dadurch eine wirklich zuverlässige Schwangerschaftsbestätigung zu bekommen. Im Anschluss an das Telefonat fuhr ich mit dem Fahrrad in die Innenstadt, kaufte dort niedliche Babyschuhe und eine hübsche Geschenkschachtel. Zu Hause angekommen,

packte ich die Schühchen zusammen mit dem positiven Schwangerschaftstest in die Schachtel und verpackte diese wiederum in Geschenkpapier.
Als Jens am Abend von der Arbeit heimkam, übergab ich ihm das Geschenk mit klopfendem Herzen. Er öffnete die Schachtel und wusste sofort Bescheid. Dennoch reagierte er nicht, wie ich es mir in diesem Moment und nach all der Vorbereitung gewünscht hätte. Er wirkte leicht geschockt und sagte schließlich: „So schnell habe ich ehrlich gesagt nicht damit gerechnet." Worte, die sicherlich keine Frau hören möchte, nachdem sie ihrem Mann mitgeteilt hat, dass der Versuch, geplant schwanger zu werden, von Erfolg gekrönt ist. Ich bekam schon fast ein schlechtes Gewissen meinem Mann gegenüber, zu früh schwanger geworden zu sein, da es schien, als sei er zu diesem Zeitpunkt nicht glücklich über diese Mitteilung.
Doch schon am nächsten Tag konnte er offensichtlich wieder einen klaren Gedanken fassen und wir schmiedeten Zukunftspläne für die Zeit zu dritt.
Wir beschlossen, die endgültige Bestätigung der Gynäkologin abzuwarten, um unseren Familien anschließend die gute Nachricht mitzuteilen. Bis dahin erschien mir die Zeit fast endlos. Im Grunde hätte ich meine Eltern gerne sofort angerufen. Ich war mir sicher, dass sie sich sehr über diese tolle Neuigkeit freuen würden. Hatte meine Mutter doch immer schon gesagt: „Von mir aus kannst du ruhig früh ein Baby bekommen. Ich passe dann drauf auf."
Am 09.09.2004 bekam ich endlich die offizielle Bestätigung der Schwangerschaft durch die Ergebnisse des Bluttests. Jens und ich hatten gleich gemeinsam unseren ersten Termin zum Ultraschall in der Praxis vereinbart. Wir hielten uns an den Händen, während wir das Herzchen UNSERES Kindes schlagen sahen. Vor Freude über diesen Anblick standen mir die Tränen in den Augen. Es war ein unbeschreiblicher Moment voller Glück. Kein Wunder, dass die Blutdruckmessung an diesem Tag wiederholt werden musste. Ich war so aufgeregt, dass die Arzthelferin in dem Glauben war, das Messgerät würde „spinnen". Wir verließen die Praxis mit dem ausgestellten Mutterpass und einem Lächeln im Gesicht. Im Aufzug des Ärztehauses nahm mich Jens in den Arm, schaute mich strahlend an und fragte: „Na, bist du glücklich?" Mit ergriffener Stimme antwortete ich: „Ja!"
Unser Baby sollte im April des kommenden Jahres das Licht der Welt erblicken. Acht der insgesamt vierzig Wochen Schwangerschaft hatte ich bereits hinter mich gebracht. Nun brauchte ich also nur noch etwas Geduld, bis ich das Kleine endlich in meinen Armen würde halten können.
Da gerade Sommerferien waren, warteten Jana und Jenny zu Hause auf uns. Sie hatten zwei Wochen ihrer Ferien bei uns verbracht und wussten nichts von unserem Arzttermin. Jens wollte *es* ihnen gerne in einem geeigneten Augenblick sagen. Also lud er uns alle in unsere Lieblingspizzeria ein und

kündigte den beiden Mädchen vorher an, dass er etwas Wichtiges mitzuteilen habe. Ich spürte, dass er aufgeregt war und nicht recht wusste, wie er anfangen sollte. Kurz bevor das Essen gebracht wurde, fasste er sich ein Herz und zeigte den beiden das Ultraschallbild, welches uns die Ärztin nach der Untersuchung geschenkt hatte. Er erklärte seinen Töchtern, dass sie bald ein Geschwisterchen bekommen würden.
Sie waren augenscheinlich nicht sehr erfreut über diese Nachricht. Die Verwirrtheit stand ihnen förmlich ins Gesicht geschrieben. Erst die Entscheidung für den Umzug ins Ausland, dann die Ankündigung unserer Hochzeit und nun auch noch ein Baby. Sie müssen mich wohl gehasst haben, hatten sie doch ohnehin schon das Gefühl, ich wollte ihnen ihren Vater wegnehmen. Jens versuchte so gut es ging zu intervenieren. Er erklärte den Mädchen, dass er sie deshalb nicht weniger lieb habe und weiterhin so für sie da sein werde wie bisher. Er erklärte leider auch, dass er *unser* Kind durchaus mal hinten anstehen lassen würde, wenn die beiden ihre Ferien bei uns in Italien verbringen wollten.
Diese Aussage versetzte mir einen Stich ins Herz, und ich tat meine Meinung darüber auch kund. Denn ich war der Ansicht, dass es keinen Grund geben könne, Jana und Jenny zuungunsten unseres gemeinsamen Kindes zu bevorzugen. Schließlich konnte das Kleine nichts für Jens' Entscheidung, mit uns in ein neues Leben im Ausland zu starten und seine beiden Töchter in Deutschland zurückzulassen. Das würde das Kleine nicht verstehen. Wie konnte er überhaupt auf den Gedanken kommen, eines seiner Kinder durch sein Verhalten derart zu verletzen, nur damit es den anderen beiden besser geht?
In den nächsten Wochen brach mehrfach eine Diskussion über dieses Thema aus. Bis Jens eingestand, voreilig gesprochen zu haben. Allerdings hatte ich das Gefühl, dass er dieses Bekenntnis nur machte, damit dieses Thema endlich totgeschwiegen werden konnte.
Später erfuhr Jens von seiner Ex-Frau, dass die beiden Mädchen kurz nach Verkündigung unserer Nachricht zu Hause geweint hatten. Sie waren eifersüchtig auf das Kleine in meinem Bauch und sagten, dass sie kein Geschwisterchen haben wollten. Ich war damals maßlos enttäuscht über diese Mitteilung und fühlte mich noch weiter entfernt von ihnen, als es ohnehin schon der Fall war. Sie hatten ihrem Geschwisterchen nicht einmal den Hauch einer Chance eingeräumt. Kannten das Kleine überhaupt nicht und lehnten es dennoch bereits ab. Ich fühlte mich in meiner Rolle als werdende Mutter und in Vertretung für unser Baby gekränkt.
Mein Verhältnis zu den beiden Mädchen war von Anfang an nicht das beste. Die Unentschiedenheit von Jens zu Beginn unserer Beziehung und allgemein

sein Umgang mit der Trennung von seiner Ex-Frau waren sicherlich nicht unschuldig daran. Jana und Jenny konnten damals nicht verstehen, dass ihr Vater ausgezogen war und dann doch immer wieder zu Hause auftauchte beziehungsweise sogar dort übernachtete. Diese Unentschlossenheit im ersten Jahr nach der Trennung verwirrte die Kinder sehr.
Lange Zeit hatte er mich den Kindern nicht offiziell vorgestellt. Als wir noch eine Fernbeziehung führten, sah Jens ein Wochenende seine Kinder, ein Wochenende mich. Deshalb sahen wir uns über ein Jahr, mal abgesehen von den Urlaubstagen, nur alle zwei Wochen, und ich konnte nicht verstehen, dass er uns nicht endlich einander vorstellen wollte. Schließlich hätten wir uns gemeinsam mit den Kindern an jedem Wochenende sehen können. Durch all diese Umstände entwickelte ich damals eine unbewusste Eifersucht auf die beiden.
Sie wurde noch verstärkt, als Jens dann zwei Wochen mit ihnen – ohne mich – in den Urlaub flog. Damals saß ich zu Hause wie auf heißen Kohlen. Ich hätte selbst gerne meinen Urlaub mit ihm verbracht; meinetwegen auch zusammen mit seinen Kindern. Meiner Ansicht nach hätten wir die lockere Stimmung eines Urlaubs dazu nutzen können, uns kennenzulernen. Aber Jens war zu diesem Zeitpunkt entschieden gegen Ferien zu viert.
Das erste Kennenlernen fand dann nach vielen Monaten „auf neutralem Boden" bei Jens' Eltern zu Hause statt. Die Stimmung war sehr gedrückt, und irgendwie hat sie sich auch später nie großartig gebessert, wenn wir fortan die Wochenenden gemeinsam verbrachten.
Meinen Eltern, die nach wie vor in meiner alten Heimat (320 Kilometer entfernt) wohnten, wollte ich auf besonderem Wege von der Schwangerschaft erzählen. Ich erstellte eine ganz persönliche Video-CD und schickte sie ihnen per Post.
Voller Begeisterung riefen sie mich nach Erhalt der CD an und erzählten mir, wie sehr sie sich über diese gute Nachricht gefreut hatten. Eine andere Reaktion hatte ich von meinen Eltern auch nicht erwartet; aber wie würden Jens' Eltern reagieren?
Auch bei ihnen wollte Jens – genau wie bei seinen Kindern – den richtigen Moment abpassen. Er hatte Bedenken, dass sie ähnlich wie Jana und Jenny reagieren könnten. Nicht unbedingt aus Antipathie mir gegenüber. Er hatte vielmehr die Befürchtung, dass sie zu große Ängste hätten, dass wieder eine Beziehung ihres Sohnes schiefgehen könnte.
Wir waren uns ihrer Gedanken und Gefühle mir gegenüber sowieso nicht ganz sicher. Nach außen hin waren Jens' Eltern immer sehr freundlich zu mir. Und dennoch fiel irgendwann einmal eine Bemerkung seiner Mutter an Jens gerichtet, die den Eindruck erweckte, dass sie ein Problem mit meinem

Übergewicht hatten; denn Übergewicht ist schließlich nicht gesellschaftsfähig – so zumindest offenbar ihre Ansicht.
Jens' Mutter war wohl immer schon wichtig, was *die Anderen* sagen. Sie persönlich musste dabei nicht zwingend etwas gegen mich haben; wenigstens nicht nach der Meinung von Jens, der selbst nicht ganz schlau aus seiner Mutter wurde (und es teilweise auch heute noch nicht wird).
Eigentlich wollte Jens seinen Eltern bei einem gemeinsamen Essen mitteilen, dass sie wieder Großeltern werden würden. Dazu kam es jedoch nicht, da seine Mutter unerwartet für eine notwendige Unterleibs-OP ins Krankenhaus musste.
Wir fuhren sie also in der Klinik besuchen. Jens' Vater war auch gerade gegenwärtig – der Augenblick somit günstig. Wir sprachen über alles Mögliche. Immer wieder schaute ich Jens erwartungsvoll an, doch er machte keine Anstalten, ihnen von ihrem fünften Enkelkind – Jens' Schwester hat ebenfalls zwei Kinder – zu erzählen.
Als die Themen dann langsam ausgingen und Jens sich schon fast verabschieden wollte, stieß ich ihn an und sagte: „Mach endlich!" Vorher hatte ich ihm das besagte Ultraschallbild gegeben, das er zuvor bereits seinen Kindern gezeigt hatte. Er zückte es nun aus seiner hinteren Hosentasche und gab es seiner Mutter, die im Krankenhausbett lag. Sie sah sich das Bildchen an und sagte mit relativ ernstem Gesicht: „Ich wusste es!" Über diesen Satz waren wir sehr erstaunt, und ich fragte nach: „Wie meinst du das?"
Ein paar Tage vor dem Besuch im Krankenhaus hatten wir Jens' Eltern bei sich zu Hause besucht. Da wussten wir bereits Bescheid, mochten aber noch nichts sagen, da wir ja die Bestätigung der Gynäkologin abwarten wollten. An besagtem Besuchstag hat mir Jens' Mutter angeblich angesehen, dass ich schwanger war, obwohl man natürlich noch keinen Bauch oder andere körperliche Veränderungen hätte sehen können. Angeblich hätten mich meine Augen verraten. Man mag daran glauben oder nicht. Jedenfalls war die Reaktion meiner Schwiegereltern in spe damit eine völlig andere als erwartet – oder vielleicht erhofft?
Jens' Vater reagierte wie immer gelassen und selbstverständlich auf diese Nachricht. Als käme sie überhaupt nicht überraschend und wäre das Normalste der Welt. Das ist so seine Art. Nur der Blick und die Reaktion von Jens' Mutter machten uns etwas zu schaffen. Von Freude über dieses Ereignis zunächst keine Spur! Gratuliert hat sie uns natürlich dennoch – aus Anstand.
So das Gefühl einer werdenden Mutter, die nun bereits zum zweiten Mal durch eine solch ablehnende Reaktion auf diese eigentlich doch so wundervolle Nachricht enttäuscht wurde.

Vor unserem Hochzeitstermin, den wir auf Ende Oktober 2004 festgelegt hatten, fanden noch zwei weitere Vorsorgetermine statt. Einer davon an meinem neunundzwanzigsten Geburtstag. Schöner hätte ich mir einen Geburtstag gar nicht vorstellen können, als ein Filmchen von unserem Nachwuchs zu sehen. Unser Kleines entwickelte sich zeitgemäß und alle Werte waren zur vollsten Zufriedenheit unserer Ärztin. Das beruhigte mich jedes Mal aufs Neue; denn man hat als Schwangere natürlich immer Angst, dass etwas schiefgehen könnte. In meiner Unwissenheit fühlte ich mich nach Erreichen der zwölften Schwangerschaftswoche auf eine gewisse Art und Weise vor einer möglichen Fehlgeburt bewahrt.
Unsere Hochzeit feierten wir über zwei Tage. Mittlerweile war ich in der 15. Schwangerschaftswoche, und man sah schon einen Bauchansatz, der auf die Schwangerschaft hätte hinweisen können.
Am ersten Tag heirateten wir standesamtlich im engsten Familien- und Freundeskreis. Nach dem Standesamt machten wir eine Planwagenkutschfahrt durch unser Städtchen. Danach aßen wir bei uns zu Hause ein Stück Kuchen und ließen diesen schönen Hochzeitstag beim Pizzaessen locker ausklingen.
Der nächste Tag sollte unser eigentlicher Hochzeitstag werden. Wir hatten dazu die gesamte Familie, beste Freunde, Kollegen (von Jens) und Bekannte eingeladen. Mit ihnen feierten wir unsere Eheschließung auf einem romantisch-rustikalen Hof in einer Nachbargemeinde.
Als ich zusammen mit unserem Trauzeugen, der den Brautwagen organisiert hatte und fuhr, auf dem Hof eintraf, hatten unsere Gäste bereits in einem schön geschmückten Raum Platz genommen. Die Stühle waren zu kleinen Reihen zusammengestellt. Vor den Reihen stand eine freie Sprecherin, die uns humanistisch trauen sollte.
Mein Vater führte mich an unseren Gästen vorbei zu Jens, der bereits am anderen Ende des Raumes vor den Stuhlreihen auf mich wartete. Ich kämpfte mit den Tränen. Jens nahm mich in Empfang, öffnete meinen Schleier, den ich über dem Gesicht getragen hatte, und küsste mich zitternd. Er hatte den Kampf mit den Tränen bereits verloren – viel zu gerührt war er vom Anblick seiner Braut im Hochzeitskleid.
Genau so hatte ich mir diesen schönsten Tag im Leben immer vorgestellt. Die freie Sprecherin traute uns symbolisch mit individuell angefertigten Hochzeitsketten. Sie erzählte den anwesenden Gästen unsere Geschichte. Vom Kennenlernen bis zum Vorhaben, in naher Zukunft umziehen zu wollen.
Musical-Songs, die uns viel bedeuteten, untermalten ihre Erzählungen. Unter anderem ließen wir als Symbol für die Vorfreude auf unser Baby das Lied „Dir gehört mein Herz“ von Phil Collins aus dem Disneyfilm

„Tarzan“ spielen. Während das Lied gespielt wurde, schauten wir uns liebevoll und gerührt an. Jens streichelte mir stolz über den kleinen Babybauch, was ich mit einem sanften Lächeln beantwortete. Immer wieder während der Zeremonie hörte man seitens der Gäste einen Seufzer hier und ein Schluchzen dort.

Bis tief in die Nacht feierten wir diesen besonderen Tag unserer Liebe, der von perfektem Essen und einer traumhaften, mehrstöckigen Torte begleitet wurde. Diese Torte trug kein herkömmliches Plastik-Hochzeitspaar, sondern einen Stern aus Marzipan und einen Hasen aus Schokolade. Das hatte auch seinen Grund: Ich nannte meinen Mann immer *Hase* und er mich sein *Sternchen*.

Kurz nach der Hochzeit erfuhren wir erstmalig bei einer Vorsorgeuntersuchung, dass wir vermutlich eine Tochter bekommen würden. Bald darauf schickte uns die behandelnde Gynäkologin zur Feindiagnostik. Es bestand zwar kein besonderer Grund für diese Untersuchung, aber wir hatten in ihrer Gegenwart beiläufig den Wunsch geäußert, unser Baby einmal per 3-D betrachten zu wollen. Die Ärztin stellte eine Überweisung zu einer spezialisierten Praxis aus – natürlich mit einer fiktiven Indikation, da sich unsere Tochter aus medizinischer Sicht stets zur vollsten Zufriedenheit entwickelte.

Leider wurden wir bezüglich des erhofften 3-D-Ultraschalls enttäuscht. Der Facharzt untersuchte lediglich mit einer 2-D-Grafik und dem Dopplerultraschall zur Messung des Blutflusses. Dennoch war es wieder sehr beruhigend, so detailliert untersucht worden zu sein – mit dem Ergebnis, dass es der kleinen Maus prächtig ging.

Wir verließen die Praxis mit einem erleichterten Gefühl. Zudem mit der zweiten Bestätigung, dass wir ein Mädchen erwarten würden.

Insgeheim hatte ich mir immer schon ein Mädchen gewünscht, ohne dies wirklich erklären zu können. Oder vielleicht doch? Die süßen Kleidchen, lange Haare frisieren, mit Barbie- und anderen Puppen spielen – irgendwie konnte ich mich damit gedanklich besser identifizieren als mit Autos, Ritterkämpfen und dergleichen. Mir war gar nicht klar, wie sehr ich mich auf den Wunsch nach einer Tochter „eingeschossen“ hatte. Dazu später mehr ...

Da wir unseren 3-D-Film ja leider nicht bekommen hatten, ließen wir in unserer Arztpraxis ein einfaches 2-D-Ultraschall-Video auf eigene Kosten anfertigen. Einfach zur Erinnerung für unsere Kleine, damit sie sich später „ihre erste Wohnung“ würde anschauen können. Wie hätten wir damals ahnen können, welch ungeahnten Wert dieses Video später für uns haben sollte ...

Wenige Wochen vor unserem Umzug belegten wir noch einen Geburtsvorbereitungskurs im Geburtshaus unseres Städtchens. Wir wussten nicht, ob es so etwas auch in Italien geben würde, und wollten „auf Nummer sicher" gehen. Zudem wollten wir den Kurs gerne in deutscher Sprache absolvieren, da andernfalls unser Italienisch vermutlich nicht ausgereicht hätte.

Der Kurs bestand aus einer kleinen Gruppe von sieben Schwangeren. Nur drei der Termine fanden gemeinsam mit unseren Männern statt. Die restlichen Termine blieben wir Frauen unter uns. Während einer Kursstunde, der unsere Männer auch beiwohnten, kam die den Kurs leitende Hebamme auf das Thema Totgeburt zu sprechen. Sie erzählte uns allen von der Totgeburt ihres eigenen Kindes und den Erfahrungen mit einigen Elternpaaren, die sie als Hebamme betreut hatte, nach erlebter Totgeburt.

Die Kursteilnehmer schauten sich damals nur fragend an und waren förmlich empört. Wir alle fanden, dass dieses Thema hier völlig fehl am Platz war und wollten nichts davon hören. Schließlich waren wir zur Vorbereitung auf unser schönes Geburtserlebnis gekommen und nicht, um uns „so etwas" schildern zu lassen.

Im Nachhinein habe ich mich maßlos über mich selbst geärgert, da ich während der Ausführungen der Hebamme einfach „abgeschaltet" hatte. Ich wollte nicht hören, was sie da Schreckliches erzählte und tuschelte stattdessen mit meiner Nachbarin. Dabei gab sie im Grunde wertvolle Tipps für den Fall der Fälle. Sie sprach unter anderem mögliche Vorgehensweisen im Falle einer Totgeburt an, zum Beispiel, dass man Fotos machen sollte, um die Erinnerung zu erhalten. Ich verstand wie die anderen Schwangeren aus dem Kurs, einschließlich unserer Männer, einfach nicht, warum sie uns das unbedingt erzählen wollte. Ich verstand auch ihre Tipps nicht wirklich. Wie konnte man bloß Fotos von seinem toten Kind machen?

Erst kurz zuvor hatte ich einen Bericht im Fernsehen verfolgt, in dem Eltern ihren Sohn still zur Welt gebracht hatten. Damals saß ich heulend vor dem Fernseher, während ich meinen Babybauch festhielt. Auch dieses Elternpaar ließ sich zusammen mit seinem leblosen Sohn von einer Krankenschwester ablichten. Ich fragte mich damals: „Wie können die auch noch Fotos davon machen?", und verstand die Welt nicht mehr. Zudem war ich erschrocken über die Tatsache, dass sie ihr totes Kind in den Armen hielten und es küssten. Hätte ich denn wirklich ahnen können, dass ich die Tipps der Hebamme und die Erfahrungen dieses Elternpaars bald selbst brauchen würde?

An diesem Abend verließen wir den Geburtsvorbereitungskurs mit einem unguten Gefühl. Wir waren richtig böse auf die Hebamme und sprachen auf dem Parkplatz noch eine Weile mit den anderen Kursteilnehmern über ihre Ausführungen und unsere Empörung darüber. Schließlich würde es sicherlich keine von uns Schwangeren derart schrecklich treffen. Da waren wir uns einig!

3 Umzug in ein neues Leben

Mittlerweile hatten wir das Ende des Jahres erreicht und ein Umzugsunternehmen packte unser Hab und Gut zusammen. Wir brauchten uns um nichts zu kümmern. Jens' Firma hatte alles organisiert.
Meine letzte Vorsorgeuntersuchung in Deutschland hatte ich für den 27. Januar 2005 vereinbart. Zu diesem Zeitpunkt befand ich mich bereits in der 29. Schwangerschaftswoche. Wie schon in einigen Untersuchungen zuvor, stellte die Ärztin fest, dass unsere Tochter eine Woche weiter entwickelt war. Sie verschob also den voraussichtlichen Geburtstermin vom 27.04.2005 auf den 20.04.2005.
Wir verließen Deutschland mit dem beruhigenden Wissen, dass es unserer Tochter gut ging, sie sich prächtig entwickelte und einer natürlichen, komplikationsfreien Geburt in Italien nichts mehr im Wege stand. Mein Mann fuhr damals mit dem Auto von Deutschland nach Italien. Ich flog einige Tage später zusammen mit meiner Mutter hinterher.
Meine Mutter war uns eine enorm große Hilfe beim Einrichten des Hauses und entlastete mich dadurch ungemein. Dennoch kann ich nicht leugnen, dass der Umzug (trotz der Hilfe durch das Umzugsunternehmen) anstrengend war. Ich musste mich regelmäßig hinsetzen, während wir die Kartons auspackten oder Dinge einräumten, weil mein Bauch stark zog und mir offensichtlich damit sagen wollte: „Schalt' mal 'nen Gang runter!" Aber ich hatte schließlich noch so viel zu tun und wollte endlich fertig werden. Daher gönnte ich mir nur ab und an eine Pause, biss danach sofort wieder die Zähne zusammen und packte weiter mit an. Dies habe ich mir später selbst vorgeworfen.
Unmittelbar nach unserer Ankunft in Italien erkundigte ich mich nach einem geeigneten Gynäkologen. Ich fand heraus, dass es die Möglichkeit gab, sich in dem Krankenhaus seiner Wahl vor der Niederkunft betreuen zu lassen. Somit vereinbarten wir einen Termin in der nächstgelegenen Klinik, die einen guten Ruf genoss. Dort hatten die Gynäkologen Sprechstundenzeiten eingerichtet.
Die zuständige Abteilung in der zweiten Etage sah aus wie eine normale gynäkologische Praxis. Es gab einen langen Flur mit verschiedenen Sprechzimmern der Ärzte. In diesem Flur standen Stühle, auf denen man vor dem jeweiligen Sprechzimmer auf seinen behandelnden Arzt warten konnte, bis man an der Reihe war.
Doktor Destino, unser behandelnder Arzt, rief uns zum vereinbarten Termin auf. Wir betraten seinen Behandlungsraum. (Meine Mutter hatte Jens und mich an diesem Tag begleitet, da sie noch nicht wieder abgereist war.)

Ein kleiner Schreibtisch stand vorne im Raum. Direkt dahinter ein Paravent, der die Sicht auf den Behandlungsstuhl einschränkte. „Klein, aber ausreichend“, dachten wir damals. Wir wollten schließlich „nur“ unser Baby hier bekommen und nicht einziehen. Doktor Destino, ein südländischer Typ (vermutlich aus Nordafrika), der einen zweiteiligen Kittel mit recht tiefem V-Ausschnitt trug, begrüßte uns mit der Hand, die er kurz zuvor unter seine Oberarme (innerhalb seines Hemdes) geklemmt hatte. Seine Hand hatte also gerade noch seine Achselhöhlen berührt, bevor er sie uns reichte. „Nicht gerade hygienisch“, dachten wir. Zumal wir seine Brustbehaarung, die wirr aus dem Kittel schaute, ebenfalls nicht gerade ästhetisch fanden. „Naja, was soll‘s“, sprach ich zu mir selbst. Ich wollte ihn schließlich nicht heiraten.

Über all diese Kleinigkeiten sahen wir großzügig hinweg. Dennoch kam es uns merkwürdig vor, dass er stets meinen Mann ansprach, während er einige medizinische Daten abfragte.

Mein Mann sprach zu diesem Zeitpunkt so gut wie kein italienisch. Ich hingegen verstand durch meine Spanischkenntnisse sehr viel, hatte nur etwas Mühe mit dem Antworten. „Mit Händen und Füßen“ konnte ich mich jedoch ganz gut verständigen. Ausreichend, um auf seine Fragen zu antworten. So fragte er Jens beispielsweise: „Wann hatte ihre Frau das letzte Mal vor der Empfängnis ihre Menstruation?“ Mein Mann verstand nur „Bahnhof“, und ich antwortete an seiner Stelle auf die Frage. Bei allen nachfolgenden Fragen lief es genauso ab. Während der gesamten Zeit schaute Doktor Destino meine Mutter und mich so gut wie nie an. Er sprach offensichtlich bevorzugt mit meinem Mann über meine Schwangerschaft und meinen Gesundheitszustand.

Selbst während der ersten Untersuchung sah er nicht wirklich hin bei dem, was er tat. So schmerzte die vaginale Untersuchung sehr, da er sich vortastete und gar nicht hinblickte. Als wäre das eine Sünde – und das für einen Facharzt für Gynäkologie! Wie wir später erfuhren, war er sogar Chefarzt dieser Abteilung, was wir kaum glauben konnten. Wir nannten ihn irgendwann nur noch „Metzger“. Spätestens ab dem Zeitpunkt, als er mir, seiner hochschwangeren Patientin, zum Abschied die Hand reichte, in die er unmittelbar zuvor geniest hatte, direkt in Richtung meines Gesichtes.

Wir verließen die Praxis mit einem unbehaglichen Gefühl und sprachen noch lange im Auto über das Verhalten dieses Mannes. Am liebsten hätte ich mir damals einen neuen Arzt gesucht. Doch wir hatten nicht mehr viel Zeit, und die Hebammen auf der Entbindungsstation machten – ganz im Gegensatz zu ihrem Chef – einen sehr netten Eindruck. Ebenso das Krankenhaus im Allgemeinen. Es war sauber und modern eingerichtet.

Keine Selbstverständlichkeit für das europäische Ausland und insbesondere für diese Region. So beschlossen wir, die Zähne zusammenzubeißen und unsere Tochter in diesem Krankenhaus zur Welt zu bringen.
Doktor Destino konnte mit meinem Mutterpass nicht viel anfangen. Er ordnete alle Untersuchungen von A–Z neu an. Selbst das III. Screening, das bei meinem letzten Untersuchungstermin in Deutschland bereits stattgefunden hatte, wollte er ein weiteres Mal durchführen lassen.
Ein Kollege von Doktor Destino, Dr. Amico, der im Gegensatz zu Dr. Destino sehr sympathisch erschien und sogar ein bisschen Deutsch sprach, führte das Screening im selben Krankenhaus durch. Doktor Destino und Dr. Amico waren der Ansicht, dass die in Deutschland vorgenommene Terminänderung des Entbindungstermins ungerechtfertigt sei. Ihrer Ansicht nach spielte die Entwicklung des Babys nur eine sekundäre Rolle. Ausschlaggebend für ihre Berechnungen waren ausschließlich der vorangegangene Zyklus und der erste Tag der letzten Periode.
In Deutschland fließen mehrere Faktoren bei der Berechnung des Entbindungstermins mit ein. Deshalb auch die Korrektur. So befand ich mich nach Ansicht der beiden italienischen Ärzte in der 34. Schwangerschaftswoche, während ich mich nach Ansicht meiner Ärztin in Deutschland bereits in der 35. Woche befand. Dies sollte später eine entscheidende Rolle spielen.

4 „Ich kann nichts mehr tun …“

Alles war vorbereitet. Das Haus fertig eingerichtet, der Umzug vollzogen. Das Kinderzimmer hatten wir bereits aus Deutschland mitgebracht und vom Umzugsunternehmen aufbauen lassen. Meine Mutter hatte mir geholfen, alle Babysachen, die sich im Laufe der Zeit zu einer stattlichen Ausstattung angesammelt hatten, zu waschen und zu bügeln. Alles lag nach Größen sortiert im Kinderzimmerschränkchen. Auch das Himmelbett war schon hergerichtet. Unsere Tochter hätte jederzeit kommen dürfen.
Nach dem wiederholten III. Screening waren wir nur noch ein weiteres Mal zur Vorsorgeuntersuchung ins Krankenhaus gefahren. Danach war erst wieder eine Untersuchung vier Wochen später vorgesehen. Dieser Termin wäre genau in den Zeitraum des errechneten Entbindungstermins gefallen, weshalb sich Doktor Destino nach der letzten Vorsorge mit den Worten verabschiedete: „Wir sehen uns spätestens zur Geburt wieder – es sei denn, sie hätten Beschwerden. Dann könnten wir vorher nochmal einen Termin vereinbaren.“
Aber Beschwerden hatte ich ja keine. Im Grunde die gesamte Schwangerschaft über nicht. Mir war von Anfang an nie übel. Ich habe mich nicht ein einziges Mal übergeben müssen, wie es bei vielen Schwangeren der Fall ist. Ich litt an keinerlei Beschwerden. Bis zum Ende nicht! Eine traumhafte Schwangerschaft im wahrsten Sinne des Wortes. Ich machte mir daher auch keine Gedanken über den großen Abstand der Untersuchungen; immerhin handelte es sich um einen Zeitraum von vier Wochen bis zur nächsten Untersuchung – und das so kurz vor der Geburt. Damals dachte ich: „Die Frauen in Italien bekommen doch auch ihre Kinder. Die Ärzte werden schon wissen, was sie tun.“ Also fieberte ich dem Tag der Geburt mit Freude und Aufregung – da ich nicht wusste, was mich als Erstgebärende erwarten würde – entgegen.
In der Nacht vom 16. auf den 17. April 2005 wachte ich gegen 3.30 Uhr mit starken Bauchschmerzen auf. Ich wusste sofort, dass es Wehen sein mussten. Mein Bauch zog sich zusammen und entspannte sich nach kurzer Zeit wieder. Die Schmerzen konnte ich gut veratmen. Nach ein paar kleinen Wehen gingen sie etwas zurück und ich konnte sogar wieder einschlafen.
Am nächsten Morgen erzählte ich Jens davon, und wir vervollständigten die gepackte Tasche fürs Krankenhaus durch die letzten notwendigen Utensilien. Als die Wehen im Laufe des Vormittags in immer regelmäßigeren Abständen kamen, notierte ich mir den Zeitpunkt und ihre Dauer auf einem Blatt Papier. Ich ließ mir Badewasser einlaufen, um zu testen, ob es auch echte Wehen und nicht nur Übungswehen waren. Aber

die Kontraktionen wurden durch das warme Wasser nur verstärkt, was ein eindeutiges Indiz für echte Wehen war.
Während ich in der Badewanne lag und mich insgeheim auf unser Baby freute, das wir bald in den Armen halten würden, streichelte ich meinen Bauch, um möglicherweise die Bewegungen unserer Kleinen zu spüren. Ich meinte, sie müsste wohl schlafen, da ich sie nicht gleich spürte. Ich wollte sie aufwecken und rüttelte meinen Bauch kräftig hin- und her. Doch sie rührte sich nicht. Ich gab es auf und dachte bei mir: „Die Maus muss aber müde sein. Ist bestimmt anstrengend so unter den Wehen." Ich verlor keinen Gedanken daran, dass etwas nicht in Ordnung sein könnte. Warum auch? Es lief ja alles bestens – genau wie über die gesamte Dauer der Schwangerschaft hinweg.
Jens und ich aßen gemeinsam zu Mittag, um uns noch schnell in Vorbereitung auf die Geburt zu stärken. Dann warteten wir weiter ab. Die Wehen wurden im Laufe der Zeit zwar heftiger, doch waren sie auszuhalten. Die Abstände dazwischen verkürzten sich merklich.
Am späten Nachmittag schließlich folgten die Kontraktionen so schnell aufeinander, dass wir das Krankenhaus vorab telefonisch über unser Kommen informieren wollten. Leider traute ich mir dies mit meinen holprigen Sprachkenntnissen noch nicht zu, weshalb wir eine deutsche Nachbarin baten, zu uns zu kommen und dieses Telefonat für uns zu führen. Sabine, besagte deutsche Nachbarin, war die Ehefrau des persönlichen Assistenten von Jens' Chef. Gerne begrüßte sie Neuankömmlinge aus Deutschland persönlich, wenn sich die Gelegenheit dazu bot. Wir hatten uns damals kennengelernt, als Sabine kurz nach unserem Einzug in das neue Haus vor unserer Tür stand. Sie hatte einen ihrer Söhne und ihren Hund mitgebracht, um mit mir einen Kaffee zu trinken.
Sabine brachte für den Anruf im Krankenhaus eine Freundin mit, die gerade bei ihr zu Besuch war, als wir sie um ihre Hilfe baten. Ihre Freundin war gleichzeitig Italienischlehrerin. Eine nette junge Frau, die gerne helfen wollte. Sie rief für uns in der Klinik an und beschrieb der Hebamme am Telefon meinen Wehenverlauf seit vergangener Nacht. Die Stationshebamme notierte sich alle notwendigen Daten und ließ uns ausrichten, dass wir losfahren sollten, sobald die Kontraktionen alle fünf Minuten kämen. Meine Wehen kamen zwar erst in einem Abstand von zehn Minuten, dennoch wollten wir etwas früher losfahren, da wir eine vierzigminütige Autofahrt vor uns hatten.
Jens und ich verabschiedeten Sabine und ihre Freundin, packten alles zusammen und machten uns auf den Weg ins Krankenhaus. Zum Abschied

hatte mir die Freundin von Sabine noch über den Bauch gestreichelt und mir eine sanfte Geburt gewünscht.
Unterwegs wurden die Abstände der Wehen schlagartig kürzer. Zudem wurden sie so heftig, dass ich mittlerweile Mühe hatte, sie zu veratmen. Jens beeilte sich und hielt sich nicht mehr an die Geschwindigkeitsbeschränkungen. Mit jeder Wehe fuhr er schneller.
Endlich im Krankenhaus angekommen, musste ich mich erst einmal auf eine Bank vor dem Eingang setzen und verschnaufen. Inzwischen kamen die Kontraktionen regelmäßig, in Abständen von vier bis fünf Minuten. Wir fuhren mit dem Aufzug in die Gynäkologie und suchten das Hebammenzimmer auf.
Dort empfing uns eine nette Schwester, die mir zunächst einen Becher in die Hand drückte und mich um eine Urinprobe bat. Unter starken Wehen suchte ich mit Mühe die Toilette auf dem Stationsgang auf und lieferte die Probe danach ab. Wir warteten einige Minuten auf den beiden Stühlen vor dem Hebammenzimmer. Man wollte sich gleich um uns kümmern.
In den Wehenpausen betrachtete ich interessiert das Geschehen auf der Station. Eine Dame mittleren Alters bedankte sich gerade voller Herzlichkeit bei einer der Hebammen. Sie war so glücklich, gerade Oma geworden zu sein, und überschlug sich förmlich vor Begeisterung. Ich freute mich für die frischgebackende Großmutter und bedauerte gleichzeitig, dass meine Mutter bei der Geburt nicht anwesend sein würde. Schließlich trennten uns 1 700 Kilometer, und wir konnten den exakten Geburtstermin nicht vorhersehen, um ihren Urlaub möglicherweise danach auszurichten.
Doch schon erforderte eine erneute Wehe meine volle Konzentration. Langsam wurde ich ungeduldig. Was machten die bloß so lange mit meinem Urin? Ich hatte doch solche Schmerzen und wollte mich schnellstmöglich hinlegen. Endlich kam die Schwester und sagte: „Der Urin ist vorbildlich. Alles bestens. Kommen Sie mit! Wir gehen jetzt in den Kreißsaal."
Wir folgten ihr. Dort angekommen betraten wir ein kleines Vorzimmer des Kreißsaals. Der Zutritt in diesem gesamten Bereich war für Unbefugte verboten. Im Zimmer stand eine breite Liege. Darüber war ein Regal angebracht, auf dem ein CTG-Gerät stand. Viel Tageslicht kam nicht in das Zimmer. Das Fenster war mit einer milchigen Folie abgeklebt. Ansonsten gab es in diesem Raum nur einige Schränke mit medizinischen Utensilien.
Die Schwester gab mir einen Patientenkittel und bat mich, mich komplett zu entkleiden und ihn überzuziehen. Es war einer dieser OP-Kittel, die hinten offen sind und nur mit einem Bändchen am Hals geschlossen

werden. Jens half mir beim Aus- und Ankleiden, weil die Wehen mittlerweile unbeschreiblich heftig geworden waren. Unterdessen nahm die Schwester meine Daten auf und machte ab und an ein paar Witzchen, um mich von den Schmerzen abzulenken.
Zwischenzeitlich war eine Hebamme mit hinzugekommen. Sie stellte sich uns vor, schaute sich meine Patientenakte an – die auch alle Ergebnisse der vorherigen Untersuchungen bei Doktor Destino enthielt –, und untersuchte mich. Der Befund lautete: Muttermund 2 cm geöffnet und Fruchtblase noch nicht gesprungen. „Was? Nur 2 cm, obwohl ich bereits diese heftigen Wehen ertragen musste?“, fragte ich mich ungläubig. Nach meiner Ansicht hätten es mindestens 6 cm sein müssen. Ich konnte kaum glauben, dass es wirklich nur 2 cm sein sollten, und mir wurde in diesem Moment klar, dass ich eine PDA (Periduralanästhesie = Rückenmarksnarkose) zur Schmerzlinderung wohl dankbar annehmen würde. Zumal die PDA in Italien ohnehin gerne angeboten wird, um eine möglichst „sanfte Geburt“, wie sie die Italiener gerne bezeichnen, zu ermöglichen. Ich teilte der Hebamme meinen Wunsch also mit. Sie wollte sich um alles Weitere kümmern.
Zunächst bereitete sie jedoch alles vor, um mich ans CTG anzuschließen und somit die Herztöne unserer Tochter und meine Wehen aufzuzeichnen. Sie bat mich, den Gürtel zur Fixierung der beiden Schallköpfe umzubinden, bevor ich mich auf die Liege begab. Dann rieb sie die beiden Köpfe mit Gel ein und versuchte, die richtigen Stellen auf meinem Bauch zu finden. Wir hörten einen sehr leisen Herzschlag. Schnell stellten wir fest, dass es mein eigener war. Sie setzte erneut an und drehte den Regulierungsknopf des Gerätes lauter. Dann fragte sie mich etwas verwundert: „Ist ihr Baby besonders groß?“ Ich schaute sie fragend an und sagte: „Eigentlich nicht.“
Beim III. Screening Ende Januar war unsere Tochter auf ca. 2 400 g geschätzt worden. Laut Hochrechnung hätte sie ein stattliches Geburtsgewicht im Normbereich haben sollen.
Die Hebamme suchte also weiter und wurde sichtlich nervöser dabei. Sie tippte mit ihren Fingern auf die Schallköpfe und meinte schließlich: „Das Gerät muss einen Defekt haben. Moment bitte! Ich hole ein Ultraschallgerät.“
Ich machte mir große Sorgen und hatte bereits Tränen in den Augen stehen. Tausend Dinge schossen mir gleichzeitig wirr durch den Kopf: „Was ist, wenn es unserer Kleinen nicht gut geht?“ Ich bereitete mich innerlich auf alles vor; dachte an einen Not-Kaiserschnitt aufgrund kritischer Herztöne und malte mir alle möglichen Szenarien aus. Jens hielt meine Hand ganz fest. Er saß neben meiner Liege auf einem kleinen Stuhl. Aber auch er hatte Tränen in den Augen, was mich noch mehr verunsicherte. Dennoch

versuchte er, mich zu beruhigen: „Warte es doch erst einmal ab. Sie holt doch gerade das Ultraschallgerät. Dann werden wir sehen."
Die wenigen Minuten, die die Schwester unterwegs war, erschienen uns endlos lang. Endlich kam sie zurück. Man sah ihr die Hektik deutlich an. Gleichzeitig traf Doktor Destino ein. Er hatte zufällig Dienst. Die Hebamme musste ihn parallel aufgesucht haben. Er begrüßte uns flüchtig, schaltete sofort das Licht im Raum aus und setzte den Ultraschallkopf auf meinem Bauch an. In diesem Moment hätte man eine Stecknadel fallen hören können. Es war mucksmäuschenstill im Raum. Alle starrten gebannt auf den kleinen Monitor des Gerätes. Jens und ich konnten kaum etwas darauf erkennen, weil es ein sehr altes Gerät war. So warteten wir ungeduldig auf Doktor Destinos erstes Wort. Er jedoch senkte den Kopf, schaute uns danach an und sagte mit leiser Stimme: „Es tut mir leid. Ich kann nichts mehr tun. Das Baby ist tot."
„NEEEIIIIINNNN" ... Das konnte einfach nicht wahr sein! Sofort fing ich hysterisch an zu weinen; konnte und wollte nicht glauben, was der Arzt da gerade gesagt hatte. Jens sah ihn mit tränenüberströmtem Gesicht an und forderte: „Holen Sie das Baby da raus. Schnell! Sie müssen einen Kaiserschnitt machen." Aber Doktor Destino war völlig anderer Meinung. Er erklärte uns, dass dies keine gute Idee sei. Sowohl aus physischer als auch aus psychischer Sicht nicht. Eine Kaiserschnittnarbe würde uns ewig an diesen schrecklichen Tag erinnern. Zudem bräuchten wir noch ein wenig Zeit, um uns mit dem Gedanken zu befassen, dass ich unser Baby tot gebären würde. Ich sagte verzweifelt zu Jens: „Das darf nicht wahr sein. Die können doch nicht von mir verlangen, dass ich das Baby auch noch auf normalem Wege zur Welt bringe. Sie sollen es herausholen! Es ist jetzt tot in meinem Bauch. Das geht doch nicht."
Ich konnte kaum einen klaren Gedanken fassen und war völlig fassungslos. Immer und immer wieder dachte ich: „Das darf nicht sein. Das kann gar nicht sein. Es muss sich um einen Irrtum handeln. Wann ist der Albtraum endlich vorbei? Warum wir?" Nein! Es durfte einfach nicht wahr sein!
Jens nahm mich ganz fest in den Arm und wir weinten schier endlose Tränen. Doktor Destino und die Hebamme verließen zunächst den Raum und überließen uns unserem tiefen Schmerz.
Nach einiger Zeit voller Tränen und dem Gefühl, einer Ohnmacht nahe zu sein, schossen uns tausend Fragen durch den Kopf: „Jetzt müssen wir unser Kind ja beerdigen lassen. Aber wo? In Deutschland oder Italien? Was, wenn wir irgendwann nach Deutschland zurückgingen und unser Kind in Italien begraben wäre? Und was, wenn wir es in Deutschland begraben ließen: Wie käme es dann dahin? Und wer kümmerte sich um das Grab?

Wer organisierte das überhaupt alles, und was für Kosten kämen da auf uns zu?"
Und dann fragte ich Jens mit ernster Stimme: „Und wie sagen wir es unseren Eltern?" Wir konnten ihnen den Tod ihrer Enkelin doch nicht am Telefon mitteilen. Aber was blieb uns anderes übrig? Sofort verspürte ich das Bedürfnis, meine Eltern anzurufen; mich ihnen wenigstens auf die Art in diesem schrecklichen Moment ganz nah zu fühlen. Sie hatten sich doch so sehr auf ihr erstes Enkelkind gefreut.
Als Jens gerade das Handy aus meiner Tasche holen wollte, kam eine Schwester in das Zimmer und fragte uns, ob wir etwas dabei hätten, was wir unserer Kleinen nach ihrer Geburt anziehen lassen wollten. Wir hatten einen Strampler dabei. Einen beigefarbenen, kuschelweichen Strampler mit dicker Satin-Schleife. Einen besonders schönen Strampler, genau richtig für diesen besonderen Anlass: die Geburt unserer Tochter. Meine Eltern hatten ihn extra dafür ausgesucht und dabei nicht aufs Geld geachtet. Sie mussten ihn einfach kaufen, und ich war dankbar für dieses schöne Geschenk. Die Schwester nahm den Strampler entgegen und verließ wieder den Raum.
Ich versuchte, mich etwas zu beruhigen und meine Tränen zu unterdrücken, bevor ich die Nummer meiner Eltern in Deutschland wählte. Mein Vater ging ans Telefon. Wie immer meldete er sich mit seinem Familiennamen. Ich sagte: „Hallo, Papa". Er antwortete: „Hallo, Mausi. Wo bist du? Geht es schon los?" Ich konnte meine Tränen nicht mehr zurückhalten und bat ihn mit zittriger Stimme um einen kleinen Moment, um mich wieder zu beruhigen. Mein Vater fragte: „Was ist denn los? Seid ihr im Krankenhaus?" Ich erwiderte: „Ja, aber ich habe schlechte Nachrichten. Unser Baby ist tot." Am anderen Ende der Leitung hörte ich kurze Zeit nichts mehr. Ich fragte: „Papa? Hast du gehört?" Im Hintergrund vernahm ich die aufgeregte Stimme meiner Mutter: „Was ist los? Sag schon. Ist was passiert?" Mein Vater antwortete ihr verzweifelt: „Das Baby ist tot." Ich hörte meine Mutter rufen: „Nein! Das kann nicht sein. Nein! Das ist unmöglich."
Wie genau das Telefonat weiterging, weiß ich heute nicht mehr. Ich erzählte ihnen kurz, dass die Geburt noch bevorstand und es eine natürliche Geburt werden würde. Meine Eltern versicherten mir, dass meine Mutter so schnell wie möglich zu uns fliegen werde. Mein Vater steckte mitten in einem beruflichen Projekt, bei dem er unabkömmlich war, und konnte leider zunächst nicht mit anreisen. Er sicherte mir aber zu, dass er sich täglich bei mir melden werde und immer für mich da sei. Das wusste ich ohnehin schon. Dennoch taten seine Worte gut!

Heute noch steigen mir die Tränen in die Augen, wenn ich an dieses Telefonat und insbesondere an die Verzweiflung in den Stimmen meiner Eltern zurückdenke. Ich erinnere mich noch gut daran, dass ich in diesem Augenblick Angst hatte, dass sich meine Eltern etwas antun könnten. Sicherlich war meine Angst unbegründet, und doch ließ mich der Gedanke daran lange nicht los. Nicht zuletzt deshalb sagte ich damals zu meinem Vater: „Passt auf euch auf und baut bitte keinen Mist!"
Unmittelbar danach telefonierte Jens mit seinen Eltern. Sie reagierten ebenfalls ungläubig und geschockt. Aber im Einzelnen habe ich davon nichts mitbekommen. Ich war zu sehr mit mir selbst und diesen unsäglichen Kontraktionen beschäftigt, die mir kaum noch Pausen gewährten und in ihrer Heftigkeit all meine Kräfte beanspruchten.
Vorbeugend versuchte Jens zuletzt noch, seinen Chef zu erreichen. Als dieser nicht ans Telefon ging, rief er stattdessen den persönlichen Assistenten des Chefs an und erzählte ihm, was geschehen war. Michael, der im Übrigen der Ehemann von Sabine ist, die uns telefonisch im Krankenhaus ankündigen ließ, konnte das alles nicht glauben. Er versprach, seinem Chef alles zu erklären und ihm auszurichten, dass sich Jens die nächsten Tage Urlaub nehmen und sich dann wieder melden würde, wenn das Schlimmste überstanden wäre.
Vom Krankenhauspersonal hatte sich zwischenzeitlich niemand blicken lassen. Jens suchte daher die Hebammen auf, als ich die Schmerzen nicht mehr aushielt und nach der PDA verlangte. Wir warteten noch mindestens eine halbe Stunde und nichts tat sich. Die Wehen wurden mittlerweile so heftig, dass mein Kreislauf fast versagte. Ich spürte, dass ich kurz davorstand, mich zu übergeben, und drängte Jens: „Schnell. Gib mir etwas, in das ich mich erbrechen kann." Hektisch schaute er um sich und gab mir eine Schale, die auf einem der Schränke stand. Ich übergab mich heftig – gerade noch rechtzeitig. In diesem Moment betrat eine der Schwestern den Raum, sah mich mit dieser Schüssel in der Hand und fuhr uns an, dass sie nun nicht mehr steril sei und wir vorher eine Tüte hätten reinlegen müssen. Geschockt über diese Reaktion sagten wir nichts dazu. Vielleicht hätte ich doch besser ins Bett erbrechen sollen. Ich wäre gespannt gewesen, was sie dazu gesagt hätte.
Endlich ging es voran. Die Narkoseärztin war eingetroffen. Unterdessen hatte man uns aus dem Vorzimmer in den eigentlichen Kreißsaal verlegt. Jens musste den Raum verlassen, während die Ärztin die PDA legte. Besagte Schwester, die sich kurz zuvor über die fehlende Tüte in der Schale pikiert hatte, war mit im Raum und assistierte ihr. Eigentlich war ich davon ausgegangen, dass mir jemand die Hand halten würde, da ich kurz zuvor

angesprochen hatte, dass mir schnell schlecht wird und es mir ohnehin nicht gut ging – zumal ich mich schließlich gerade übergeben hatte. Von meiner Angst vor dem Legen der PDA mal ganz abgesehen. Aber mein Mann durfte partout nicht anwesend sein; und keine der beiden Damen hatte versucht, mir gut zuzureden oder mich zu beruhigen. Sie überließen mich meiner Übelkeit und gaben mir Anweisungen, wie ich mich verhalten sollte. Doch ich hatte sie gewarnt und sackte tatsächlich weg. Erst dann hielt mich die ruppige Schwester genervt fest, und ich musste durchhalten, bis die Nadel endlich richtig gesetzt war. Nach drei Einstichversuchen war es endlich geschafft.
Jens durfte wieder den Raum betreten. Er konnte kaum fassen, dass man mich so behandelt hatte. Zudem noch in dieser Situation. Aber was hätte er ihnen sagen sollen, mit seinem kaum vorhandenen Vokabular der italienischen Sprache?

5 Wieder mit mir allein

Als die PDA anschlug und ich meine Beine langsam nicht mehr spürte, wurde ich an den Wehentropf gehängt, um die Geburt zu beschleunigen. Jens und ich wollten es so schnell wie möglich hinter uns bringen. Diese Meinung teilten wir scheinbar mit dem Krankenhauspersonal, da sie den Tropf ganz aufdrehten. Zehn Versuche hatte die Schwester aufgrund meiner schlechten Venen gebraucht, um den Zugang zu legen. In dieser Situation spürte ich trotz meiner Trypanophobie (Spritzenangst) nicht einen der Einstiche. Alles fühlte sich irgendwie taub an, und der Schmerz über die Trauer um unser totes Baby überdeckte jedes kleine körperliche „Wehwehchen".

Wieder ließ man uns allein. Unter dem ausgeschalteten Schmerz fühlte ich mich zwar körperlich besser, konzentrierte mich jedoch automatisch auf meine traurigen Gedanken. Endlich hatten wir etwas Ruhe und Zeit, uns unserer Trauer hinzugeben. Wir weinten unaufhörlich und hielten uns die ganze Zeit über fest. Ich fühlte mich meinem Mann in diesem Augenblick so nah wie nie zuvor. Unser gemeinsames Kind, aus Liebe entstanden, war tot. Es war einfach gestorben.

Immer mal wieder kam die Hebamme zu uns und untersuchte erneut den aktuellen Befund. Als der Muttermund endlich vollständig geöffnet war, rief sie Doktor Destino und ein Team von Schwestern und Hebammen herbei. Alles wurde für die Geburt vorbereitet.

Ich stützte meine Beine seitlich auf silberfarbene Halterungen. Die Hebamme gab mir kurz noch Hinweise zur Atemtechnik und forderte mich dann auf zu pressen. Jens saß rechts von mir und hielt meinen Kopf zur Unterstützung bei jeder Presswehe hoch. Ich verlor kein Wort und konzentrierte mich voll und ganz auf die Anweisungen der Hebamme. Wieder war es unangenehm still um uns herum. Niemand sprach mehr als nötig. Doktor Destino verfolgte das Geschehen hinter der Hebamme und griff zunächst nicht ein.

Nach unendlich vielen Presswehen und sichtbarer Erschöpfung meinerseits sagte die Hebamme: „Ich komme nicht voran. Das Baby steckt fest." Sie hatte schon alles versucht, um die Kleine mit aller Kraft und allen Mitteln zu erreichen. Doch es war sinnlos. Der kleine Körper konnte schließlich nicht mitarbeiten und wollte einfach nicht tiefer rutschen.

Doktor Destino musste eingreifen. Man brachte ihm eine Geburtszange. Mein Mann und ich sahen die Zange und schauten uns fragend an. Wir waren ganz erschrocken über die Größe dieses Instruments. Doktor Destino setzte die Zange an und zog mit aller Kraft. Es tat sich weiterhin nichts. Ich rutschte mit meinem gesamten Körper die Liege herunter, weil er so sehr zog. Nun hielten mich alle Anwesenden am Oberkörper fest, während Doktor Destino versuchte, den leblosen Körper unserer Tochter aus mir herauszuziehen. Ich biss die Zähne zusammen, denn ich hatte das Gefühl, er würde meine gesamten Innereien gleich mit herausziehen. Es geschah immer noch nichts.

Eine Schwester stieg auf einen kleinen Hocker links von mir und drückte mit ihrem gesamten Körpergewicht auf meinen Bauch, um das Baby so herunterzuschieben. Sie tat mir dabei höllisch weh, weil ihre Ellenbogen, samt ihres Gewichtes, auf meinen Oberbauch drückten, der ohnehin schmerzte, da ich während der Geburt zu allem Überfluss auch noch unter Gallenkoliken litt. Normalerweise reichten allein diese Koliken aus, um mich an meine körperlichen Grenzen zu bringen. In dieser Situation wurden die Schmerzen fast unerträglich. Dabei war es nicht einmal der Geburtsschmerz, der mich zur Verzweiflung brachte – dank PDA!

Doktor Destino beschloss, meinen Damm zu schneiden. Erneut setzte er die Zange an und ich spürte, wie sich das Baby jetzt bewegen ließ. Er schnitt noch einmal nach und zog mit Leibeskräften an dieser monströsen Zange. Dabei stemmte er sein rechtes Bein gegen die Liege, auf der ich mich befand. Er stieß kräftemäßig sichtbar an seine Grenzen. Endlich ging es voran und der kleine Körper glitt beschwerlich aus mir heraus. Doktor Destino nahm ihn in Empfang, wickelte ihn in ein Tuch und übergab das kleine Bündel einer Schwester, die sofort den Raum verließ.

Jens und ich hatten bewusst nicht hingesehen, da wir schlichtweg mit dieser Situation überfordert waren. Ich hatte es geschafft. Am 18.04.2005 um 2.35 Uhr hatte der leblose Körper unserer Tochter mit 3 690 g und 52 cm meinen Bauch verlassen.

Ich war wieder mit mir allein. Ein seltsames Gefühl nach den vergangenen Monaten zu zweit. Sie war schließlich immer gegenwärtig gewesen. Fühl- und sichtbar.

Eine schwere Last fiel von Jens und mir ab. Wir hatten diese überaus diffizile Geburt, die wir uns so ganz anders ausgemalt hatten, hinter uns gebracht. Doktor Destino versorgte mich noch schnell medizinisch, bevor er den Raum gemeinsam mit dem übrigen Krankenhauspersonal verließ.

Wieder waren Jens und ich allein und konnten uns unseren Gefühlen und dem Schmerz hingeben. Wir verloren kaum Worte und weinten nur noch. Es war, als hätten wir uns selbst von außen betrachtet – als seien wir die Hauptdarsteller eines dramatischen Filmes, den wir nun auf der Leinwand verfolgen würden. Ständig dachten wir daran, dass dies alles doch nur ein

böser Albtraum sein konnte und wir endlich aufwachen müssten. Doch dem war leider nicht so.
Wir fragten uns, was nun geschehen würde. Man würde uns die Kleine sicher bringen wollen. Zumindest hatte man kurz vor der Geburt gefragt, ob wir das Baby nach der Geburt sehen wollten. Wir konnten diese Frage nicht eindeutig beantworten; wir wussten nicht, was auf uns zukommen würde. Wir hatten Angst: Angst vor dem Anblick eines toten Menschen – unseres toten Babys. Hatten wir doch beide zuvor noch nie eine Leiche gesehen. Wir überlegten, wann die Leichenstarre eintritt, und ob der kleine Körper bereits davon betroffen wäre. Wir kamen zu keinem Entschluss, ob wir das Baby, unsere kleine Tochter, nun sehen wollten oder nicht.
Während unserer Diskussion über all diese ungeklärten Fragen öffnete sich die Tür des dunklen Raumes. Inzwischen war es fast 3 Uhr mitten in der Nacht. Eine der Schwestern, die auch während der Geburt anwesend gewesen war, stand im Türrahmen. Sie hielt ein Bündel wiegend in ihren Armen und fragte leise: „Möchten Sie sie sehen?“ Wenngleich Jens und ich vorher keine Antwort auf diese Frage hatten finden können, entgegnete ich intuitiv: „Ja!“ Die Schwester kam auf mich zu und setzte das Bündel sanft ab. Mit Jens’ Hilfe hatte ich mich aufgesetzt und ihr bereits die Arme wie selbstverständlich entgegengestreckt.
Jens und ich konnten nicht glauben, was wir dort sahen. Mit dem Schlimmsten hatten wir gerechnet. Aber nicht damit: Sie war wunderschön. Unsere Tochter! Sie lag wie schlafend in meinen Armen. Ihr zartes Gesichtchen mit dem süßen Schmollmund und der kleinen Stupsnase war völlig entspannt. Nur ihre Hautfarbe und die Farbe ihrer Lippen, die aussahen, als seien sie mit beerenrotem Lippenstift bemalt worden, verrieten, dass sie nicht mehr lebte. Jens betrachtete sie mit einem liebevollen Blick und sagte schließlich leise mit Tränen gefüllten Augen: „Sie ist wunderschön. Sie sieht aus wie du!“ Immer wieder fingen wir an zu weinen.
Die Schwester fragte, ob wir eine Kamera dabeihätten und ob sie Fotos von uns mit dem Baby machen sollte. Wir bejahten und ließen uns gemeinsam mit ihr ablichten. Plötzlich verstand ich, was die Eltern in dem Fernsehbericht, den ich damals während der Schwangerschaft sah, dazu bewogen hatte, sich gemeinsam mit ihrem toten Kind fotografieren zu lassen. Nun wusste ich selbst, wie sie gefühlt haben mussten; war mir darüber im Klaren, dass es keine andere Möglichkeit geben würde, diesen kostbaren, einzigartigen und endlichen Augenblick gemeinsam mit unserem Kind festzuhalten. Zuerst machte die Schwester ein Foto von Jens und mir mit der Kleinen in unserer Mitte, auf meinen Armen. Dann ein Foto von

mir und ihr allein. Unbewusst lächelte ich auf dem Bild. Mein Gesichtsausdruck verriet den Stolz, den ich in diesem Augenblick empfand. Denn obwohl unsere Tochter nicht mehr lebte, hatte ich das Gefühl, Mutter geworden zu sein. Muttergefühle durchfluteten meinen Körper ab der Sekunde, in der ich sie das erste Mal sah. Ich war auf eine seltsame Art und Weise glücklich, eine so hübsche Tochter unter solch schwierigen Umständen zur Welt gebracht zu haben. Wir hatten es geschafft – gemeinsam! Darauf war ich unendlich stolz.
Dann fragte uns die Schwester noch nach dem Namen, den wir ihr geben würden. Bis zur letzten Sekunde hatten wir uns nicht einigen können. Jens hatte einen Favoriten und ich einen anderen. Doch in diesem Moment war er mir einen Schritt voraus und antwortete: „Sie soll *Stella Chiara* heißen!" Das war der Name, den ich mir für unsere Tochter gewünscht hatte. Ich bedankte mich gerührt und unter Tränen bei meinem Mann mit einem sanften Kuss für diese Entscheidung. Die Schwester notierte den Namen und verließ das Zimmer. Wir sollten sie rufen, wenn wir etwas bräuchten.
Da waren wir also – allein mit unserer Tochter. Wir betrachteten sie wortlos. Prägten uns jedes Detail ihrer leblosen Hülle ein. Mit dem schmerzlichen Wissen, dass es unsere erste und zugleich die letzte Begegnung bleiben würde. Mit jeder Minute wurde ich mutiger. Ich fasste mir ein Herz und öffnete das Tuch, in das sie eingewickelt worden war, Stück für Stück. Stella trug diesen süßen Strampler. Die dicke Satin-Schleife zierte seine Mitte. Ihre kleinen Händchen kamen unter dem Tuch zum Vorschein. Wieder nahm ich allen Mut zusammen und streichelte sie vorsichtig. Erst ihre kleine Hand, dann ihre prallen Wangen. Ich fuhr ihr behutsam mit meinem Zeigefinger über den hübschen Schmollmund. Dann schob ich das Mützchen, das man ihr angezogen hatte, ganz langsam zur Seite. Nicht sehr weit. Die Furcht vor dem, was uns darunter erwarten könnte, war zu groß. Schließlich hatte niemand vom Krankenhauspersonal mit uns gesprochen, um uns möglicherweise darüber aufzuklären, ob unsere Tochter bei der Entbindung verletzt worden war. Die Zangengeburt kam uns unendlich brutal vor. Wir rechneten mit dem Schlimmsten, und ich fühlte deshalb nur von außen über ihr Köpfchen. Als ich glaubte, eine verschobene Schädeldecke zu spüren, brach ich ab und widmete mich wieder ihren Händen. Ich ließ ihre zarten Fingerchen meinen Zeigefinger umklammern. Sie waren unerwartet warm und unendlich sanft.
Dann fragte ich Jens, ob er Stella halten wolle. Ich war gerade in Begriff, sie ihm hinüberzureichen, als er im letzten Moment zurückwich. Sein Respekt war riesengroß, und er wollte sie lieber weiter betrachten, während ich sie in meinen Armen hielt. Ich akzeptierte seine Entscheidung,

wenngleich ich ihn später noch einmal fragte, ob er sie nehmen wolle. Er verneinte auch dieses zweite Mal. Er fasste sie nicht einmal an, was er später sehr bedauerte.
Es waren vermutlich nicht mehr als zwanzig Minuten vergangen, als wir feststellten, dass Stellas Gesicht immer dunkler und dunkler wurde: Ihre Haut verfärbte sich zunehmend bläulicher. Nun bestand auch äußerlich kaum noch ein Zweifel daran, dass sie keinen Atemzug getan hatte. Für uns war der Zeitpunkt gekommen, endgültig Abschied zu nehmen. Wir wollten sie so in Erinnerung behalten, wie wir sie nun gesehen hatten: als ein schlafendes Dornröschen.
Jens drückte den Klingelknopf, um die Schwester herbeizurufen. Wir teilten ihr mit, dass sie Stella mitnehmen könne. Ich schaute sie ein letztes Mal an und versprach ihr unter Tränen, mit zittriger Stimme: „Mama und Papa haben dich furchtbar lieb. Wir werden dir einen wunderschönen Abschied bereiten. Das verspreche ich dir. Wir werden dich niemals vergessen und sind immer bei dir!“ Dann übergab ich sie der Schwester, die mit Stella in ihren Armen den Raum verließ. Jens und ich schauten ihnen nach, voller Schmerz, und weinten erneut bittere Tränen. Wir wussten, dass es das erste und letzte Mal war, dass wir unsere Tochter gesehen hatten. Begrüßung und Abschied zugleich – für immer!

6 Die Erde dreht sich einfach weiter

Es muss nach vier Uhr in der Früh gewesen sein, als man uns auf die Station brachte. Voller Panik fragte ich Jens: „Die werden mich doch nicht etwa auf die Entbindungsstation legen? Das halte ich nicht aus!" Meine Befürchtungen waren unbegründet. Man brachte mich direkt auf die allgemeine gynäkologische Station. Sowohl Jens als auch ich wollten nicht ohne einander sein – in dieser schrecklichen Situation. So ließen wir ein Zustellbett ins Zimmer bringen, in dem er schlafen sollte. Ich war mir sicher, dass ich kein Auge zumachen würde. Und doch bin ich irgendwann eingeschlafen, unter Tränen und vor Erschöpfung, was mich irgendwie beschämte. Wie konnte ich nur unter solchen Umständen Schlaf finden?

Nach einigen wenigen Stunden wachte ich auf und realisierte, was geschehen war. Sofort begann ich erneut, bitterlich zu weinen. Sekunden später hatte sich Jens bereits über mich gebeugt, nahm mich ganz fest in die Arme und wir weinten gemeinsam. Ich wiederholte immer wieder: „Es tut so weh! Warum nur, und wann hört das endlich auf?" Doch auch mein Mann wusste darauf keine Antwort. Stattdessen versprach er mir liebevoll: „Wir werden irgendwann ein weiteres Baby haben. Das verspreche ich Dir! Ich möchte mehr denn je ein Kind mit Dir." Seine Worte spendeten mir in gewisser Weise Trost, auch wenn keiner von uns beiden in die Zukunft blicken konnte.

Wir wurden in den routinierten Krankenhausalltag eingebunden. Jemand brachte Frühstück – was sollte ich mit Frühstück? Ich überließ es Jens. Er musste etwas essen. Im Gegensatz zu mir hat er kaum Fettreserven. Krankenhauspersonal kam nach und nach abwechselnd in unser Zimmer, und ich fragte mich jedes Mal, wenn jemand den Raum betrat: „Ob diese Person weiß, was wir letzte Nacht durchgemacht haben?" Sie grüßten freundlich und waren zum größten Teil fröhlich gestimmt; putzten pfeifend um uns herum. Ernüchtert stellte ich schnell fest, dass das Leben einfach weiterging; genau wie am Tag zuvor – völlig gleich, was uns in der Nacht widerfahren war. Dieser Gedanke schmerzte sehr. Ich konnte kaum einen klaren Gedanken fassen und alles schien so wirr in meinem Kopf.

Ich wollte duschen; mich reinwaschen. Ich fühlte mich unbeschreiblich schmutzig. Sicher würde ich mich danach besser fühlen. Jens verspürte einen ähnlichen Wunsch. Wir suchten ein Bad auf dem Gang der Station auf; doch ich hatte meine physischen Kräfte überschätzt. Schnell wurde mir schwarz vor Augen, und Jens musste jemanden zu Hilfe holen, um mich zurück ins Zimmer zu bringen.

Als ich mich wieder etwas erholt hatte, klopfte es an der Tür. Eine unscheinbare Frau mittleren Alters betrat das Zimmer. Sie trug eine Strickjacke über ihrer Schwesternkluft. An einer Kette um ihren Hals hing eine dicke Hornbrille. Eine weitere Brille trug sie auf der Nase. Ein Schild an der Brust verriet ihren Namen: Valentina. Valentina stellte sich uns vor. Sie sprach uns mit einfühlsamer Stimme ihr Beileid aus, was uns sofort wieder zum Weinen brachte. Valentina sicherte uns zu, für uns da zu sein, wenn wir etwas benötigten. Sie sprach über die Möglichkeit, Stella noch einmal wiederzusehen. Aber das wollten wir nicht. Der Gedanke, dass sie sich zu sehr verändert haben könnte und ihre Gesichtsfarbe noch dunkler geworden sein würde, schreckte uns ab. Wir hatten einfach Angst, wie schon die Nacht zuvor. Wir wollten sie in Erinnerung behalten, wie wir sie kennengelernt und verabschiedet hatten.
Valentina sprach zudem die Möglichkeit an, Stella zeremoniell in der kleinen Krankenhaus-Kapelle zu verabschieden. Wir wollten später auf ihr Angebot zurückkommen, denn wir hatten überhaupt keine Idee, was nun geschehen sollte. Ich fragte Valentina, ob in Italien die Möglichkeit einer Urnenbestattung bestehe. Sie bejahte diese Frage. Ich fragte weiter, ob man die Urne dann auch bei sich zu Hause aufstellen könne. Sie bejahte auch dies. Diese Antwort erleichterte mich. Sofort erklärte ich Jens: „Wenn wir Stella einäschern ließen, könnten wir sie mit zu uns nehmen. So bräuchten wir uns keine Gedanken darüber zu machen, ob wir in Zukunft in Italien oder Deutschland leben werden." Sofort waren wir uns einig. Wir wollten diese Form der Bestattung wahrnehmen, um unsere kleine Maus immer bei uns haben zu können.
Ich fragte Valentina, ob die Hebamme denn noch da sei, die in der Nacht zuvor Stella auf die Welt geholt hatte. Nach der Geburt hatten wir sie leider nicht mehr zu Gesicht bekommen. Zu unserer Enttäuschung sagte Valentina, dass sie die nächsten Tage keinen Dienst haben würde. Sie hatte sich nicht einmal von uns verabschiedet. Das konnten wir einfach nicht verstehen. Die Geburt eines Kindes verbindet doch auf besondere Weise. Sie hatte mit uns gekämpft und mir geholfen, Stella zur Welt zu bringen. Warum hatten wir dann nicht wenigstens ein paar Abschiedsworte erhalten? Wir waren sehr verletzt und brachten wenig Verständnis auf für das Verhalten der Hebamme. Aber nun war ja Valentina da. Sie übernahm die Fürsorge, die wir uns von besagter Hebamme gewünscht hätten. Immer wieder nahm Valentina, die wir schließlich gerade erst kennengelernt hatten, meine Hand, um sie tröstend zu streicheln.
Doktor Destino betrat den Raum. Er begrüßte uns einfühlsamer, als wir es von ihm gewohnt waren. An diesem Tag sprach er nicht nur meinen Mann

an, sondern wendete sich gleichermaßen an uns beide. Er sprach uns ebenfalls sein Beileid aus und seinen Respekt für mein Verhalten während der Geburt. Er wusste, dass wir Stella in der Nacht zuvor bei uns gehabt hatten, und war sich sicher, dass dies der richtige Weg war, mit dem Tod unserer Tochter umzugehen. Doktor Destino erklärte, dass nun schwere Zeiten auf uns zukommen würden. Er sei sich aber ebenso sicher, dass wir diese überwinden könnten, wenn wir nur weiterhin auf die Art und Weise mit dem Tod unseres Kindes umgehen würden, wie wir es bisher getan hätten.

Wieder klopfte es an der Tür. Zwei Kollegen von Jens betraten den Raum. Es war Michael, der Assistent seines Chefs und Ehemann von Sabine, den Jens in der Nacht zuvor angerufen hatte; ihn begleitete ein Kollege, der in der Firma als Übersetzer für die Chefetage fungierte. Michael sprach uns mit zurückhaltender Stimme sein aufrichtiges Beileid aus, während uns sein Begleiter wortlos und mit gesenktem Kopf die Hand reichte. Obwohl ich Michael bis dahin noch nie gesehen hatte, sah ich ihm deutlich an, wie schwer ihm dieser Besuch fiel; ist er doch selbst Vater von zwei Kindern. Wir nutzten die Anwesenheit der beiden, um mit Valentina und Doktor Destino weitere ungeklärte Fragen zu besprechen. Mit ihrer Hilfe war es gleich viel leichter, da unsere Verständigung nicht mehr an mangelnden Sprachkenntnissen scheitern musste.

Unter anderem fragte Doktor Destino, ob wir Stellas Leiche zur Obduktion freigeben wollten. Er erklärte uns, dass er in der Nacht zuvor keine Auffälligkeiten an Stella hätte entdecken können. Des Weiteren war er der Ansicht, dass es wichtig sein könnte, die Ursache für ihren Tod herauszufinden, falls wir weiterhin einen Kinderwunsch hätten. Seine Argumente leuchteten uns ein, und wir teilten seine Meinung; wenngleich uns der Gedanke an eine Obduktion unserer kleinen Tochter nicht behagte. Er teilte uns zudem mit, dass es Wochen und sogar Monate dauern könne, bis der Bericht vorliege; dennoch: Wir wollten unbedingt wissen, woran unsere Tochter gestorben war, und stimmten der Untersuchung durch unsere Unterschrift zu.

Nach diesem Gespräch verließen Valentina und Doktor Destino den Raum. Valentina wollte später noch einmal nach uns sehen.

In der Zwischenzeit begleitete Jens seine beiden Kollegen wieder zum Auto. Michael wollte uns bald erneut aufsuchen. Er sicherte uns zu, sich um alles zu kümmern, was anfallen würde. Er wollte sich mit einem Bestattungsunternehmen in Verbindung setzen und sich erkundigen, wie alles vonstatten gehen sollte; welche Dokumente nötig seien und so weiter.

Wir waren ihm unendlich dankbar für sein Hilfsangebot, da uns der Kopf nicht nach solchen administrativen Dingen stand.
Während Jens gerade mit seinen beiden Kollegen auf dem Weg nach unten war, betrat Valentina erneut das Zimmer. Sie sagte, dass sie noch etwas vergessen habe, und griff in ihre Kitteltasche, aus der sie ein viereckiges Stück Papier mit schwarzer Rückseite hervorholte. Es war ein Polaroid-Foto. Sie übergab es mir mit den Worten: „Das habe ich eben vergessen, Ihnen zu geben. Ich habe es extra noch für Sie gemacht.“ Es war ein Foto von Stella. Sofort brach ich in Tränen der Dankbarkeit für diese unerwartete Geste aus und hatte Mühe, mich wieder zu beruhigen. Wir hatten ja selbst in jener Nacht Bilder mit der digitalen Kamera geschossen, aber die hatte ich zwischenzeitlich noch nicht betrachten können. Valentina überließ mich meiner Trauer und verließ erneut den Raum, nachdem sie ein weiteres Mal sanft tröstend meine Hand gedrückt hatte. Vorsichtig strich ich mit dem Zeigefinger über das Foto und flüsterte: „Ach, meine kleine Maus … Warum nur?“
Jens war inzwischen wieder zurückgekommen, als es erneut an der Tür klopfte. Ein Kollege, den Jens nun schon viele Jahre aus Deutschland kannte, und seine Frau betraten den Raum. Kurz zuvor hatten wir bei den beiden noch zusammen gut gegessen und einen schönen Abend verbracht. Sie verloren keine großen Worte. Helga kam sofort auf mich zu und nahm mich weinend in den Arm. Sie versprach: „Wenn ihr uns braucht, wir sind immer für euch da – egal wann. Und wenn du dein Baby noch einmal sehen möchtest und dich nicht traust, begleite ich dich gerne.“
Ihre eigene Tochter hatte vor Jahren ein Kind verloren. Sie wusste vermutlich genau deshalb, welche Worte in dieser Situation eine Wohltat für unsere Seele waren.
Ihr Mann Uwe hingegen hielt die Situation nach wenigen Minuten nicht mehr aus und verließ wortlos das Zimmer, was Jens und mich zugegebenermaßen verwirrte. Es fiel uns schwer, sein Verhalten zu deuten, und wir fragten uns: „Was hat er denn? Wieso geht er?“, zumal er vor dem Verlassen des Raums nicht einmal etwas gesagt hatte.
Später erfuhren wir, dass er sich seiner Tränen geschämt und deshalb den Raum verlassen hatte. Dennoch fiel es uns nicht leicht, Verständnis für sein Handeln aufzubringen. Wir dachten damals: „Wir sind doch diejenigen, die ihre Tochter verloren haben. Wir können doch auch nicht davonlaufen. Wieso darf er das?“
Zu diesem Zeitpunkt musste ich das erste Mal feststellen, dass jeder Mensch auf seine ganz eigene Art mit Trauer umgeht. Zunehmend wurden unsere Ansichten engstirniger und wir konnten uns nicht dagegen wehren,

obwohl wir uns selbst nicht erklären konnten, warum wir plötzlich bei so vielen Kleinigkeiten so verständnislos reagierten.
Am nächsten Tag kündigte sich Michael erneut bei uns an. Er hatte zwischenzeitlich diverse Dinge herausgefunden und organisiert. Jens und ich wollten uns vor dem Krankenhausgebäude im Park mit ihm treffen, weil wir es in dem kleinen, stickigen Zimmer kaum noch aushielten und es ohnehin ein sonniger, warmer Tag war. Wir gingen also langsam den Flur entlang in Richtung Aufzug. Ich hatte noch starke Schmerzen von den Dammschnitten und kam nur beschwerlich voran. Wir stiegen in den Aufzug und fuhren in das Erdgeschoss. Die Tür öffnete sich. Vor uns stand ein junger Mann. Er hielt eine leere Baby-Autoschale in seinen Händen und war offensichtlich in Begriff, seine Frau und sein Neugeborenes abzuholen. Wie in Trance verließen wir den Aufzug. Jens musste mich halten, sonst wäre ich zusammengebrochen.
Der Anblick des jungen Vaters mit dieser Autoschale in der Hand war zu viel für mich. Ich schaffte es nur mit viel Mühe, mich zu beruhigen und die Tränen abzustellen. Damals dachte ich: „Warum darf er sein Baby mitnehmen und wir nicht? Das ist doch ungerecht.“ Immer wieder kam diese Frage auf: „WARUM WIR?“ In diesem Augenblick habe ich ihm sein Baby nicht einmal gegönnt – so hart das vielleicht klingen mag.
Michael hatte in der Zwischenzeit gute Arbeit geleistet. Wir waren verblüfft, was er alles für uns herausgefunden und erledigt hatte. Er wusste, welche Papiere für die Ämter und Botschaft nötig waren, und hielt bereits diverse Anträge in seinen Händen. Er hatte Preise und Informationen eines ortsansässigen Bestattungsunternehmens eingeholt. Zudem hatte er mit Valentina telefoniert und sich detailliert über die Möglichkeit einer Verabschiedung in der Krankenhaus-Kapelle erkundigt. Des Weiteren hatte er zwischenzeitlich Kontakt zu einem deutschen Pfarrer aufgenommen, der sich um die Zeremonie kümmern sollte.
Zu all diesen Dingen hatten wir Michael nicht aufgefordert. Er hatte alles in Eigeninitiative organisiert. Wir waren ihm unbeschreiblich dankbar dafür, da er uns damit enorm entlastete – ein paar Sorgen weniger.
Ich telefonierte regelmäßig mit meinen Eltern. Sie waren besorgt und hatten bereits einen Flug für meine Mutter nach Italien organisiert. Ganz bald schon würde sie kommen und mich in die Arme nehmen. Nie fehlten mir meine Eltern so sehr wie in diesen Stunden. Ich konnte ihre Ankunft kaum noch erwarten.
Auch Jens' Mutter rief uns im Krankenhaus an. Es war das erste Telefonat nach unserem Anruf aus dem Kreißsaal. Erst sprach sie mit Jens, dann reichte er mir den Hörer. Meine Schwiegermutter sagte weinend: „Mein

armer Sohn. Er tut mir so leid. Was kann ich nur für ihn tun? Ich muss ständig weinen. Erst seine Scheidung und jetzt das."

Ich konnte nicht glauben, was ich da hörte. Konnte sie wirklich so unsensibel sein? Ich fühlte mich wie vor den Kopf gestoßen und antwortete nur noch aus Anstand. Anstatt sich nach meinem Befinden zu erkundigen, hatte meine Schwiegermutter nichts Besseres zu tun, als mir Vorwürfe zu machen sowie sich selbst und ihren Sohn zu bemitleiden. So jedenfalls fühlte es sich an. Dabei war es doch ich gewesen, die gerade das Baby, das über Stunden tot in mir lag, geboren hatte. Und was hatte ich mit der unglücklichen Ehe ihres Sohnes zu tun? War ich es etwa, die ihn nach ihrer Ansicht ins Unglück gestürzt hatte? Oder war ich einfach nur unfähig, ein Kind lebend zur Welt zu bringen? Ich verspürte in diesem Moment eine tiefe Wut. Wut und Unverständnis für das Verhalten dieser Frau – meiner Schwiegermutter.

7 Zu Hause? Wo ist das?

Ständig fragte ich mich während der vielen Zeit, die man in einem Krankenhaus hat, wo Stella sich wohl gerade befände. Beim Vorbeigehen an fast jeder Tür, die keine Tür zu einem Patientenzimmer zu sein schien, grübelte ich darüber nach, ob man sie vielleicht dort aufbewahrte. Ich fragte mich, ob man sie in einen dieser Kühlschränke für Leichen gelegt hatte. Die Gedanken darüber fraßen mich förmlich auf. Mir ging es zunehmend schlechter in den Räumlichkeiten des Krankenhauses. Wozu also bleiben? Medizinisch wurde ich ohnehin nicht weiter versorgt, da die Notwendigkeit hierzu nicht bestand. Jens und ich wollten heim. Nur noch nach Hause. Wir baten also um eine frühzeitige Entlassung, die uns schließlich auf eigenes Risiko gewährt wurde.
Wir saßen im Auto und begaben uns auf den Heimweg. Wieder wurde uns bewusst, dass wir eine völlig andere Vorstellung von diesem Augenblick gehabt hatten. Eigentlich hätte unsere kleine Tochter in ihrer Babyschale mitfahren sollen – mit nach Hause. Aber diese blieb nun leer. Jens hatte sie bereits aus dem Auto genommen, damit mich ihr Anblick nicht noch einmal derart aus der Bahn werfen würde wie der kurz zuvor am Krankenhausaufzug. Ich war ihm sehr dankbar für diese Maßnahme. Leise weinte ich vor mich hin, während ich meinen Gedanken nachhing.
Unweit vom Krankenhaus mussten wir tanken. Als wir an der Tanksäule hielten, erkannten wir einen Arbeitskollegen von Jens, dessen Frau im Auto wartete, an der gegenüberliegenden Zapfsäule. Sofort wurde mir unwohl. Ich wollte mich am liebsten in unserem Auto verkriechen und rutschte immer tiefer in den Sitz. Unter keinen Umständen wollte ich jemanden sehen müssen. Sicher hätten sie mich auf meinen Babybauch angesprochen, der immer noch beachtlich war, obwohl ich Stella ja bereits geboren hatte. Was hätten wir ihnen dann sagen sollen? Ich sah mich nicht in der Lage, mit jemandem, den ich kaum kannte, darüber zu sprechen, was geschehen war.
Jens wartete einen Augenblick, bevor er aus dem Auto stieg, und tat so, als hätte er niemanden gesehen. Zu unserem Glück fuhren sie davon, ohne uns bemerkt zu haben. Welch eine Erleichterung! Wir setzten unsere Fahrt fort.
Zu Hause angekommen öffnete Jens den Briefkasten, der sich vor unserem Haus neben dem Eingangstor befindet. Abgesehen von einer unfrankierten Karte, mit unseren Namen darauf, befand sich darin ein Probe-Abo einer Babyzeitschrift, welches ich kurz zuvor angefordert hatte. Der Anblick dieser Zeitschrift traf mich wie ein Schlag ins Gesicht. Was sollte ich jetzt

noch damit? Hätte ich geahnt, was diese Zeitschrift nach all dem Geschehenen in mir auslösen könnte, hätte ich sie nie bestellt.
Leider sollte es nicht das erste und letzte Mal sein, dass mir ein paar Buchstaben, auf einfachen Blättern gedruckt, derart zusetzten. Auch in den kommenden Tagen und Wochen erreichten uns häufig Babyzeitschriften und Glückwünsche durch Hersteller von Babyprodukten, da wir uns nach und nach, kurz vor Stellas Geburt, in verschiedene Werbeblättchen eingetragen hatten.
Jens nahm mir die Zeitung liebevoll aus der Hand: „Komm, ich nehme sie und werfe sie gleich weg."
Die Karte, die sich neben der Zeitschrift im Briefkasten befunden hatte, war von einem befreundeten Paar, welches unweit von uns wohnte. Unser Schicksal hatte sich also bereits herumgesprochen. Fast alle Freunde waren auch gleichzeitig Arbeitskollegen von Jens. Kein Wunder also, dass es nicht lange gedauert hatte. Die Karte war liebevoll gestaltet und enthielt ein Gedicht über Sternenkinder. Daneben eine Erklärung über den Begriff „Sternenkinder". Bis dahin hatte ich noch nie etwas darüber gehört oder gelesen. Die Absender hatten uns außerdem einen Internet-Link ans Herz gelegt. Ein Forum zum Austausch betroffener Eltern, die ihre Kinder verloren hatten. Aber damit würden wir uns erst später beschäftigen.
Zunächst einmal betraten wir unser zu Hause. Jens schritt als allererstes zielstrebig in Richtung Kinderzimmer und schloss die Tür. Obgleich uns Freunde angeboten hatten, das Kinderzimmer vor unserer Heimkehr leer zu räumen, lehnten wir dieses Angebot ab. Wir waren uns demnach im Klaren darüber, dass wir es fertig eingerichtet vorfinden würden – so wie wir es verlassen hatten.
Ich schaute Jens fragend an, woraufhin er entgegnete: „Den Anblick des Zimmers ertrage ich jetzt nicht." Ich verstand sofort, was er meinte. Ich hatte erst gar nicht hineingeschaut, da es mir in diesem Augenblick nicht anders erging als meinem Mann. Auch mir hätte der Anblick der Kinderzimmereinrichtung sicherlich schwer zugesetzt.
Wir gingen Hand in Hand durch das ebenerdige, mediterrane Haus, welches wir zwischenzeitlich liebevoll eingerichtet hatten. Sonnige Farben an den Wänden unterstrichen unsere tollen neuen Holzmöbel im Kolonialstil. Alles perfekt aufeinander abgestimmt. Aber war das wirklich unser Haus? Denn wir fühlten uns plötzlich fremd in den eigenen vier Wänden. Wir schauten in den Garten, der sich noch im Aufbau befand. Dort standen auch alle Materialien für den Bau unseres Holz-Pools, den wir kürzlich erst gekauft hatten. Dieser Anblick war zu viel für mich. Ich sagte fast wütend zu Jens: „Von mir aus kann den jemand geschenkt haben. Was sollen wir mit einem

Pool? Wir wollten doch mit unserem Baby darin schwimmen. Ohne Stella ist das doch gar nichts wert."

Oft hatten wir uns ausgemalt, wie schön es werden würde, gemeinsam mit ihr an warmen Tagen in diesem Pool zu planschen. Immer wieder hatten wir davon gesprochen. Und in diesem Augenblick war erneut ein Traum geplatzt, eine weitere Vorstellung zunichte gemacht.

Jens und ich legten uns eng umschlungen auf die Wohnzimmercouch und weinten viele Stunden, bevor wir ins Bett gingen. Am nächsten Morgen wachten wir auf, wie wir eingeschlafen waren: weinend! In diesem Moment konnte ich mir nicht vorstellen, dass wir jemals wieder ohne Tränen einschlafen oder aufwachen würden. Alles tat so weh. Mein Herzschmerz strahlte bis in die Magengegend. Es fühlte sich an wie die Angst vor einer wichtigen Prüfung, nur um ein Vielfaches intensiver!

An diesem Tag meldete ich mich am Computer gleich in jenem Sternenkinder-Forum an, das mir unsere Bekannte in ihrer Beileidskarte ans Herz gelegt hatte. Ich las dort und auf diversen privaten Homepages viele Stunden über die Schicksale gleichermaßen Betroffener. Die meisten der Geschichten rührten mich zu Tränen. Wusste ich doch nun genau, was diese mir im Grunde fremden Menschen erlebt hatten.

Ich verspürte den Wunsch, Stella ebenso unvergessen zu machen, wie es schon andere vor uns mit ihren Kindern getan hatten. So schrieb ich unser Erlebtes auf. Ich eröffnete einen Forumsbeitrag und widmete ihn unserer Tochter. Schon bald erhielt ich viele wohltuende Antworten. Die anderen Nutzer des Forums sprachen Jens und mir ihr Beileid aus. Aus ihren Worten erkannte ich, dass sie wussten, wie ich fühlte, da sie selbst betroffen waren. Das erste Mal spürte ich: Wir sind nicht allein! Und dieses Gefühl tat ungemein gut.

Der Austausch mit anderen „verwaisten" Eltern verstärkte meinen Wunsch, der Welt von Stella zu erzählen. Ich bewunderte jene, die mit einer Selbstverständlichkeit von ihren Kindern berichteten, als seien sie unter normalen Umständen geboren. Die Eltern dieser Kinder verkündeten der virtuellen Welt voller Stolz die Ankunft ihres Kindes, wenn auch zugleich die Trauer um dasselbige vorherrschend blieb. Genauso wollte ich auch mit der stillen Geburt unserer Tochter umgehen. Also begann ich, eine eigene Homepage zu erstellen. Ich arbeitete über drei oder vier Tage rund um die Uhr daran – bis sie endlich fertig war! Erst dann hatte ich das Gefühl, etwas zur Ruhe kommen zu können. Ich stand wie unter Zwang, bis ich die Seiten endlich gestaltet hatte.

Als ich im Internet erfuhr, wie andere Betroffene von den Mitarbeitern des jeweiligen Krankenhauses, in dem sie ihre Kinder still geboren hatten,

während und nach der Geburt betreut worden waren, wurde ich manchmal regelrecht neidisch. Viele hatten ihre Kinder lange bei sich behalten, bevor sie sich für immer von ihnen verabschiedeten. Manche ließen sie sogar ein weiteres Mal, zum Beispiel am Folgetag, kommen. Die meisten hatten viele schöne Erinnerungs-Fotos gemacht. Oft wurden in den Krankenhäusern zudem Fuß- und Handabdrücke erstellt, die die Eltern dann mit nach Hause nehmen durften.
Auf die Idee mit den Abdrücken kamen wir in der damaligen Schocksituation, unmittelbar nach Stellas Geburt, von alleine nicht, und die Möglichkeit wurde uns seitens des Krankenhauspersonals auch gar nicht erst aufgezeigt; was ich sehr bedauerte, als ich nun erfuhr, wie andere Geburtsstätten mit der Thematik „Totgeburt" umgingen.
Sofort am nächsten Tag rief ich im Krankenhaus an, um wenigstens die Abdrücke nachholen zu lassen, bevor Stella in die Pathologie gebracht werden würde. Leider war Stella schon unterwegs dorthin. Doch ich hatte Glück im Unglück: Unsere „besondere Hebamme" Valentina rief in der Pathologie an und ließ die Abdrücke dort machen, um sie mir kurz darauf zuzuschicken – und das, obwohl sie sehr erstaunt über unseren Wunsch schien, den zuvor scheinbar noch niemand ihr gegenüber geäußert hatte; zumindest nicht bei einem toten Kind. Ich war unbeschreiblich glücklich, wenigstens noch dieses Andenken an Stella ergattert zu haben.

8 Die ersten Tage danach

Das Telefon stand gar nicht mehr still. Jeder wollte wissen, wie es uns ging. Manche riefen an, um uns zu fragen, ob das Baby schon da sei. Statt der freudigen Nachricht erhielten sie jedoch die traurige Mitteilung vom Tod unserer Tochter. Alle waren geschockt, als sie erfuhren, was geschehen war.
Nach und nach trafen immer mehr Beileidskarten und E-Mails bei uns ein. Manche, die von unserem Schicksal erfahren hatten, trauten sich nicht uns anzurufen und schrieben Sätze wie: „Wir sind für euch da", „Wir finden keine Worte und sind ganz nah bei euch", „Es tut uns so leid" oder „Wir weinen mit euch." Jedes einzelne Wort, jeder einzelne Brief war Balsam für unsere Seele, und doch wurde der Schmerz nicht merklich gelindert.
Bald mussten wir eingestehen, dass uns niemand helfen konnte. So lieb es auch alle meinten. Irgendwann wurden mir all diese Telefonate zu viel und ich ging nicht mehr ans Telefon. Ich wollte mit niemandem mehr sprechen. War es leid, das Erlebte immer wieder zu erzählen, oder zu hören, wenn Jens es erzählte. Nur mit meinen Eltern wollte ich sprechen. Sie taten mir gut!
Trotzdem gab es zwei Menschen, denen ich die Nachricht vom Tod unserer Tochter persönlich überbringen wollte. Meine beiden besten Freunde in Deutschland, Katja und Kai.
Katja und Kai waren einmal ein Paar. Kai lernte ich bereits 1999, während meiner Zeit als Single in der Großstadt, über eine Kontaktanzeige kennen. Seitdem war er mein bester Freund, wenngleich wir eigentlich nach einem geeigneten Lebenspartner gesucht hatten. Da von Anfang an, im Grunde seit unserem ersten Treffen auf einem Weihnachtsmarkt, absolut ausgeschlossen war, dass wir jemals ein Paar werden würden – das hätte auch ziemlich lustig ausgesehen, so extrem verschieden, wie wir sind, rein äußerlich betrachtet –, konnten wir uns ausschließlich auf eine Freundschaft miteinander konzentrieren; was ja manchmal zwischen Mann und Frau gar nicht so einfach ist, wenn plötzlich doch Gefühle ins Spiel kommen.
Wir teilten die Leidenschaft für das Tanzen und belegten direkt in den Anfängen unseres Kennenlernens einen Salsakurs zusammen. Seither verbrachte ich einen Großteil meiner Freizeit mit Kai. Bald kannte man uns in der Salsa-Tanzszene unserer Stadt sowie der näheren Umgebung, wo wir fast nur noch gemeinsam auftraten. Wir waren bekannt als das ungleiche Paar, das tänzerisch so ungemein miteinander harmonierte.
Aber auch sonst verbrachten wir viel Zeit miteinander. Wir sprachen offen über alles, was uns in den Sinn kam. Besonders über unsere immer wieder verkorksten und wechselnden Beziehungen.

Kai lernte Katja kennen, als wir schon einige Zeit miteinander befreundet waren. Anfangs verstand ich mich nicht sonderlich gut mit Katja. Typische Frauen eben: Sie war eifersüchtig auf mich, wenn sie Kai und mich tanzen sah, weil sie glaubte, dass da etwas zwischen uns laufen könnte. Ich wiederum war eifersüchtig auf sie, weil sie plötzlich einen Großteil der Freizeit, die ich bisher mit meinem besten Freund verbracht hatte, einnahm, zumal sie einige hundert Kilometer von uns entfernt wohnte.
Doch das legte sich schnell und fortan unternahmen wir viel zu dritt; später, nachdem ich Jens kennengelernt hatte, zu viert.
Als Katja und Kai sich trennten, hielt ich dennoch die Freundschaft zu beiden. Und als gerade die schwierige Zeit mit Jens begann – während des ersten Jahres unserer Beziehung – war Katja für mich da. Wir fuhren mehrmals gemeinsam in Urlaub und erlebten viel zusammen. Die Freundschaft war intensiv, wenngleich wir uns, aufgrund der Entfernung zwischen den Wohnorten, nicht sehr regelmäßig sehen konnten.
Kai hingegen sah ich weiterhin jede Woche, solange ich noch in der Großstadt lebte. Spätestens mittwochs zum gemeinsamen Salsa-Tanzen; aber auch regelmäßig an den Wochenenden.
Das wurde erst seltener, als Kai seine neue Traumfrau Jasmin kennenlernte, die ebenfalls einige hundert Kilometer entfernt wohnte, und ich zu Jens in eine andere Stadt zog. Selbst dann hielten wir stetig Kontakt per Telefon oder Mail und trafen uns, so oft es eben über die neue Distanz unserer beiden Wohnorte möglich war.
Katja wurde später meine Trauzeugin. Ich hatte mich damals für sie entschieden, weil ich wusste, dass es ihr mehr bedeuten würde als Kai.
Dennoch waren natürlich sowohl Katja als auch Kai bei unserer Hochzeit anwesend. Katja ohne Begleitung. Kai mit seiner neuen Partnerin Jasmin und ihrer elfjährigen Tochter Alyssa. Jasmin fing damals den Brautstrauß. Jens und ich stichelten daraufhin etwas, da Kai nicht der Typ fürs Heiraten war. Jasmin hingegen träumte durchaus von einer gemeinsamen Familie, was sie auch nicht verschwieg.
Auch als wir Kai und Jasmin in der Weihnachtszeit, kurz vor unserem Umzug nach Italien, besuchten, hörten wir heraus, dass sich Jasmin durchaus noch einmal ein Baby mit Kai als Vater vorstellen könnte. Sie bestaunte meinen runden Babybauch voller Freude und streichelte ihn bei jeder Gelegenheit.
Jedenfalls rief ich zunächst bei Jasmin und Kai zu Hause an, da auch sie zwischenzeitlich zusammengezogen waren. Nur der Anrufbeantworter sprang an, und ich hinterließ eine Nachricht, mit der Bitte um dringenden Rückruf bei uns zu Hause. Katja konnte ich ebenfalls nicht erreichen. Es

dauerte nicht lange und Jasmin erwiderte meinen Anruf. Ich erzählte ihr, was geschehen war. Sie war binnen Sekunden völlig aufgelöst und fragte uns hilfsbereit, ob sie kommen solle. Wir lehnten ihr lieb gemeintes Angebot ab, weil wir wussten, dass es schwierig für sie würde, da sie ja selbst eine Tochter hatte, die sie umsorgen musste, und zudem berufstätig war. Sie versprach, Kai, der gerade nicht da war, sofort über alles in Kenntnis zu setzen. Er würde sich dann sicher umgehend bei uns melden. Ich wartete also auf seinen Rückruf. Schließlich war er es, den ich meinen besten Freund nannte, obwohl Jasmin mittlerweile ein fester Bestandteil unseres Freundeskreises geworden war.
Auf den Rückruf meines besten Freundes warte ich bis heute noch vergeblich. Zwischenzeitlich haben sich Kai und Jasmin voneinander getrennt. Jasmin hat Kai mehrfach erinnert, dass er sich doch endlich bei uns melden solle. Doch ihm fehlte bis heute der Mut dazu. Laut Jasmin hat Kai wohl immer wieder begonnen, eine Beileidskarte zu schreiben, aber kam dabei nie zu einem Ergebnis. Ich war maßlos enttäuscht über diese Erfahrung; nach jahrelanger Freundschaft bedeutete mir Kai sehr viel, und ich dachte, dies beruhe auf Gegenseitigkeit. Offenbar ist dem nicht so, auch wenn manche ihn in Schutz nehmen: „Es ist doch sehr schwer, die richtigen Worte zu finden.“ Dem kann ich nur entgegnen: „Was sollen wir denn sagen? Es ist doch noch viel schwerer, mit dem Tod unserer Tochter zu leben!“
Die ersten Wochen war ich richtig wütend auf Kai, weil er sich einfach nicht gemeldet hatte. Irgendwann gab es einen Punkt, an dem ich einen Anruf von ihm nicht mehr entgegengenommen hätte. Mittlerweile würde ich zwar wieder mit ihm reden und das Geschehene besprechen, doch ein Freund würde er nie wieder für mich werden. Vermutlich war er nie ein wahrer Freund?!
Und Katja? Was soll ich sagen … Auch sie habe ich bis heute nicht gesprochen. Nachdem ich zu Jens gezogen war, hielten Katja und ich den Kontakt häufig per Computer-Chat.
Irgendwann nach dem Tod von Stella waren wir gemeinsam „online“ und sie schrieb mich wie üblich an. Sie konnte schließlich nicht ahnen, was geschehen war. Da ich am Telefon in Tränen ausgebrochen wäre, berichtete ich ihr vom Tod meiner Tochter im Messenger. Sie reagierte wie viele auf diese Nachricht: mit Bestürzung. Aber weiter? Nichts. Keine Anrufe, keine Beileidskarte, kein Angebot, zu mir zu kommen, um mir beizustehen. Nichts!
Jens wusste von meiner Enttäuschung darüber, dass sich Katja nicht weiter zu dem Tod von Stella geäußert hatte, und sprach sie später noch einmal von sich aus darauf an. Er erklärte ihr, dass ich sie bräuchte und dass er ihr gerne einen Flug nach Italien bezahlen würde, falls sie kommen wolle.

Aber Katja wand sich heraus: Sie habe einen Wasserschaden in der kompletten Wohnung und ihre Mutter, mit der sie zusammenlebte, sei arbeitslos geworden. Das alles würde es ihr unmöglich machen zu kommen. Wir hätten ihr diese „Geschichte“ wohl abgenommen, wäre sie nicht (wie sonst auch) 24 Stunden am Tag online gewesen. Wie konnte sie 24 Stunden online sein und gleichzeitig einen Wasserschaden überall in der Wohnung haben? Das war uns schleierhaft.
Viele Monate nach Stellas Tod habe ich noch einmal mit ihr Kontakt aufgenommen. Sie redete sich erneut mit dem Wasserschaden und der Arbeitslosigkeit ihrer Mutter heraus. Trotzdem lud ich sie ein, uns in Italien besuchen zu kommen, versuchte ihr Verhalten zu entschuldigen. Doch bis heute kam nichts mehr von ihrer Seite.
Ich habe also nicht nur meine Tochter verloren, sondern auch meine beiden (so dachte ich damals zumindest) besten Freunde!
Endlich war es so weit. Meine Mutter sollte wenige Tage nach meiner Entlassung aus dem Krankenhaus auf dem Flughafen von Bari landen. Ich ersehnte ihre Ankunft sehr – als Wohltat für meine Seele und meinen Körper, der sich extrem langsam von den Strapazen dieser glücklosen Schwangerschaft erholte; offenbar ließ er sich von meiner Seele überzeugen, dass es keinen Sinn mehr machte, wie üblich zu funktionieren. Zudem würde meine Mutter Jens und mir sicherlich helfen, zurück in ein einigermaßen geordnetes Leben – einen Alltag – zu finden. Unsere Tage waren nur noch bestimmt von wirrem Durcheinander und Ziellosigkeit. Unsere Gespräche in den letzten Tagen vor ihrer Ankunft hatten sich nur noch um Stella gedreht. Ansonsten waren unsere Worte und Handlungen leer – ohne jeden Sinn.
Jens und ich warteten bereits eine gute halbe Stunde auf meine Mutter, als sie endlich aus dem Sicherheitsbereich der Flughafenankunft kam. Wortlos gingen wir aufeinander zu und fingen sofort an zu weinen. Dann nahmen wir uns ganz lange, ganz fest in den Arm. Ich wollte sie gar nicht mehr loslassen. Ihre Nähe tat so gut. Ich hatte sie noch nie so herbeigesehnt und gebraucht wie in diesem Moment.
Neun Tage nach der Geburt von Stella hatte Jens Geburtstag. Natürlich war uns nicht zum Feiern zumute und wir rechneten nicht mit Besuch. Wir saßen gerade im Garten, als jene Bekannte eintraf, die uns damals die Karte mit dem Hinweis auf das Sternenkinder-Forum in den Briefkasten geworfen hatte. Sie war in Begleitung ihrer damals elfjährigen Tochter. Andrea hatte einen Kuchen mitgebracht und darauf Kerzen angezündet. Mit einem fröhlichen "Happy Birthday" betrat sie unser Grundstück und kam auf uns zu.

Ich verstand die Welt nicht mehr – keine Spur von Mitgefühl. Statt dessen ein fröhlicher Geburtstagsgruß. Während ihres gesamten Aufenthalts nicht eine Sekunde Anteilnahme. Andrea stellte ausschließlich Jens' Geburtstag in den Vordergrund. Eigentlich erstaunlich, nach ihrer einfühlsamen Karte, die sie uns damals in den Briefkasten geworfen hatte. Nicht ohne Hintergrund, denn sie selbst war ein „Folgekind". Sie war im Grunde gar nicht mehr geplant, wäre ihre Schwester nicht tot zur Welt gekommen. Sie wusste also von ihrer Mutter, wie es jemandem gehen muss, der ein Kind verloren hat. Und doch überspielte sie alles, als wäre nichts geschehen. Als dürfte man diesen Ehrentag von Jens, seinen Geburtstag, nicht kaputtmachen. Sicher, sie wollte uns damit nichts Böses und versuchte nur, uns abzulenken. Aber in diesem Moment fühlte sich ihr Vorhaben einfach nur falsch an. Ich hätte mich weit mehr über ein Gespräch gefreut, in dem Stella auch vorgekommen wäre.
Vermutlich genau aus diesem Grund konnte ich irgendwann nicht mehr innehalten und fing provokativ an, von Stellas Tod zu erzählen. Ich wollte sie spüren lassen, wie es uns ging, und dass es aus unserer Sicht falsch war, das Geschehene zu überspielen. Dies gelang mir offensichtlich, denn sie stand uns mit hochrotem Kopf und wortlos gegenüber, als wir von unserer Tochter berichteten, was mir letztendlich dann doch fast ein bisschen leid tat.

9 Der Chef

Auch Michael, der Assistent von Jens' Chef, schaute an diesem Tag noch einmal kurz bei uns vorbei und gratulierte meinem Mann persönlich zum Geburtstag. Allerdings viel einfühlsamer als zuvor Andrea. Er fand wie immer die richtigen Worte, um Jens einen Glückwunsch mit Rücksicht auf unsere derzeitige Situation auszusprechen.
An diesem Tag hatte Michael etwas auf dem Herzen. Das spürten wir sofort. Wir fragten ihn, was denn los sei. Er druckste herum, dass da etwas vorgefallen sei und er sich gar nicht trauen würde, es uns zu erzählen, da wir schließlich ohnehin schon genug Sorgen hätten. Wir bohrten so lange, bis er uns endlich anvertraute, was geschehen war.
Eigentlich war es in der sehr familiär orientierten Firma meines Mannes bis dato üblich gewesen – insbesondere aufgrund der Tatsache, dass wir erst kurze Zeit im Ausland lebten –, als Vorgesetzter im Namen der Firma in solch tragischen Fällen Kontakt zu seinen Mitarbeitern aufzunehmen. Wir waren ein wenig traurig darüber, dass sich Jens' Chef bis dahin jedoch nicht bei uns gemeldet hatte, akzeptierten es aber zunächst, weil wir ganz andere Sorgen hatten, als uns den Kopf darüber zu zerbrechen.
Jedenfalls hatte Jens Michael täglich über unser Befinden und den Fortschritt der Organisation für die anstehende Trauerfeier auf dem Laufenden gehalten. Michael wiederum informierte ihren gemeinsamen Chef darüber, und für uns war es selbstverständlich, dass Jens so lange Urlaub nehmen konnte, wie er es in dieser Situation brauchte. Zumindest bis es ihm besser ging und wir alles, einschließlich der Beerdigung, hinter uns gebracht hatten. So hatte es Michael Jens ja auch unmittelbar nach Stellas Tod aus der Chefetage ausrichten lassen: Jens solle sich ruhig Zeit lassen und sich melden, wenn es ihm besser ginge.
Schließlich arbeitet Jens in einer Position, in der hundert Prozent Aufmerksamkeit nötig ist, um ihn oder andere Personen seines Umkreises nicht in Lebensgefahr zu bringen.
Nun hatte sich Jens' Chef wohl – so erzählte uns Michael, nachdem wir lange genug nachgehakt hatten, was ihm denn auf dem Herzen läge –, in einer Runde anwesender Kollegen folgendermaßen über Jens geäußert: „Es ist ohnehin noch zu klären, wieso DER LENZEN immer noch unbegründet von der Arbeit wegbleibt."
Wir waren geschockt! Nicht nur, dass wir erwartet hatten, dass er sich bei uns melden würde, um uns seine Hilfe anzubieten und/oder sein Beileid auszusprechen. Jetzt auch noch diese Aussage – mit einer derart unangebrachten Wortwahl! Wir fanden es ungemein respektlos, jemanden

als DER LENZEN zu bezeichnen, zumal Jens als engagierter Mitarbeiter über zwanzig Jahre für diese Firma tätig war – was immerhin mehr als die Hälfte seines Lebens ausmachte!
Wir verstanden die Welt nicht mehr und wurden ungemein wütend. Wütend über die Tatsache, dass Jens' Chef offenbar keinerlei Verständnis dafür hatte, dass mein Mann sich nicht in der Lage sah, arbeiten zu gehen. Nicht zuletzt, um sich selbst und andere nicht zu gefährden. Neben unserer Wut fühlten wir uns unnötigerweise belastet. Hatten wir wirklich etwas falsch gemacht? Wir hatten den Chef doch sogar noch aus dem Kreißsaal informieren wollen und ihm am Ende, da er nicht erreichbar war, ausrichten lassen, was geschehen war. Wir hatten ihn ständig über Michael auf dem Laufenden gehalten. Und nun bekamen wir richtige Bauchschmerzen von dem, was er da „vom Stapel gelassen" hatte.
Bis spät in den Abend unterhielten wir uns mit Michael und meiner Mutter über die Situation und gingen irgendwann mit Kopfschmerzen von all der Grübelei zu Bett.
Am nächsten Tag hielt ein unbekanntes Auto vor unserer Toreinfahrt, und zwei Männer stiegen aus. Jens erkannte einen von ihnen: Es war der Assistent des Chefs der italienischen Seite. In der Firma, für die Jens arbeitet, gibt es eine deutsche und eine italienische Geschäftsführung. Es handelte sich also um jemanden, der eine ähnliche Position innehatte wie Michael.
Der persönliche Assistent des italienischen Chefs hielt einen Blumenstrauß in seinen Händen und kam im Garten auf uns zu; wir hatten gerade auf der Terrasse gesessen, als er uns beim Betreten des Grundstücks entdeckte. Er stellte sich uns vor und sprach uns offiziell im Namen seines Chefs und der gesamten italienischen Belegschaft sein Beileid aus. Dann umarmte er mich kurz voller Anteilnahme und übergab mir den wunderschönen Blumenstrauß. Er erzählte uns mit Tränen in den Augen, die er zu unterdrücken versuchte, dass er selbst Kinder habe und es das Schlimmste für ihn wäre, wenn ihm und seiner Familie das Gleiche wie uns widerfahren würde.
Jens und ich waren verblüfft und erfreut zugleich. Wir wussten gar nicht, was wir sagen sollten. Die Italiener hatten genau so reagiert, wie wir es von den Deutschen erhofft und in gewisser Weise sogar erwartet hatten. Jetzt war die Enttäuschung über Jens' Chef noch größer als zuvor.
Wir erzählten dem italienischen Assistenten, dass sich Jens' deutscher Chef nach mittlerweile knapp eineinhalb Wochen, die zwischenzeitlich vergangen waren, noch gar nicht hatte blicken lassen, und wie er sich gegenüber einigen seiner Mitarbeiter zu Jens' Abwesenheit geäußert hatte;

er konnte es kaum fassen, war bestürzt über das Verhalten seines deutschen Kollegen und wollte mit seinem Chef, dem Geschäftsführer der italienischen Seite, darüber sprechen. Er teilte unsere Meinung, dass es insbesondere für Mitarbeiter im Ausland ungemein wichtig ist, in Extremfällen wie einem Todesfall einen Rückhalt vom Arbeitgeber zu erhalten; gerade weil man aufgrund der großen Distanz zwischen dem Wohnsitz im europäischen Ausland und der Heimat in Deutschland nur eingeschränkten Rückhalt von seiner Familie erfahren kann. Vor allem dann, wenn die betroffene Familie erst vor Kurzem umgezogen ist und somit noch keine hinreichenden Sozialkontakte knüpfen konnte, wie es bei uns der Fall war.

Wir konnten nicht ahnen, welche Auswirkungen unsere Offenheit gegenüber dem Assistenten des italienischen Chefs haben und was sie auslösen würde. Michael erzählte uns später, dass der italienische Geschäftsführer, nachdem er von seinem Mitarbeiter von all dem erfahren hatte, am Tag darauf die gesamte Belegschaft, sowohl der italienischen als auch der deutschen Seite, zusammengerufen hatte, um ihnen mitzuteilen, wie enttäuscht er über das Verhalten der deutschen Geschäftsführung sowie der Kollegen von Jens sei. Er warf ihnen fehlenden Zusammenhalt und gefühlloses Verhalten vor.

Für uns war diese Ansprache eine Genugtuung. Endlich mal jemand, der uns verstand und sich ungefragt gegenüber Jens' Chef für uns einsetzte. Zumal es jemand war, von dem wir es am wenigsten hätten verlangen können.

Für den Geschmack der deutschen Geschäftsführung und den von Jens' Kollegen war diese Ansprache wohl ein wenig zu hart. Sie fühlten sich angegriffen, und das wiederum fiel ungewollt negativ auf Jens und mich zurück.

Erneut bekamen wir „Bauchschmerzen", als wir von dem Aufruhr erfuhren. Jetzt war zwar gesagt worden, was wir insgeheim gerne selbst ausgesprochen hätten. Dafür waren jedoch auch einige Leute nun mächtig „sauer" auf uns. Dennoch konnten wir damit besser leben als mit einer unausgesprochenen Wut im Bauch.

Es dauerte nicht sehr lange und Herr Fischer, ein Vertreter der deutschen Geschäftsführung, den Jens seit vielen Jahren kannte, kündigte sich telefonisch bei uns an. Herr Fischer hatte bereits mit Jens' Vater in derselben Branche zusammengearbeitet. Er kannte Jens schon, als dieser noch ein kleiner Junge gewesen war, und schätzte ihn als Menschen und Mitarbeiter sehr!

Wir sprachen über die Rede des italienischen Chefs gegenüber der Firmenbelegschaft und schilderten ihm, wie es unserer Ansicht nach dazu kommen konnte. Wir ließen unserer Wut über die Aussage des deutschen Chefs, der Herrn Fischer untergeordnet war, freien Lauf.
Herr Fischer blieb sachlich und hatte viel Verständnis für unsere Situation sowie für unsere Sichtweise. Wir einigten uns mit ihm darauf, dass er das Gespräch mit Jens' Chef suchen würde und dass sich Jens kurzfristig parallel beim Betriebsarzt melden sollte, um sich offiziell auf unbestimmte Zeit krankschreiben zu lassen. Wenigstens so lange, bis es ihm deutlich besser ginge. Damit waren wir einverstanden.
Durch das vertrauliche Gespräch zu Herrn Fischer fiel uns ein dicker Stein vom Herzen. Wir konnten endlich wieder ein wenig aufatmen, da uns die ganze Geschichte doch ganz schön belastet hatte. Wenn man als Eltern um sein Kind trauert, hat man genug mit sich selbst zu tun und möchte sich nicht auch noch über unnötig provokante Äußerungen seines Vorgesetzten aufregen müssen. Es gibt sicherlich andere Wege, sich mit seinem Mitarbeiter auseinanderzusetzen, um eine befriedigende Lösung zu finden.
Jens wurde, wie er es mit Herrn Fischer besprochen hatte, am Tag nach dessen Besuch bei uns beim Betriebsarzt vorstellig. Er schilderte ihm, wie schlecht es ihm ging, und erklärte ihm, dass er sich beim besten Willen nicht in der Lage sehe, seiner Arbeit mit voller Konzentration nachzukommen.
Offensichtlich hatte Herr Fischer bereits mit dem Betriebsarzt Kontakt aufgenommen, denn dieser schrieb Jens großzügig für mehrere Wochen krank. Gleichzeitig überreichte er ihm zwei Schachteln Beruhigungsmittel, für den Fall, dass Jens einmal sehr aufgewühlt sein würde und/oder nicht schlafen könnte.
Obwohl Jens und ich keine Freunde von Medikamenten sind, steckte er die beiden Schachteln mit dem Gedanken ein: „Wer weiß, ob ich sie nicht doch brauchen werde."
Zum Abschied sicherte der Betriebsarzt Jens zu, dass er durchaus gut nachvollziehen könne, wie wir uns in dieser Situation fühlten. Er selbst sei seit Jahren kinderlos, worunter er und seine Frau gleichermaßen zu leiden hätten. Jens dachte nur: „Was für ein Vergleich!"
Es ist uns durchaus bewusst, wie sehr Paare mit dem Schicksal hadern, keine Kinder bekommen zu können, da wir einige Betroffene in unserem Bekanntenkreis haben. Dennoch ist es für uns eine völlig andere Sache, sein Kind leibhaftig in den Händen gehalten zu haben, um es dann für immer verabschieden zu müssen.

Es dauerte nicht lange und Jens erhielt einen Anruf von seinem Chef. Dieser meinte am Telefon: „Ich weiß, ich hätte mich früher bei Ihnen melden sollen. Ich würde mich gerne persönlich mit Ihnen unterhalten. Darf ich Sie besuchen kommen?“ Ich hätte nicht gedacht, dass Jens darauf antwortete: „Darüber muss ich zunächst mit meiner Frau sprechen. Ich weiß nicht, ob es nicht schon zu spät für ein solches Gespräch ist. Ich rufe Sie zurück.“

Nachdem Jens und ich uns eingehend gemeinsam mit meiner Mutter beraten hatten, ob wir ihn zu uns kommen lassen sollten oder nicht, entschieden wir uns, ihm eine Chance zu geben. Wir waren gespannt, was er uns zu sagen hätte, waren uns aber auch einig, dass wir es ihm nicht allzu leicht machen würden. Zu enttäuscht waren wir über den langen Zeitraum, der mittlerweile ohne eine Kontaktaufnahme seinerseits verstrichen war. Zwei Wochen kamen uns angesichts der prekären Situation unangemessen lang vor. Und natürlich waren wir immer noch wütend über seine Aussage im Kreise der Belegschaft.

Meine Mutter zog sich zurück, als Herr Lange eintraf. Er begrüßte Jens und mich mit einem Händedruck an der Tür. Gleichzeitig sprach er uns eher oberflächlich sein Beileid aus. Wir setzten uns ins Wohnzimmer auf die große Couch-Landschaft. Herr Lange saß separat links von uns; Jens und ich saßen nebeneinander.

Eigentlich hätten wir eine Entschuldigung von Herrn Lange erwartet, weil er sich so lange nicht gemeldet hatte – aber die kam nicht. Er sprach überhaupt recht wenig und kam nicht wirklich auf den Punkt. Die gesamte Zeit über saß er nur da, mit seinen Ellenbogen auf die Knie gestützt und gesenktem Kopf. Ich schaute mir das einige Minuten lang an. Doch als diese monotone Unterhaltung keinen Fortschritt erkennen ließ, stand ich auf, holte das kleine Polaroid-Foto von Stella, welches mir Valentina geschenkt hatte, und legte es vor ihn auf den Tisch. Dabei sagte ich mit gereizter Stimme: „Und das ist übrigens der Grund, warum DER LENZEN von der Arbeit wegbleibt – ein fertiger Mensch: Unsere Tochter, die wir zum Abschied in den Armen hielten. Nicht etwa ein NICHTS – das ist unser Kind!“

Ich hatte das dringende Bedürfnis, ihm klarzumachen, worum es hier eigentlich ging. Dann sagte ich ihm noch, dass ich es respektlos finde, seine Mitarbeiter beim Nachnamen zu benennen, ohne eine Bezeichnung wie „Herr“ oder „Frau“ voranzustellen. Er solle doch einmal darüber nachdenken, wie es wäre, wenn Jens ihn DER LANGE nennen würde. Aber auf all das erwiderte er nicht viel. Stattdessen saß er weiterhin mit gesenktem Kopf vor uns.

Ein Wort gab das andere. Ich kannte Jens kaum wieder. Die Situation verleitete ihn dazu, Dinge auszusprechen, die seiner Meinung nach schon lange hätten ausgesprochen werden sollen; doch vielleicht nicht zwingend von ihm und vielleicht nicht zwingend in dieser Situation. Er machte seiner Frustration über die mangelhaften Führungsqualitäten und die schlechte Teamführung seines Chefs Luft. Und das auch noch im Namen der meisten Mitarbeiter, die nicht den Mut gehabt hatten, so offen mit ihrem Chef darüber zu sprechen, welch schlechte Stimmung gegenwärtig im Unternehmen herrschte. Ganz unabhängig von dem, was wir nun noch durch die Umstände des Todes unserer Tochter erlebt hatten.

Als Jens fertig war, verließ sein Chef ohne große Reaktion das Haus. Die ganze Zeit über hatte sich sein Gesichtsausdruck nicht verändert. Wir wussten nicht, ob unsere „Message" bei ihm angekommen war. Aber wir hatten ausgesprochen, was uns so sehr belastet und wie ein schwerer Stein im Magen gelegen hatte.

Ein solches Klärungsgespräch derart emotionsgeladen zu führen, ist sicherlich keine gute Basis für die Zukunft. Darüber waren wir uns im Klaren. Doch nun war es zu spät. Wir konnten nicht mehr rückgängig machen, was wir gesagt hatten. Und eigentlich wollten wir das auch nicht; wenngleich wir uns der möglichen negativen Auswirkungen für das zukünftige Arbeitsverhältnis bewusst waren.

Und tatsächlich: Bis heute besteht ein angespanntes Verhältnis zwischen Jens und seinem Chef. Allerdings weniger von Jens' Seite aus. Bei der kommenden Jahresbeurteilung entzog sich Herr Lange seiner Verantwortung. Er beantragte die stellvertretende Beurteilung von Jens durch Herrn Fischer, dem nächsthöheren Vorgesetzten, da er sich zu einer objektiven Beurteilung meines Mannes durch die Vorkommnisse in der Vergangenheit nicht imstande sah. In diesem Antrag an Herrn Fischer beschrieb er die Situation folgendermaßen: „Mein Vertrauen gegenüber Herrn Lenzen ist unwiderruflich zerstört!" Und das, obwohl Jens sich zwischenzeitlich mehrfach bemüht hatte, einen Schritt auf ihn zuzugehen.

Dieser Satz zeigte Jens und mir, dass all unsere Bemühungen, seinem Chef klarzumachen, was er unserer Ansicht nach falsch gemacht hatte, umsonst gewesen waren – leider!

10 Besuch mit schwerwiegenden Folgen

In Deutschland waren die Osterferien angebrochen. Bereits wenige Tage nach unserem Umzug nach Italien hatten wir Flüge für Jana und Jenny, die Töchter von Jens gebucht. Sie sollten zwei Wochen bei uns verbringen. Meine Mutter und ich fragten Jens damals, ob es nicht besser sei, die Reise abzusagen und in die Sommerferien zu verlagern. Aber das wollte er nicht. Er vermisste seine beiden Mädchen und wollte aus ihrer Anwesenheit Kraft schöpfen, wie er damals sagte.
Ich hingegen hatte kein gutes Gefühl bei dem Gedanken an ihre Anwesenheit. Ich wollte einfach in Ruhe trauern können und hatte keine Lust, alles nach ihnen auszurichten.
Jens sicherte mir zu, dass ich mich um nichts kümmern müsse und sie keine Belastung für uns darstellen würden. Meine Mutter war da eher anderer Ansicht. Sie teilte meine Zweifel. Dennoch konnten wir seinem Wunsch nichts entgegensetzen und ließen die beiden anreisen.
Inzwischen hatten sie vom Tod ihrer Halbschwester telefonisch erfahren. Jens sprach zunächst mit seiner Ex-Frau, die ebenfalls fragte, ob es überhaupt eine gute Entscheidung sei, die Kinder unter diesen Umständen kommen zu lassen. Nachdem Jens sie jedoch davon überzeugt hatte, dass ihr Kommen kein Problem darstelle, einigte er sich mit ihr, dass Jenny, die größere der beiden Töchter, alt genug sei, die Nachricht vom Tod Stellas von ihrem Vater am Telefon zu erhalten. Jens erzählte ihr, was passiert war, und sie sagte: „Ach, wirklich? Das tut mir aber leid. Hmmm ...“ Dann wechselte sie schlagartig das Thema und erzählte ihrem Vater fröhlich von einem Footballspiel, das sie am Vortag besucht hatte. Kein Wort mehr über Stella. Weder seitens Jennys, noch seitens meines Mannes.
Ich war sprachlos und geschockt über den extrem schnellen Themenwechsel, ohne auch nur den Hauch eines Mitgefühls wegen des Todes ihrer Halbschwester herausgehört zu haben. Keine Ahnung, was genau ich in diesem Moment erwartet hatte. Und obwohl ich vielleicht hätte denken sollen: „Ach, es sind ja nur Kinder. Die Reaktion ist wohl völlig normal“, hatte ich mir definitiv eine andere Antwort ausgemalt als die fröhliche Schilderung von Details über ein Footballspiel.
Diese unerwartete, kindliche Kaltherzigkeit traf mich mitten ins Herz; auch wenn ich es vielleicht hätte besser wissen müssen. Sofort kam mir in Erinnerung, dass die beiden Mädchen ihrer Mutter gegenüber geäußert hatten, dass sie kein Geschwisterchen wollten, als sie erfahren hatten, dass wir ein Baby erwarteten. Ich hatte wohl einfach vorausgesetzt, dass sie sich mittlerweile an den Gedanken, ein Geschwisterchen zu bekommen,

gewöhnt und sich sogar vielleicht ein wenig darauf gefreut hätten. Doch in diesem Augenblick verstand ich überhaupt nichts mehr.

Meine Mutter tröstete mich, als ich ihr von diesem Telefonat erzählte. Sie konnte das Verhalten der Kinder genauso wenig nachvollziehen wie ich. Ich war so dankbar für ihre Anwesenheit und ihren Beistand. Vor allem aber dafür, dass sie mich immer genau dann in den Arm nahm, wenn ich es gerade brauchte. Ich bin nicht der Typ, der so ohne Weiteres auf jemanden zugeht, und sei es ein geliebter Mensch, um mich in den Arm nehmen zu lassen. Meine Mutter hätte ich darum nicht bitten müssen. Sie sah mich an und wusste, wann ich ihre Nähe brauchte. Dann hielt sie mich immer ganz fest und weinte zusammen mit mir viele Tränen. Mal auf der Terrasse, mal im Wohnzimmer mitten beim Bügeln. Es brauchte keinen speziellen Ort und keine spezielle Situation, in der sie mich ihre Liebe spüren ließ. Ich wusste, dass sie genauso unter dem Tod ihrer ersten Enkelin litt wie Jens und ich.

Mindestens genauso oft, wie sie mich in den Arm nahm, gab sie Jens diese Nähe. Sie tröstete uns beide gleichermaßen, obwohl sie selbst trauerte.

In der Zwischenzeit hatten sich Jens' Eltern nicht mehr gemeldet. So sagte er eines Tages: „Deine Eltern sind mehr für mich da als meine eigenen. Ist das nicht traurig?"

Auch mit meinem Vater, der beruflich in Deutschland unabkömmlich war, telefonierten wir täglich mehrfach. Er erkundigte sich stets nach unserem Befinden und teilte uns gleichzeitig mit, wie traurig er war.

Auch wenn ich nicht immer persönlich mit ihm sprach, weil ich mich mal wieder nicht in der Lage sah, tränenfrei telefonieren zu können, wusste ich, dass er für uns da war. Immer und immer wieder las ich jenes Gedicht, das er zwei Tage nach dem Tod von Stella verfasst hatte, um darin seine Trauer auszudrücken. Ich weinte vor Rührung über seine Worte; denn mein Vater ist eigentlich eher ein Mensch, der nach außen sachlich und gefasst wirkt. Ich hatte ihn bis dahin erst einmal weinen sehen: Das war zu unserer Hochzeit. Umso deutlicher zeigte er seine Liebe für Stella und seine Trauer um sie in seinem Gedicht:

Für unser Sternenkind
Stella Chiara

Kaum bist Du auf die Welt gekommen,
schon warst Du uns wieder genommen.
Leider durftest Du nicht zwischen uns verweilen.
Es blieb keine Zeit, Dir unsere Liebe zu zeigen.

Gern hätten wir Deinen Atem gespürt,
gern hätten wir Deine kleinen Händchen berührt.
Gefreut hatten wir uns schon, mit Dir im Sand zu spielen
oder mit Dir um die Wette zu laufen und Dich zu kriegen.

Die Tränen in den Augen, die werden versiegen –
der Schmerz im Herzen jedoch nicht; der ist geblieben.
Ewig wirst Du in unseren Herzen verweilen,
und nichts kann Dich von dort vertreiben.
Die Gedanken und Sehnsucht kommen zu Dir – wie das Licht,
nur unsere Worte leider nicht.

Einen Stern hat Dein Papa schon ausgesucht;
von dort siehst Du zu und wirst bald von uns besucht.
Wir sehen uns wieder, versprochen mein Kind;
bis bald, wenn auch wir bei Dir im Himmel sind.

Meine Mutter wollte noch etwa eine Woche mit den Kindern parallel zu Besuch bleiben, einfach um mich zu entlasten, und sei es nur bei den üblichen Haushaltsarbeiten, die durch Besuch automatisch in höherem Umfang anfallen. Insgesamt hatte sie sich somit etwas länger als zwei Wochen bei uns aufgehalten. Sie wusste, dass ich keine Kraft für die im Grunde genommen alltäglichen Dinge hatte. Um ehrlich zu sein, ich fühlte mich für alles zu schwach und war noch nicht wieder im Alltag angekommen. Zudem wusste meine Mutter natürlich um die angeschlagene Beziehung zu Jens' Kindern, aufgrund der „holprigen" Vorgeschichte. Und da sie mich als meine Mutter bestens kennt und wusste, wie überaus empfindlich ich in diesen Tagen war, wollte sie mir die Umstellung, die mit der Ankunft der Kinder auf uns zukommen würde, so leicht wie möglich gestalten. Sie war sich darüber im Klaren, dass ich schnell überreagieren würde, wenn etwas schieflaufen sollte. Wie recht sie hatte …

Gegen Mittag sollte der Flieger mit den Kindern landen, die uns erstmalig in unserer neuen Heimat besuchten. Jens brauchte etwa eine Stunde zum Flughafen, von wo er sie allein abholen wollte. Dementsprechend zeitig fuhr er los. Vorher nahm er mich noch einmal fest in den Arm und sagte: „Sie werden uns Kraft geben. Du wirst schon sehen!“ Wieder fingen wir an zu weinen. Wie so oft in diesen Tagen. Daran würde sich noch lange nichts ändern. Ich wusste zu diesem Zeitpunkt nicht, dass ich anscheinend nur für mich gesprochen hatte. Unsere gemeinsame Art um Stella zu trauern sollte sich schlagartig wandeln und unsere Ehe damit auf eine unvorhersehbare Probe stellen.

Das Flugzeug war pünktlich gelandet und Jens mit den beiden Mädchen erwartungsgemäß am Nachmittag bei uns zu Hause eingetroffen. Sie kamen auf mich zu und nahmen mich flüchtig in den Arm – nicht anders als sonst auch, wenn sie mich begrüßten. In diesem Augenblick hätte ich mir eine längere Umarmung gewünscht; womöglich sogar eine persönliche Beileidsbekundung – einfach als Zeichen der Anteilnahme. Wieder kämpfte ich mit den Tränen, wie fast immer, wenn ich jemanden vor mir stehen hatte, der nicht täglich gegenwärtig war – Jana und Jenny hingegen nicht. Ihnen ging es augenscheinlich bestens, und sie freuten sich auf ihre Ferien im sonnigen Süden.

Während sie die Koffer in ihr Zimmer beziehungsweise unser Gästezimmer brachten, erkundigte sich meine Mutter: „Begrüßen die beiden dich immer so lieblos?“ „Das war für ihre Verhältnisse schon herzlich!“, antwortete ich, da sie mich in der Vergangenheit häufig sogar nur mit einem Händedruck begrüßt hatten. Meine Mutter wusste jedoch genau, wie enttäuscht ich über diese Begrüßung unter den besonderen Umständen war.

Zu diesem Zeitpunkt fiel mir bereits auf, dass Jens, seit seiner Rückkehr vom Flughafen mit den Kindern, ungewöhnlich gut gelaunt schien. Allerdings war ich von ihm schon gewohnt, dass sich seine Laune in Gegenwart von Jana und Jenny um ein Vielfaches verbesserte. Gar nicht mal bewusst: Vermutlich wegen seiner Schuldgefühle, sich von ihrer Mutter getrennt zu haben, und dem Wunsch, ihnen während der kurzen Zeit, die er mit ihnen verbrachte, der beste Vater der Welt zu sein.

Mit der Ankunft der Kinder kam plötzlich wieder „Leben“ ins Haus. Der Fernseher, der seit Stellas Tod ausgeschaltet geblieben war, lief wieder.

Bis vor ihrer stillen Geburt hatte ich fast täglich um dieselbe Zeit eine Sendung verfolgt, in der Frauen ihre Babys vor laufender Kamera zur Welt brachten. Hätte ich den Trailer der Sendung in dieser Situation nur für eine

Minute ertragen müssen, wäre ich zusammengebrochen. Also ließ ich den Fernseher prophylaktisch ausgeschaltet. Mal abgesehen davon, dass mir nach Fernsehen überhaupt nicht zumute gewesen war, da mich die Geräuschkulisse vermutlich noch wirrer im Kopf gemacht hätte, als sie es ohnehin schon tat.
Die Musik unserer Spielekonsole, die in der Regel nur Jana und Jenny während ihrer Besuche bei uns nutzten, erfüllte tagsüber mit einem Mal den Raum. Es wurde gespielt, gelacht und Spaß gemacht. Ich fühlte mich fremd in meinem eigenen Haus und kam mir vor wie auf einer Kirmes. Als stünde ich inmitten all dieser bunten Fahrgeschäfte, deren Musik so laut in meinen Ohren dröhnte, dass ich die Orientierung hätte verlieren können.
Was war nur geschehen? Bis dahin war Jens' und mein Alltag merklich von der Trauer bestimmt worden, und nun sah es, seit der Ankunft der Kinder, so aus, als hätte es Stella niemals gegeben; als sei nichts geschehen.
Ich suchte die Nähe meiner Mutter und wieder spendete sie Trost, denn auch sie verstand den extremen Wandel von der tiefen Trauer in den heiteren Alltag nicht, der maßgeblich durch Jens und seine Kinder gelenkt wurde. Nur ihr konnte ich mich anvertrauen und in ihr fand ich eine verständnisvolle Zuhörerin.
Zunehmend spürte ich, dass ich mit dieser Situation überhaupt nicht klarkam. Ich sprach Jens auf die enorme Veränderung unseres Alltags an und wollte eine Erklärung dafür finden. Er wiederum bat um Verständnis, dass er sich für seine Kinder so verhalten würde. Sie sollten nicht unnötig durch die Trauer um Stella belastet werden. Ich als Erwachsene müsse Stärke zeigen und zugunsten der Kinder handeln.
Tatsächlich jedoch schien seine Trauer kaum noch gegenwärtig – höchstens am Abend im Bett, wenn uns keiner sah: Dann weinte er sich ab und an in den Schlaf; genau so, wie ich es seit Stellas stiller Geburt täglich getan hatte. Jedoch selbst das wurde mit jedem Tag seltener. Anscheinend schöpfte er tatsächlich Kraft aus der Anwesenheit seiner Kinder – aber so unsäglich?
In diesen Tagen war ich mit nahezu allem überfordert und konnte kaum klar denken. Ich öffnete Schränke und wusste nicht, was ich eigentlich darin suchte. Ich betrat Räume und wusste nicht, wohin ich tatsächlich wollte. Manchmal konnte ich kaum klar sprechen: Ich suchte nach Worten und fing an zu stottern. Zunehmend kam ich mir vor wie ein leeres, wandelndes Wrack.
Innerlich entfernte ich mich immer mehr von Jens, der weiterhin „Theater" für Jana und Jenny spielte. So nahe ich ihm die Tage unmittelbar nach Stellas Tod gestanden hatte, so weit entfernt fühlte ich mich jetzt von ihm.
Es kam der Abreisetag meiner Mutter. Ich versuchte stark zu sein und sicherte ihr zu, sie sofort zu informieren, falls ich sie bräuchte. Denn darum

hatte sie mich zum Abschied gebeten: „Ruf mich an, wenn du mich brauchst. Dann komme ich sofort!“ Natürlich wusste ich dennoch, dass dies nicht so einfach sein würde. Schließlich war meine Mutter berufstätig und hatte einen Hund zu versorgen, der aufgrund seines hohen Alters nicht mehr hätte reisen können. Mein Vater hätte den Hund nicht mit in die Firma nehmen können; also hätte sich ein weiteres Fernbleiben meiner Mutter von zu Hause nur schwer realisieren lassen. So war ich mir darüber im Klaren, dass ich würde durchhalten müssen, bis meine Eltern zur Trauerfeier in ein paar Wochen gemeinsam anreisten. Irgendwie würde ich diese Zeitspanne schon überbrücken können – da war ich trotz aller Niedergeschlagenheit recht zuversichtlich.

Erst als meine Mutter weg war, fiel auf, wie viel Arbeit sie mir tatsächlich abgenommen hatte und wie sehr ich mich schlagartig mit allem überfordert fühlte, was sonst meinen Alltag ausmachte. Dementsprechend ausgelaugt fühlte ich mich und wurde zunehmend reizbarer: Es waren Kleinigkeiten, die mich auf die Palme brachten.

Beispielsweise hatte ich Jana und Jenny darauf hingewiesen, dass sie ihre nassen Handtücher nach dem Duschen doch bitte nicht auf dem Badezimmerboden liegen lassen sollten. Dort fand ich sie dennoch am nächsten Tag wieder. Also musste ich sie erneut darauf hinweisen. Diesmal hatten sie es kapiert, dachte ich zumindest; doch: beim nächsten Mal fand ich die völlig durchnässten Handtücher auf ihrem frisch bezogenen Bett wieder. Dabei hatte ich ihnen doch gesagt, dass sie die Handtücher auf den dafür vorgesehenen Haken aufhängen sollten. Mein Ton wurde mit jedem Mal ernster und lauter – das gefiel Jens ganz und gar nicht. Anstatt mir den Rücken zu stärken, schien ihm völlig gleichgültig zu sein, wo die nassen Handtücher lagen. Vermutlich wäre es mir unter normalen Umständen auch nicht so wichtig gewesen.

Ein anderes Mal wollten Jens und ich zum Einkaufen auf den Wochenmarkt fahren. Jana und Jenny wollten uns begleiten. Aber an jenem Morgen kurz vor Aufbruch wurden und wurden sie nicht fertig. Obwohl ich ihnen vorher gesagt hatte, dass wir bis spätestens 10 Uhr losgefahren sein müssten, da der Markt nur bis 12 Uhr geöffnet hatte, saßen sie mit Handtuchturban über den nassen Haaren vor dem PC und chatteten mit ihren Freunden. Ich bat sie ungefähr zehn Mal, sich zu beeilen, weil wir los wollten. Wieder unterstützte mich Jens nicht; im Gegenteil: Er maßregelte mich, nicht so einen Stress zu machen. Am Ende fuhren wir überhaupt nicht mehr los, da es zwischenzeitlich zu spät geworden war.

Stück für Stück sammelte ich innerlich all diese im Grunde unwichtigen Kleinigkeiten, die sich allmählich zu einem Berg voller Wut, Trauer, Unzufriedenheit und Aggressionen anhäuften.
Die Werbe-E-Mail eines italienischen Herstellers für Babynahrung mit der Betreffzeile: „Die erste Mahlzeit für ihr Baby, Stella (tot geboren)" gab mir den Rest. Die Mitarbeiter des Unternehmens mussten meine E-Mail-Adresse aus einem Baby-Internetforum bezogen haben, denn nur dort hatte ich mich mit dem Nutzernamen „Stella (tot geboren)" registrieren lassen, da dort unter anderem ein Bereich für still geborene Kinder eingerichtet war. Es handelte sich um einen automatisierten Newsletter, den ich nicht einmal abbestellen konnte, weil ich ihn überhaupt nicht angefordert und somit keine Nutzer-Zugangsdaten für das Internet-Portal des Babynahrungs-Herstellers vorliegen hatte. Die kostenpflichtige Rufnummer des Unternehmens anzurufen schien mir mangels meiner Sprachkenntnisse keine Option zu sein: Ich hätte mich einfach nicht so ausdrücken können, wie ich es gewollt hätte. Eine E-Mail mit der Bitte, mich aus dem Verteiler zu entfernen, kam mit einer Fehlermeldung zurück. Dafür schwor ich mir damals, sofern zukünftig Bedarf bestehen sollte, niemals ein Produkt dieses Babynahrungsherstellers, dessen Namen ich hier am liebsten nennen würde, zu kaufen – auch wenn ihm das vermutlich völlig gleichgültig ist.
Ich finde es ohnehin recht aufdringlich, wenn sich Unternehmen ungefragt immer wieder bei potenziellen Käufern ins Gedächtnis rufen. Und wenn solche Konzerne schon keine Rücksicht darauf nehmen, ob jemand Interesse an ihren Produkten hat oder nicht, sollten sie wenigstens darauf Wert legen, woher sie ihre Kundendaten beziehen. Die E-Mail-Adresse aus einem Sternenkinder-Forum (wobei es sich lediglich um das Unterforum eines Babyforums handelte) für die Werbezwecke ihres Unternehmens zu verwenden, finde ich mehr als bedenklich. Solche Konzerne interessiert doch offensichtlich nur der Profit und nicht, welche wehmütigen Gefühle sie bei verwaisten Eltern auslösen können. Für sie ist es nur eine E-Mail-Adresse. Ihnen ist es vermutlich gleichgültig, ob das Kind lebt oder nicht. Bei mir hingegen hat jede der E-Mails, die ich über Monate hinweg bekam, Herzrasen und Schweißausbrüche ausgelöst – in Erinnerung daran, wie alt meine Tochter mittlerweile geworden wäre.
Abgesehen von solchen Vorkommnissen fühlte ich mich völlig unverstanden und fehl am Platz neben Jens und seinen Kindern. Sie schlossen häufig hinter sich die Tür, weil sie zwischenzeitlich wohl doch bemerkt hatten, dass mir nicht zum Lachen zumute war, und man hörte sie fröhlich gestimmt ihre Späße machen. Zudem fiel mir Jens immer und immer wieder in den Rücken. Wenn ich den Kindern etwas sagte, hieß es

oft: „Ach, lass sie doch. Ist doch nicht so schlimm. Mach doch nicht so einen Aufstand.“ Es ärgerte mich kolossal, dass er solche Äußerungen in ihrer Gegenwart tätigte. Wenn ich „hüh“ sagte, sagte er „hott“. Er bemutterte Jana und Jenny, wie ich es schon von ihren früheren Besuchen gewohnt war – über alles normale Maß hinaus. Anstatt gemeinsam Abendbrot zuzubereiten, schmierte er ihnen die Brote wie für kleine Kinder. Mich fragte er jedoch nicht, ob er gleich etwas für mich mit machen solle. Ich fühlte mich vernachlässigt, und die Bombe befand sich kurz vor ihrer Explosion!

Das erste Mal nach dem Tod von Stella fuhr ich wieder alleine einkaufen. Bis dahin hatten Jens oder meine Mutter das übernommen. Ich setzte mich ins Auto und versuchte dort abzuschalten, der angespannten Situation zu entrinnen. Es war ein merkwürdiges Gefühl, das übliche Gewusel in einem Supermarkt wieder um sich zu haben; die Mitmenschen bei ihren Einkäufen und Gesprächen zu beobachten. Es war, als wäre ich unsichtbar und dennoch mittendrin.

An der Käsetheke eskalierte gerade ein Streit zwischen einem Vater und seinem kleinen Sohn. Der Vater fuhr seinen Sohn mit schroffen Worten und in schriller Tonlage an – und das für eine Lappalie, wie es schien. Damit kam ich nicht zurecht: Mit einem Mal standen mir die Tränen in den Augen und ich dachte: „Er weiß seinen Sohn überhaupt nicht zu schätzen. Wieso nur geht er so mit ihm um?“ Am liebsten hätte ich ihn angeschrien: „Mein Kind ist tot. Hören Sie auf, Ihren Sohn so anzuschreien. Sie haben ihn nicht verdient!“ Vielleicht hätte ich in Deutschland – in meiner Muttersprache – ausgesprochen, was ich dachte und empfand. Da ich der italienischen Sprache jedoch einfach nicht mächtig genug war, zog ich es vor zu schweigen – mit Tränen in den Augen ging ich an ihnen vorbei.

Der Einkauf forderte mich unerwartet stark, und so traf ich noch erschöpfter und deprimierter zu Hause ein, als ich es vorher ohnehin schon gewesen war. Nach und nach räumte ich das mit den Lebensmitteln beladene Auto aus. Jana und Jenny saßen gerade im Wohnzimmer, das direkt an die offene Küche angrenzt. Die beiden Mädchen sahen mich beim Reintragen des Einkaufs, machten jedoch keine Anstalten mir zu helfen: Sie waren wieder einmal mit der Spielekonsole zugange. Ich ging erneut zum Auto, um weitere Lebensmittel zu holen. Innerlich kochte ich und dachte: „Sie sehen doch, dass ich mich hier abschleppe. Wieso hilft mir denn keiner?“ Jens war ebenfalls außer Sichtweite – normalerweise packte er mit an, wenn ich vom Einkaufen zurückkam. Als ich das letzte Mal den Weg zum Auto ging, sagte ich mit ernster Stimme: „Ihr sitzt da nur rum und seht, dass ich die Lebensmittel ins Haus bringe. Keine von euch kommt einmal von alleine

auf die Idee, mit anzufassen. Das Zeug hier habe ich nicht für mich gekauft. Mir ist nicht nach Essen zumute. Das ist alles für euch. Ihr könnt euch ruhig einmal bewegen." Mein Ton war sicherlich nicht angemessen und machte Jens auf meine Ansprache aufmerksam. Er fuhr mich vor den Kindern an, dass ich nicht so mit ihnen reden dürfe. Und ergänzte: „Du brauchst doch einfach nur etwas sagen, dann helfen wir dir schon."
Die Kinder schauten uns völlig verunsichert an. Und dann platzte alles aus mir heraus. Ich konnte mich nicht mehr zurückhalten und warf ihm alles vor, was sich in den vergangenen Tagen bei mir angestaut hatte; auch, dass er die Trauer abgeschaltet hatte, seit die Kinder bei uns waren. Dann sagte ich zu den Kindern: „Wisst ihr denn nicht, dass eure Schwester gestorben ist? Das ist nicht irgendjemand. Sie war eure Schwester! In diesem Haus wird getrauert und ihr zeigt nicht einen Funken von Anteilnahme. Als ginge euch das alles nichts an; als wäre es euch völlig egal. Vielleicht ist es das ja auch." Jens bat die beiden, sich in ihr Zimmer zurückzuziehen. Er werde sofort nachkommen. Nachdem sie seiner Aufforderung wortlos gefolgt waren, warf er mir vor, dass ich so nicht mit seinen Kindern reden dürfe; dass er mich nicht verstehen würde und ich aus einer Mücke einen Elefanten mache. Dann drehte er mir den Rücken zu und ging zu den Kindern ins Gästezimmer, um sie zu beruhigen.
Mit klopfendem Herzen, unermesslicher Wut im Bauch und Tränen in den Augen packte ich den Einkauf weiter aus. Meine Hände zitterten vor Aufregung. Eigentlich wollte ich nicht so sein: so aggressiv; so laut. Aber in diesem Moment konnte ich nicht anders. Und auf der anderen Seite war ich erleichtert, dass ich endlich ausgesprochen hatte, was mich bereits seit Tagen belastete. Nämlich das „Unter-den-Tisch-Kehren" der Trauer um Stella. Wollten wir nicht Kraft aus der Anwesenheit der Kinder schöpfen? Bei mir war das Gegenteil der Fall. Ich war mir sicher, dass Jens seine Trauer nur ihretwegen verdrängt hatte; dass wir ohne ihre Anwesenheit weiter hätten miteinander trauern können, wie es vorher der Fall war. Im Grunde hasste ich sie ein Stück weit für diese Tatsache und ihre nicht vorhandene Anteilnahme.
Die Tür des Gästezimmers öffnete sich wieder. Bald stellte ich fest, dass Jens und die Kinder im Aufbruch waren. Wortlos und mit ernstem Gesicht gingen sie an mir vorbei, während Jens seine Sachen, die Autoschlüssel, Geldbörse und so weiter, zusammensuchte. Ich fragte ihn: „Wo willst du hin?" Aber er antwortete nicht. Ich wiederholte meine Frage eindringlich! Und wieder ignorierte er mich, was das Feuer in mir nur noch mehr schürte. Das kannte ich schon von meinem Mann: Er lief gerne davon, wenn es etwas zu regeln gab. Zudem ignorierte er mich regelmäßig in solchen

Situationen, was mich dann nur noch wütender machte. Sie stiegen ins Auto. Ich öffnete die Wagentür und wiederholte meine Frage ein drittes Mal energisch. Doch mein Mann entgegnete nur – mit einem entsprechend bösen Blick: „Mach die Tür zu!“ Dann hatte er sie auch schon von innen zugezogen, woraufhin ich sie sofort wieder öffnete: „Wir haben zu reden, du kannst nicht einfach abhauen“, fuhr ich ihn mit wütender Stimme an. Wieder schloss er die Fahrertür gewaltsam. Ich hielt dagegen und drängte mich ins Wageninnere, um den Wagenschlüssel zu erreichen. Mittlerweile weinten die Kinder. Jens stieg aus und holte den Ersatzschlüssel aus der Schublade im Flur. In meiner Verzweiflung und Wut wusste ich nichts anderes zu sagen, als: „Wenn du jetzt gehst, wirst du schon sehen, was du davon hast. Dann, dann …“ Er schaute mich mit kalten Augen an und entgegnete mit hasserfüllter Stimme, weil er genau wusste, was ich damit andeuten wollte: „Dann mach doch: Bring dich doch um!“ Daraufhin setzte er den Wagen rückwärts aus der Einfahrt und fuhr fort.
Wütend schlug ich die Haustür hinter mir zu. Das wollte ich nicht auf mir sitzen lassen. Er glaubte wohl, dass ich zu feige für so etwas sei. Er würde schon sehen, was er davon hatte: Geistesumnebelt ging ich zielstrebig ins Badezimmer und öffnete den Medikamentenschrank. Dort fielen mir sofort die beiden Packungen mit den Beruhigungspillen ins Auge, die Jens vom Betriebsarzt bekommen hatte. „Das Einzige mit einer einschläfernden Wirkung“, dachte ich damals. Ich wollte abschalten; nichts mehr spüren: einfach nur schlafen. Der Schmerz schien mich von innen heraus förmlich aufzufressen. Genug von den Dingern, und ich würde von meinen Sorgen befreit. Gleichzeitig könnte ich es ihm heimzahlen. War er mir doch die letzten Tage so fern und fremd. Zugunsten seiner Kinder spielte er Theater – vielleicht spielte er es nicht einmal: Ich wusste sein Verhalten kaum noch zu deuten. Jedenfalls verletzte es mich ungemein, dass er die Trauer schlagartig von einem auf den anderen Tag abgeschaltet hatte – das erfolgte zwar zugunsten der Kinder, jedoch zu Lasten meiner Person.
Mit einer Flasche Wasser und den beiden Pillenschachteln zog ich mich ins Schlafzimmer zurück. Vorsichtshalber verriegelte ich die Tür hinter mir. Vielleicht käme er ja zurück und würde mich von meinem Vorhaben abbringen wollen. Weinend und verzweifelt setzte ich mich aufs Bett. Eine Unmenge von unsortierten und wirren Gedanken durchströmten meinen Kopf – in größerem Ausmaß denn je! Ich schaffte es nicht, Ruhe in das Gewirr hineinzubringen. „Nur ein bisschen schlafen“, sprach ich zu mir selbst. Ich las die Packungsbeilage durch und erhöhte die empfohlene Dosis von 1 – 2 Tabletten direkt auf 4. Wenn schon, denn schon.

Dann hatte ich wieder Jens vor Augen; diesen Blick und seine Worte: „Dann mach doch. Bring dich doch um." Ich dachte nur: „Du hast es so gewollt, dir werde ich es zeigen!", während ich die Tablettenzahl erhöhte und unkontrolliert weitere schluckte: Eine Packung war fast leer. Die Letzten könnte ich dann auch noch nehmen. Die würden den Kohl nun auch nicht mehr fett machen. Plötzlich hörte ich Geräusche an der Haustür. Es klopfte laut und jemand rief meinen Namen: Es war Michael, dessen Stimme ich sofort erkannte. Schnell leerte ich die zweite Schachtel der Tabletten. „Zu spät", dachte ich noch, aber in diesem Augenblick war mir alles egal. Was machte das Leben noch für einen Sinn? Meine Tochter durfte nicht bei mir sein; mein Mann war mir fern wie nie; meine Freunde ließen mich im Stich. Ich war müde und hoffnungslos: müde der vielen Tränen und dieses endlosen Schmerzes.
Nachdem mich Michael im ganzen Haus gesucht hatte, klopfte er an der letzten Tür des langen Flures – dem Schlafzimmer. Ihm war klar, dass ich darin sein musste, weil diese Tür von innen verriegelt war. Er klang verzweifelt: „Klara, mach doch bitte die Tür auf. Lass uns reden!" Aber ich antwortete nur: „Es gibt nichts zu reden, Micha. Geh bitte!" Jens musste ihn zwischenzeitlich verständigt und geschickt haben. Seine Stimme vernahm ich jedoch nicht, nur die von Michael. Immer wieder bat er mich, aus dem Zimmer zu kommen. An seiner Stimme erkannte ich, dass er weinte. In diesem Augenblick tat er mir unendlich leid. Das hatte ich nicht gewollt. Er hatte doch nichts damit zu tun. Das war eine Sache zwischen mir und meinem Mann.
Allmählich fühlte ich die Wirkung der Medikamente: Mir wurde schlagartig schummrig und ich hatte Mühe, die Schlafzimmertür zu öffnen. Michael bemerkte sofort, dass etwas nicht stimmte. Er stützte mich und brachte mich ins Wohnzimmer. Dann holte er die leeren Schachteln aus dem Schlafzimmer und fragte: „Hast du die etwa alle genommen?" Wie im betrunkenen Zustand säuselte ich: „Glaub schon!"
Unter dem Medikamenteneinfluss wurde der tiefe, unerträgliche Schmerz in mir tatsächlich immer schwächer. Ich schaffte es kaum mehr, einen klaren Gedanken zu fassen, und wollte nur noch schlafen – so müde war ich. Ich bekam gar nicht mehr mit, dass Michael den Betriebsarzt und Jens verständigte. Jens war mit den Kindern zu Michael und Sabine gefahren. Sie wohnten gleich um die Ecke, was erklärte, warum Michael nach Jens' Abfahrt so schnell zur Stelle gewesen war. Irgendwann standen sie schließlich vor mir: Michael, der Betriebsarzt und Jens. Keine Ahnung, wie sie so schnell zu uns kommen konnten: Filmriss!

Jens fragte den Arzt besorgt, was er tun könne. Dieser jedoch tat meinen Zustand ab und meinte nur: „Nichts. Es kann höchstens sein, dass Ihre Frau während des Schlafes unter dem Medikamenteneinfluss Herzrhythmusstörungen bekommt. Dann könnte es natürlich gefährlich werden. Aber sonst … Ich würde sie einfach schlafen lassen."

Verwundert und geschockt über diese Aussage schauten Michael und Jens ihn an. Sie entschieden sich, mich auf eigene Faust ins Krankenhaus zu bringen und verabschiedeten den Betriebsarzt kurzerhand. Ihnen stand nicht der Kopf nach Diskussionen mit diesem offensichtlich fahrlässig handelnden Mann.

Von der Fahrt ins Krankenhaus weiß ich kaum noch etwas. Ich erinnere mich nur, dass Michael versuchte, mich bei Bewusstsein zu halten, und dass er mir ein beleuchtetes Haus auf einem Berg zeigte. Er fragte mich: „Weißt du, wer darin wohnt?" Schläfrig antwortete ich: „Nein, wer denn?" „Das ist ein Affenhaus. Darin wohnen Affen." Ich konnte nur noch entgegnen: „Du veräppelst mich", bevor ich endgültig einschlief.

Beim nächsten Aufwachen fand ich mich auf einer Liege in der Notaufnahme des Krankenhauses wieder, in dem ich Stella geboren hatte. Ein Arzt war gerade im Begriff, mich zu untersuchen, und hatte mir offenbar auf die Wange geschlagen, damit ich wieder zu mir käme. Er fragte mich: „Wollten Sie sich umbringen?" Bei Sinnen antwortete ich: „Nein, ich wollte nur den Schmerz abschalten, weil ich ihn nicht mehr ausgehalten habe." Trotz aller Umstände und der enormen Schläfrigkeit war ich mir durchaus darüber im Klaren, dass er mich womöglich in eine geschlossene Anstalt hätte einliefern lassen, wenn ich seine Frage mit einem schlichten „Ja" beantwortet hätte. Dann waren die Lichter wieder aus!

Erst am nächsten Morgen kam ich wieder zu mir und fand mich auf der Intensivstation der Klinik wieder. Eine mitleidig lächelnde Krankenschwester wischte mir die Stirn mit einem feuchten Tuch ab. Sie klärte mich darüber auf, wo ich mich gerade befand und dass mein Herz in der vergangenen Nacht nicht mehr so recht hatte mitmachen wollen. Es war eingetreten, was der Betriebsarzt als Möglichkeit aufgezeigt hatte: Es hatte Lebensgefahr bestanden. Jens und Michael hatten bestens daran getan, mich sofort, entgegen der Aussagen des Betriebsarztes, ins Krankenhaus zu bringen. Sie hatten vollkommen richtig gehandelt, und das war mein Glück, wenngleich mir dies zu diesem Zeitpunkt nicht wirklich bewusst war. Ich fühlte nichts. Mir war nach wie vor egal, ob es mir gut oder schlecht ging. Ich hatte mich komplett in mich selbst zurückgezogen. Als sich mein Herzrhythmus und mein Kreislauf wieder stabilisiert hatten, brachte man mich auf die kardiologische Station. Wie passend: eine Abteilung für

Herzangelegenheiten. War es doch mein Herz, das so sehr schmerzte. Ob man hier jedoch Abhilfe schaffen könnte? Ich bezweifelte es stark.
Ich wollte nichts essen, nicht sprechen und niemanden sehen. Ich wollte einfach meine Ruhe haben und allein sein. Stunde um Stunde starrte ich aus dem Fenster und fragte mich, wie damals schon, ob sich Stella vielleicht wieder, zurück aus der Pathologie, im Krankenhaus befände. War sie womöglich ganz in meiner Nähe? In welchem Stockwerk befand ich mich wohl? Wäre der Sprung von einem hohen Gebäude womöglich erfolgreicher gewesen, als diese Tabletten zu schlucken? Aber für solch eine Selbstmordvariante mit endgültigem Ausgang wäre ich ohnehin zu feige gewesen. Zudem hatte es mir vorerst gereicht. Insgeheim war ich wohl doch froh, rechtzeitig ins Krankenhaus gebracht worden zu sein. Ich hegte keine weiteren Pläne, „schlafen“ zu wollen. Dennoch wusste ich nicht, wie es weitergehen sollte. Ich sah keine Perspektive mehr für mich und meine Zukunft. So wartete ich passiv ab, was geschehen würde. Was blieb mir auch anderes übrig? Nach „Tschakka, du schaffst das!“ stand keiner meiner Sinne – ganz im Gegenteil.
Jens besuchte mich gleich am Vormittag. Er hatte Jana und Jenny bei Michaels Frau Sabine gelassen. Mit bestürztem Gesicht betrat er das Zimmer und setzte sich wortlos neben meinem Bett auf einen Stuhl. Am liebsten hätte ich in diesem Augenblick gehört: „Was machst du nur für Sachen? Ich liebe dich doch. Wir schaffen das.“ Aber meine Erwartungen waren anscheinend völlig abwegig. Er schaute mich ernst an und meinte schließlich vorwurfsvoll: „Weißt du eigentlich, was du mir da angetan hast?“ Wieder ging es nur um ihn. Sorge um mich hatte er wohl keine? „Ständig fragen alle nach dir und deinem Wohlbefinden. Aber mich fragt keiner“, fügte er hinzu. Woraufhin ich wütend entgegnete: „Was kann ich dafür, dass man sich mehr nach mir als nach dir erkundigt? Beschwer dich doch bei den Leuten!“
Wir schafften es nicht, auf einen Nenner zu kommen. Wut und Frust bestimmten unseren Umgang miteinander. Jens blieb ohnehin nicht lange. Er wollte zurück zu seinen Kindern. Sie hatten alles mit ansehen müssen und sollten meinetwegen nicht noch mehr Schaden davontragen. Die armen Kinder. Als Entschädigung für ihr Leid durften sie an diesem Tag einen Ausflug mit dem Motorboot eines Kollegen von Jens machen. Dass ich gerade mit einer Überdosis Tabletten auf der Intensivstation des Krankenhauses aufgewacht war und mein Herz nicht mehr mitmachen wollte, war anscheinend zweitrangig. Wieder traf mich Jens’ Reaktion tief: Ich war maßlos enttäuscht und zweifelte zunehmend an einer gemeinsamen Zukunft. Hatte ich mich wirklich so in meinem Mann getäuscht? War das

der Mann, mit dem ich mein Leben verbringen wollte? Ich wusste keine Antwort mehr.
Am nächsten Tag wollte Jens wiederkommen. Er kam auch, allerdings in Begleitung: Michael und ein Unbekannter betraten mit ihm gemeinsam das Zimmer. Der Unbekannte stellte sich als Herr Pierre vor. Er sei Psychologe und für die Firma meines Mannes tätig. Er fragte mich, ob ich Gesprächsbedarf habe. Ich wusste nicht recht, was das sollte. Was wollte dieser Mann von mir? Warum hatten Michael und Jens ihn mitgebracht, ohne mich vorher zu informieren?
Unmittelbar nachdem Stella still geboren wurde, hatten wir bereits versucht, Gespräche mit einer Krankenhauspsychologin zu führen. Valentina, unsere gute Hebammen-Seele, hatte uns dies damals ans Herz gelegt. Diese Gespräche, die wir ausschließlich während der kurzen Aufenthaltsdauer im Krankenhaus und bei einem weiteren Termin, kurz nach meiner Entlassung, geführt hatten, waren jedoch wenig effektiv. Schnell stellten wir damals fest, dass wir an unsere sprachlichen Grenzen stießen und der Austausch auf diese Weise nichts brachte, da wir uns viel zu sehr auf die Sprache konzentrieren mussten, als dass wir uns tatsächlich hätten mitteilen können.
Wieso sollte Herr Pierre uns also helfen können? Nur weil er Deutsch sprach? Ich wollte einfach nur meine Ruhe haben – dementsprechend aggressiv und verschlossen verhielt ich mich diesem Unbekannten gegenüber. Ich hatte das Gefühl, er wolle mich „knacken“, und er ging meiner Meinung nach nicht gerade geschickt dabei vor.
Was ich zu dem Zeitpunkt nicht wusste: Er war überhaupt kein Psychologe. Er war Pfarrer und betreute eine kleine deutsche Gemeinde in der Nähe. Da Jens und ich glaubensfrei geheiratet hatten und bereits vor Jahren aus der Kirche ausgetreten waren, verschwiegen mir Jens und Michael die tatsächliche Profession von Herrn Pierre. Möglicherweise würde ich mit einem Pfarrer nichts anfangen können, dachten sie damals. Aber das Gegenteil wäre der Fall gewesen. Und ich für meinen Teil hätte auch gerne kirchlich geheiratet; es war vielmehr der Wunsch meines Mannes gewesen, nicht kirchlich zu heiraten, da er bereits seine vorherige Ehe vor Gott geschlossen hatte. Auch war ich nicht aus Glaubensgründen aus der Kirche ausgetreten, sondern schlichtweg um Steuern zu sparen und weil mir die „Institution Kirche“ als solche damals stellenweise nicht zusagte. Hätte ich gewusst, dass Herr Pierre ein Pfarrer war, hätte ich ihn vermutlich nicht so respektlos abgetan. Es wäre mir wahrscheinlich vielmehr ein Bedürfnis gewesen, in Ruhe mit ihm über den Verbleib meiner Tochter zu sprechen,

denn in den vergangenen Wochen hatte ich viel über Gott, das Leben und den Tod nachgedacht – die Glaubensfrage war präsenter denn je.
Unter diesen Umständen konnten Jens und ich unsere Sprachlosigkeit nicht überwinden. Mit Tränen in den Augen verließ Pfarrer Pierre mein Krankenzimmer; er hatte sichtlich unter den Kommunikationsschwierigkeiten zwischen Jens und mir gelitten. Ein Wort hatte das andere gegeben, und weder Jens noch ich waren bereit, die Sicht des anderen anzunehmen. Mittendrin Pfarrer Pierre und Michael, die alles mit anhören mussten, während sie erfolglos zu intervenieren versuchten. Auch Michael war sichtlich betroffen und verabschiedete sich mit roten Augen.
Nur Jens schaffte es nicht, sich angemessen von mir zu verabschieden, und ließ mich wieder einmal zurück, denn er hatte gerade über meinen Kopf hinweg entschieden, dass es „zum Schutz der Kinder" besser sei, wenn ich weiterhin im Krankenhaus bliebe, auch wenn es dafür keine medizinische Indikation gab. Michael und Pfarrer Pierre hatten den „Auftrag", mir so schonend als möglich beizubringen, dass ich noch nicht heimfahren würde – ich konnte mich nicht einmal dagegen wehren. Das gnädige Angebot, alternativ in ein Hotel zu ziehen oder bei Bekannten von Jens unterzukommen, die ich kaum kannte, lehnte ich dankend ab!
So war es also vorgesehen, dass ich weitere vier Tage allein in dem kahlen Krankenhauszimmer zurückbleiben sollte. Ich fühlte mich wie eine Abgeschobene; eine Aussätzige; wie ein Hund, den man an der Autobahnleitplanke angebunden hatte. Ich durfte nicht in mein eigenes Zuhause zurückkehren. Und das wieder einmal zugunsten der Kinder und zu Lasten meiner selbst. Wieder hatte sich Jens für die beiden entschieden und nicht zu mir gestanden. Ich hätte nur nach Hause kommen dürfen, wenn ich ihm versprochen hätte, dass ich mir nichts anmerken lassen und mich „benehmen" würde. Aber da war ich mir sicher: Das wäre mir nach allem, was vorgefallen war, nicht mehr möglich gewesen. Waren die Kinder in meinen Augen doch einer der Auslöser für den dramatischen Verlauf der vergangenen Tage gewesen.
Nachdem ich aus dem Krankenhaus entlassen worden war und nach Hause zurückkehrte, traf ich Jana und Jenny demnach nicht mehr an – was mir ehrlich gesagt ganz recht war.
Jens holte mich aus dem Krankenhaus ab und wir sprachen die gesamte Fahrt über kaum ein Wort miteinander – so auch die kommenden Tage: Beide waren wir wütend über das Verhalten des jeweils anderen und jeder Diskussion müde geworden. Mein Inneres mittlerweile kalt wie ein Fisch; ich hatte keine einzige Träne mehr übrig. Mein eigener Mann war mir so unglaublich fremd geworden!

11 „Mach's gut, meine Kleine ...!"

Etwa drei Wochen nach Stellas Tod setzte uns Valentina telefonisch darüber in Kenntnis, dass die Obduktion abgeschlossen war und das Baby sich wieder in der Pathologie des Krankenhauses befinde. Unmittelbar nach dieser Nachricht vereinbarte Michael für uns einen Gesprächstermin mit einem deutschen Pfarrer, der in der Nähe unseres Wohnortes eine kleine deutsche Gemeinde betreute. Gemeinsam legten wir den Termin für Stellas letzte Verabschiedung fest: Am 13. Mai 2005 sollte Pfarrer Mayer die Trauerfeier in der kleinen Kapelle des Krankenhauses, die uns Valentina von Anfang an angeboten hatte, abhalten.
Wir lernten Pfarrer Mayer persönlich kennen, als er uns zu Hause besuchte, um alle Details für den Ablauf der Trauerfeier zu besprechen. Uns gegenüber saß eine sehr einfühlsame Person und wir spürten sofort, dass er der Richtige für die Verabschiedung unserer Tochter sein würde. Äußerlich war er gezeichnet von einer schweren Krankheit, daher fühlten wir uns auf Anhieb in besonderer Weise mit ihm verbunden, obwohl wir uns nicht trauten, ihn auf sein eigenes Schicksal, wir vermuteten Krebs, anzusprechen. Pfarrer Mayer war zugänglich für unsere Vorschläge, und wir hatten freie Hand beim Gestalten des Ablaufs für diesen besonderen und besonders schweren Tag. Aber auch er hatte tolle Ideen, sodass wir uns schnell einig wurden, wie der letzte Abschied von unserer Tochter aussehen sollte.
Wir luden nur wenige ausgewählte Personen ein, uns an diesem Tag zu begleiten und sich gleichermaßen von unserer Tochter zu verabschieden. Da wir uns sicher waren, dass sich einige von Jens' Kollegen nach der Ansprache des italienischen Chefs an die Belegschaft verpflichtet fühlen würden, bei der Trauerfeier zu erscheinen, und dies womöglich unkalkulierbare Ausmaße mit sich gebracht hätte, verfassten wir einen Brief, in dem wir um Verständnis baten, dass wir uns ausschließlich im engsten Kreise von unserer Tochter verabschieden wollten.
Nachdem meine Eltern den Termin für die Zeremonie erfahren hatten, buchten sie sofort ihre Flüge nach Italien – niemals hätten sie sich den persönlichen Abschied von Stella nehmen lassen. Jens' Eltern hingegen hielten sich sehr bedeckt. Wir wussten bis zuletzt nicht, ob sie der Trauerfeier beiwohnen würden, da sie sich nicht weiter dazu geäußert hatten. So kam es, dass Jens mit der Zeit immer enttäuschter darüber wurde, dass sich seine Eltern nicht meldeten, um uns wissen zu lassen, ob sie nun nach Italien kämen, um ihrem Sohn Trost zu spenden und sich für immer von Stella zu verabschieden, oder nicht.

Meinen Eltern gegenüber machten wir kein Geheimnis daraus, wie frustriert wir über das Verhalten von Jens' Eltern waren. Meine Mutter wusste, wie wichtig Jens die Anwesenheit seiner Eltern war – oft genug hatten die beiden sich während des zweiwöchigen Aufenthaltes meiner Mutter bei uns darüber unterhalten – und entschied sich, mit Jens' Mutter ein Telefonat von Frau zu Frau zu führen, denn Jens ahnte bereits, dass diese eine „offizielle" Einladung zur Trauerfeier erwartete. Und damit lag er auch gar nicht so falsch: Jens' Mutter äußerte meiner Mutter gegenüber, dass sie und ihr Mann schließlich nicht einfach so zur Trauerfeier kommen könnten, woraufhin meine Mutter nur entgegnete: „Es geht hier um deinen Sohn und deine Enkelin. Wieso brauchst du eine Einladung dafür? Es ist eine Selbstverständlichkeit, dass eure Anwesenheit erwünscht ist."
Der Anruf meiner Mutter bei meiner Schwiegermutter war tatsächlich ausschlaggebend dafür, dass Jens' Eltern endlich Kontakt zu uns aufnahmen, um uns zu fragen, ob sie zur Trauerfeier kommen sollten – selbstverständlich sollten sie: Jens wäre mehr als enttäuscht gewesen, wenn sie kommentarlos nicht erschienen wären. Mich hatten sie bereits ausreichend enttäuscht, indem sie auf eine persönliche Einladung zur Trauerfeier ihrer Enkelin gewartet hatten, anstatt es als selbstverständlich zu betrachten, sich von ihr zu verabschieden. Mir vermittelte es das Gefühl, dass Stella ihnen die weite Reise von Deutschland nach Italien nicht wert war und sie kein Interesse hatten, für sie diesen großen Aufwand zu betreiben. Um Jens jedoch nicht zusätzlich damit zu belasten und keinen weiteren Zwist zwischen uns zu provozieren, behielt ich meine Meinung darüber weitgehend für mich.
Meinen Schwiegereltern besorgten wir eine Unterkunft bei Helga und Uwe, die uns damals im Krankenhaus besucht hatten und in etwa gleich alt waren wie Jens' Eltern. Das passte ausgezeichnet. Meine Eltern hingegen sollten bei uns im Gästezimmer übernachten.
Am Abend vor der Trauerfeier saßen wir also mit unseren Eltern zusammen und besprachen die letzten Details für den kommenden Tag. Mein Vater überreichte uns bei dieser Gelegenheit einen Umschlag und ein kleines Geschenk: Seine Arbeitskollegen hatten uns eine Karte geschrieben und Geld gesammelt. Von einer seiner Mitarbeiterinnen war das kleine Geschenk. Der hübsche Karton enthielt einen niedlichen Kinder-Bilderrahmen mit einer Giraffe darauf. Mein Vater hatte bereits ein Foto von Stella hinein getan. Wir waren sehr gerührt, dass uns fremde Menschen auf diese Weise ihre Anteilnahme spüren ließen. Das hatten wir nicht erwartet.

Noch weniger erwartet hatten wir jedoch, dass Jens' Eltern genau das Gegenteil taten: Sie hatten nichts mitgebracht. Keine Karte, kein Stofftier, keine Blümchen. Nichts. Waren wir zu anspruchsvoll? Stella war doch ihr Enkelkind. Hatten sie wirklich so wenig für sie übrig? Uns fremde Menschen hatten sich Gedanken gemacht, wie sie ihre Anteilnahme zum Ausdruck bringen konnten. Jens' eigene Eltern hingegen schienen allein schon dafür Dankbarkeit zu erwarten, dass ihnen bereits Reisekosten entstanden waren und sie sich ausschließlich zum Anlass der Trauerfeier nach Italien begeben hatten. Hätten sie uns im Vorfeld das Gefühl vermittelt, unbedingt dabei sein zu wollen, hätte diese Reise für uns auch einen völlig anderen Stellenwert gehabt. Unter den tatsächlichen Umständen jedoch fragte ich mich: „Haben sie nicht einmal mehr ein paar Euro für ein kleines Geschenk für Stella übrig?"
An diesem Abend verhielten sich meine Schwiegereltern wie an jedem anderen Abend in Gesellschaft auch. Von Trauer kaum etwas zu spüren, wodurch im Allgemeinen eine merkwürdige Stimmung aufkam – ehrlich gesagt war ich froh, als sie sich zur Übernachtung zu Helga und Uwe zurückzogen. Aber nicht nur bei Jens' Eltern war von Trauer keine Rede:
Meine Mutter erzählte uns von einem Telefonat, welches sie kurz vor ihrer Abreise mit meiner Großmutter, also ihrer Mutter, geführt hatte. Meine Mutter hatte traurig geklungen, als sie mit ihr telefonierte, woraufhin Großmutter fragte: „Was ist denn los, Kind? Du klingst so komisch." Meine Mutter entgegnete: „Was für eine Frage … ich bin traurig, wegen Stella." Ohne zu zögern, fragte meine Großmutter trocken nach: „Ach, ist das denn immer noch der Fall?" Absolut erschrocken über diese Frage beendete meine Mutter das Telefonat – ohne jegliches Verständnis für die kaltherzige Aussage meiner Großmutter. Selbst die Uroma hatte anscheinend nichts für ihr Urenkelchen übrig. In ihren Augen hatte Stella ja nicht einmal richtig gelebt.
Bereits vor Jahren hatte ich den Kontakt zu meinen Großeltern aus persönlichen Gründen abgebrochen, dennoch war ich über die Schilderung meiner Mutter ziemlich erschrocken. Die Reaktion meiner Großmutter bestätigte mir nur, dass ich gut daran getan hatte, den Kontakt zu meinen Großeltern mütterlicherseits nicht weiter zu pflegen. Hätte meine Großmutter mir gegenüber derartiges geäußert, wäre ich vermutlich aus der Haut gefahren!
Am Morgen der Trauerfeier, circa eine Stunde vor Beginn der Zeremonie, hatten wir uns mit einigen unserer Bekannten in der Kapelle verabredet, um letzte Vorbereitungen zu treffen: Jens' guter Bekannter Reiner, der Bruder von Uwe und dessen Frau hatten auf unseren Wunsch hin Gasluftballons

besorgt. Andrea, die uns damals in ihrer liebevoll gestalteten Trauerkarte den Tipp mit dem Sternenkinder-Forum gegeben hatte, kümmerte sich um Getränke, die wir nach der Trauerfeier mit unseren Trauergästen zu uns nehmen wollten, um nicht unmittelbar nach der Zeremonie wortlos auseinanderzugehen. Meine Mutter und ich hatten Dekorationen für den Sarg mitgebracht, die sie kurzfristig anbringen wollte. Neben Kerzen, einem rosa Strampler, klitzekleinen Babyschuhen und Kunstblumen, hatten wir noch einen kuschelweichen Stoffhasen für Stella mitgebracht. Jens und ich waren dankbar für jede helfende Hand, die uns den ohnehin schon so schweren Tag wenigstens ein Stück weit erleichterte.
Valentina hatte bereits auf uns gewartet, als wir in der kleinen Kapelle eintrafen. Sie begrüßte uns gewohnt herzlich und zeigte uns gleich den Raum, der für das Abhalten der Zeremonie gedacht war: Dieser befand sich hinter einer schweren Holztür, die unmittelbar an die kleine Empfangshalle grenzte; er war rund und hatte eine gläserne Decke; Sonnenlicht erhellte ihn auf eine ungewöhnlich sanfte Weise. Ein kleiner Altar an der hinteren Wand schmückte den Raum, in dem ansonsten nur noch einige Stühle standen, die entlang der runden Wand – links und rechts vom Altar – aufgestellt waren. Die Mitte war für Stellas kleinen Sarg vorgesehen; dafür stand bereits ein Eisengestell parat: Mir graute es vor dem Gedanken, den kleinen weißen Sarg in Kürze darauf stehen sehen zu müssen. Sicher würde ich ohnmächtig werden. Mit einem Mal bekam ich Angst und wollte alles so schnell wie möglich hinter mich bringen.
Während unsere Bekannten alles vorbereiteten, wandten meine Mutter und ich uns mit einem persönlichen Anliegen an Valentina. Wir fragten sie, ob es möglich sei, dass meine Mutter Stella vor der Zeremonie sehen könnte. Sie hatte diesen Wunsch bereits vor einiger Zeit am Telefon geäußert. Nun wäre dazu die letzte Gelegenheit, doch: Valentina riet uns dringend davon ab. Sie habe sich Stella angesichts dieses Wunsches noch einmal angeschaut, und unsere Kleine habe sich stark verändert. Schließlich seien bereits knapp vier Wochen vergangen, seit ich sie das erste und letzte Mal gesehen hätte. Zudem habe die Obduktion ihre Spuren hinterlassen. Wir sollten sie besser so in Erinnerung behalten, wie wir sie gesehen hätten; und sei es bedauerlicherweise nur auf einem Foto, wie im Falle meiner Mutter. Wir vertrauten Valentina, wenngleich wir traurig über ihre Nachricht waren – sicher war es besser so.
Im Nachhinein ärgerte ich mich sehr darüber, dass meine Mutter Stella nicht bei ihrem ersten Besuch kurz nach der stillen Geburt angeschaut hatte: Damals, als es noch möglich gewesen wäre, hatten wir schlichtweg nicht daran gedacht. Ich war nur von mir und meinen Ängsten ausgegangen. Dass

sie Stella womöglich hätte sehen wollen, darauf war ich von allein überhaupt nicht gekommen. Nun jedoch kam ihr Wunsch zu spät – leider! Alleine die Tatsache, dass sie Stella hatte sehen wollen, zeigte mir, wie sehr sie sich auf ihre Ankunft gefreut hatte und wie traurig sie nun über ihren Tod war.

Mittlerweile waren alle Gäste nach und nach eingetroffen – nur Stella fehlte noch. Ungeduldig warteten wir zusammen mit dem vor Aufregung schwitzenden Pfarrer Mayer.

Zwischenzeitlich überreichte uns Herr Fischer, der zusammen mit seiner Frau erschienen war, einen Briefumschlag im Namen der Belegschaft: Jens' Kollegen hatten für uns gesammelt. Wir waren überwältigt. Außerdem überreichte er uns im Namen der Firmengeschäftsleitung einen wunderschönen Blumenkranz, umwickelt mit einem Band in italienisch-deutschen Farben. Damit hatten wir nicht gerechnet und waren sehr dankbar für diese Geste.

Michael fragte Valentina nach dem Verbleib des Sarges, auf den wir nun schon eine Dreiviertelstunde warteten. Die Polizei war noch nicht eingetroffen. Daran hing es also: Der Sarg musste in Gegenwart eines Polizisten plombiert werden. Damit wollte man sicherstellen, dass sich die verstorbene Person – und ausschließlich diese – tatsächlich darin befände. Für mich stellte diese Wartezeit eine ungemeine Strapaze dar, auch Jens wurde zunehmend nervöser. Trotz der Vorkommnisse der vergangenen Tage und der Tatsache, dass wir kaum mehr ein Wort miteinander gesprochen hatten, hielten wir uns an den Händen, während wir vor der Kapelle auf Stellas Ankunft warteten. Keinesfalls wollten wir dem Einzug des Sarges in den kleinen Zeremonienraum zusehen.

Dann war es endlich so weit: Pfarrer Mayer rief uns herein. Stella war kurz zuvor freigegeben und ihr Sarg bereits aufgebahrt worden. Jens und ich betraten die Kapelle und gingen vor allen Anwesenden auf die verschlossene Tür des Zeremonienraumes zu. Seitlich der Tür stand meine Mutter: Sie weinte. Mein Vater und Michael waren gerade dabei, sie zu trösten. Mich überkam ein schlechtes Gewissen. Hatte ich ihr mit der Bitte, den Sarg zu schmücken, womöglich zu viel zugemutet? Hätte ich es besser selbst machen sollen? Ich hätte jedoch gewiss keine Kraft dafür gehabt. Meine Mutter im Grunde auch nicht: Das sah ich jetzt, und es tat mir unendlich leid, ihr diese Aufgabe übertragen zu haben.

Schnell verdrängte ich meine Gedanken, denn der Anblick des kleinen Sarges, in dem sich meine Tochter befand, warf mich völlig aus der Bahn. Mit der linken Hand berührte ich den Sarg, während ich mir die Rechte vor den Mund hielt, um mein lautstarkes Weinen unterdrücken zu können. Jens

stützte mich und zog mich auf einen Stuhl, der sich unmittelbar hinter mir befand. Weinend legte er seinen Arm um mich.
Die Trauergäste nahmen ebenfalls Platz, legten vorher jedoch jeweils eine rote Rose neben Stellas Sarg, die sie zu diesem Zweck von Helga bekommen hatten. Einige von ihnen standen hinter den wenigen vorhandenen Stühlen in zweiter Reihe. Pfarrer Mayer eröffnete die Feier, die wie ein Film vor meinen Augen ablief:
Gleich zu Beginn spielte er unser Lied „Dir gehört mein Herz" von Phil Collins, das wir bereits zum Anlass unserer Hochzeit für Stella hatten spielen lassen. Die Tränen flossen in Strömen – bei fast allen Anwesenden. Immer wieder versuchte ich in ihren Gesichtern zu lesen und auf diese Weise in Erfahrung zu bringen, was ihnen Stella wirklich bedeutete – eine Erklärung für mein Verhalten hatte ich jedoch nicht. Nach den einführenden Worten und einem anschließenden Gebet las Pfarrer Mayer den Psalm 139: *Gott der Allwissende und Allgegenwärtige* vor, danach das Gedicht, welches mein Vater kurz nach Stellas Tod verfasst hatte. Und im Anschluss einen Brief, den ich Stella zwei Wochen nach ihrer stillen Geburt geschrieben hatte. Jedes einzelne meiner Worte setzte mir gehörig zu und ich weinte aus tiefster Seele, während er sie vortrug:

„Meine süße Stella,
ich bin so unendlich traurig darüber, dass Du nicht bei mir sein kannst; dass ich Dir nicht beim Essen, Schlafen, Lachen und Spielen zusehen darf. So lange war mir die Zeit vorgekommen, die Du in meinem Bauch verbracht hast. Die ersten Wochen und Monate schienen gar nicht voranzuschreiten. Als ich Dich dann immer deutlicher sah und spürte und Deinen Alltag in mir miterleben durfte, wuchs meine Neugierde von Tag zu Tag. Täglich malte ich mir aus, wie Du wohl aussehen würdest. Wie eine Zukunft mit Dir wohl wäre. Ich hatte mir so viele wunderschöne Situationen mit Dir ausgemalt: Sei es das liebevolle Stillen an meiner Brust; sei es das Verabschieden und Willkommenheißen Deines Papas jeden Wochentag an der Haustür gemeinsam mit Dir; seien es die Sommertage gemeinsam im Pool unseres Gartens; seien es die Spaziergänge am Strand und auf den Promenaden, um Dich der Welt voller Stolz zu präsentieren; seien es die geplanten Besuche bei Oma und Opa in Deutschland, denn auch sie hatten sich so nach Deiner Ankunft gesehnt. Und nun?! Wie soll es weitergehen ohne Dich? Du warst doch bereits fester Bestandteil unseres Lebens. Ich wünsche mir so sehr, dass Du nicht leiden musstest; dass Du keine Angst vor dem Tod erfahren musstest. In diesen schweren Tagen habe ich Angst Deinen Papa und Deine Großeltern

zu früh verabschieden zu müssen. Ich hoffe so sehr, dass es der liebe Gott diesbezüglich gut mit uns meint und uns ganz lange Zeit auf Erden füreinander lässt, bevor wir uns wiedersehen, mein Schatz. So lange passt Deine Uroma auf Dich auf, die schon vor vielen Jahren von uns gegangen ist. Am „großen Wagen" leuchtet ein kleiner Stern, den wir für Dich ausgesucht haben: Dort wirst Du immer für uns leuchten. Und ewig werden wir die Minuten, die wir kurz nach Deiner Geburt mit Dir verbringen durften, in unseren Herzen bewahren. Jetzt, wo ich weiß, dass Du mir wie aus dem Gesicht geschnitten warst, wird mir umso stärker bewusst, dass mit Dir ein Teil von mir gestorben ist. Und dies wird mir der morgendliche Blick in den Spiegel auf ewig vor Augen führen. Ich liebe Dich von ganzem Herzen und werde Dich nie vergessen.
Deine Mama"

Im Anschluss an diesen Brief hielt Pfarrer Pierre eine kurze, einfühlsame Ansprache, bevor er den 1. Korintherbrief 13 vortrug. In seiner Ansprache sagte er unter anderem Folgendes über meinen Brief an Stella: „Ich finde, dass in diesem Brief der Mutter an die Tochter drei Dinge prägend sind: nämlich Liebe, Glaube und Hoffnung."
Und er hatte recht: Ich erkannte plötzlich, dass der Glaube an ein Weiterleben meiner Tochter bei Gott gegenwärtiger war, als zunächst vermutet, fiel es mir doch so viel leichter zu glauben, dass sie woanders weiterlebt.
Bereits bei der Vorbesprechung zur Trauerfeier spürte ich, dass sich in meiner Haltung zum Glauben etwas getan hatte: Eigentlich wollten Jens und ich unser Kind nicht taufen lassen, wäre es lebendig zur Welt gekommen. Wir hatten uns schließlich auch für eine glaubensfreie Trauzeremonie entschieden. Mit Stellas Tod jedoch kam plötzlich der innere Wunsch auf, sie durch die Taufe in Gottes Reich aufnehmen zu lassen. Leider musste Pfarrer Mayer dies ablehnen, da seiner Aussage nach nur lebende Menschen getauft werden dürften. Er versicherte mir jedoch, dass Stella auch ohne Taufe ins Himmelreich aufgenommen sei, was mich durchaus beruhigte. Erst viel später erfuhr ich, dass es dennoch Pfarrer gibt, die unter bestimmten Umständen Ausnahmen machen und auch ein totes Kind taufen. Hätte ich das vorher gewusst, hätte ich mich eingehender mit Pfarrer Mayer darüber unterhalten und mir gegebenenfalls sogar einen anderen Geistlichen gesucht, so sympathisch er uns auch war.
Zum Abschluss der Zeremonie ließ Pfarrer Mayer auf meinen ganz persönlichen Wunsch hin das Lied *„Endlose Nacht"* aus dem Musical *„König der Löwen"* spielen.

Als ich noch schwanger gewesen war, hatten Jens und ich das Musical in Hamburg besucht und waren hellauf begeistert. Über Wochen hinweg sang ich dieses traurige Lied lauthals und unter Tränen auf dem Weg zur Arbeit – mit Stella unter meinem Herzen. Deshalb war es etwas ganz Besonderes für mich, zumal es darin auch um den Verlust eines geliebten Menschen geht.
Stumm und schmerzerfüllt sang ich den Text des Liedes mit, während es gespielt wurde – nur meine Lippen bewegten sich.
Nach ein paar abschließenden Worten folgten alle Anwesenden dem Pfarrer zur Tür hinaus, wo sie jeweils einen mit Gas befüllten Luftballon in Empfang nahmen. In zwei gegenüberstehenden Reihen stellten sie sich vor der Kapelle auf, während der Song „Und wenn ein Lied“ von Xavier Naidoo ertönte. Der Angestellte des Bestattungsunternehmens – ein junger Mann, nicht älter als Mitte zwanzig, mit sehr gepflegtem Äußeren – nahm den kleinen Sarg andächtig hoch und ging langsam vor Jens und mir in Richtung Leichenwagen.
Sein Weg führte ihn und uns direkt durch die beiden Menschenreihen. Sobald der kleine Sarg an einem Trauergast vorbeigetragen wurde, ließ dieser seinen Luftballon steigen. Es war unser letzter gemeinsamer Weg. Der wohl schwerste Weg meines Lebens – unseres Lebens. Vor der Abfahrt des Leichenwagens hielt ich noch einen Moment lang inne, berührte den Sarg und sprach erneut mit trauriger Stimme zu Stella: „Wir werden dich niemals vergessen. Mach‘s gut, meine Kleine … Ich liebe dich!“ Dann schloss der junge Mann die Ladefläche, öffnete die Fahrertür, setzte sich ans Steuer und fuhr langsam davon. Bis nichts mehr von ihm zu sehen war, schauten wir dem Auto nach. Ich fühlte mich leer: so unendlich leer; und doch war ich erleichtert, diesen schweren Weg der letzten Verabschiedung hinter mich gebracht zu haben.
Stella wurde unmittelbar nach der Trauerfeier in einem nahe gelegenen Krematorium eingeäschert. Am darauffolgenden Tag holten wir ihre Überreste persönlich ab, die wir in ihrer hübschen, rosa-weißen Kinderurne, die mit einem Stern in der Mitte verziert ist, überreicht bekamen. Auf der Fahrt nach Hause hielt ich die kleine Urne andächtig wie ein rohes Ei in meinen Händen.

12 Streit und Unverständnis

Wenige Tage konnten Jens' und meine Eltern nach der Trauerfeier noch bei uns in Italien verbringen. Gerne wollten sie die Zeit nutzen, ein wenig von der Umgebung zu sehen, wenn sie nun schon mal da waren. Jens und ich waren noch einmal zur Nachsorge ins Krankenhaus bestellt worden. Unsere Eltern beschlossen daher, gemeinsam den Ortskern des idyllischen Städtchens zu besuchen, während wir unseren Arzttermin wahrnahmen. Auf dem Weg ins Krankenhaus setzten wir sie im Zentrum ab und fuhren allein weiter.

Im Erdgeschoss des Krankenhauses wollte ich noch schnell die Toilette aufsuchen, bevor es zur Untersuchung gehen sollte. Ich bat Jens deshalb, kurz meine Handtasche zu halten, damit ich sie nicht auf den Boden legen müsste. Entgegen meiner Erwartung lehnte Jens dies jedoch energisch ab. Er sei doch keine „Tunte“ – sein Tonfall und sein Blick bei dieser Aussage missfielen mir sehr. Ich erklärte ihm, dass ich die Tasche nur ungern auf den Boden legen wollte, da ich das als unhygienisch empfand. Er ließ sich dennoch nicht von seiner Meinung abbringen und entgegnete: „Dann leg sie doch aufs Waschbecken.“

Wieder stritten wir unnötigerweise. Nicht einmal zwei Tage hatten wir es ohne Streitereien geschafft, und wieder einmal war nur eine unwichtige Lappalie Auslöser – das ärgerte mich sehr: Ich hatte die Nase gestrichen voll und wollte endlich meine Ruhe. Wieso hatte er die Tasche nicht einfach kurz halten können? Es kannte ihn doch niemand in diesem Krankenhaus, und vermutlich hätte ihn ohnehin niemand für eine „Tunte“ gehalten, hätte er meine Tasche für wenige Minuten an sich genommen. Und selbst wenn … Ich kochte innerlich und war zugleich verletzt, dass er mir nicht einmal so einen kleinen Gefallen tun wollte.

Wir sprachen nicht weiter miteinander, und ich ließ die Nachsorgeuntersuchung über mich ergehen. Obwohl sich meine inneren Organe bestens reguliert hatten, wie es nach der Geburt eines Kindes sein sollte, hatte ich mich bis dahin nur sehr schleppend und zögerlich erholt. Mein miserabler seelischer Zustand wirkte sich offensichtlich negativ auf den körperlichen Heilungsprozess aus. So hatte ich selbst nach vier Wochen immer noch Schmerzen beim Laufen. Mir fehlte etwas Entscheidendes zur Genesung: ein Grund, gesund werden zu wollen. Jede normal gebärende Frau, die nach der Ankunft ihres gesunden Kindes ihr Baby bei sich haben darf, hat einen solchen Grund. Sie rafft sich auf und ist erfüllt mit Glückshormonen, die sich positiv auf die körperliche Genesung auswirken.

Ich bin mir sicher, dass sich mein Körper mit der Selbstheilung schwertat, weil ihm diese Glücksgefühle fehlten.
Als wir an dem mit unseren Eltern vereinbarten Treffpunkt, einem kleinen Café in der Stadtmitte, ankamen, hatten Jens und ich uns noch immer nicht gefangen. Ich versuchte mich zusammenzureißen, doch das gelang mir nicht. Meine Eltern kannten mich gut – besser als jeder andere. Sie wussten sofort, dass etwas nicht stimmte. Auch meine Schwiegermutter hatte „Antennen“ für so etwas. Sie fragten also, was los sei. Ich konnte mich nicht zurückhalten und brachte meine Wut zum Ausdruck. Im Grunde war die Handtaschen-Geschichte nur der berühmt-berüchtigte Tropfen auf den heißen Stein. Worum ging es hier eigentlich wirklich? Um Wochen voller Frust. Meinen Eltern war das klar; Jens' Eltern hingegen nicht. Sie hatten von alledem kaum etwas mitbekommen. Jens wahrte ihnen gegenüber gerne die „heile Welt“. Denn so hatte er es von ihnen beigebracht bekommen. Man merkte deutlich, dass Jens' Eltern überfordert mit der Tatsache waren, dass wir auf offener Straße diskutierten. Sie mischten sich ein, was die Sache nur verschlimmerte.
Auf dem Parkplatz, auf dem wir die beiden Autos abgestellt hatten, eskalierte der Streit schließlich lautstark. Unsere Eltern standen hilflos dabei und mussten mit anhören, was sich über Wochen bei uns angestaut und einen Keil zwischen uns getrieben hatte. Ich empfand nur noch Hass für meinen Mann und hatte die Nase gestrichen voll, womit ich nicht hinter dem Berg hielt. Aber auch Jens machte seinen Standpunkt deutlich und sah sich in der Opferrolle. Dabei war er es doch, der die Trauer von einem auf den anderen Tag abgeschaltet hatte. Dabei war er es doch, der mich im Krankenhaus, zugunsten seiner Kinder, zurückgelassen hatte. Dabei war er es doch, der mir bei seinem Besuch im Krankenhaus, nachdem ich die Überdosis Tabletten genommen hatte, Vorwürfe machte. Dabei war er es doch, der meine Handtasche zum Anlass nahm, erneut über Belanglosigkeiten zu streiten. Ich sah mich ebenso in der Opferrolle wie er sich selbst. Hatte ich mir doch einen Mann gewünscht, der mich in seinen starken Armen behütete und nicht einen, der mir Vorwürfe machte, weil sich seine Freunde und Bekannten mehr nach meinem Wohl erkundigten als nach seinem.
Plötzlich bemerkte ich, dass meine Mutter weinte. Das war zu viel des Guten: Ich wurde noch wütender, weil sie wegen ihm – ich betrachtete die Situation damals sehr einseitig – weinte. Der Tag war gelaufen und wir beschlossen, unseren Ausflug an dieser Stelle abzubrechen, um nach Hause zu fahren, wo wir ursprünglich ein gemeinsames Abendessen geplant hatten. Jens fuhr mit seinen Eltern los, während meine Eltern und ich noch

einen Umweg zum Supermarkt machten, wo wir trotz der Vorkommnisse alles für das geplante Abendessen einkaufen wollten. Unterwegs konnte ich mich durch die objektive Sichtweise meines Vaters wieder etwas beruhigen. Aber Lust auf ein gemeinsames Abendessen mit meinem Mann und meinen Schwiegereltern hatte ich ganz sicher nicht mehr. Ich wollte nur noch meine Ruhe haben, dennoch appellierte ich an meine Vernunft und nahm mir fest vor, mich zusammenzureißen.

Als wir mit den Einkäufen zu Hause eintrafen, teilten uns Jens' Eltern mit, dass sie, entgegen der Planung, gemeinsam zu essen, frühzeitig zu ihrer Unterkunft zurückfahren würden. Da Jens' Eltern einen Tag später abreisen wollten, verstand ich diese Reaktion genauso wenig, wie meine Eltern sie verstanden. Wollten wir wirklich so auseinandergehen? Wieso nutzten wir die letzten Stunden nicht, um einmal offen über alles zu sprechen, jetzt, da der Stein ohnehin schon ins Rollen gekommen war? Meine Eltern versuchten, möglichst unparteiisch zu intervenieren. Mein Vater bat Jens' Eltern, zu bleiben und über alles zu sprechen, wir seien schließlich erwachsene Menschen. Doch Jens' Mutter ergriff, im Gegensatz zu meinen Eltern, die sich neutral verhielten, Partei für ihren Sohn. Sie machte mir Vorwürfe, weil ich ja diejenige gewesen sei, die ihre Stimme erhoben hatte. Ihr Sohn war in ihren Augen unschuldig an alledem. Dabei wusste sie gar nicht, worum es eigentlich ging. Hatte sie doch von dem, was in den letzten Wochen schiefgelaufen war, nichts mitbekommen. Wie konnte sie da auch noch Partei ergreifen?

Mein Vater war erschrocken über die Äußerungen von Jens' Mutter. Er kannte unsere „Geschichte" bis ins kleinste Detail, da ich meinen Eltern gegenüber nie ein Geheimnis daraus gemacht hatte, wie es um meine Gefühle stand, und konnte nicht fassen, dass jemand so oberflächlich sein konnte, eine Situation binnen Sekunden zu verurteilen, obwohl sie gar nicht wusste, worum es tatsächlich ging. Alle Versuche, Jens' Mutter Einblicke in die tatsächlichen Vorkommnisse zu gewähren, scheiterten – sie war in keinster Weise zugänglich für die „Wahrheit". Dennoch hielt sich mein Vater bedeckt und versuchte sich auf den Kern der Diskussion zu konzentrieren. Trotz aller Bemühungen kamen wir auf keinen gemeinsamen Nenner. Die Gefühle hatten ungeahnte Ausmaße angenommen und waren völlig aus den Bahnen geraten.

Jens' Eltern verabschiedeten sich schließlich unter Tränen von ihrem Sohn, während sie mich im kalten Regen stehen ließen.

Auch meine Eltern mussten bald die Heimreise antreten – sicherlich nicht mit einem guten Gefühl. Wieder sicherten sie mir zu, für mich da zu sein und jede meiner Entscheidungen mitzutragen. Ich nahm an, dass sie damit auf eine mögliche Trennung von Jens anspielten, denn in diesen Tagen hatte ich solche Gedanken durchaus mehrfach gehegt und sie ihnen gegenüber im Vertrauen geäußert. Selbst wenn ich es nicht ausgesprochen hätte: Sie wussten, was in mir vorging. Und wieder war ich unendlich dankbar für ihr Verständnis in jeder Hinsicht. Wenigstens zwei Menschen in meinem Leben, die mich verstanden und zu mir hielten: Meine Eltern waren mir wichtiger denn je!

Durch unsere Bekannten Helga und Uwe, die Jens' Eltern beherbergt hatten, erfuhren wir im Nachhinein, dass Jens' Mutter an jenem Nachmittag, vor dem Tag ihrer Abreise, völlig aufgelöst dort angekommen war. Sie weinte und bemitleidete sich, ihren Sohn und ihre Familie, in der vorher „so etwas" schließlich noch nie vorgefallen sei, in höchstem Maße. Verständnis für ihre Schwiegertochter hatte neben ihrem Selbstmitleid wieder einmal keinen Platz.

Kurze Zeit nach der Abreise unserer Eltern musste ich erneut ins Krankenhaus. Seit Jahren litt ich immer wieder unter massiven Oberbauchkrämpfen, die sogar regelmäßig zum Erbrechen führten. Diese Koliken waren in meinen Augen schlimmer als Wehenschmerzen. Bereits in Deutschland hatten Ärzte zu Beginn der Schwangerschaft mit Stella festgestellt, dass ich Gallensteine hatte und sie der Auslöser für meine Krämpfe sein mussten. In der 10. Schwangerschaftswoche lieferte man mich ins Krankenhaus ein, da ich nach dem Verzehr eines fettigen Döner mal wieder unter unendlich starken Krämpfen gelitten hatte. Die Ärzte klärten mich auf, dass die Gallenkoliken für den weiteren Verlauf der Schwangerschaft nicht weiter schädlich seien und eine Operation zu diesem Zeitpunkt nicht in Frage käme, da man das Ungeborene nicht gefährden wollte. Eine solche Operation werde während einer Schwangerschaft nur im äußersten Notfall durchgeführt, allein schon aufgrund der notwendigen Vollnarkose.

Da bekannt war, dass Gallenkoliken während einer Schwangerschaft häufiger auftreten können, wollte ich vorbeugen und mir die Gallenblase entnehmen lassen, bevor ich erneut schwanger werden würde – was zu diesem Zeitpunkt, aufgrund der angespannten Situation zwischen Jens und mir, zwar undenkbar war, aber man soll schließlich niemals nie sagen.

Mein Gynäkologe Doktor Destino, der Stella zur Welt gebracht hatte, verwies mich damals an seinen Kollegen der Gastroenterologie, im selben Krankenhaus. Dieser Kollege war sehr nett und sprach sogar ein recht passables Deutsch. Wir vereinbarten noch während meiner Zeit, die ich nach der Geburt von Stella im Krankenhaus verbracht hatte, einen kurzfristigen Operationstermin, zu dem ich nun dort erschienen war.

Insgeheim genoss ich die Ruhe im Krankenhaus. Ich war froh, weg von zu Hause zu sein, um allen weiteren Auseinandersetzungen mit Jens aus dem Weg gehen zu können. Vor dem operativen Eingriff selbst hatte ich keine Angst. Das würde ich nun auch noch überleben. Und selbst wenn nicht ... dann hätte ich nichts daran ändern können. Auf eine verrückte Art und Weise hatte ich durch die Tablettenüberdosis meine Angst vor dem Sterben verloren. Wusste ich ja nun auch, dass dort – wo immer das sein mag – meine Tochter auf mich wartete.
Während die Schwestern mich mit einem Beruhigungsmittel auf den Eingriff vorbereiteten und verzweifelt versuchten, eine Vene zu treffen, um mir einen Zugang zu legen, stellte eine von ihnen anhand meiner Patientenkarte fest, dass ich kurz zuvor im selben Krankenhaus entbunden hatte. Anscheinend überflog sie meine Akte nur, denn sie fragte: „Ach, Sie haben ja neulich hier ein Baby bekommen. Einen Jungen oder ein Mädchen?" Ich schaute sie gezwungen lächelnd an: „Ein Mädchen, aber leider ist mein Baby tot." Noch während ich das sagte, rammte ihr eine Kollegin, die meine Patientenkarte offensichtlich genauer gelesen hatte und Bescheid zu wissen schien, den Ellenbogen in die Hüfte. So dämmerte ich langsam mit dem Gedanken an Stella in den Narkose-Schlaf.
Nachdem ich wieder zu mir gekommen war, brachte man mich zurück auf die Station. Es dauerte nicht lang und Jens kam, um mich zu besuchen. Er setzte sich neben mein Bett und fragte mich kurz: „Wie geht es dir?", worauf ich ihm antwortete: „Den Umständen entsprechend gut." Ich spürte nicht viel, da ich ein starkes Schmerzmittel intravenös bekam. Die gesamte Zeit seines Aufenthaltes über zog Jens ein langes Gesicht. Er schaffte es nicht, über seinen Schatten zu springen. Wieder hatten Kollegen ihn nach meinem Wohlbefinden gefragt, und er beschwerte sich erneut, dass sich kaum einer erkundigte, wie es ihm gehe. Er machte einen depressiven Eindruck. Insgeheim hatte ich mir gewünscht, dass mein Mann in diesem Moment, unmittelbar nach einem operativen Eingriff, für mich da wäre. Aber er war nur physisch anwesend: Seine Gedanken waren nicht bei mir. Er schaffte es wieder nicht, für mich da zu sein und mich zu stützen, was mich sehr verletzte und ärgerte. Es dauerte nicht lange und ich bat ihn, besser heimzufahren. Er könne ja wiederkommen, wenn er mir etwas zu sagen hätte, denn dieses Schweigen, wie es sich mittlerweile durch unseren Alltag zog, wenn wir nicht gerade wegen unwichtigen Kleinigkeiten stritten, wurde langsam unerträglich. Wir hatten uns anscheinend einfach nichts mehr zu sagen, weil wir uns ohnehin von unserem Gegenüber unverstanden fühlten.

Am nächsten Tag kam Jens wieder zu Besuch. Aber alles blieb beim Alten. Er verhielt sich wie schon am Tag zuvor: kalt und stur mir gegenüber. Offen gesagt nahmen wir uns beide in unserem Verhalten nichts. Als diejenige, die sich im Krankenbett befand, hätte ich mir einen ersten Schritt von seiner Seite sehr gewünscht. Ich fragte ihn, wieso er überhaupt gekommen sei. Darauf wusste er keine Antwort. Anscheinend fühlte er sich mir gegenüber verpflichtet, im Krankenhaus zu erscheinen. Ich erkannte ihn nicht wieder. Das war nicht der Mann, den ich geheiratet hatte. Wieder bat ich ihn zu gehen, weil seine Anwesenheit belastender war, als dass sie mir gut getan hätte. Lieber wollte ich die Ruhe genießen, als mich in einer angespannten Situation wiederzufinden, wie sie herrschte, wenn Jens und ich uns in ein und demselben Raum befanden. Ich bat ihn, mich bis auf Weiteres nicht mehr besuchen zu kommen und mich erst zur Entlassung wieder abzuholen.
Nach meiner Entlassung aus dem Krankenhaus kehrte auch die darauffolgenden Tage keine Entspannung der Situation bei uns ein. Wir schliefen in getrennten Zimmern und gingen uns aus dem Weg, denn jedes Wort wurde auf die Goldwaage gelegt und führte unwillkürlich zu erneutem Zwist. Eines Abends stritten wir uns so heftig, dass ich mich mit einer Flasche Hochprozentigem ins Gästezimmer zurückzog, obwohl ich Alkohol über alle Maße verabscheue und nur selten mal ein Glas Wein trinke. Vielleicht aus der Erfahrung heraus, dass mein Großvater sein Leben lang dem Alkohol verfallen war und wir nicht zuletzt dadurch seit Jahren keinen Kontakt mehr hatten.
Jens suchte etwas und betrat daher unerwartet das Gästezimmer. Er sah mich mit der Flasche auf dem Bett sitzen und entriss sie mir, während er mich schroff anfuhr: „Was soll das? Meinst du damit änderst du etwas?“ Woraufhin ich entgegnete: „Nein, aber vielleicht wird dann alles etwas erträglicher“.
Wieder eskalierte ein Streit zwischen Jens und mir. Wir warfen uns immer und immer wieder die Dinge vor, die in den letzten Wochen zwischen uns vorgefallen waren: eine Endlosschleife!
In meiner Verzweiflung alarmierte ich Michael und bat ihn zu vermitteln. Binnen weniger Minuten saß er bei uns im Wohnzimmer und versuchte zu intervenieren, was ihm nur bedingt gelang. Er verstand beide Seiten und saß zwischen den Stühlen. Zumindest an diesem Abend konnte er unsere erhitzten Gemüter dennoch durch seine Anwesenheit ein wenig beruhigen. Jens und ich versuchten in Michaels Gegenwart, möglichst sachlich auszusprechen, was uns so sehr bewegte. Unser schlechtes Gewissen ihm gegenüber, weil er schon so viel unsertwegen hatte ertragen müssen, verhalf

uns zu dieser Sachlichkeit. Doch trotz aller Bemühungen kamen wir auch an diesem Abend auf keinen gemeinsamen Nenner. Ich konnte und wollte Jens einfach nicht verzeihen, dass er die Trauer zugunsten seiner Kinder abgeschaltet hatte und mir ständig Vorwürfe machte, weil sich unsere Umgebung häufiger nach mir erkundigte als nach ihm. Zudem hatte ich das Gefühl, dass er nicht hinter mir stand (beispielsweise seinen Eltern und Kindern gegenüber). Jens wiederum erachtete sein Handeln für vollkommen richtig und verstand meine Ansichten und Gefühle dazu nicht. Und er warf mir wieder einmal vor, dass sich immer alles nur um mich drehte, wenn ihn Menschen auf unser Schicksal ansprachen. Nicht zuletzt hatte sich die Situation über Wochen durch die ständigen Streitereien, das dauerhafte Anschweigen, den Frust und die Trauer festgefahren.

Auch die kommenden Tage wurde die Situation nicht besser und wir fanden einfach keinen Weg, uns einander anzunähern. Ich wusste nicht mehr, wie es weitergehen sollte und dachte, wie so oft in der letzten Zeit, ernsthaft über eine Trennung nach. Eine Eheberatung in deutscher Sprache würden wir vor Ort nicht finden. Psychologische Betreuung ebenso wenig, obwohl wir sie dringend nötig gehabt hätten. Gedanklich war ich auf dem richtigen Weg: Ich fühlte, dass ich professionelle Hilfe brauchte und es niemals schaffen würde, allein aus dieser Sackgasse herauszukommen. Ich brauchte jemanden, der mir den Weg zeigte, den ich dann selbstständig würde gehen müssen. Also durchforstete ich das Internet nach Möglichkeiten.

Wie bereits vermutet, fand ich keinen Hinweis auf einen deutschsprachigen Psychologen in unserer Umgebung. Eine ambulante Therapie würde Wochen und Monate dauern. Wie sollte ich das bewerkstelligen? Und eine telefonische Betreuung durch einen Psychologen kam für mich nicht in Frage. Dafür war die Thematik viel zu umfassend. Nach einigem Suchen fand ich die Lösung: eine psychosomatische Kur; also eine Kur für die Psyche, die Seele, und das Soma, den Körper. Genau das Richtige für mich: Die vergangenen Wochen hatte ich nicht nur seelisch gelitten. Auch mein Körper hatte viel durchgemacht und sollte sich endlich Ruhe gönnen dürfen.

Ich bat Jens um ein neutrales Gespräch, in dem ich ihm klarzumachen versuchte, dass es so nicht weitergehen könne. Dessen war er sich ebenso bewusst wie ich. Weiter erklärte ich ihm, dass ich das erste Mal seit Beginn unserer Beziehung ernsthaft eine Trennung in Erwägung zog und diese sicherlich auch wahrmachen würde, wenn ich keinen Weg fände, mir selbst zu helfen. Denn ich hatte einmal gelernt: Nur wer sich selbst liebt, kann andere lieben. Und ich liebte mich längst nicht mehr. Wie konnte ich dann meinen Mann lieben? Außerdem war ich der Meinung, dass man erst an sich arbeiten muss, wenn man etwas verändern möchte, denn sein Gegenüber kann man nicht von Grund auf ändern, es sei denn, er möchte es selbst.

Obwohl Jens und ich geplant hatten, dass ich ihn auf eine siebenwöchige Geschäftsreise in die USA begleiten sollte, die terminlich schon viele Monate vor unserem Umzug nach Italien als Schulungsmaßnahme festgelegt worden war, befürwortete er meinen Wunsch und ließ mich wissen, wie gut er diese Überlegung fand.

Das erste Mal seit Wochen waren wir uns wieder über etwas einig geworden. Dieses Gefühl tat unsagbar gut, zumal ich nicht damit gerechnet hatte, so viel Unterstützung von meinem Mann zu bekommen.

Sofort leitete ich alles in die Wege: Ich sprach mit der Krankenkasse und stellte, mit Unterstützung des Betriebsarztes, alle notwendigen Anträge. Mit seinem Gutachten, welches unter anderem das Stichwort „Suizidversuch“ enthielt, dauerte es nicht einmal eine Woche, und ich hatte die Zusage für mindestens drei Wochen Kur in Deutschland. Ich hatte mir bereits eine Klinik im Allgäu ausgesucht, die laut ihrer Prospekte auf traumatische Zustände nach erlittener Totgeburt spezialisiert war. Dort wäre ich sicherlich bestens aufgehoben.

Jens' Eltern erklärten sich bereit, während unserer Abwesenheit auf das Haus aufzupassen, denn Einbrüche in unserer Wohngegend sind keine Seltenheit. Als Rentner hatten sie, im Gegensatz zu meinen Eltern, die ich bevorzugt darum gebeten hätte, genügend Zeit und opferten sich gerne, einen kostenfreien Urlaub in dieser schönen Region Italiens zu machen.

13 Reif für die Insel

Jens reiste ein paar Tage vor mir ab. Unser Abschied fiel nicht gerade herzlich aus. Ich fühlte nichts mehr für ihn. Meine Liebe schien verschwunden, was mich im Hinblick auf unsere gemeinsame Zukunft sehr besorgte.
Bis zu meiner Abreise vertrieb ich mir die Zeit mit Hausputz, da ich wusste, wie pingelig meine Schwiegermutter in Haushaltsangelegenheiten war. Sonst hätte ich das Haus nicht mit einem guten Gefühl verlassen können. Ich hinterließ unser Zuhause also in tadellosem Zustand und konnte mich in Ruhe auf den weiten Weg nach Deutschland machen.
Da ich Gepäck für mehrere Wochen brauchte, beschloss ich, die Reise mit dem Auto anzutreten, nicht zuletzt um vor Ort mobil zu sein. Ich fuhr sehr früh am Morgen, fast noch mitten in der Nacht, los, machte keine längere Pause und kam am Abend im Allgäu an, wo man mich bereits erwartete.
Die Klinik, bei der es sich um eine Fachklinik für psychotherapeutische Medizin und Psychosomatik handelt, ist idyllisch gelegen und von einer markanten Bergkette der Allgäuer Alpen umgeben. Das Therapieangebot reicht von berufsbezogenen Therapien, Traumatherapien, Depressionen, Angststörungen und so weiter bis hin zu Rehabilitationen und Männertherapien. Meine Erfahrungen fielen unter die Traumatherapie und gynäkologische Psychosomatik.
Am Empfang begrüßte man mich herzlich und brachte mich zunächst einmal in den Speisesaal, denn es war gerade Abendbrotzeit und ich konnte eine Stärkung nach der langen Reise vertragen. Etwas verloren saß ich an diesem Abend in dem riesigen Speisesaal. Jeder schien zwischenzeitlich irgendwen zu kennen – außer mir. So wirkte ich – völlig untypisch für mich – fast schüchtern, wie ich dort völlig einsam und verlassen an meinem Tisch im großen Saal saß. So war es fast eine Erlösung für mich, als man mich nach dem Essen auf mein Zimmer begleitete: ein kleines Zimmer mit Einzelbett, Schreibtisch und Schrankwand. Hinter einer Tür befand sich ein separates Badezimmer.
Ich fragte, ob es keinen Fernseher auf dem Zimmer gebe, was die Dame vom Empfang, die mich begleitet hatte, bejahte. Ich solle meinen Betreuer auf das Thema ansprechen.
Mein Betreuer war Oberarzt Dr. med. Voigt, Facharzt für Innere Medizin und Psychotherapie. Da ich an einem Wochenendtag angereist war, lernte ich Dr. Voigt erst nach einem entspannenden Tag auf dem Klinikgelände persönlich kennen. Er machte sich ein Bild von meiner Person und notierte sich folgende Diagnosen in seine Akten, in die ich später Einblick durch den Betriebsarzt in Italien bekam:

„Anpassungsstörung, Suizidversuch, somatoforme autonome Funktionsstörung des unteren gastrointestinal Traktes, Zustand nach Cholezysektomie bei Cholelithiasis (was so viel bedeutet, wie: Gallenblasenentfernung), abnorme Trauerreaktion (Suizidversuch), Adipositas (BMI 37,5) und Zustand nach Totgeburt (18.04.2005).
Bei Aufnahme präsentiert sich eine bewusstseinsklare, zu Zeit, Ort, Person und Situation gut orientierte Patientin. Sie wirkt traurig, hat immer wieder Tränen in den Augen, ist emotional gut schwingungsfähig, die Affizierbarkeit etwas herabgesetzt und vorwiegend im negativen Skalenbereich gegeben. Eine akute Suizidalität scheint nicht gegeben, eine psychotische Erkrankung ist im Aufnahmegespräch nicht explorierbar."

Dr. Voigt erklärte mir den Ablauf in einer Kurklinik, wie der, in der wir uns gerade befanden. Dann erkundigte er sich nach meinen Interessen bezüglich des Klinikangebotes, und wir legten gemeinsam passende Therapiemaßnahmen fest: Neben der Einzeltherapie mit Dr. Voigt sollte ich an einer Trauergruppe, Musiktherapie, Gestaltungstherapie, Sportmaßnahmen (Nordic Walking, Beckenbodengymnastik, Wassergymnastik, Adipositasgymnastik) teilnehmen. Zudem verschrieb er mir osteopathische Behandlungen. Die Therapiemaßnahmen waren terminlich festgelegt. Die meisten sportlichen Aktivitäten hingegen konnte ich selbstständig in meinen Tagesplan einbringen. Ich nahm freiwillig an einer Ernährungsberatung teil und ließ mich in den Diätsaal setzen, da ich meinem Körper nach den 20 kg, die ich während der Schwangerschaft zugenommen hatte, eine Auszeit gönnen wollte. Zudem war ich mir darüber im Klaren, dass mein gegenwärtiges Ausgangsgewicht keine gute Basis für eine Folgeschwangerschaft wäre – sollte es überhaupt jemals so weit kommen.
Ich erinnere mich noch gut an die Begrüßungsrunde in der Klinik, die zwei Tage nach meiner Ankunft stattgefunden hatte. Dazu waren alle Neuankömmlinge eingeladen worden. Etwa zwanzig bis dreißig neue Patienten fanden sich nach und nach in einem Saal eine Etage über dem Speisesaal, im zweiten Obergeschoss des Hauptgebäudes, ein. Ich setzte mich mit Blick zur Tür und mit dem Rücken zur Fensterwand auf einen der Stühle, die einen großzügig geformten Kreis bildeten.
Als bereits alle Neuankömmlinge Platz genommen hatten, traf Chefarzt Dr. Vogeler, der Leiter der Klinik, ein und begrüßte uns aufs Herzlichste. Er hatte seine Ansprache gerade begonnen, als sich die Tür des Saals vorsichtig öffnete und eine Nachzüglerin eintraf. Eine junge Frau, Anfang dreißig schätzte ich, betrat den Raum und entschuldigte sich schüchtern für ihre Verspätung. Es war nicht zu übersehen, dass sie schwanger war. Eine wohlgeformte Kugel bildete den Mittelpunkt ihres schlanken Körpers. Mein

Blick fiel sofort auf ihren Babybauch, während mir Tränen in die Augen stiegen – seit dem Tod von Stella konnte ich den Anblick von schwangeren Frauen einfach nicht mehr ertragen. Um nicht aufzufallen, versuchte ich mich zusammenzureißen, bekam von der Begrüßungsrede jedoch kaum etwas mit.
Ich weiß nicht, welcher Teufel mich damals geritten hatte, aber ich ging nach der Begrüßungsrunde, während sich die anderen Anwesenden bereits in Richtung Ausgang bewegten, auf die schwangere Frau zu und fragte: „Darf ich fragen, ob Sie hier sind, weil irgendetwas mit Ihrem Baby nicht in Ordnung ist?" Sie jedoch antwortete: „Nein, das hat andere Gründe." Ich muss ihr damals Angst gemacht haben, als ich daraufhin entgegnete: „Und ich dachte schon … Ich habe mein Baby nämlich vor wenigen Wochen tot geboren. Wenn mit Ihrem Kind alles in Ordnung ist, ist es ja gut." Ich wünschte ihr viel Glück für ihre Geburt und dass alles gut gehen sollte. Dann verabschiedete ich mich von ihr, bevor ich zum Ausgang flüchtete. Wie ein „Psycho" war ich mir vorgekommen. Was hatte ich da nur getan? Ich schämte mich zutiefst, einer Schwangeren so etwas Schreckliches erzählt zu haben, und gleichzeitig war ich so unsagbar neidisch auf ihren wunderschönen Babybauch mit einem lebenden Kind darin.
Später in der Eingangshalle, ich besorgte mir einige Informationsbroschüren über die Kurklinik, sah ich die Schwangere in Begleitung einer anderen Frau. Sie tuschelten und die Frau mit dem Babybauch zeigte mit verstörtem Gesichtsausdruck möglichst unauffällig auf mich, was ich dennoch bemerkte. Kein Wunder ... nach meinem Verhalten! Ich warf anderen Menschen Unsensibilität vor und verhielt mich selbst wie der dickste Elefant im engsten Porzellanladen.
Ebenfalls gleich zu Beginn aller Therapiemaßnahmen stand ein Gespräch in kleiner Runde beim Chefarzt der Klinik an. Er wollte jeden neuen Patienten persönlich kennenlernen: Zusammen mit zwei weiteren neu eingetroffenen Patientinnen wartete ich zum vereinbarten Zeitpunkt vor seinem Büro, bis er uns hereinrufen ließ.
Klinikleiter und Chefarzt Dr. Vogeler fragte uns nach dem Grund für unsere Anwesenheit, damit er sich ein Bild von uns machen könne. Niemand antwortete. Er hakte nach, ob denn keine von uns anfangen wolle zu erzählen, was sie in diese Klinik geführt habe. Nach längerem unangenehmen Schweigen machte ich den Anfang und teilte mich ihnen mit. Ich erzählte in groben Zügen und doch an den entscheidenden Stellen detailliert, warum ich vor Ort war. Die beiden anwesenden Frauen weinten, während ich von Stella erzählte. Dr. Vogeler fragte sie schließlich, nachdem ich mit meinen Ausführungen fertig war, warum sie weinten. Eine von ihnen fing sich und antwortete schüchtern: „Weil ich mich schäme. Ich

schäme mich dafür, hier zu sitzen, wenn ich dieses Schicksal höre. Denn ich bin nur hier, weil ich kein Selbstbewusstsein habe. Und wenn ich dann so etwas höre, frage ich mich, was ich hier überhaupt will.“ Der anderen Frau ging es ähnlich. Sie war derselben Meinung wie ihre Vorrednerin, obwohl sie selbst von einem harten Schicksal geprägt war – sie litt unter Multipler Sklerose, einer entzündlichen und degenerativen Erkrankung des zentralen Nervensystems. Eine Frau mit dieser schweren Krankheit bemitleidete mich. Ein seltsames Gefühl, was gleichermaßen gut tat.
Dr. Vogeler bedankte sich bei mir für meine offenen Ausführungen und merkte noch an: „Ihre Seele ist bereits geöffnet. Sie haben die besten Voraussetzungen für eine erfolgreiche Therapie. Ich wünsche Ihnen viel Erfolg dabei.“
Nach der Gesprächsrunde unterhielt ich mich mit meinen beiden Mitpatientinnen über dieses sehr emotionale Zusammentreffen. Wir waren erleichtert, es hinter uns gebracht zu haben.
Insgesamt verbrachte ich, nach Verlängerung der Therapiemaßnahmen, sechs Wochen in der Klinik. Ich lernte viele interessante Mitpatienten und deren Schicksale kennen.
Mit drei von ihnen – Anja, Renate und Claudia – schloss ich Freundschaft. Anja befand sich in der Klinik, weil sie ihre Mutter verloren hatte und nicht darüber hinwegkam. Renate hatte, mit gerade mal Anfang vierzig, bereits einen Schlaganfall hinter sich und mit dessen Auswirkungen zu kämpfen. Claudia war Pflegerin in einer geschlossenen Anstalt und durch ihre Tätigkeit dort selbst depressiv geworden.
Mit diesen Frauen führte ich während meiner freien Zeit viele lange und intensive Gespräche über ihr und mein Erlebtes. Sie kannten mich und mein Umfeld nicht, weshalb ich mich ihnen voll und ganz anvertrauen konnte – das tat gut. Mit diesen drei Frauen sprach ich ganz anders als mit den Ärzten: frei von der Leber weg; über Gott und die Welt. Man kann sagen, dass die Unterhaltungen mit ihnen manchmal hilfreicher waren als alle Therapiemaßnamen zusammen. Denn ich hatte nie das Gefühl, mich ihnen gegenüber verstellen zu müssen, während ich bei den Gesprächen mit den Therapeuten oft dachte: „Was mag Herr/Frau Doktor nun diagnostizieren?“ oder „Sag jetzt bloß nichts Falsches, damit nichts zu deinem Nachteil ausgelegt werden kann.“
Mit Anja kam ich durch die Trauergruppe in Kontakt. Vorher hatten wir uns nur flüchtig gegrüßt, wenn wir uns im Speisesaal oder im Foyer begegnet waren. An den Sitzungen der Trauergruppe nahmen ausschließlich Menschen teil, die einen geliebten Angehörigen oder Freund verloren hatten. Als ich mich ihnen vorstellte und von Stella erzählte, weinte die gesamte Runde. Das taten

sie nicht bei jeder „Geschichte“, wie ich später erfuhr. Die Trauernden selbst teilten sich untereinander in „Trauerkategorien“ ein. Es war ihrer Ansicht nach zwar schwer, die eigene Mutter zu verlieren, die gerade siebzig geworden war. Es war auch schwer, Abschied vom Großvater zu nehmen, der Ersatzvater geworden war. Mir jedoch sprachen sie die „höchste Kategorie“ zu: die Trauer um den Verlust des eigenen Kindes!

Ich wunderte mich über diese Sichtweise, zumal ja alle Anwesenden nicht umsonst hierher gekommen waren und jeder sein „Päckchen“ zu tragen hatte. Und dennoch tat es gut, zu erfahren, dass ich ernst genommen wurde. Ob Stella nun „nur“ in mir gelebt hatte, spielte hier keine Rolle. Ich hatte mein Kind verloren und das war es, was mich die Anteilnahme der anderen spüren ließ – mehr als in jeder anderen Therapiegruppe.

Umso befremdlicher fand ich es, als Anja, die gerade von ihrer erlittenen Fehlgeburt berichtet hatte, von einer Mitpatientin gefragt wurde: „Hat ES denn noch pulsiert, als es da im Klo lag?“ Ich musste Anja, die ein ebenso impulsiver Mensch ist wie ich, förmlich zurückhalten, damit sie der Fragestellerin nicht an die Gurgel sprang. Später erfuhren wir, dass diese Frau anscheinend sogar Fantasiegestalten am Fenster sah, aus dem jeder „normale“ Mensch nur die herrliche Landschaft hätte erblicken können. Die Wut wich dem Mitleid für diese Frau, deren Schrauben mächtig locker zu sein schienen.

Sehr wertvoll war die Trauergruppe für mich, weil ich dort lernte, dass ich am Tod meiner Tochter keine Schuld trage.

Unmittelbar nach Stellas Geburt hatte ich mich umfassend über die möglichen Todesursachen bei einem ungeborenen Kind zum Ende einer Schwangerschaft informiert und machte mir schwere Vorwürfe. Nicht zuletzt gilt neben dem Rauchen – zum Glück bin ich Nichtraucherin – unter anderem auch Fettleibigkeit als mögliche Ursache für das Verkalken des Mutterkuchens, was letzten Endes zum Tode des Fötus führen kann.

Ich war nun einmal mein ganzes Leben lang nicht schlank gewesen und mittlerweile aus medizinischer Sicht adipös (fettleibig). Erstmals machte ich mir dies nun wegen Stellas Tod zum Vorwurf, zumal ich während der Schwangerschaft sehr viel genascht hatte.

Der leitende Therapeut jedoch überzeugte mich, dass ich nicht schuldfähig war. Schuldfähig ist nur, wer vorsätzlich und mit vollem Bewusstsein, ohne krankhafte seelische Störung, handelt und diese Handlungen dann negative Auswirkungen haben. Selbstverständlich hatte ich meinem Baby nicht vorsätzlich schaden wollen. Im Gegenteil: Ich hätte alles getan, um das Unabwendbare zu verhindern! Diese Erklärung leuchtete mir ein und führte dazu, dass ich die Schuldfrage für mich, von einer Minute auf die andere, endgültig abwenden konnte.

Neben der Trauergruppe besuchte ich noch die Gestaltungstherapie. Ich hatte die Wahl zwischen Specksteinbearbeitung und Erstellung eines Scherbenbildes. Ich entschied mich für das Scherbenbild, da mich die Symbolhaftigkeit dieser Arbeit ansprach: Aus schönen, glänzenden Fliesen sollte ich mit einem Hammer Scherben erzeugen. Dabei konnte ich nicht nur meine Wut und meinen Hass ablassen, sondern sinnbildlich etwas Neues schaffen. Denn aus den schönen, heilen Fliesen wurden zerbrochene, unbrauchbare Stücke. Diese wiederum klebte ich zu einem neuen, individuellen Bild zusammen.
Auf das Leben übertragen bedeutet dies: Man lebt in einer heilen Welt. Plötzlich geschieht etwas Schlimmes und nichts ist mehr, wie es einmal war. Das Leben erscheint einem wie ein einziger Trümmerhaufen. Und dennoch geht es wieder bergauf. Auch aus einem Trümmerhaufen kann ein neues Leben werden. Nicht mehr dasselbe, aber vielleicht ein ebenso schönes, neues Leben: das neue Bild!
Also gestaltete ich aus den vielen Scherben, die vorher eins gewesen waren und nun unbrauchbar erschienen, ein solches neues Bild. In mehreren Sitzungen klebte ich mühevoll einen großen, gelben Stern inmitten eines schwarzen Himmels. Im Mittelpunkt des Sternes entstand ein Herz mit einem „S", in Vertretung für den Namen Stella. Dieser Stern symbolisiert das neue Zuhause unserer Tochter.
An dieser Idee des Sterns als neuem Zuhause von Stella war ein kleines Buch von Saint-Exupéry mit dem Titel „Der kleine Prinz" nicht ganz unschuldig. Eine ehemalige Kollegin, mit der ich über all die Jahre nach meiner Ausbildung Kontakt gehalten hatte, schickte es mir in die Kur. Ich verschlang das Buch binnen kürzester Zeit.
In der kurzen Geschichte tröstet der kleine Prinz seinen Freund, der bedauert, im Angesicht des Todes keine Möglichkeit zu haben, seinen Körper auf die weite Reise mitnehmen zu können, da dieser zu schwer sei: Der Körper sei nach dem Tod doch nur eine „alte, verlassene Hülle"; und um solche alten Hüllen solle man nicht traurig sein. Außerdem sagt er zu seinem Freund:

„Wenn du bei Nacht den Himmel anschaust, wird es dir sein, als lachten alle Sterne, weil ich auf einem von ihnen wohne, weil ich auf einem von ihnen lache. [...] Und wenn du dich getröstet hast (man tröstet sich immer), wirst du froh sein, mich gekannt zu haben."

Ich war ungemein dankbar für dieses Buch und die darin enthaltenen Worte – schade, dass es das Urheberrecht verbietet, weitere Passagen, die mein Herz so sehr berührten, an dieser Stelle niederzuschreiben. Mir fällt es so viel leichter zu glauben, dass Stella auf ihrem Stern weiterlebt und sie zu schwach war, ihre „schwere Hülle" mitzunehmen. Denn ihre Hülle ist nicht das, was sie ausmachte. Auf ihrem Stern lebt sie weiter. Davon bin ich

überzeugt. Deshalb auch das Bild: ein Stern mit einem Herzen in dessen Mitte – ihr Stern mit ihrem Herzen!
Entgegen meiner Vorstellungen war die Musiktherapie, die ich erst nach drei Wochen Aufenthalt in der Klinik besuchte, mit eine der schwersten Hürden, die es zu bewältigen galt.
Wir waren eine kleine, gemischte Gruppe. Jeder von uns hatte andere Gründe, warum er sich in der Klinik befand und an diesen Sitzungen teilnahm; es war also nicht wie in der Trauergruppe, wo alle denselben Anlass hatten, zusammenzukommen.
Der Therapeut spielte ein klassisches Lied, währenddessen wir Patienten möglichst entspannt zuhören sollten. Wir konnten uns mit Decken auf dem Boden ausbreiten oder es uns anderweitig gemütlich machen. Bedingung war jedoch, dass man, während die Musik lief, den Raum nicht verlassen durfte. Man sollte sich voll und ganz auf seine Gefühle und Gedanken einlassen und im Anschluss an das Lied darüber austauschen.
Ich bin kein Fan der klassischen Musik und weiß daher leider nicht mehr, was der Therapeut an jenem Tag, an dem ich das erste Mal an dieser Form der Gruppentherapie teilnahm, spielte. Aber es war ein Stück, das in mir ungeahnte Gefühle auslöste – anscheinend nicht nur in mir.
Der Reihe nach berichteten meine Mitpatienten, es waren vielleicht acht, von ihren Gedanken und Gefühlen, während das Lied gespielt worden war. Fast alle erzählten von traurigen Gedanken und ließen an ihnen teilhaben. Bis zum Schluss hatte ich mich bedeckt gehalten und wollte am liebsten gar nichts dazu sagen. Doch das war ja nun einmal nicht Sinn und Zweck der Sache. So erzählte auch ich, was ich empfand, während das Lied gespielt wurde.
Bei geschlossenen Augen, was die schlimmen Gefühle nur noch erheblich verstärkte, lief es wie ein Film in meinen Gedanken ab: Ich erlebte Stellas Trauerfeier ein zweites Mal; erzählte den anderen vom Ablauf und dem Heraustragen ihres Sarges; bis hin zum Abschied unter Tränen, als ich ihn ein letztes Mal berührte. Der Therapeut war der Einzige im Raum, der innehalten konnte und nicht weinte, als ich zu beschreiben versuchte, was ich vor meinen geschlossenen Augen, beeinflusst durch dieses klassische Lied, gesehen hatte. Alle anderen Anwesenden weinten oder kämpften zumindest mit den Tränen, während es nur so aus mir heraussprudelte.
Musik war schon immer ein großer und wichtiger Bestandteil meines Lebens gewesen und Schlüssel zu meinen Gedanken und Gefühlen. Wie sehr, bemerkte ich in besagten Minuten!
Die Situation war so emotional, dass wir die Sitzung beendeten und alle weiteren Besprechungen auf das nächste Treffen vertagten.

Bei der nächsten Therapiesitzung griffen wir das Geschehene erneut auf. Einige der Anwesenden beschrieben, dass sie meine Trauer extrem stark nachempfunden hatten: So stark, dass sie ihre Tränen nicht mehr hatten zurückhalten können. Ein anderer gab offen zu: „Ich war richtig wütend auf dich, weil du mir mit deinen Ausführungen den Tag versaut hast. Ich habe selbst ein Kind und konnte danach nichts mehr mit mir anfangen." Darauf reagierte ich recht schroff: „Wie kann man auf das Schicksal eines anderen Menschen wütend sein? Du bist doch gar nicht persönlich betroffen!" Es entwickelte sich eine heiße Diskussion, bei der ich immer offensiver wurde. Ein anderer Patient erzählte, dass er sich schäme. Hatte er doch beim letzten Mal von seinem Problem erzählt, seinen eigenen Ansprüchen, in Form von Statussymbolen, nicht gerecht werden zu können. Im Vergleich zu dem, was ich erlebt hätte, empfinde er sein „Problem" nun als oberflächlich und nichtig. Es tat gut, das zu hören. Allerdings hatte ich ihn zugegebenermaßen ein wenig zu dieser Ansicht gedrängt: Als er nämlich beim letzten Mal über seine „Probleme" sprach und bedauerte, dass ihm sein Auto nicht protzig genug sei, hielt ich ihm mit klopfendem Herzen meinen Autoschlüssel hin und sagte: „Das hier ist mein neuer Audi A3 Sportback. Wenn du mir meine Tochter zurückgeben kannst, schenk ich ihn dir! Und wenn du willst, kannst du dann auch noch mein Haus und den Pool dazu haben. All das brauche ich nicht, wenn ich mein Kind nicht bei mir haben darf." Das hatte gesessen.
In dieser zweiten Sitzung beruhigten wir alle unsere Gemüter und lauschten einer sehr entspannenden, fröhlichen Melodie. Natürlich war die Auswahl dieses sanft-fröhlichen Klassik-Stücks kein Zufall, sondern Absicht des Therapeuten. Und er hatte gut daran getan, denn trotz der hitzigen Diskussionen verließen diesmal alle Teilnehmer entspannt die Gruppe.
Völlig unerwartet erhielt ich eines Tages ein kleines Päckchen an die Adresse des Kurhauses adressiert: Es war von meinen Eltern. Ich öffnete es neugierig. In dem Päckchen befand sich eine schwarze Geschenkschachtel, deren Deckel ich vorsichtig aufklappte. In erblickte einen 3-D Kristall-Schlüsselanhänger mit einem Stern und Stellas Namen darin eingraviert. Ich weinte vor Rührung, als ich den kleinen Würfel in meinen Händen hielt – dieses Geschenk zeigte mir wieder einmal, wie gut mich meine Eltern kannten und wie viel Verständnis sie für mich und die Trauer um Stella hatten. Dass sie meine Gefühle diesbezüglich unterstützten und diese voll und ganz gemeinsam mit mir auslebten, bedeutete mir sehr viel, zumal sie zu diesem Zeitpunkt so ziemlich die Einzigen waren, die mich zu verstehen schienen. Sie gaben mir den Halt, den ich brauchte und so sehr von meinem Mann ersehnte.
Jens und ich hielten per Brief, E-Mail und Telefon Kontakt – zunächst beschränkt auf das Nötigste: die Kur und Jens' Schulungsmaßnahmen in den

USA. Erst mit der Zeit und nach längerer Trennungsdauer verirrten sich hin und wieder mal ein paar nette Worte in die Gespräche und Briefe, wie z. B. in jenen, den ich meinem Mann per Post nach Amerika schickte:

„Ich betrachte ständig unser Hochzeitsfoto: Das Glück in unseren Augen, unseren Gesichtern, unserer Körpersprache. Dann betrachte ich das Foto unserer Maus. Betrachte das Resultat dieser einst so innigen Liebe, die schon so viele Hürden nehmen musste. Das haben wir nicht verdient. Wann werden wir endlich einfach nur LEBEN dürfen? LIEBEN, LEBEN und genießen. Warum werden wir immer wieder aufs Neue dabei gestört? Was haben wir verbrochen und was sollen wir noch alles ertragen?! Ich sehne der Zeit entgegen, in der, nach diesem langen Weg, endlich ein Ziel greifbar wird – ohne weitere Hürden nehmen zu müssen. In diesen schweren Stunden bete ich ... für uns! Für unsere Liebe und Zukunft. Nichts wünsche ich mir mehr als das, was wir doch schon hatten.
Deine Klara."

Nach rund zwei Wochen Kuraufenthalt fragte ich mich, ob die Zeit, die ich bisher in der Klinik verbracht hatte, sinnvoll war und ob ich die Kur insgesamt als hilfreich erachtete. Diese Frage konnte ich tendenziell eher mit einem *Nein* beantworten – zumindest im Hinblick auf die Trauer um Stella: Es ging mir nicht wesentlich besser, obwohl ich die Umgebung und die Kur-Maßnamen sehr genoss. Ich war froh, allein zu sein und die Möglichkeit zu haben, tun und lassen zu können, was ich wollte – ohne Rücksicht auf irgendjemanden nehmen zu müssen. Mal davon abgesehen, dass ich es genoss, täglich Frühstück, Mittag- und Abendessen bester Qualität vorgesetzt zu bekommen. Ich brauchte mich, im Gegensatz zu zu Hause, um nichts kümmern. Dennoch sollte man die mentalen Anstrengungen, die solche Therapiemaßnahmen mit sich bringen, nicht unterschätzen. Doch mit der Zeit kam ich immer mehr zur Ruhe und konnte meinem Körper und meiner Seele eine Auszeit gönnen.
Mit der wichtigste Bestandteil der Therapiemaßnahmen waren natürlich die Einzelgespräche mit Dr. Voigt. Wir rollten mein gesamtes Leben von hinten auf. Hauptgegenstand unserer Gespräche war natürlich immer und immer wieder die Trauer um Stella.
Eine Woche vor Beendigung meiner Kur-Maßnamen machte es bei mir „Klick". Ich gewann eine wichtige Erkenntnis, die ich Jens am 05.07.2005, sofort nach dem Gespräch mit Dr. Voigt, in einem Brief mitteilte:

„Hallo Schatz,
ich komme gerade aus dem Einzelgespräch mit Dr. Voigt. Jetzt habe ich das Bedürfnis, Dir zu erzählen, was das Gespräch ergeben hat, was mir

anscheinend klar geworden ist, was ich insgeheim wohl mit mir herumgetragen habe. Ich hoffe, das Folgende nicht zu wirr zu schreiben und dass Du meinen Worten folgen kannst.

Ich glaube gerade herausgefunden zu haben, dass Stella mit einer Verantwortung zur Welt gekommen wäre. Vielleicht hat sie diese Verantwortung gespürt und es sich deshalb anders überlegt. Und jetzt bin ich ganz traurig, dass ich selbst ihr diese Verantwortung aufgebürdet habe.

Weißt Du noch, warum sie Stella heißen sollte? So heißt ein Model, dessen Name mir so gut gefallen hatte. Weißt Du, warum sie Chiara heißen sollte? Es war der Name von Papas Mama, die er so sehr liebte. Warum wünschte ich mir von Anfang an ein Mädchen? Weil sie das erleben sollte, was ich nie erleben konnte. Warum haben wir darüber nachgedacht, ihr einen Doppelnamen, eine Kombination aus den Namen Deiner beiden Töchter zu geben? Weil sie damit die Aufgabe bekommen hätte, eine Freude/ein Geschenk für die beiden zu werden, um mich ihnen womöglich näherzubringen. Insgeheim habe ich wohl gedacht, dass Stellas Geburt zugleich meine Integration in eure Familie mit sich bringen würde; dass sie mich den Kindern nähergebracht hätte. Diese Aufgaben hätte sie gehabt. Genauso wie die Aufgabe, mich mit Deiner Ex-Frau gleichzustellen. Auch die Mutter Deines Kindes zu sein.

Aber das war falsch. Das darf nicht sein. „Ein Kind darf nicht Projektion meiner Wünsche, meines Lebens, meiner Erwartungen und Ängste sein. Ein Kind muss willkommen sein. Egal ob Junge oder Mädchen. Ein Kind muss seine Ängste auf mich/uns projizieren dürfen." Das hat Dr. Voigt gesagt. Und er hat wohl recht.

Damit habe ich erkannt, dass der erste Schritt, um mich und Stella von dieser Last zu befreien, der Verkauf ihrer Mädchenkleidung sein wird. Neutrale Bekleidung, Möbel, Kinderwagen und Spielzeug wären für Junge und Mädchen gleichermaßen geeignet – komme, was wolle. Kleider, Lackschuhe, Stirnbänder etc. würden jedoch vermutlich weiterhin diesen geheimen Wunsch in mir belassen, ein Mädchen bekommen zu wollen. Und somit hätte auch jedes weitere Kind eine Aufgabe. Erinnerst Du Dich daran, dass ich einmal sagte, dass eine Schwester von Stella später einmal ihren Namen als Zweitnamen tragen sollte? Auch das wäre falsch. Dies habe ich heute schlagartig erkannt, obwohl ich es tief in meinem Inneren bereits ahnte. Dr. Voigt hat es mir entlockt. Jetzt bin ich erleichtert und traurig zugleich. Erleichtert, diese Erkenntnis gewonnen zu haben; traurig, die schönen Kleider, Schuhe etc. verkaufen zu müssen – aber es ist wohl besser so.

Auch wenn ich heute bereits den ersten entscheidenden Schritt gegangen bin, bin ich sehr aufgewühlt und traurig. Ich muss loslassen – das wird mir bewusst. Und es tut weh! Ich schäme mich und habe Angst. Angst, ein

Folgebaby ebenfalls mit Aufgaben zu betrauen; Angst, es wieder „falsch" zu machen – wenn auch unbewusst.
Ich wäre sicher eine gute Mutter. Aber Du kennst mich ja: Ich habe zwei Seiten. Und ein Kind soll nicht darunter leiden müssen, deshalb habe ich Lernbedarf. Ich muss lernen, bei mir und bei Dir anzufangen; lernen, dass meine Ansprüche an Dich nicht immer gerechtfertigt sind; lernen, dass ich nach einem Streit auf Dich zugehen kann; lernen, dass ich mich nicht auf ein Kind projizieren kann und darf.
Heute habe ich den Anfang gemacht. Und plötzlich habe ich Bedenken, dass ich die Menschen, die uns so viele niedliche Mädchensachen geschenkt haben, verletzen könnte, wenn ich diese bald verkaufe.
Wie siehst Du die Sache? Bin sehr gespannt auf Deine Antwort und hoffe, Du verstehst, was ich hier geschrieben habe.
Deine Klara
P. S. Wenn wir die Bekleidung zu einem guten Zweck weggeben würden (z. B. an ein Kinderheim), würde mir dieser Schritt sicher leichter fallen und gleichzeitig könnten wir Gutes tun."

Das Gespräch mit Dr. Voigt hatte mich sehr aufgewühlt, dementsprechend schrieb ich diesen Brief mit zittrigen Händen und klopfendem Herzen. Diesmal wollte ich den langen Weg der Post von Deutschland in die USA nicht abwarten und las Jens meine Zeilen daher noch am selben Abend während eines Telefonates vor. Entgegen meiner Befürchtungen reagierte Jens sehr positiv auf das Geschriebene. Er verstand voll und ganz, worum es mir ging und bestärkte mich in meinem Vorhaben, Stellas Sachen wegzugeben. Er war ebenso dafür, die Sachen zu spenden, anstatt sie zu verkaufen. Außerdem machte er mir Mut, mit meinen Eltern über diese Spende zu sprechen. Denn vor allem ihnen gegenüber hatte ich ein schlechtes Gewissen. Sie waren es, die uns den Hauptanteil der Babyausstattung geschenkt hatten. Und ich war mir darüber im Klaren, dass sie viel Geld, Zeit und Liebe dafür investiert hatten.
Also rief ich sie unmittelbar nach dem Gespräch mit Jens an, um ihnen ebenfalls von meinen neu gewonnenen Erkenntnissen zu erzählen. Auch sie enttäuschten mich nicht und stärkten mir den Rücken. Alles, was mir helfen könnte, war ihnen recht. Mir fiel ein riesiger Stein vom Herzen!
Meine Mitpatientin Anja, die um ihre Mutter trauerte, war es, die mich an einem Feiertag mit zur Messe nahm. Ein Pfarrer hielt jeden Sonntag und an Feiertagen in den Räumlichkeiten der Klinik eine Predigt ab. Zunächst wollte ich nicht mitkommen: Zum einen, weil ich mich mit der „Institution Kirche" immer noch nicht besonders gut identifizieren konnte; zum anderen, weil ich

wenige Tage zuvor mit Renate während des Ausgangs am Wochenende, welchen wir mit einer Städtetour gestalteten, eine Kirche besichtigt hatte: Als wir die Räumlichkeiten der Kirche betraten, fühlte ich mich augenblicklich nicht mehr wohl in meiner Haut und verspürte den Wunsch wegzulaufen. Renate hielt mich jedoch an den Händen und zog mich neben sich auf eine der Kirchenbänke. Übermannt von bewältigt geglaubten, extremen Gefühlen der Trauer und der ungewohnten Nähe zu meinem Kind, welche ich mir selbst nicht erklären konnte, füllten sich meine Augen binnen Sekunden mit Tränen. Was war es, was diese Gefühle in mir ausgelöst hatte? Vielleicht die Erinnerung an die Trauerfeier? Vielleicht das Wissen, dass Stella bei Gott ist und ich mich im Haus Gottes befand? Ich weiß es nicht. Jedenfalls brauchte ich noch einige Zeit, mich wieder zu beruhigen.

Anja versicherte mir, dass mir die Messe trotz meiner Angst vor erneuten Gefühlsausbrüchen dieser Art gut tun würde. Der Pfarrer sei ein besonderer Mann seines Faches. Ich ließ mich überzeugen und begleitete sie.

Wir betraten einen Raum in einer der obersten Etagen im Nebengebäude der Kurklinik. Dort fanden sich pünktlich zur Messe viele Menschen aus verschiedenen Kureinrichtungen ein. Nicht wenige von ihnen waren sichtlich schwer krank und schoben sich mit ihren Rollstühlen durch die schmalen Stuhlreihen. Der Pfarrer war in der Tat anders als andere Pfarrer, die ich bis dahin kennengelernt hatte. Er hielt eine ungewöhnlich lockere Messe ab und nahm kein Blatt vor den Mund. Seine Worte und seine Art die Dinge „direkt" auszusprechen, trafen mich mitten ins Herz. Immer wieder begann ich, während seiner Predigt zu weinen. War es Zufall, dass er an diesem Tag besonders intensiv von unseren Lieben sprach, die von uns gegangen waren? Anja nahm immer wieder meine Hand und drückte sie ganz fest. Wir weinten gemeinsam und schämten uns unserer Tränen nicht. Wir weinten um ihre geliebte Mama, um meine geliebte Tochter und all die anderen Toten, die in diesem Moment der Messe so gegenwärtig schienen.

Überrascht von diesem positiven Eindruck, den die Predigt bei mir hinterlassen hatte, schwor ich, dass dies nicht der letzte Besuch in einer Kirche sein sollte. Hatte ich vor Kurzem, dank des „kleinen Prinzen", erst erfahren, dass es mir so viel leichter fiel, den Tod von Stella durch Glauben zu akzeptieren, war dies bereits der zweite Schritt zurück zur Bejahung des Christentums. Auch wenn mir die alteingesessene Form der Kirche nach wie vor in vielerlei Hinsicht suspekt erschien.

Im Keller des Kur-Hauptgebäudes gab es einen alten, abgesägten Baumstamm. Es schien, als sei er dort direkt der Erde entsprungen. An ihm hingen lauter Briefe: Briefe von Patienten, die sich nach erfolgter Therapie von etwas oder jemandem verabschieden wollten. So konnte man ungeliebte Angewohnheiten,

Probleme, Altlasten und so weiter aufschreiben und an diesem Baum in Form eines Briefes zurücklassen. Auch ich hinterließ einen solchen Brief: einen Brief an Stella mit all meinen gewonnenen Erkenntnissen. Auf diese Weise schloss ich ein Stück weit mit gewissen Dingen ab, was ungemein befreite. Unter anderem schwor ich, nie wieder aus eigenen Stücken versuchen zu wollen, aus dem Leben zu scheiden. Ich war mir nicht sicher, ob ich mein neues Lebensgefühl bereits auf den Alltag übertragen können würde, aber ich war voller Zuversicht, es zumindest probieren zu wollen.
Dr. Voigt verfasste meinen Entlassungsbericht folgendermaßen:

„Insgesamt zeigte sich Frau Lenzen therapeutischen Interventionen gegenüber gut zugänglich. Im Laufe der Therapien stellten sich als vorrangige Ziele eine Hilfestellung bei Trauerarbeit, eine gemeinsame Entwicklung von Bewältigungsstrategien, aber auch das Bearbeiten der Möglichkeiten einer Verbesserung der Kommunikationsstruktur innerhalb der Familie herzustellen, dar.
Frau Lenzen leistete sinnvolle Trauerarbeit, konnte zunehmend besser und differenzierter mit dem Verlust ihrer Tochter umgehen. Im Rahmen der psychodynamischen orientierten Einzeltherapien wurden der Patientin Zusammenhänge aus biografischen Erfahrungen und Verhaltensmuster, die sie nun innerhalb der Familie lebt, bewusst. Es war ihr möglich, im Sinne einer verbesserten Kommunikation diesbezüglich Strategien zu entwickeln, die sie nun umsetzen möchte. Während der gesamten Therapie war die Patientin bemüht, regelmäßige Kontakte zu ihrem in den USA befindlichen Ehemann herzustellen, um künftige notwendige Veränderungen zu besprechen und vorzubereiten.
Gemessen an der kurzen Aufenthaltsdauer gestaltete sich der therapeutische Verlauf erfolgreich. Bezüglich der zukünftigen Familienplanung konnte die Patientin neue Einsichten gewinnen."

Ich war sehr zufrieden mit diesem abschließenden Bericht, den mir Dr. Voigt wenige Wochen nach meinem Kuraufenthalt zuschickte. Denn Anja, die bereits ein zweites Mal vor Ort stationär therapiert worden war, hatte nach ihrem ersten Aufenthalt in der Klinik einen völlig anderen Bericht in ihren Händen gehalten: Einen, der die Notwendigkeit einer Folgetherapie deutlich zum Ausdruck brachte.
Ich hatte es also geschafft und begab mich mit einem guten Gefühl in Richtung Heimat. Ich war voller Hoffnung, erneut in den Alltag finden zu können. Zudem hoffte ich, in den letzten Wochen genug Kraft und Abstand gewonnen zu haben, um mich meinem Mann wieder annähern und die vergangenen schwierigen Wochen mit ihm differenziert betrachten zu können.

14 Der Arzt war schuld!

In Italien angekommen, warteten bereits meine Eltern auf mich. Sie hatten zwischenzeitlich meine Schwiegereltern abgelöst, die das Haus bis dahin gehütet hatten, und geplant, ihren Haupturlaub mit mir zu verbringen.
Meine Schwiegereltern hinterließen einen leeren Kühlschrank, der bei meiner Abreise noch voll gewesen war, und eine saftige Telefonrechnung, da sie Jens' Schwester mehrfach von uns aus angerufen hatten. Anhand des Einzelgesprächsnachweises konnte ich sehen, dass die Gespräche von Italien nach Deutschland alles andere als kurz ausgefallen waren. Bei mir in der Kur hingegen hatten sie sich kein einziges Mal gemeldet, um sich vielleicht einmal nach meinem Wohlbefinden zu erkundigen. Dies sei nur am Rande bemerkt! Ich glaube, dass ich meiner Enttäuschung darüber keine weiteren Worte schenken muss.
Die Anwesenheit meiner Eltern erleichterte mir die Rückkehr nach Hause. Ich hätte mir nicht vorstellen können, weitere zwei Wochen, die Jens noch in den USA verweilen musste, allein zu bleiben. So stark fühlte ich mich, trotz aller Hoffnungen für die Zukunft, nun auch wieder nicht. So brach der Alltag allmählich wieder über mich herein, aber nicht auf einen Schlag. Denn der wirkliche Alltag war ohne Jens natürlich nicht gegeben.
In den ersten beiden Wochen nach meiner Rückkehr aus der Kur, unternahm ich viel mit meinen Eltern: Wir erkundeten die Gegend, besuchten Strände, Wochenmärkte und Städte. Es tat gut, einfach nur das Kind meiner Eltern sein zu dürfen und mir keine Gedanken über morgen machen zu müssen.
Bereits in der Kur hatte ich mit meiner Mutter telefonisch besprochen, dass wir Stellas Sachen gemeinsam aussortieren würden. Wir setzten uns also eines Nachmittags in das Kinderzimmer und machten uns an die Arbeit. Auf einen Stapel legten wir alle Mädchensachen, dieser machte etwa 70 % aus; auf einen anderen Stapel die neutralen Babysachen, die ich behalten wollte. Auf der einen Seite tat es ungemein weh, sich von diesen Dingen zu trennen – es war so schade um die niedlichen Sachen, die mit vielen Erinnerungen an die Vorfreude auf Stella verbunden waren; auf der anderen Seite erleichterte dieser Schritt ungemein.
Als wir wenige Monate später für einige Tage unsere Familien besuchten, nahmen Jens und ich die Sachen mit nach Deutschland und spendeten sie einem Frauenhaus. Die Leiterin der Einrichtung versicherte mir telefonisch, dass Stellas Sachen dort in den besten Händen seien und man alles, was man nicht benötigte, an die Kinderhilfe, mit der das Frauenhaus eng

zusammenarbeitet, gebe – spätestens dort würden ihre Sachen dankbare Abnehmer finden.
Da man ein Frauenhaus zur Sicherheit der dort befindlichen Frauen nicht besuchen kann, traf sich Jens mit der Leiterin der Institution auf einem Parkplatz. Ich begleitete ihn nicht. Dazu fehlte mir letzten Endes die Kraft. Dennoch bedauerte ich diesen befreienden Schritt nicht und wusste, dass es für mich persönlich die einzig richtige Entscheidung war.
Die beiden Wochen mit meinen Eltern vergingen wie im Fluge. Zwei Tage hatte ich zwischen ihrer Abreise und der Rückkehr meines Mannes aus den USA zu überbrücken. Das war ein erträglicher Rahmen, auch wenn es das erste Mal seit Stellas Tod war, dass ich in unserem Haus alleine übernachten musste. So schaute ich immer recht lange fern, um mich abzulenken und die Nächte möglichst kurz zu halten.
Fast acht Wochen hatte ich Jens nicht mehr gesehen. Obwohl ich die Trennung als notwendig erachtete, um Ruhe einkehren zu lassen, die geschehenen Dinge aufzuarbeiten und mir meiner Gefühle für Jens bewusst zu werden, war ich der Meinung, dass es nun langsam an der Zeit war, sich wiederzusehen und gemeinsam in den Alltag zurückzufinden. Auch wenn ich ihn zugegebenermaßen während der Zeit der Kur nur selten vermisste – das, was geschehen war, war zu gegenwärtig, und ich hatte zu viel mit mir selbst zu tun.
Geprägt von Unsicherheit und dem Gefühl einer gewissen „Fremde“ nahmen wir uns schweigend und lange in den Arm, als Jens zu Hause eintraf. Wir wussten nicht, was uns die nächsten Wochen erwarten würde und hatten Angst, dass uns die Vergangenheit wieder einholen könne.
Die ersten Tage nach Jens' Rückkehr waren von Aussprachen bestimmt: Wir sprachen über Stella, über das Geschehene, über die Kur und über den Aufenthalt in den USA. Jens hatte mich in der Zeit, die wir getrennt voneinander verbracht hatten, sehr vermisst, wie er mir nach seiner Rückkehr aufrichtig versicherte. Er hatte viel Zeit gehabt, sich und das Vorgefallene zu reflektieren. Dabei stellte er fest, dass er mit der Trauer und all dem Drumherum in den Wochen vor seiner Abreise in die USA stark überfordert gewesen war. Er gab zu, dass er an manchen Stellen anders hätte handeln müssen, was ihm jedoch zum damaligen Zeitpunkt nicht möglich schien, da er selbst keinen klaren Gedanken hatte fassen können. Im Nachhinein tat es ihm leid. Er habe versucht, es allen recht zu machen – vor allem den Kindern und mir. Dabei habe er sich selbst „verloren“, was wiederum zu seinen „Fehlhandlungen“ geführt habe. Jens' Worten zu urteilen hatte er tatsächlich intensiv nachgedacht und sich einige entscheidende Punkte eingestanden. Es tat gut zu hören, dass er, entgegen

meiner Vermutung, nicht die Trauer von einem auf den anderen Tag abgestellt hatte, sondern immer noch um Stella trauerte, was er mir in diesem Zusammenhang gestand. Jens hatte lediglich versucht, die Trauer „abzustellen“, um die Kinder zu entlasten und sich selbst zu schützen und die Dinge nicht zu nah an sich rankommen zu lassen. Doch in Amerika hatte ihn alles Verdrängte wieder eingeholt. Er wurde schnell übermannt von all den traurigen Gedanken und Gefühlen, die er aus seinem Kopf zu löschen versucht hatte – so schilderte er es mir zumindest. Und bei all seinen Überlegungen und der neu empfundenen Trauer sei ihm bewusst geworden, wie viel ihm Stella und ich bedeuten. Er wolle alles daransetzen, seine Fehler wiedergutzumachen und die Trauer um Stella gemeinsam mit mir zu leben!

Diese Selbsterkenntnisse meines Mannes, in Verbindung mit meinen eigenen Erkenntnissen während der Kur, waren die ersten, ganz kleinen Schritte zurück in eine harmonische Zweisamkeit. Seine Worte taten gut, zumal sie, nach allem, was passiert war, recht unverhofft für mich kamen. In seinen Briefen, die er mir in die Kur geschickt hatte, erwähnte er dergleichen nicht. Auch in den Telefonaten hatte er sich diesbezüglich eher zurückgehalten.

Was mich schockte: Jens war ab und an mit einem amerikanischen Kollegen und dessen Frau unterwegs gewesen. Sie besuchten eines Abends ein typisch amerikanisches Bierlokal. Einige der anwesenden Frauen tranken anscheinend gerne mal einen über den Durst und boten sich den anwesenden Männern dann großzügig an. Als eine Dame Jens offensichtliche Avancen machte, ermutigte ihn die Frau des Kollegen dazu, ruhig darauf einzugehen. Sie versicherte ihm, dass es ein Geheimnis zwischen Jens, ihrem Mann und ihr bleiben würde und sie schweigen könne. Da kannten sie meinen Mann aber schlecht: Für so etwas war Jens überhaupt nicht zu haben. Ohne Liebe geht bei ihm gar nichts – worauf ich durchaus stolz bin, da man eine solche Einstellung heutzutage sicher nicht überall findet. Ich war vor allem deshalb geschockt darüber, da diese Frau genau wusste, was zuvor in Italien geschehen war. Dass wir gerade unsere Tochter verloren und eine überaus schwierige Zeit hinter uns gebracht hatten. Wie kann man jemandem in einer solchen Situation solche Angebote machen? Als ob es nichts Wichtigeres auf der Welt gäbe. Derart oberflächliche Dinge werde ich wohl nie verstehen!

Jens ging wieder wie üblich montags bis freitags arbeiten. Allmählich kehrte der Alltag in unser Leben zurück. Mein Mann baute unseren Pool auf und wir genossen das herrliche Wetter.

Durch Zufall erfuhr ich von einem Salsa Konzert, das etwa hundert Kilometer von unserem Wohnort entfernt stattfinden sollte. Wir besorgten uns Tickets, da ich immer schon viel Kraft und Lebenslust aus dieser Musik schöpfen konnte.
Seit Monaten war es das erste Mal, dass wir wieder einen schönen Abend miteinander verbrachten. Wir lachten und tanzten zu dieser lebensbejahenden Musik unter freiem Himmel auf einer großen grünen Wiese. Die Kulisse war einmalig: Die Band spielte unmittelbar vor einem bunt angestrahlten alten Schloss.
Wir schienen vom Pech verfolgt, denn als wir unser Auto nach dem Konzert aufsuchten, brauchten wir keinen Schlüssel mehr, um die Fahrertür zu öffnen. Man hatte, wie bei einigen anderen Autos auch, die Scheibe eingeschlagen und das Navigationssystem entwendet. Nachdem wir die restliche Nacht bei der Polizei verbracht hatten, die uns ohnehin nicht helfen konnte, fuhren wir mit offenem Fenster nach Hause zurück.
Zu unserem Pech mussten wir am darauffolgenden Tag auch noch mit dem demolierten Wagen nach Deutschland. Zum Glück ist Jens handwerklich sehr geschickt: Er baute kurzerhand die Plexiglas-Scheiben unseres Garten-Hasenstalls zu einer vorübergehenden Fensterscheibe für unser Auto um. Dumm nur, dass die Fahrertür betroffen war und man die Scheibe normalerweise herunterlassen muss, um an den Maut-Stellen zahlen zu können. So musste Jens jedes Mal die Tür öffnen, um ein Ticket zu ziehen oder einen Streckenbetrag zu zahlen, was uns ehrlich gesagt, trotz der Umstände, immer wieder belustigte.
Der Sommermonat August brach an und wir hatten immer noch nichts von der Pathologie gehört. Ungeduldig warteten wir täglich auf einen Anruf aus dem Krankenhaus mit der Info, dass der Bericht mit Stellas Todesursache vorläge. Mal abgesehen davon, dass wir uns erst wieder an die Kinderplanung rantasten wollten, wenn wir in den Alltag zurückgekehrt wären und unsere Beziehung für stabil genug hielten, wollten wir alles davon abhängig machen, was der pathologische Bericht ergab. Wäre Stella womöglich an einem genetischen Defekt gestorben, hätten wir uns ganz neue Gedanken machen müssen. Zudem wären wir in diesem Fall ganz sicher nicht vor etwaigen Untersuchungen bewahrt geblieben.
Als der ersehnte Anruf nicht kam, nahm ich meinerseits Kontakt mit dem Krankenhaus auf. Die freundliche Dame am Telefon teilte mir mit: „Der Bericht liegt bereits seit Mitte Juni vor. Da haben wir wohl versäumt, Sie zu benachrichtigen. Aber nun können Sie gerne vorbeikommen und ihn sich abholen.“ … Na danke!

Sofort vereinbarte ich einen Gesprächstermin mit Doktor Destino und fuhr zu diesem Zweck ins Krankenhaus, das ich mit einem mulmigen Gefühl betrat. So viel hatte ich hier durchmachen müssen: erst Stellas Geburt, dann die Einweisung nach der Überdosis und schließlich noch die Gallen-OP. Und das alles in den ersten fünf Monaten unseres neuen Lebens in Italien. Rückblickend wurde mir bewusst, dass Jens und ich einen überaus harten Start im neuen Land gehabt hatten.
Auf den Stuhlreihen vor Doktor Destinos Büro wartete ich ungeduldig, bis ich aufgerufen wurde. Ausgerechnet an diesem Tag wartete ich über zwei Stunden auf ihn, obwohl man sonst recht schnell an der Reihe war. Während dieser Wartezeit machte sich eine unbeschreibliche Unruhe in mir breit. Alles kam wieder hoch: Die negativen Erinnerungen an dieses Krankenhaus waren so präsent und stark, dass ich mich zusammenreißen musste, nicht zu weinen oder womöglich sogar die Flucht zu ergreifen.
Endlich erlöste mich Doktor Destino von meinen Qualen und wir gingen in sein Büro. So nett er sich nach der Geburt von Stella meinem Mann und mir gegenüber verhalten hatte, so wenig nett verhielt er sich an diesem Tag. Er begrüßte mich nur flüchtig mit einem kurzen Handschlag und fragte mit keinem Wort, wie es mir zwischenzeitlich ergangen war. Eigentlich hätte ich das von einem guten Arzt mit ein wenig Einfühlungsvermögen in dieser Situation erwartet.
Doktor Destino nahm sich den Obduktionsbericht vor und überflog ihn wortlos. Ich kam mir dabei vor wie ein kleines Kind, das zur Strafe ins Büro des Schuldirektors zitiert wurde und nun auf die Verkündung seiner Strafe wartete. Dr. Destinos Leseverhalten konnte ich entnehmen, dass er den Bericht zuvor noch nicht einmal in den Händen gehalten hatte. Nach etwa zehn Minuten voller innerer Anspannung meinerseits las er mir einen Teil des Berichtes laut vor. Allerdings mit so vielen Fachbegriffen in italienischer Sprache, dass ich ihm kaum folgen konnte. Er fasste zusammen: „Wie schon vermutet, gab es eigentlich keinen Grund für den Tod Ihrer Tochter. Haben Sie noch Fragen?“ Überrumpelt antwortete ich zögerlich: „Nein“. Dann stand er auf und gab mir zu verstehen, dass unsere Zeit abgelaufen war. Ich verließ sein Büro und dachte nur: „Was für ein unsensibler Metzger!“ Also war sein Name, den wir ihm bereits zu Beginn gegeben hatten, doch gerechtfertigt. Ich beschloss, ihn nie wieder aufzusuchen und mich auf die Suche nach einem neuen Gynäkologen zu begeben – ganz gewiss nicht in diesem Krankenhaus.
Zu Hause angekommen machte ich mich an die Übersetzung der elf Seiten des pathologischen Berichts: Erst jetzt wurde mir klar, was ich da eigentlich in den Händen hielt. Einen ausführlichen Bericht darüber, wie sie unsere

kleine Stella „auseinandergenommen“ hatten – so jedenfalls kam es mir in den Sinn, denn neben einigen Texten enthielt er diverse Tabellen mit den Größen, Gewichten und Strukturen ihrer inneren Organe. Ich konnte nicht fassen, dass mir Doktor Destino dieses Dokument in seinem vollen Umfang mitgegeben hatte. Bis heute weiß ich leider nicht, ob es üblich ist, betroffenen Eltern den vollständigen, pathologischen Bericht mitzugeben. Falls ja, finde ich das unverantwortlich: Eine Mutter muss meiner Meinung nach nicht wissen, was das Herz ihres Kindes gewogen hat oder wie groß und schwer dessen Leber war.
Mit einem unangenehmen Gefühl in der Magengegend und Tränen, die mir immer wieder über die Wangen liefen, übersetzte ich mithilfe des Wörterbuches jeden einzelnen Satz. Dem Bericht entnahm ich, dass ich mich bereits in der 41. Schwangerschaftswoche befunden hatte, als Stella zur Welt kam. Demnach war die Vorverlegung des errechneten Entbindungstermins durch meine deutsche Ärztin durchaus gerechtfertigt gewesen. Nach Ansicht der italienischen Ärzte befand ich mich zum Zeitpunkt der Entbindung, laut pathologischem Bericht, am Ende der 39. Schwangerschaftswoche. In diesem Bericht stand weiter, dass meine Plazenta einen Infarkt erlitten hatte und sich an der Stelle des Infarkts ein Hämatom bildete, welches wiederum an dieser Stelle zur Ablösung der Plazenta geführt habe. Die Versorgung des Ungeborenen durch die übrigen, funktionstüchtigen Teile der Plazenta war nicht mehr ausreichend gewährleistet, weshalb es zu einer Unterversorgung und schließlich zum Tod kam. Der letzte Satz in diesem Bericht lautet: „Der Fötus starb langsam und qualvoll an Unterversorgung.“ Bei diesem Satz blieb mir buchstäblich die Luft weg. Was hatte Doktor Destino damals noch gleich im Krankenhaus gesagt? „Sie sah ganz entspannt aus. Sicher ist sie friedlich eingeschlafen. Man hätte einen Todeskampf an ihrem Gesichtsausdruck gesehen.“ Dieser Metzger hatte mich schlichtweg angelogen. Natürlich wollte er uns damals beruhigen. Aber er musste doch auch damit rechnen, dass wir die Wahrheit herausfinden würden, wenn er uns den Bericht in seinem vollen Umfang in die Hände drückte! Ich bin mir sicher, dass solche Sätze nicht für Eltern, die gerade ihr Baby verloren haben, bestimmt sind. Innerlich fluche ich heute noch über diesen gefühllosen Arzt, „Schrägstrich“ Metzger.
Im Internet informierte ich mich hoch interessiert über die Themen Plazentaablösung, Unterversorgung, Hämatom und so weiter. Heute bin ich nach diesen Recherchen sicher, dass Stella nicht hätte sterben müssen. In der modernen gynäkologischen Medizin ist bekannt, dass die Plazenta zum Ende einer Schwangerschaft hin, aus ganz natürlichem Vorgang heraus,

ihre Funktion nach und nach mindert. Deshalb ist besonders das letzte Drittel der Schwangerschaft kontrollbedürftig. Nicht umsonst werden ab etwa der 30. Schwangerschaftswoche CTGs geschrieben, um die Herztöne der Föten zu kontrollieren. Nicht umsonst werden Doppler-Ultraschalle durchgeführt, um sicherzustellen, dass die Versorgung der Föten gewährleistet ist. Ich hingegen hatte kein einziges CTG geschrieben bekommen. Und in der kritischsten Phase meiner Schwangerschaft wurde ich überhaupt nicht mehr untersucht.

Für mich steht daher fest: Doktor Destino und ein mangelhaftes Vorsorgesystem während einer Schwangerschaft im Allgemeinen sind schuld am Tod meiner Tochter und am Tod aller Kinder, die auf eine ähnliche Weise ums Leben kommen. Meine Ärztin in Deutschland hätte ganz sicher CTGs geschrieben und Ultraschalluntersuchungen durchgeführt. Mit größter Wahrscheinlichkeit hätte man dann auch das Hämatom, die Plazentaablösung und/oder zumindest die Unterversorgung erkennen können. Aber nun war es zu spät. Was nutzte mir all mein Wissen im Nachhinein? Nichts. Stella ist tot.

Jens und ich dachten darüber nach, das Krankenhaus und Doktor Destino zu verklagen. Vermutlich wäre am Ende jedoch nichts dabei herausgekommen. Wenn die Vorsorge in Italien nun einmal anders ist als in Deutschland? Was hätten wir schon dagegen ausrichten können? Noch viel entscheidender, nicht gegen Doktor Destino vorzugehen, war jedoch unser Wunsch nach Ruhe. Wir wussten, dass uns ein solches Verfahren, welches über Monate oder womöglich sogar Jahre andauern würde, immer und immer wieder an das Geschehene erinnert hätte. Das wollten wir nicht.

Die Sommerferien von Jens' Kindern standen vor der Tür:

Bei unserem letzten Besuch in Deutschland hatte Jens' Ex-Frau ihn zu einem Gespräch unter vier Augen gebeten. Sie machte ihm Vorwürfe wegen der Vorkommnisse während des letzten Aufenthaltes der Kinder bei uns. Jana und Jenny hätten Angst, zu uns zu kommen. Offensichtlich konnte sie überhaupt nicht nachvollziehen, was damals geschehen war. Ihrer Ansicht nach hätten wir uns für die Kinder zusammenreißen müssen, um ihnen eine „heile Welt“ vorzuspielen. Von einer zweifachen Mutter hätte ich ehrlich gesagt mehr Verständnis erwartet. Sie hätte sich doch nur einmal vorstellen müssen, wie es für sie wäre, wenn eines ihrer Kinder plötzlich nicht mehr leben würde. Für Jens war dieses Gespräch nicht leicht. Wie so oft fühlte er sich hin- und hergerissen und hatte das Gefühl, nicht allen gerecht werden zu können. Dementsprechend niedergeschlagen kam er von dieser Zusammenkunft zurück zu seinen Eltern nach Hause, wo wir während der Deutschlandbesuchsreise gemeinsam übernachtet hatten.

Trotz aller Bedenken hatten sich Jens und seine Ex-Frau darauf geeinigt, die Kinder im Sommer für zwei Wochen zu uns kommen zu lassen.
Ich überlegte mir kurzerhand, wie ich es allen Beteiligten so leicht wie möglich machen könnte. Vor allem aber mir selbst, wenn ich ganz ehrlich bin. Deshalb beschloss ich, nach Deutschland zu fliegen, um meine Eltern zu besuchen, und anschließend noch etwas Zeit mit Jana, Jenny und Jens gemeinsam in Italien zu verbringen. So verbrachten die beiden Mädchen schließlich eine Woche mit ihrem Vater allein, während ich die Zeit in Deutschland genoss und mir vor allem mit Shopping vertrieb. Ich gönnte mir viele neue Klamotten, da ich zwischenzeitlich durch den vielen Sport in der Kur gut abgenommen hatte und kaum noch etwas Schickes im Schrank fand. Am Flughafen kurz vor dem Heimflug dann der Schock: Ich sollte Übergepäck zahlen. Und zwar nicht gerade wenig. Knapp hundert Euro berechnete die Dame am Check-in Schalter. Die Toleranz hatte sie bereits berücksichtigt. Zahlen wollte ich auf gar keinen Fall. Dann hätten sich meine Schnäppchen ja überhaupt nicht rentiert. Also musste ich mir schnell etwas einfallen lassen. Die Dame vom Check-in Schalter verwies mich auf den Kundenservice meiner Airline. Auf dem Weg dorthin überlegte ich mir eine „Ausrede" und trug sie dann entsprechend vor. Ich erzählte der Dame vom Tod meiner Tochter und erklärte ihr, dass ich nur deshalb so viel Gepäck hätte, weil im Koffer vorwiegend Babysachen seien, die wir bei meinen Eltern gelagert hätten. Sie könne sich davon überzeugen, dass ich bereits vor der Geburt von Stella einen Flug mit ihr zusammen zu meinen Eltern geplant hatte, den ich dann aufgrund der Geschehnisse stornieren musste. Sie schaute in ihr System, sah meine Stornierung mit dem Verweis eines Sonderrücktrittsrechts, sprach kurz mit ihrer Vorgesetzten im Büro und erließ mir die Gebühren für das Übergepäck komplett.
Im ersten Moment war ich erleichtert; im zweiten Moment schämte ich mich zutiefst. Was hatte ich da gerade getan? Hatte ich tatsächlich den Tod meiner Tochter als „Ausrede" zu meinen Gunsten genutzt? Das hätte sie sicher nicht gewollt. Noch heute ist mir dieses Verhalten peinlich, und ich habe es außer meinen Eltern und meinem Mann noch niemandem anvertraut.
Nach meiner Rückkehr nach Italien verbrachte ich also noch eine Woche mit Jens und seinen beiden Töchtern bei uns zu Hause. Jens hatte zuvor versucht, die Vorkommnisse gemeinsam mit den Kindern aufzuarbeiten. Er hatte ihnen zudem erklärt, was in der Vergangenheit häufig Auslöser für Streitigkeiten gewesen war: nämlich ihre lethargische Art, ihre Schlampigkeit und ihre Faulheit. Er bat sie, in Zukunft mehr mit anzufassen beziehungsweise zumindest nach dem Essen ihre Teller in die

Spülmaschine zu räumen – was angesichts ihres Alters sicherlich nicht zu viel verlangt war – und sich zügig fertigzumachen, wenn wir einen Ausflug geplant hätten, anstatt sich mit nassen Haaren vor den PC zu setzen und zu chatten.
Offenbar kam seine Botschaft an, denn dieser Urlaub war so völlig anders als die Zusammentreffen zuvor. Die beiden Mädchen hatten sich die Worte ihres Vaters offensichtlich zu Herzen genommen und verhielten sich nun wie Kinder, wie man sie sich besser nicht hätte vorstellen können. So fiel es auch mir nicht schwer, meinen Beitrag zu leisten, und ich gab mir größte Mühe, die gute Laune aufrecht zu halten. Zum ersten Mal bedauerte ich, dass die Kinder wieder zurück nach Deutschland zu ihrer Mutter mussten. So gut hatten wir uns verstanden.
Ich merkte deutlich, dass die therapeutischen Maßnahmen der Kur eine wesentliche Rolle dabei gespielt hatten, denn mit Dr. Voigt hatte ich in den Einzeltherapiestunden auch viele ausführliche Gespräche über die Kinder und Jens' Schuldgefühle ihnen gegenüber, die in Vergangenheit immer wieder Streit ausgelöst hatten, geführt. Dr. Voigt verhalf mir zu mehr Verständnis für den Zwiespalt meines Mannes, der sich ständig zwischen seinem „alten" und „neuen" Leben hin- und hergerissen fühlte. Jens gestand dies schließlich während der Aussprachen nach seiner Rückkehr aus den USA ein, wodurch er an sich arbeiten konnte, was sich ebenfalls positiv auf unser Zusammenleben im Allgemeinen auswirkte. Alle vier Parteien hatten also ihren Beitrag geleistet, um uns endlich einander anzunähern.

15 „Lass es uns wagen!"

Verhütung war in den ersten Monaten nach Stellas Tod ein großes Thema. Einerseits hatten Jens und ich uns noch am Krankenhausbett geschworen, dass wir ein Geschwisterchen zeugen wollten. Andererseits war die Basis für ein Folgebaby aufgrund unserer akuten Ehekrise einfach nicht gegeben. Bald entstand in mir ein Interessenkonflikt: Verhüten, obwohl man ein Baby wollte? Nicht verhüten, obwohl man mitten in der größten Krise seines Lebens steckte und auch keinen Ausweg mehr daraus sah? Beide Gedanken widerstrebten mir. Die Pille wollte ich partout nicht wieder einnehmen, und doch war ich realistisch genug zu wissen, dass wir erst einmal unser Leben in geregelte Bahnen lenken mussten, bevor wir uns an weitere Familienplanung machen konnten. Jens und ich führten damals Endlosgespräche darüber, weil er unbedingt wollte, dass ich die Pille wieder nehme, solange unsere zwischenmenschliche Beziehung nicht wieder in normalen Bahnen lief. Aber ich machte ihm meinen Standpunkt deutlich und wir einigten uns darauf, es stattdessen nicht „darauf ankommen" zu lassen – das war ohnehin nicht schwierig, da wir während unserer Ehekrise alles andere zu tun hatten, als einander zu lieben! Und wenn es uns doch einmal „überkam", passten wir auf, obwohl es mir im Grunde meines Herzens missfiel.

Jens und ich machten täglich Fortschritte im Umgang miteinander. Allmählich kehrte so etwas wie eine Routine zurück in unser Leben. Als wir uns sicher waren, unsere Ehekrise weitgehend überwunden zu haben und uns einander wieder nahe fühlen konnten, beschlossen wir, es nun darauf ankommen zu lassen und auf weitere Verhütungsmaßnahmen zu verzichten.

Da jedoch ungewiss war, wie lange es dauern würde, bis ich erneut schwanger werden würde, planten wir parallel anderweitigen Familienzuwachs: Ein kleiner Welpe sollte mir den Alltag erleichtern und mir eine „Aufgabe" geben. Denn aufgrund der Tatsache, dass ich in Italien nicht berufstätig war, hatte ich viel zu viel Zeit, die unter normalen Umständen meine kleine Stella eingefordert hätte. Nach einigen Besuchen bei verschiedenen Züchtern fanden wir *ihn* schließlich in einem Zoohandel: einen kleinen, schwarzhaarigen Zwergschnauzer. Die Verkäuferin bemerkte unser Interesse an diesem süßen Welpen mit den treuen Kulleraugen sofort und gab ihn mir direkt auf den Arm. Diese Frau verstand ihren Job: Das kuschelweiche Bündel auf meinem Arm schaute mich kurz fragend an, leckte mir mit seiner Zunge über das Gesicht und legte danach seinen Kopf auf meine Schulter – als gehöre er schon längst zu uns. Wir konnten nicht anders, als den kleinen Kerl mitzunehmen, dem wir den Namen *Nero* (italienisch für:

schwarz) gaben. Wir verliebten uns sofort in den kleinen Nero, der sich durch sein zurückhaltendes und zugleich freches Gemüt auszeichnete. Selbst Jens war ihm von Anfang an zugetan, obwohl er den Hund in erster Linie für mich wollte. Im Vorfeld hatte er sich eingehend mit einem guten Kollegen darüber unterhalten und war zu dem Schluss gekommen, dass mich ein Hund womöglich ablenken und meinen Schmerz über den Verlust von Stella ein wenig lindern könnte. Und so war es auch in gewisser Weise. Nero brachte neuen Wind ins Haus. Ich musste plötzlich nachts aufstehen, um ihn stubenrein zu bekommen; ich beschäftigte mich mit Erziehungsmethoden, wie beispielsweise dem Clickertraining, und übte mit Nero „Sitz", „Platz" und „Pfötchen". Nur an der Leine läuft er bis heute noch miserabel.
Ich wollte der Natur ein wenig nachhelfen und begann nach unserem Entschluss, unsere kleine Familie nicht nur um Nero, sondern auch um ein weiteres Baby zu erweitern, meinen Eisprung mittels der Temperaturmessmethode einzugrenzen. Zudem kaufte ich mir über das Internet Ovulationstests, die ebenfalls den Eisprung voraussagen sollten. Morgen für Morgen maß ich also Temperatur und notierte sie in einer Tabelle, die mir mittels einer Grafik den bevorstehenden Eisprung anzeigen sollte. Wenn mir ein Tag zur Kinderzeugung besonders „günstig" erschien, erzählte ich Jens davon, in der Erwartung, wir könnten unser Glück versuchen. Unbewusst setzte ich Jens damit allerdings unter Druck. Wenn er von der Arbeit kam und völlig erschöpft war, wollte er nichts von Eisprung und Co. hören – das nahm ihm jede Form der Lust, weshalb er mich schließlich bat, ihm meine Grafiken nicht weiter zu zeigen und ihn, wenn ich meinte, dass der Augenblick günstig sei, einfach mit den Reizen einer Frau zu überzeugen. Das versuchte ich dann auch. Aber selbst dann kam es vor, dass er zu müde war und das Liebesspiel vertagen wollte, währenddessen ich im Hinterkopf hatte, dass ausgerechnet dieser Tag günstig zur Kinderzeugung gewesen wäre.
Getrieben von der Angst, womöglich nie wieder schwanger werden zu können, dachte ich ständig daran, wie schrecklich es wohl wäre, wenn Stella unser einziges Kind bliebe. Wer konnte mir denn garantieren, dass ich wieder schwanger würde? Niemand! Diese Angst konnte mir niemand nehmen, denn es gab keine Sicherheit. Vermutlich genau deshalb wollte ich jede Möglichkeit genutzt wissen. So dauerte es nicht lange und ich stritt so heftig mit Jens, der sich arg unter Druck gesetzt fühlte, dass ich keine weiteren Werte in meine Temperaturkurve eintrug, obwohl sie in diesem zweiten Zyklus sehr vielversprechend aussah. Bis zu diesem Zeitpunkt hatte ich zudem versucht, meine Fruchtbarkeit mit einer Ernährungsumstellung, die letztendlich gleichzeitig zur Gewichtsreduktion führen sollte, zu

erhöhen. Schließlich hatte ich immer noch einige Pfunde von der Schwangerschaft mit Stella auf den Rippen und wusste, dass Übergewicht nicht gerade förderlich bei einem Kinderwunsch ist.
Einen Tag, nachdem Jens und ich uns so heftig gestritten hatten, waren wir bei Sabine und Michael eingeladen – Sabine hatte Geburtstag. An diesem Abend verwarf ich alle meine Diätvorsätze und aß mich quer durch das Buffet. Das erste Mal seit Monaten trank ich wieder Alkohol, obwohl ich sonst so gut wie nie trinke. Eine Flasche Sekt sollte es schon gewesen sein. Dazu einige Becher Wodka-Erdbeere – ein ungemein süßes Gebräu. Aber an diesem Abend war mir alles egal. Ich dachte nur: „Wozu weiter Diät halten, wenn es ja doch nur Streit über das Schwangerwerden gibt."
Einige Tage nach der Feier bei Sabine wollte ich meinen PC von überflüssigen Daten bereinigen und schaute mir diverse Dokumente noch einmal genauer an, bevor ich sie endgültig löschte. Darunter auch die Temperaturkurve, die ich mittendrin abgebrochen hatte. Beim Betrachten der angefangen Kurve, gemessen an meinen bisherigen Zyklen, fiel mir auf, dass ich bald meine Periode bekommen müsste. Allerdings war ich mir ebenso darüber im Klaren, dass es viele Monate dauern konnte, bis sich ein Zyklus nach einer vorangegangenen Schwangerschaft eingependelt.
Die nächsten Tage wartete ich insgeheim auf meine Menstruation und hatte dabei ständig diese Kurve im Hinterkopf, bis ich es nicht mehr aushielt und Schwangerschaftstests über das Internet bestellte. Ende November 2005 trafen sie glücklicherweise sehr schnell bei mir ein. Vom Briefkasten aus begab ich mich eines Mittags deshalb sofort ins Badezimmer, wo ich gleich einen von ihnen benutzte. Eigentlich waren diese Teststreifen für den Morgenurin vorgesehen, dennoch hielt ich die Spannung nicht aus und wollte es darauf ankommen lassen. Ich wartete die vorgegebene Zeit ab. Als meine Eieruhr klingelte, schaute ich auf den schmalen, weißen Streifen: Die Kontrolllinie war deutlich erkennbar. Und was war das daneben? Ein Strich? Ich war mir absolut nicht sicher. War das nun ein Strich oder nicht? Mit jedem Blick auf diesen Streifen wurde ich zunehmend nervöser. Da ich mehrfach von ungenauen Früh-Tests gelesen hatte, war ich nun völlig verunsichert. Ich setzte mich an den PC und versuchte herauszufinden, ob die Tests nun zuverlässig sind oder nicht. Dabei fand ich diverse Beiträge von Frauen, deren Tests positiv angezeigt hatten, obwohl sie nicht schwanger waren. Ich beschloss daher, am nächsten Morgen einen weiteren Test durchzuführen – und zwar exakt so, wie es die Beschreibung der Packungsbeilage vorgab.
Die Stunden bis zum nächsten Morgen schienen endlos, denn ich hatte Jens nichts von meinem Verdacht erzählt. Sofort nachdem er das Haus verlassen

hatte, stand ich auf, ich konnte ohnehin nicht mehr schlafen, und führte erneut einen der vielen Tests durch, die ich gekauft hatte: Diesmal mit Morgenurin, dessen HCG-Wert ja bekanntlich am gehaltsvollsten ist: wieder ein zweiter Strich. Diesmal jedoch noch schwächer als am Vortag. „Das darf doch nicht wahr sein“, fluchte ich vor mich hin. „Wieso war der Streifen mit Urin von gestern Mittag deutlicher als der, den ich jetzt mit Morgenurin durchgeführt habe?“ Diesen Strich konnte ich tatsächlich nur mit viel Mühe als solchen erkennen.
Plötzlich kam mir die Idee, die Zuverlässigkeit der Teststreifen auch testen zu können, indem ich einfach einen von ihnen unter herkömmliches Wasser halten würde. Gesagt, getan. Das Ergebnis war eigentlich nicht anders zu erwarten gewesen. Es hätte mich auch stark gewundert, wenn das Wasser schwanger gewesen wäre. Dennoch: Die Unsicherheit und Spannung blieb. Ich beschloss, mich fertig zu machen und zur Apotheke zu fahren, um mir dort einen zuverlässigen Frühtest zu besorgen: In der Apotheke angekommen, musste ich ernüchtert feststellen, dass diese keine Tests mehr vorrätig hatte und eine Lieferung für den nächsten Tag erwartete. Da es in der Umgebung keine weitere Apotheke mehr gab, musste ich wohl oder übel warten. Ausgerechnet an einem Samstag konnte ich den Test dort abholen. Aber da war doch Jens zu Hause.
Mit einer fadenscheinigen Ausrede verließ ich das Haus, um den bestellten Test abzuholen. Vielmehr: die Tests – ein Doppelpack, anders verkauften sie die Schwangerschaftstests in jener Apotheke nicht. Egal, Hauptsache Test! Noch vor Ort las ich die Packungsbeilage und dachte nur: „Oje, schon wieder nur mit Morgenurin durchführbar.“ Aber ich hatte ja zwei Tests: Sollte der Erste nichts anzeigen, könnte ich schließlich immer noch den Zweiten am Folgetag durchführen.
In einem günstigen Augenblick, als Jens gerade beschäftigt war, zog ich mich still und heimlich in das Badezimmer zurück. Im Falle einer Schwangerschaft würde ein „+“ auf dem Display erscheinen, hieß es auf der Packungsbeilage des Schwangerschaftstests, den ich gerade durchgeführt hatte: Ich hatte das Display gerade erst aus dem Urinbecher gezogen, als ich bereits ein „–“ erkennen konnte, welches sich jedoch binnen Sekunden zu einem „+“ wandelte. Tatsächlich: Ich war schwanger und konnte mein Glück kaum fassen.
Endlich war ich mir sicher: Stella hatte meinen Wunsch erfüllt. Denn als ich an meinem Geburtstag im vergangenen Oktober die Kerzen auf der Torte ausblies, sprach ich in Gedanken zu ihr: „Hallo Mausi, vielleicht kannst du beim lieben Gott ja ein gutes Wort für mich einlegen und mir ein Geschwisterchen schicken lassen. Natürlich nur, wenn du es auch willst.“

Ich war mir sicher, dass sie meine Worte erhört hatte, denn nur einen Zyklus später hielt ich diesen positiven Test in Händen.
Sofort dachte ich an den Alkohol, den ich bei Sabine getrunken hatte: Auf ihrer Feier musste ich bereits schwanger gewesen sein, ohne es zu wissen. Das erklärte wohl auch mein Essverhalten an besagtem Abend, als ich mich quer durch das Buffet futterte.
Bereits das zweite Mal stand ich nun vor der Frage: „Wie sage ich es bloß Jens?“ Wir hatten die vergangenen Tage wenig miteinander kommuniziert, da er sich nach wie vor von mir unter Druck gesetzt fühlte und ich böse auf ihn war, dass er meinen Standpunkt nicht verstehen konnte, einer Schwangerschaft mit allen mir zur Verfügung stehenden Mitteln nachhelfen zu wollen. Jetzt, wo ich den positiven Test in meinen Händen hielt, schämte ich mich für den Streit der vergangenen Tage. War er doch völlig unnötig gewesen, da ich bereits schwanger war, als wir darüber diskutierten. Eigentlich hätte ich es wissen müssen: Bereits während der Schwangerschaft mit Stella war ich derart übermäßig empfindlich und sensibel gewesen. Daran hatte sich anscheinend nichts geändert. Denn auch dieses Mal hatte ich überaus gereizt und gekränkt auf unsere Auseinandersetzung reagiert.
Ich wollte nicht warten, bis sich unser Zwist wieder von allein legen würde, also dekorierte ich kurzerhand das Badezimmer um: Ich hängte alle durchgeführten Tests, mal abgesehen von dem Wasser-Test, an unseren großen Spiegel. Mit Lippenstift schrieb ich darunter: „So sieht ein vierfacher Vater aus.“ (Vierfach: Jana und Jenny aus erster Ehe, Stella, die für mich immer unsere vollwertige Tochter sein wird, und dieses frische Glück!)
Mit Herzklopfen wartete ich auf den Augenblick, in dem Jens das Badezimmer aufsuchen würde. Und dann war es so weit: Gespannt wartete ich auf eine Reaktion, hörte aber nichts. Dann kam er zurück ins Wohnzimmer. Unterwegs nuschelte er irgendetwas von wegen: „Und dafür der ganze Stress!“ Dann nahm er mich mit einem Grummeln in den Arm und sagte: „Siehst du. Ich sage es ja immer wieder: völlig unnötig der ganze Streit. Ein Kind stellt sich von ganz alleine ein. Und zwar dann, wenn es das will und nicht, wenn wir es wollen!“ Da musste ich ihm wohl recht geben.
Diesmal wollte ich die gute Neuigkeit meinen Eltern sofort verkünden und rief sie an, um ihnen von dem positiven Test zu erzählen. Ich wollte sie ohnehin in der kommenden Woche besuchen und schlug meiner Mutter vor, dass wir ja dann gemeinsam zum Gynäkologen gehen könnten, denn ich wollte nicht bis zu meiner Rückkehr nach Italien warten, zumal ich ohnehin noch keinen geeigneten Nachfolger für Dr. Destino gefunden hatte. Da wollte ich mich lieber meiner Gynäkologin in Deutschland anvertrauen, die

ich über Jahre in meiner alten Heimat konsultiert hatte, bevor ich zu Jens gezogen war.
Genau eine Woche nach unserem Telefonat saßen wir bereits in der Praxis von Frau Dr. Ulm. Meine Mutter und ich waren sehr aufgeregt und starrten gebannt auf den kleinen Ultraschallmonitor. Viel konnten wir nicht erkennen. Doch da war sie ganz deutlich zu sehen: die kleine Fruchthülle mit einem winzigen Pünktchen darin. Unglaublich! Der Größe nach zu urteilen, befand ich mich gerade in der siebten Schwangerschaftswoche. Vor Freude stiegen meiner Mutter und mir die Tränen in die Augen, und dennoch schauten wir uns ein wenig besorgt an: Ein Herzschlag war nämlich noch nicht erkennbar – zu meiner großen Enttäuschung. Wir verließen die Praxis zwar mit einem Glücksgefühl, aber zugleich auch voller Angst. Was wäre, wenn das Herzchen nicht schlagen würde? Was wäre, wenn die Hülle leer bliebe? Eine Fehlgeburt würde ich nicht auch noch überstehen.
Mit diesem unguten Gefühl in der Magengegend und zittrigen Händen vor Freude und Unsicherheit rief ich Jens sofort über das Handy an, nachdem wir die Praxis von Frau Dr. Ulm verlassen hatten, um ihm die Schwangerschaft offiziell zu bestätigen. Er freute sich über alle Maße und versuchte mich zu beruhigen: Alles würde gut gehen und ich sollte mir keine Sorgen machen. Wir würden das Kind schon schaukeln. So etwas wie mit Stella sollte uns kein zweites Mal widerfahren – ach, wie gerne hätte ich seinen Worten Glauben geschenkt!
Elf Tage nach dieser offiziellen Schwangerschaftsbestätigung war, kurz vor meiner Rückreise nach Italien, ein Folgetermin bei Frau Dr. Ulm vereinbart. Diese elf Tage versuchte ich mich so gut wie möglich abzulenken und so selten wie möglich an diesen Termin zu denken. Ich unternahm viel und genoss die Zeit bei meinen Eltern. Dennoch konnte ich meine Aufregung nur schlecht verbergen. Mit jedem Gedanken an die nächste Untersuchung wurde mir angst und bange. Ich malte mir aus, wie es sein würde, wenn ich auf diesem Behandlungsstuhl läge und man mir mitteilen müsste, dass auch dieses Baby gestorben sei. Ich schlief schlecht ein, und morgens wachte ich nervös auf, von der Angst getrieben. Tagsüber schaute ich häufiger denn je auf die Uhr und den Kalender, um auszurechnen, wie lange es noch dauern würde, bis ich endlich Gewissheit hätte, ob sich ein schlagendes Herzchen in dieser Fruchthülle befand.
Erneut begleitete mich meine Mutter zu diesem entscheidenden, wichtigen Termin. Ich war noch aufgeregter als ohnehin schon zuvor. Mit feuchten Händen wartete ich darauf, endlich von Frau Dr. Ulm aufgerufen zu

werden. Nervös blätterte ich in den Zeitschriften des Wartezimmers, ohne auch nur ein Wort gelesen zu haben.
Endlich war es so weit: Schneller, als ich es vermutlich je zuvor getan hatte, zog ich mich aus und eilte förmlich auf den Untersuchungsstuhl, um endlich zu erfahren, ob ich Leben in mir trug oder nicht. Meine Ängste blieben unbegründet. Da war es: das kleine Herzchen – ganz deutlich sichtbar. Eine unbeschreiblich schwere Last fiel von mir ab und meine Augen füllten sich mit Tränen vor Glück und Erleichterung. Die Tränen steckten an: Meine Mutter bekam ebenfalls ganz glasige Augen. Ich musste versuchen, mich zu beruhigen, da die Bauchdecke bebte, als ich vor Freude gleichzeitig lachte und weinte, was die Untersuchung durchaus erschwerte. Bei dieser zweiten Untersuchung bekam ich den Mutterpass ausgestellt. Statt des Eintrags der zweiten Schwangerschaft in den ersten, wie es sonst üblich ist, bat ich meine Ärztin um einen neuen Mutterpass. Sie verstand das und respektierte meinen Wunsch, den ich selbst nicht genau begründen konnte. Irgendwie hatte ich das Bedürfnis, eine vollkommen neue, eigene Schwangerschaft haben zu wollen und nicht an die vorherigen Erlebnisse anzuknüpfen. Nur knapp einen Zentimeter war das Kleine an diesem Tag lang, und doch steckte es voller Leben! Am 7. August 2006 sollte dieses winzige Leben in mir zur Welt kommen: So hatte es die Ärztin eingetragen. Voller Stolz rief ich Jens erneut mit dem Handy an. Auch er schien deutlich erleichtert, wenngleich er sich nach dem ersten Telefonat vor zwei Wochen die größte Mühe gegeben hatte, seine eigenen Bedenken zu überspielen, um mich zu beruhigen und mir Mut zu machen.
Er konnte es kaum erwarten, endlich das Ultraschallbildchen zu sehen, das mir Frau Dr. Ulm mitgegeben hatte. Auch wenn es nur einen Punkt zeigte: Es war unser Punkt – ein Punkt voller Leben und zurückerlangter Liebe.
Zurück in Italien empfahl mir eine gute Bekannte, der ich meine Schwangerschaft anvertraute, einen deutschen Gynäkologen, der bereits über zwanzig Jahre seine Praxis achtzig Kilometer von unserem Wohnort entfernt hatte.
Jens und ich suchten Dr. Winz beim ersten Mal gemeinsam auf. Er praktizierte in einer kleinen Praxis mit der allernötigsten Ausstattung: Die Geräte waren nicht mehr auf dem neuesten Stand der Technik, aber das störte uns nicht weiter. Viel wichtiger war uns Dr. Winz selbst, und er enttäuschte unsere Erwartungen nicht, denn er entpuppte sich, ganz dem Ruf entsprechend, der ihm bereits vorausgeeilt war, als ein einfühlsamer und sehr sympathischer Mann. Vor seinem Umzug nach Italien hatte er viele Jahre als Oberarzt in einer renommierten, deutschen Klinik gearbeitet und wollte es irgendwann einfach ruhiger angehen lassen, weshalb er mitsamt seiner Familie in den warmen Süden gezogen war, wo er seither

praktizierte. Ich konnte mir daher auch seiner fachlichen Kompetenz durchaus gewiss sein.
Nach einem umfassenden Vorgespräch, für das sich Dr. Winz aufgrund unserer Vorgeschichte mehr Zeit nahm als sonst üblich, untersuchte er mich. Nun konnte auch Jens unseren kleinen Nachwuchs das erste Mal *live* sehen. Ein überwältigendes Erlebnis.
Wir entschieden, uns fortan bis zum Ende der Schwangerschaft von Dr. Winz betreuen zu lassen und die achtzig Kilometer lange Fahrt zu seiner Praxis gerne in Kauf zu nehmen, da wir uns bei ihm in sicheren Händen fühlten. Zudem waren wir uns gleich bei unserem ersten Termin einig darüber geworden, dass es wahrscheinlich besser sein würde, diesmal zur Geburt nach Deutschland zu fliegen. Des Weiteren sprachen wir über die Möglichkeit, die Geburt zu gegebenem Zeitpunkt frühzeitig einleiten und das Baby womöglich sogar per Kaiserschnitt holen zu lassen, um etwaigen Komplikationen aus dem Weg zu gehen.
Da Dr. Winz nicht ausreichend ausgestattet war, um das umfassende Erst-Trimester-Screening durchzuführen, und wir den italienischen Ärzten bei der Geburtsvorsorge kein Vertrauen mehr schenken konnten, flog ich eigens für diese Untersuchung in der 14. Schwangerschaftswoche für zwei Tage nach Deutschland. Jens blieb währenddessen in Italien, da die Flüge zu dieser Zeit nicht gerade günstig waren.
Dafür begleiteten mich diesmal meine beiden Elternteile in die moderne Praxis, die sich auf Pränatalmedizin und -genetik spezialisiert hatte. Da ich zwischenzeitlich die „kritischen“ Wochen hinter mich gebracht hatte und regelmäßig bei Dr. Winz vorstellig wurde, um nach dem Kleinen in mir sehen zu lassen, war ich nicht mehr ganz so unsicher, wie zuvor bei den ersten Untersuchungen bei Frau Dr. Ulm. Dennoch hielt ich es vor Spannung kaum noch aus und war gespannt, was uns alles erwarten würde.
Der Untersuchungsraum, in den wir gebeten wurden, war nach dem neuesten Stand der Technik eingerichtet: Ein großer Flachbildschirm bildete das Zentrum des Raums. Das Ultraschallgerät konnte 3-D und 4-D Perspektiven anzeigen.
Eine freundliche, junge Ärztin betrat den Raum und stellte sich uns vor. Sie werde das Screening durchführen und war voller Mitgefühl für den Tod der kleinen Stella. Leider hatte sie als Ärztin dieser spezialisierten Praxis täglich mit solchen Fällen zu tun. „Kein leichter Job“, dachte ich damals. Dann konnte es endlich losgehen, und wir starrten gebannt auf die überdimensionale Leinwand, während die junge Ärztin den Ultraschallkopf auf meinen Bauch setzte: Unglaublich gewachsen war das kleine Glück in mir. Meine Eltern und ich waren fasziniert von diesen tollen, detaillierten

Aufnahmen. Die Ärztin ließ sich viel Zeit und untersuchte mich mehr als gründlich.
Mit einer CD voller Aufnahmen der kleinen Maus, dem ersten Verdacht auf das Geschlecht (ein Mädchen!) und der Wahrscheinlichkeit für Trisomie 21 von 1:13103 – ein durchaus guter Wert – verließen wir die Praxis mit einem vollends positiven Gefühl. Die lange Reise zu dieser Untersuchung hatte sich gelohnt – keine Frage!
Zur Feier des Tages gingen meine Eltern und ich in das Steakhaus gegenüber der Praxis und freuten uns unseres Lebens. Natürlich informierte ich Jens, wie immer unmittelbar nach der Untersuchung, telefonisch über alles – bis ins kleinste Detail. Unsere Freude wurde durch die Entfernung von einigen hundert Kilometern nicht gemindert: Wir waren ungemein erleichtert über das Ergebnis dieser Untersuchung und voller Zuversicht für die Zukunft.
Nach meiner Rückkehr aus Deutschland wollte ich mich über Herztonkontrollmöglichkeiten bei Embryos informieren. Ich hatte den Wunsch, mir ein Pinard-Stethoskop anzuschaffen. Auf diese Weise würde Jens die Herztöne unseres Nachwuchses regelmäßig abhören können, genau wie es die Hebammen tun, falls die Sorge um das Ungeborene doch einmal zur Belastungsprobe werden würde. Denn ich merkte bereits, dass ich zwischen zwei Kontrollterminen bei Dr. Winz zunehmend nervöser wurde. Sicherlich würde es mich beruhigen, wenn ich mich ab und an selbst vergewissern könnte, dass das Kleine in mir lebt!
Ich ließ mich von einer Online-Apotheke bezüglich des Pinard-Stethoskops beraten. Die freundliche Verkäuferin wies mich darauf hin, dass es für einen Unerfahrenen sehr schwer sei, die Herztöne des Ungeborenen abzuhören. Gerade in meinem Fall sei dies nicht ratsam, da womöglich unnötig Ängste und Panik in mir aufkommen könnten – das leuchtete mir ein. Ich suchte also nach einer zweckmäßigen Alternative und stieß auf einen elektronischen tragbaren Doppler, wie ihn auch viele Hebammen für ihre Hausbesuche benutzen. Mit diesem Doppler kann man ab circa der 14. Schwangerschaftswoche problemlos die Herztöne eines Ungeborenen hören und überwachen. Zu diesem Zeitpunkt wusste ich noch nicht, wie wertvoll der Doppler später für mich werden würde.
Schon gleich zu Beginn meiner Schwangerschaft musste ich unliebsame Erfahrungen machen: Kurz nach meinem Kuraufenthalt versuchte ich meine Freizeit so sinnvoll wie möglich zu gestalten. Unter anderem wollte ich diese Zeit dazu nutzen, meine Sprachkenntnisse aufzubessern. Ich nahm also das Angebot an, Unterricht bei Sabines Freundin Sandra zu nehmen; diese war gleichzeitig ihre Lehrerin und hatte damals vor der Entbindung mein

Kommen in der Klinik telefonisch angekündigt. Die Treffen fanden zwei Mal pro Woche statt und holten mich aus meinem „Mauseloch" heraus.
Leider entsprach das Niveau der Gruppe nicht ganz meinem Sprach-Level, da ich mit meinen Spanischkenntnissen doch sehr viel mehr verstand als ein „echter" Anfänger. Deshalb wechselte ich in eine andere Gruppe, die ebenfalls von Sandra geleitet wurde. Die Frauen dort waren alles Ehefrauen der Kollegen von Jens – genau wie in der ersten Gruppe. Man kannte sich also größtenteils, zumindest vom Sehen her.
Zunächst lief auch alles gut, bis ich schwanger wurde. Denn eine der Gruppenteilnehmerinnen verbreitete das Gerücht, dass ich schwanger sei – sie hätte es mir angeblich angesehen. Bis dahin jedoch hatte noch niemand etwas von meiner Schwangerschaft wissen können. Jens und ich wollten Stillschweigen darüber bewahren, bis wir selbst die offizielle Bestätigung durch die Ärzte bekommen hätten. Die Vermutung der Gerüchteverbreiterin kam zustande, weil ich auf einem Treffen unter Kollegen-Frauen keinen Alkohol getrunken und ein riesiges Eis verdrückt hatte. Dabei habe ich immer gerne gegessen und Alkohol nur sehr selten angerührt. Das hatte also kein Indiz sein können. Anstatt mich offen zu fragen, ob ich wirklich schwanger sei, streuten die Frauen lieber Gerüchte in unserem Dorf. Das ärgerte Jens und mich sehr, denn es gab viele Leute, die uns nach dem Tod von Stella beigestanden hatten, und genau diesen Leuten hätten wir es gerne persönlich gesagt, um unsere Freude feierlich mit ihnen zu teilen: Diese Chance war uns nun genommen worden.
Da Jens' Vater früher für dieselbe Firma tätig gewesen war wie sein Sohn, dauerte es zudem nicht lange und das Gerücht drang sogar bis zu meinen Schwiegereltern nach Deutschland vor. So erfuhren sie die „guten Neuigkeiten" nicht von uns, sondern durch dieses blöde Gerücht. Ein Gerücht, das nicht einmal Jens und ich zu diesem Zeitpunkt hätten bestätigen können, weshalb es für Aufruhr sorgte: Ich stellte die beteiligten Frauen, die ausschließlich aus diesem Italienischkurs kamen, zur Rede. Sie hatten jedoch kein Einsehen und verstanden überhaupt nicht, was ich von ihnen wollte. Ist es denn wirklich so schwer nachzuvollziehen, dass man eine Schwangerschaft, vor allem mit einer solchen Vorgeschichte, gerne persönlich den Menschen, die einem etwas bedeuten, mitteilen möchte? Wohl kaum!
Es dauerte nicht lange und es gab eine weitere Auseinandersetzung in diesem Kurs. Wieder aufgrund meiner Schwangerschaft. Ich bekam einen Anruf einer stark kränkelnden Kursteilnehmerin (jene, die auch das Gerücht über die Schwangerschaft gestreut hatte). Sie hatte eine schwere Grippe über Wochen hinter sich und war noch nicht wieder auf dem Damm. Nun

war sie verunsichert, weil sie im Kurs womöglich zu viel verpassen und so den Anschluss verlieren könnte. Deshalb bat sie mich um Rat, ob sie nun zum Kurs gehen sollte oder besser nicht. Ich sagte ihr damals, dass ich persönlich nicht aus dem Haus und unter Leute gehen würde, wenn es mir nicht gut ginge. Sie müsse jedoch selbst beurteilen, wie sie sich fühle. Zudem wies ich sie darauf hin, dass ich ja noch recht frisch schwanger sei und es nett fände, wenn sie mir vorher Bescheid sagen könnte, ob sie kommt oder nicht, da ich mich ungern der Gefahr einer möglichen Ansteckung aussetzen wollte – aus Angst um das Kleine.
Tatsächlich erschien die kranke Kursteilnehmerin nicht zum nächsten Termin. Dafür war Sabine diesmal völlig verschnupft und ich dachte sofort, als ich sie sah: „Oje, hoffentlich stecke ich mich nicht an.“
Am letzten Tag des Kurses wollte Sandra noch etwas „klarstellen“, wie sie es ausdrückte:
„Ich möchte noch etwas zur Sprache bringen. Es kann schließlich nicht sein, dass hier jemand einer anderen Kursteilnehmerin verbietet, zu erscheinen, weil diese krank ist. So etwas möchte ich in Zukunft nicht mehr hören. Und nun noch einen schönen Abend!“ Sofort wusste ich, dass ich gemeint und falsch zitiert worden war. Deshalb knüpfte ich an:
„Moment mal bitte. So war das nicht. Vielleicht sollte man sich immer zwei Seiten anhören, bevor man sich ein Urteil bildet.“ Ich erklärte meine Sicht der Dinge. Diese wurde jedoch nur widerwillig hingenommen. Wieso machte ich als *die Neue* den Mund auf? Das kam bei den anderen gar nicht gut an, zumal es schon das zweite Mal war, dass es Ärger um meine Person und Schwangerschaft gab, obwohl ich nicht einmal etwas dafürkonnte.
Die Milch kochte schließlich über, als einer der nächsten Kurstermine bei mir zu Hause stattfand (wir trafen uns jede Woche abwechselnd bei einer anderen Kursteilnehmerin) und unser Hund *Nero* sich zwischen die Beine der Teilnehmerinnen unter den Tisch legte. Eine von ihnen konnte Hunde nicht ausstehen und fuhr ihn an: „Hau ab, du Köter!“, woraufhin ich entgegnete: „Das ist ein Hund. Kein Köter!“ Trotzdem schickte ich ihn vor die Tür.
Nach diesen drei Vorkommnissen entschieden sich die Teilnehmerinnen der alteingesessenen Gruppe, zu der ich ja verspätet hinzugestoßen war, bei einem Treffen, das ohne mich stattfand, dass es wohl besser sei, wenn ich nicht mehr am Kurs teilnehmen würde. Ich hätte zu viel Unruhe in die Gruppe gebracht. Dies wollte man mir kurz vor Weihnachten in einem persönlichen Brief mitteilen. Offensichtlich hatte keine von ihnen den Mut gehabt, es mir persönlich zu sagen. Ich fand es jedoch vorher raus: Ein Arbeitskollege von Jens fiel seiner Frau in den Rücken, weil er dieses heimliche Treffen falsch und hinterhältig fand, und plauderte aus, was er

wusste. Als wir davon erfuhren und Sandra, als die verantwortliche Leiterin der Gruppe, zur Rede stellten – sie reagierte sehr aggressiv darauf, weil sie wusste, dass sie im Unrecht war – brach ich fast zusammen: Ich konnte einfach nicht verstehen, dass es solche Menschen gibt. Ich hatte doch niemandem von ihnen etwas getan. Als hätte ich nicht schon genug Sorge um das Ungeborene. So musste ich mir auch noch so einen lächerlichen Stress antun, der in meinen Augen völlig überflüssig war. Alle kannten meine Vorgeschichte, und teilweise waren sie sogar kurz nach dem Tod von Stella bei mir gewesen, um mich zu trösten. Ausgerechnet diese Menschen, die fast alle selbst Kinder haben, verstanden nicht, warum ich meine Folgeschwangerschaft gerne selbst hätte verkünden wollen und mich ungern mit Grippeviren anstecken lassen wollte, um das Ungeborene nicht zu gefährden.
Sofort brach ich den Kontakt zu den meisten von ihnen ab. Mir können diese Leute bis heute gestohlen bleiben. Doch im Laufe der Zeit grüßte man sich zumindest wieder, auch wenn mich der Gedanke an die damalige Situation nach wie vor verletzt. Ich muss dazu sagen, dass die Entscheidung, von einer Gruppe Abstand zu nehmen, für Menschen im Ausland nicht so leicht ist, weil man in gewisser Weise in einem fremden Land aufeinander angewiesen ist. Zudem begegnet man sich immer wieder, wenn man in der gleichen Gemeinde wohnt, wie es bei uns und den Familien von Jens' Arbeitskollegen der Fall ist.
Ende Februar 2006 hatten wir wieder einen Kontrolltermin bei Dr. Winz. Per Ultraschall konnten Jens und ich die Aktivität unseres Nachwuchses beobachten. Wie immer ein unbeschreibliches Erlebnis. Das Kleine war zeitgerecht entwickelt.
Obwohl ich bereits in der neunzehnten Schwangerschaftswoche war, konnte ich bis dahin jedoch noch keine Kinds-Bewegungen spüren, was mich ein wenig besorgte, denn Stella hatte ich zu diesem Zeitpunkt bereits wahrgenommen. In mein kleines Tagebuch – ich hatte das dringende Bedürfnis, jedes noch so kleine Detail dieser Schwangerschaft akribisch festzuhalten, was ich während der Zeit mit Stella versäumt und später sehr bereut hatte, weil mir kaum noch etwas von ihr geblieben war – schrieb ich daher am 28. Februar 2006:

„Im Moment ist mir ein Vierwochenrhythmus für die Vorsorgeuntersuchungen echt zu lang. Ich frage mich seit einigen Tagen ständig, ob alles okay ist. Heute Nacht bin ich sogar davon aufgewacht und konnte nicht mehr einschlafen. Ich habe das erste Mal so etwas wie PANIK empfunden, obwohl ich normalerweise ja nicht so sehr ängstlich bin. Nun bin ich schon in der neunzehnten Schwangerschaftswoche und spüre noch

keine Schmetterlinge. Auch habe ich bisher erst zwei bis drei Kilo (schwankend) zugenommen. Da tut sich gar nichts mehr. Dann hatte ich so in der sechzehnten Schwangerschaftswoche das Gefühl, dass es langsam losgeht mit den Tritten. Doch seit über einer Woche NICHTS mehr – rein gar nichts. Vielleicht war es ja auch noch zu früh, wenn das Baby wirklich drei bis sieben Tage "kleiner" ist. Dann wäre ich schließlich erst in der siebzehnten oder achtzehnten Schwangerschaftswoche. Obwohl man sagt, dass es bei "Zweitgebärenden" meist schneller geht. Und letzte Woche hatte ich über drei Tage so undefinierbares Stechen/Pieken (wie Nadelstiche) im Unterbauch (links – unterhalb des Bauchnabels), was ich vorher noch nicht hatte. Meine Mutterbänder jedenfalls haben sich bisher anders angefühlt – würde ich mal behaupten. Montag habe ich erst die nächste Vorsorgeuntersuchung. Da achtzig Kilometer schließlich nicht um die Ecke sind, würde ich diesen Termin auch gerne abwarten. Da ich keine Schmerzen habe oder Blutungen o. ä., möchte ich auch nicht unnötig "Alarm" schlagen."

Dr. Winz klärte Jens und mich jedoch auf, dass ich diesmal eine Vorderwandplazenta hätte und es unter diesen Gesichtspunkten normal sei, dass ich das Kleine noch nicht spürte, da die Tritte durch die Plazenta abgefangen würden. Wir fragten Dr. Winz aus Neugier, ob er das Geschlecht unseres Babys erkennen könne: Er war sich sehr unsicher und wollte sich absolut nicht festlegen, würde aber (wenn überhaupt) auf einen Jungen tippen. Also das Gegenteil von dem, was wir während des Erst-Trimester-Screenings in Deutschland erfahren hatten. Dieser Verdacht verunsicherte mich sehr: Insgeheim hatte ich mich schon wieder auf ein Mädchen eingestellt. Diese Ungewissheit machte mich ganz „wuschig“. Aber ich wollte nicht in meine alten Muster zurückfallen und versuchte so wenig wie möglich daran zu denken, auch wenn es mir zugegebenermaßen schwerfiel. In drei Wochen würde ich erneut nach Deutschland fliegen, um dort das Organ-Screening durchführen zu lassen. Dort würde man bestimmt sehen können, was es wird: ob Junge oder Mädchen.
Eigentlich hätte mir das Geschlecht dieses Kindes doch völlig egal sein sollen. Der Satz: „Hauptsache gesund!“ hatte eine völlig neue Bedeutung gewonnen. Und dennoch konnte ich nicht aus meiner Haut. Ich hatte mich insgeheim von der Aussage der jungen Ärztin, die das Erst-Trimester-Screening durchgeführt hatte, beeinflussen lassen. In Gedanken war der Kinderzimmerschrank schon wieder voller rosafarbener Klamotten. Oberflächlich und unwichtig: Ich weiß!
Nach dieser Untersuchung und den Gesprächen mit Dr. Winz buchten Jens und ich für mich einen Flug nach Deutschland für Ende Juni. So ziemlich

der letztmögliche Termin während meiner dann sehr fortgeschrittenen Schwangerschaft. Wir hatten uns endgültig dafür entschieden, dieses Kind in Deutschland zur Welt zu bringen. Dr. Winz teilte unsere Ansicht uneingeschränkt.
Mitte März 2006 flog ich gemeinsam mit Jens zum Organ-Screening in jene Spezialpraxis, die bereits das Erst-Trimester-Screening durchgeführt hatte. Wieder untersuchte mich dieselbe freundliche Ärztin, die sich freute, diesmal auch den werdenden Vater kennenzulernen: 360 g wog unser Baby bereits. Während der Untersuchung fragte sie mich: „Hatte ich mich beim letzten Mal schon auf das Geschlecht festgelegt?" „Sie hatten nur den Verdacht, dass es ein Mädchen werden könnte." Sie daraufhin: „Dann lege ich mich jetzt fest: Es wird ein Mädchen!" Es war unverkennbar: Breitbeinig gewährte uns unsere Tochter tiefe Einblicke.
Ab der 22. Woche spürte ich sie dann auch endlich. In diesen Wochen half mir der kleine Doppler, den ich kurzerhand im Internet ersteigert hatte, ungemein über meine Ängste hinweg, denn die Herztöne unserer Maus konnte ich damit schon weit früher hören, als dass ich sie hätte spüren können. So beruhigte ich mich regelmäßig damit, wenn ich mal wieder zweifelte: „Warum spüre ich sie nur nicht? Hoffentlich ist alles in Ordnung."
Als ich sie dann endlich regelmäßig und deutlich spürte, brauchte ich den Doppler kaum noch. Ich gewann an Sicherheit.
Alle weiteren Vorsorgeuntersuchungen ergaben dasselbe, zufriedenstellende Ergebnis: Unsere Tochter war zeitgerecht entwickelt und die Schwangerschaft verlief optimal. Kein Grund zur Sorge.
Ende Mai suchten wir etwa hundert Kilometer von unserem Wohnort entfernt ein kleines Ladenlokal auf, in dem man Babyfilme erstellte, also einen Real-Time-Ultraschall durchführte und aufzeichnete. Die meisten Arztpraxen geben solche „Filme" aus rechtlichen Gründen nicht mehr heraus.
Hundert Euro für dreißig Minuten Erinnerung an unsere Tochter in meinem Bauch waren es uns allemal wert. Nur leider machte sie uns einen Strich durch die Rechnung: Einen Tag vor diesem Termin hatte uns Dr. Winz noch bestätigt, dass die Kleine in Beckenendlage lag, also mit dem Kopf nach oben. Aber ich hatte es mir schon fast gedacht: Sie hatte sich über Nacht wieder gedreht und sich in ihre endgültige Position, mit dem Kopf nach unten, begeben, was wiederum schlecht für die Aufnahmen war – meine Vorderwandplazenta verhinderte eine freie Sicht auf die Kleine. Zudem hielt sie die ganze Zeit über ihre beiden Händchen vor das Gesicht. Wir probierten es rund fünfzehn Minuten und mussten nicht einen Cent dafür zahlen. Zu unserem Bedauern mussten wir den kleinen Laden trotz aller Versuche ohne ein Video in den Händen wieder verlassen, was mich

zugegebenermaßen traurig stimmte: Es war wie mit dem kleinen Schwangerschaftstagebuch, das ich diesmal führte. Ich wollte nichts versäumen und alles festhalten – jede noch so kleine Erinnerung. Denn zwischenzeitlich hatte ich schließlich erfahren müssen, dass einem im Notfall, wenn das eigene Kind so früh stirbt, nichts mehr bleibt. Wie gerne hätte ich Fotos von einem Babybauch-Fotoshooting mit Stella gehabt. Wie gerne ein Tagebuch – in dem ich später in Erinnerung an die Schwangerschaft mit ihr hätte blättern können. Es war wohl die Erfahrung, die mich in dieser neuen Schwangerschaft dazu brachte, so viel wie möglich „mitzunehmen" und „festzuhalten" – ganz fest!

Trotz aller Enttäuschungen über den misslungenen Versuch, ein Video unserer Tochter erstellen zu lassen, waren Jens und ich glücklich, mal wieder ihre Bewegungen und sogar Teile ihres Körpers in dreidimensionaler Form gesehen zu haben. Selbst das allein hatte uns für die lange Fahrt entschädigt.

Da das Reisen mit dickem Babybauch zunehmend anstrengender wurde, ließen wir das letzte große Screening in Italien durchführen. Dr. Winz hatte uns eine spezialisierte Praxis empfohlen. Als ob ich es nicht geahnt hätte: Ein Wochenende vor dieser Untersuchung, als wir die weite Reise für das Babyvideo auf uns genommen hatten, lag unser kleines Mädchen noch mit dem Kopf nach unten. Und jetzt: Sie hatte sich wieder gedreht. Anscheinend turnte sie noch munter in meinem Bauch herum. Umso ärgerlicher, dass das Video nicht zustande gekommen war. 2235 g (+/- 561 g) wog sie zum Zeitpunkt der Untersuchung. Entwicklungstechnisch war die kleine Bauchmaus mittlerweile ihrer Zeit voraus. Aber davon ließen Jens und ich uns diesmal nicht beirren. Wir kannten ihren Zeugungstag aufgrund meiner Temperatureinträge auf den Tag genau und wollten uns keinesfalls auf die anscheinend unzuverlässigen Geburtsterminkalkulationen der Ärzte, wie sie bei Stella stattgefunden hatten, verlassen.

Anfang Juni kam mich Hannah, eine Freundin, die ich über ein Sternenkinder-Forum kennengelernt hatte, in Italien besuchen. Jens' große Tochter war erkrankt und er wollte sie besuchen, gleichzeitig mich in meinem Zustand jedoch nur ungerne allein zurücklassen. So hatte ich Hannah kurzerhand zu mir eingeladen, denn auch mir war es ganz recht, nicht allein bleiben zu müssen.

Hannah und ich hatten uns über unser gemeinsames Schicksal kennen gelernt: Sie hatte ihren Sohn Marvin nur sechs Monate nach dem Tod von Stella verloren. Hannah und ich verbrachten ein paar schöne Tage in Italien: Wir besuchten den Strand, die Promenaden und Wochenmärkte. Unter anderem nahmen wir vor Hannahs Rückreise, die sie für sonntags geplant hatte, eine Fahrt von rund achtzig Kilometern zu einem berühmt-berüchtigten Wochenmarkt in der Region, der immer freitags stattfand, in Kauf.

Vielleicht hatte ich mich etwas überschätzt und war leichtsinnig gewesen: Abends, als ich Hannah die Funktionen meines hilfreichen Dopplers vorführen wollte, stellten wir unregelmäßige Herztöne bei meiner Kleinen fest. Derartiges war bis dahin noch nicht vorgekommen. Dennoch wusste ich, dass sie durchaus mal auftreten können, beispielsweise bei Aufregung oder Anstrengung. Also versuchten wir es rund dreißig Minuten später noch einmal. Dreißig Minuten voller Anspannung, in denen ich versuchte, so ruhig wie möglich zu bleiben. Aber wieder waren die Herztöne nicht optimal: Einmal schlug das kleine Herz viel zu schnell; dann wieder total langsam und kaum zählbar schwach.

Diesmal konnte ich meine Aufregung nicht mehr verbergen. Auch Hannah war überfordert und man sah ihrem Gesichtsausdruck die Sorge um meine Kleine deutlich an. Wir fühlten uns wohl beide in jenen Albtraum zurückversetzt, den wir unabhängig voneinander hatten durchleben müssen. Es war eingetreten, wovor mich die hilfsbereite Apothekerin bei der Beratung für ein Pinard-Stethoskop gewarnt hatte. Erstmalig stimmte etwas nicht, und die blanke Panik brach aus!

Nervös ging ich im Wohnzimmer auf und ab und versuchte einen klaren Gedanken zu fassen. Mein Herz raste und meine Hände zitterten. Vor Aufregung stotterte ich, während ich mich mit Hannah beriet, was nun zu tun wäre. Wir zögerten nicht lange und beschlossen schlussendlich, ins Krankenhaus zu fahren. Das Krankenhaus, in dem ich schon so viele Male gelegen hatte und das ich nie wieder hatte betreten wollen.

Nach einer schier unendlich langen Autofahrt fuhren wir mit dem Aufzug in die Gynäkologie und warteten vor dem Hebammen-Zimmer auf eine zuständige Person. Ein Arzt, den ich bis dahin noch nicht kennengelernt hatte, und eine Hebamme sahen uns und fragten, wie sie uns helfen könnten. Ich war sichtlich nervös und extrem angespannt, als ich sie mit einem „Touch" Hysterie in meiner Stimme um Überprüfung der Herztöne meines Babys bat. Ich erzählte ihnen von meinem Doppler und den unregelmäßigen Herztönen, die ich damit festgestellt zu haben glaubte. Anstatt mich jedoch gleich mitzunehmen und nach dem Zustand meines Kindes zu schauen, stellte mir der Arzt zunächst einige Fragen. Er erkundigte sich beispielsweise nach meiner Versicherung. Ich wollte ihm auf seine Fragen, die ich zu diesem Zeitpunkt als völlig überflüssig erachtete, jedoch keine Antwort geben und sagte: „Können Sie mir diese Fragen nicht später stellen? Ich bin ausreichend versichert. Ich habe schon ein Kind verloren und möchte jetzt nur wissen, ob es meinem Baby gut

geht.“ Der Arzt sah mich mit starrer Mine an und entgegnete: „Das kommt halt vor.“ Damit meinte er, dass es vorkommen kann, dass ein Kind tot geboren wird. Doch bevor ich "explodieren" konnte, erkannte die Hebamme die brenzlige Situation und nahm mich mit in den Kreißsaal, wohin mich Hannah begleitete. Auf dem Weg dorthin tauschten wir uns fassungslos über das aus, was der Arzt da gerade gesagt hatte. Gab es in diesem Krankenhaus denn wirklich nur „Metzger“?
Währenddessen ahnte ich nicht, dass mich die Hebamme in dasselbe Vorzimmer führen würde, in dem ich damals erfahren hatte, dass Stella nicht mehr lebte. Fast schüchtern und voller Respekt betrat ich diesen Raum. Sofort klärte ich Hannah auf, wo wir uns gerade befanden. Es kam mir vor wie ein „Déjà-vu“. Innerlich betete ich: „Bitte lass sie die Herztöne sofort finden.“ Mein Herz schlug bis zum Hals.
Selbst als das CTG angeschlossen war und ich die Herztöne der Kleinen eindeutig hören konnte fiel es mir schwer, mich zu beruhigen. Die Hebamme holte ein Blutdruckmessgerät, um meine Werte zu kontrollieren. So hoch war mein Blutdruck in der Tat zuvor noch nie gewesen. Da schaute selbst die Hebamme erstaunt und wohl auch etwas erschrocken.
Im Laufe der Zeit kam ich immer mehr zur Ruhe, da ich die Herztöne meiner Tochter deutlich vernehmen konnte und mir einer schnellen medizinischen Versorgung im Falle des Falles nun sicher sein konnte.
Zum Ende des CTGs hin betrat auch der diensthabende Arzt wieder den Raum. Ich war nicht gut auf ihn zu sprechen, hatte ich doch seine Aussage von vorhin noch im Kopf, als hätte er die Worte gerade erst ausgesprochen. Er schaute sich das CTG an und sagte, es sei alles in Ordnung. Auch meine Blutwerte, die sie zwischenzeitlich analysiert hatten, seien nicht besorgniserregend. Ich solle mich beruhigen und nach Hause fahren.
Das tat ich dann auch. Die Hebamme lud mich ein, jederzeit zu einem CTG wiederzukommen, sobald ich mir Sorgen machte. Ich bedankte mich für dieses Angebot und beschloss gleichzeitig, diese Klinik endgültig nie wieder zu betreten.
Zu Hause angekommen wertete ich das CTG mithilfe des Internets aus. Entgegen der Aussage des Arztes war ich der Meinung, dass nicht alles optimal war. Auch einige Werte meiner Blutprobe lagen nicht im Normbereich. Ich beschloss daher, Dr. Winz privat zu Hause anzurufen. Er hatte mir seine Rufnummer gegeben, falls ich mir Sorgen machen würde und/oder es mir nicht gut ginge. Leider erreichte ich nur seinen Sohn, der mir mitteilte, dass sein Vater unterwegs sei. Da ich ihn ungerne am Wochenende stören wollte, beschloss ich, bis Montag zu warten und ihn dann sofort in seiner Praxis anzurufen.

Sonntags verabschiedete ich Hannah, die sich auf den Heimweg nach Deutschland begab. Montags rief ich Dr. Winz in seiner Praxis an. Ich erzählte ihm, was mir Sorge bereitete und was am Wochenende vorgefallen war. Dann las ich ihm meine Blutwerte vor und beschrieb ihm den CTG-Verlauf, so gut es ging. Auch Dr. Winz war der Ansicht, dass meine Werte durchaus nicht im Normbereich lagen und Grund zur Sorge gaben. Er bat mich, kurzfristig in seine Praxis zu kommen, und ich machte mich sofort auf den Weg.

Gemeinsam sahen wir die Unterlagen des Krankenhauses durch. Dann untersuchte er mich. Dr. Winz bestätigte meinen Verdacht: Die Herztöne meines Ungeborenen waren nicht optimal. Meine Blutwerte sowie kleine Wassereinlagerungen wiesen auf eine beginnende Gestose (Schwangerschaftsvergiftung) hin. Dr. Winz wollte mich deshalb unbedingt in einem Krankenhaus gut aufgehoben wissen und unter Beobachtung stellen. Das Krankenhaus, in dem ich Stella zur Welt gebracht hatte, kam dafür nicht in Frage. In zwölf Tagen hatte ich meinen Flug nach Deutschland geplant. Wir sprachen über die Möglichkeit, diesen Flug vorzuverlegen, damit ich mich früher ins Krankenhaus begeben könnte. Ich versprach, zu Hause nach einer Umbuchungsmöglichkeit zu schauen und mich am Mittag wieder bei ihm zu melden. Zwischenzeitlich wollte Dr. Winz den Chefarzt der Gynäkologie der Klinik anrufen, die ich mir als Geburtsklinik in Deutschland, ganz in der Nähe des Wohnortes meiner Eltern, ausgesucht hatte.

Ich hatte Glück und konnte meinen Flug gegen einen kleinen Aufschlag um zehn Tage, auf den 21. Juni 2006, vorverlegen. Ich packte meine Sachen zusammen, informierte Jens, der erst in einigen Tagen wiederkommen würde, über die Geschehnisse und die vorverlegte Reise und ließ mich von einem Bekannten zum Flughafen fahren.

Meine Eltern befanden sich zu diesem Zeitpunkt auf Reisen. Auch sie informierte ich kurz telefonisch und sie fragten mich, ob sie ihre Reise abbrechen sollten. Da dies jedoch nichts geändert hätte und ich mich erst einmal untersuchen lassen wollte, lehnte ich ihr Angebot ab.

In Deutschland gelandet holte mich eine Freundin der Familie vom Flughafen ab und fuhr mich direkt ins Krankenhaus. Dr. Winz hatte den Chefarzt Dr. Müller bereits telefonisch über meine Ankunft in Kenntnis gesetzt. Zum Betreten des Kreißsaals, wo ich mich umgehend nach meiner Ankunft melden sollte, musste man eine Klingel betätigen. Es dauerte nicht lange und eine freundliche Hebamme öffnete die schwere Schiebetür. Ich stellte mich ihr vor und sie bat mich in einen der drei Kreißsäle, wo ich einen Moment lang Platz nehmen sollte, damit sie kurz Rücksprache mit Dr. Müller halten könne, da sie über mein Kommen nicht informiert worden sei. Nach ihrem

Telefonat schloss sie mich zunächst an ein CTG-Gerät an. Parallel nahm sie meine Daten auf und legte eine Patientenakte an.
Ewa, so hieß die nette Frau, fragte mich nach dem errechneten Entbindungstermin, worauf ich antwortete: „Eigentlich der 7. August 2006, aber ich möchte die Kleine per Kaiserschnitt früher holen lassen.“ Sie fragte mich erstaunt nach den Beweggründen für diese Entscheidung, woraufhin ich ihr von Stella erzählte. Sie verstand sofort – als erfahrene Hebamme hatte sie selbst schon mit Frauen zu tun, die ihre Kinder tot zur Welt bringen mussten. Dennoch fragte sie mich: „Aber wieso per Kaiserschnitt?“ „Um mögliche Risiken auszuräumen“, antwortete ich. Schnell merkte ich, dass Ewa keine Freundin von Kaiserschnitten war, weshalb sie mir wohl auch das Buch mit dem Titel: *Es ist nicht egal, wie wir geboren werden* ans Herz legte. In diesem Buch geht es um die Frage, warum heutzutage immer mehr Babys vom Chirurgen „geholt“, statt von der Mutter auf natürlichem Wege zur Welt gebracht werden. Einst Notoperation, sei der Kaiserschnitt nach Ansicht des Autors längst zur gängigen Geburtspraxis in den Industrienationen geworden. Vor dem Hintergrund seiner dreißigjährigen Erfahrung als Geburtshelfer sowie neuester wissenschaftlicher Untersuchungen beschreibt er die weitreichenden körperlichen und psychischen Konsequenzen – von der Häufigkeit von Allergien, Asthma, Autismus, Stillproblemen bis hin zum Einfluss auf die spätere Mutter-Kind-Bindung. Ein aufrüttelndes, unverzichtbares Buch für Schwangere, Hebammen und Gynäkologen, wie er es bezeichnet.
Ich selbst hatte das Buch nicht gelesen, tauschte mich jedoch eingehend über den Inhalt mit besagter Hebamme, die ursprünglich aus Polen kam, aus. Unter anderem sollte ich versuchen, mir vorzustellen, wie es wäre, wenn mich mitten in der Nacht jemand (oder etwas) einfach unvorbereitet aus dem Bett reißen würde. So oder so ähnlich müsse ich mir einen Kaiserschnitt aus der Sicht eines Babys vorstellen. Ewa bat mich nach unserer Unterhaltung um Diskretion bezüglich unseres Gespräches. Eigentlich dürfe sie so gar nicht mit ihren Patientinnen sprechen, da es nicht im Sinne des Krankenhauses sei. Natürlich verstand ich, was sie meinte, und gab ihr mein Ehrenwort. Das Gespräch zwischen Ewa und mir sollte mich noch einige Zeit verfolgen und brachte meinen Denkapparat gehörig in Betrieb.
Dr. Müller kam hinzu. Ein groß gewachsener, schlanker Mann mit Brille, Mitte vierzig würde ich schätzen. Er begrüßte mich sehr herzlich in Deutschland. Er hatte viele Jahre in Italien gelebt und gearbeitet und sprach fließend die Landessprache. Er schien sich mir auf eine besondere Art und Weise verbunden zu fühlen – so kam es mir jedenfalls vor, da er sich sehr aufgeschlossen verhielt und äußerte.

Dr. Müller wertete mein CTG aus und kommentierte aufrichtig: „Die Herztöne Ihres Babys sind leider in der Tat kontrollbedürftig. Es besteht noch kein Grund zur Sorge, aber ich würde Sie dennoch gerne einmal „auf den Kopf stellen“. Ich würde vorschlagen, dass Sie zunächst zu ihren Eltern nach Hause fahren und in Ruhe ankommen und dass Sie dann morgen früh mit gepackter Tasche wieder vorstellig werden. Natürlich kann ich Sie auch gleich stationär aufnehmen. Diese Entscheidung überlasse ich Ihnen.“ Ich sagte zu, mich am nächsten Morgen nüchtern um 7 Uhr in der Klinik einzufinden.
Den ganzen nächsten Tag über wurde ich allen möglichen Untersuchungen unterzogen – Blutabnahme, Zuckertest, Ultraschall …
Nach erfolgter Diagnose entließ mich Dr. Müller wieder, da es mir und dem Baby den Umständen entsprechend gut ging. Ich musste ihm jedoch versprechen, mich absolut zu schonen und jeden Tag zum Kontroll-CTG zu kommen und mich natürlich sofort auf den Weg ins Krankenhaus zu begeben, falls etwas nicht stimmte. Denn auch er konnte den Verdacht einer aufkommenden Gestose bestätigen und wollte mir dennoch die Unruhe eines Krankenhausalltags ersparen. Ausruhen könne ich zu Hause mindestens genauso gut, wenn nicht sogar weit besser als in einem Krankenhaus. Da stimmte ich ihm zu. Mich beruhigte alleine der Gedanke, täglich zu den CTGs fahren zu können und mich in unmittelbarer Nähe der Klinik zu befinden, ganz im Gegensatz dazu, wie es in Italien der Fall gewesen wäre.
Die folgenden Tage verbrachte ich mit Faulenzen: Ich schaute fern und ging höchstens zum Brötchen- oder Mittagessenholen vor die Tür. Ich genoss die Ruhe und die Tatsache, nichts im Haushalt tun zu müssen, ganz anders als in Italien. Auf niemanden Rücksicht nehmen zu müssen und mich meiner Maus ganz nahe fühlen zu können, empfand ich als eine Wohltat in den letzten Tagen meiner Schwangerschaft.
Jens hielt ich täglich auf dem neuesten Stand der Dinge. Er hatte bereits einen Flug gebucht, um mich bald an einem Wochenende, unabhängig von der geplanten Entbindung, besuchen zu kommen.
Mit Dr. Müller legte ich in den kommenden Tagen einen Kaiserschnitttermin für den 16.07.2006 fest. An diesem Tag des Eingriffs sollte ich die 37. Schwangerschaftswoche gerade abgeschlossen haben. Ich erzählte ihm, dass ich mit dem Gedanken spielte, das Baby womöglich doch auf natürlichem Wege zur Welt zu bringen. Er sagte, dass die Entscheidung bis zum Schluss bei mir liege und wir den Termin für einen Kaiserschnitt jederzeit absagen könnten. Das erleichterte mich ungemein. Ich hatte die Gewissheit, bis zur letzten Minute eine Entscheidung diesbezüglich treffen zu können, was mir den Druck nahm, da mir Dr. Müller versicherte, dass

ich allein festlegen würde, wie und wann das Kind zur Welt kommen sollte. Ich hätte ein schlechtes Gewissen gehabt, wenn mir Dr. Müller vermittelt hätte, dass ich die gesamte Krankenhausplanung durcheinanderbringen könnte, falls ich einen geplanten Kaiserschnitt in der letzten Minute absagen würde.
Jede Woche führte Dr. Müller einen Dopplerultraschall durch, um die Versorgung der Kleinen zu kontrollieren. Alles schien im Normbereich. Zusehens stabilisierten sich die Herztöne des Ungeborenen. Die Ruhe tat mir gut. Deshalb fuhr ich nur noch jeden zweiten Tag zum CTG, denn auch die Unsicherheit meinerseits wich einem Gefühl der Sicherheit – dank der fabelhaften Vorsorge.
Am 06.07.2006 begab ich mich zusammen mit meiner Mutter, die zwischenzeitlich aus dem Urlaub zurückgekommen war, zur Doppler-Untersuchung ins Krankenhaus. Diesmal schockte mich Dr. Müller ein wenig: Obwohl wir uns zwischenzeitlich schon einige Male getroffen hatten und er sich stets persönlich um mich kümmerte, fragte er mich, neben einigen anderen Punkten, die er in das Ultraschallgerät zu Beginn der Untersuchung eintippte, ob dies meine erste Schwangerschaft sei. Ich schaute meine Mutter nur verwirrt an und antwortete: „Nein, aber das wissen Sie doch!“ „Ach ja, natürlich. Ich bin überarbeitet. Entschuldigen Sie bitte.“
In diesem Augenblick verlor ich ein ganzes Stück Vertrauen, das sich zwischenzeitlich aufgebaut hatte. Ich konnte kaum fassen, dass er mir diese Frage wirklich gestellt hatte, nachdem er zuvor stets so vertraut mit mir umgegangen war. Vermutlich war ich doch nur eine Patientin unter vielen.
Für diesen Schock entschädigte mich Dr. Müller durch gute Untersuchungsergebnisse: Das zuvor geschriebene CTG war einwandfrei. Das Köpfchen lag bereits tief im Becken. Die Doppleruntersuchung war unauffällig und die Gestose schien sich durch die Ruhe der vergangenen Tage völlig verflüchtigt zu haben. Das Wachstum der kleinen Maus konnte deutlich nachgewiesen werden. Hatte Dr. Müller zuvor noch einige Diskrepanzen feststellen müssen, lobte er nun die optimalen Werte. Er schätzte das Gewicht meiner Tochter bereits auf 3120 Gramm. Diese tollen Ergebnisse ermutigten mich, Dr. Müller auf einen Einleitungsversuch, anstelle eines sofortigen Kaiserschnitts, anzusprechen. Wir einigten uns schnell zur Zufriedenheit beider Seiten: Zwei Tage vor dem geplanten Kaiserschnitt sollte ich am frühen Morgen mit gepackter Tasche und Ehemann im Schlepptau in die Klinik kommen. Dr. Müller und Ewa, die ich mittlerweile zu meiner persönlichen Hebamme gemacht hatte, weil wir uns auf Anhieb sehr gut verstanden hatten und ich ihre Tipps (bezüglich einer natürlichen Geburt, anstelle eines Kaiserschnitts) neben ihrer

Kompetenz ungemein wertvoll fand, würden dann versuchen, die Geburt entsprechend mit wehenfördernden Mitteln einzuleiten. Wir hätten dann volle zwei Tage, um zu sehen, ob die Geburt zum Laufen käme oder nicht. Dann könnten wir uns immer noch für einen Kaiserschnitt an einem der darauffolgenden Tage entscheiden.

Mit dieser Absprache konnte ich sehr gut leben. So würde ich es zumindest versuchen, meine Tochter auf natürlichem Wege zu gebären. Am Ende könnte ich mich immer noch für einen Kaiserschnitt entscheiden. Aber im Grunde meines Herzens wollte ich eine Entschädigung für das erste Geburtserlebnis, das so völlig anders war als erwartet: Ich wollte am Ende einer anstrengenden Geburt zur Belohnung das Schreien meines lebenden Babys hören. Bei einem Kaiserschnitt wäre das nicht dieselbe Erfahrung geworden – ganz gewiss nicht.

16 Sie lebt!

Der Tag der geplanten Einleitung war endlich gekommen und Jens selbstverständlich pünktlich zur Geburt angereist. Er begleitete mich am Freitag, den 14. Juli 2006 um 7.30 Uhr ins Krankenhaus, wo bereits Ewa auf uns wartete. Sie begrüßte uns fröhlich und erklärte uns den Ablauf der kommenden Stunden. Dann machte sie sich auch gleich an die Arbeit und wollte zunächst einmal versuchen, die Wehen mit einem Gel, das man vor den Muttermund schmiert, anzuregen. Wir schrieben ein CTG und warteten ab, was passieren würde.

Ich sprach ziemlich schnell auf das wehenfördernde Gel an und spürte bereits, dass sich etwas tat. In mehr oder minder regelmäßigen Abständen hatte ich leichte Kontraktionen, die sich jedoch noch sehr gut veratmen ließen. Jens und ich nutzten die Zeit zum Spazierengehen im Krankenhauspark, bis wir wieder zum CTG im Kreißsaal erscheinen sollten. Stündlich wurden fortan die Herztöne unserer Kleinen überprüft. Zwischenzeitlich hatte Ewa uns an eine Kollegin verwiesen und diese gebeten, sie sofort zu informieren, sobald die Geburt absehbar wäre. Ewa hatte bereits eine lange Nachtschicht hinter sich gebracht und wollte sich ein paar Stunden ausruhen, bevor es bei uns richtig losgehen würde.

Nachdem sich einige Stunden nichts weiter getan hatte, mal abgesehen von diesen schwachen Wehen, hielt der diensthabende Arzt Rücksprache mit Dr. Müller. Gemeinsam beschlossen sie, das wehenfördernde Gel ein weiteres Mal einzusetzen, worauf ich diesmal heftiger und schneller als beim ersten Mal reagierte. Die Wehen waren nun deutlich spürbar und dennoch weiterhin erträglich.

Zwischen CTGs und Spaziergängen vertrieben Jens und ich uns den Tag. Der Muttermund öffnete sich nur langsam, und dennoch war die Hebamme, an die uns Ewa verwiesen hatte, anscheinend sicher, dass das Baby bald kommen würde: Am Abend ließ sie mir eine Badewanne mit entspannendem Lavendelöl ein, legte im Kreißsaal eine Decke, einen Strampler und weitere Utensilien für die unmittelbar bevorstehende Ankunft des Babys bereit. Dann sagte sie noch: „So ... jetzt kann das Baby kommen!“

Das warme Wasser der Badewanne führte jedoch dazu, dass die Wehen schwächer wurden und ich mich gänzlich entspannen konnte. So beschlossen wir, dass Jens zunächst wieder heim zu meinen Eltern fahren sollte, um dort zu übernachten; wenn es so weit wäre, würden wir ihn anrufen.

Die Nacht verbrachte ich daher allein in meinem Krankenhauszimmer. Abends schaute ich noch ein wenig fern, bevor ich das Licht ausknipste. Ganz schön anstrengend so ein Tag. Trotz aller Erschöpfung konnte ich

nicht gut schlafen: Die Wehen, die in regelmäßigen Abständen kamen, zwangen mich immer wieder zu einer erleichternden Atemtechnik, auf die ich mich jedes Mal aufs Neue konzentrieren musste. Auf diese Weise fand ich nur wenig Schlaf und suchte bereits gegen 5 Uhr morgens den Kreißsaal auf. Ich war mir sicher, dass sich zwischenzeitlich etwas getan hatte – bei so vielen und kräftigen Wehen, wie ich sie die ganze Nacht über gehabt hatte. Leider hatte sich der Befund jedoch im Vergleich zum Vorabend kaum verändert: Knappe 3 cm war der Muttermund erst geöffnet. Dennoch hatten sich die Wehen positiv auf die bevorstehende Geburt ausgewirkt, da der Muttermund um einiges weicher geworden war. Wieder hielt der diensthabende Arzt telefonisch Rücksprache mit Dr. Müller, um das weitere Vorgehen zu besprechen. Dr. Müller hatte sich für eine weitere Anwendung des Gels ausgesprochen. Zum Glück traf Ewa zum Antritt ihrer nächsten Schicht ein, noch bevor man es mir verabreicht hatte, denn sie war völlig anderer Ansicht. Sie untersuchte mich und schien sehr zufrieden mit dem weichen Muttermund und den 3 cm, die er sich bereits geöffnet hatte. Sie machte mir Mut, indem sie sagte: „Um 16 Uhr hältst du dein Baby in den Armen. Wir legen dir jetzt eine PDA, damit du entspannen kannst und keine Schmerzen mehr hast. Dann lassen wir den Tropf mit dem Wehenmittel richtig schön laufen und du wirst sehen, dass es vorangeht."
Dr. Müller kam ebenfalls gerade an, als Ewa uns von ihrem Vorhaben erzählte. Sie teilte ihm ihre Entscheidung mit und machte dem Chefarzt klar, dass ein weiteres Gel ihrer Meinung nach nur unnötige Zeitverschwendung sei und wir es deshalb jetzt richtig angehen sollten. Jens und ich fanden Ewas entschlossene Art toll. Ihr Verhalten zeigte ihre jahrelange Erfahrung als Hebamme, und sie wusste genau, was sie wollte. Wir waren uns ganz sicher, dass wir uns für die Richtige entschieden hatten.
Gesagt, getan: Ewa bestellte eine Anästhesistin, die mir eine PDA legen sollte. Da ich bereits wusste, dass mir vom Legen der PDA schlecht werden könnte, warnte ich die Ärztin vor, die in Begleitung eines Assistenten gekommen war. Jens musste den Raum, anders als damals bei Stellas Entbindung, nicht verlassen und durfte mir beistehen. Doch leider half selbst das nicht: Wieder wurde mir schlecht, weil ein einziger Einstich nicht ausgereicht hatte. Die Stelle, die die Ärztin als Einstichstelle genutzt hatte, war von der letzten PDA unbrauchbar geworden. „Zu verknorpelt", bedauerte sie, während sie die gerade gestochene Nadel wieder aus meinem Rücken zog. Es waren wohl die Nervosität und die unangenehme Dauer der Prozedur, die bei mir erneut das Gefühl, in Ohnmacht zu fallen, auslösten. Der Assistent der Anästhesistin nahm sich meiner sofort an und gab sich alle Mühe, mich abzulenken. Er half mir, mich hinzulegen, hielt mich fest,

streichelte meine Hände und sprach mir gut zu, während die Ärztin weiter nach einer geeigneten Einstichstelle suchte. Endlich: Sie hatte es geschafft. Und das sogar im Liegen, was mir die Prozedur ungemein erleichterte. Perfekt! Schnell stabilisierte sich mein Kreislauf wieder und ich bedankte mich für die tolle Unterstützung, während ich an das so völlig andere Erlebnis mit der PDA in Italien dachte: „Es geht wohl doch anders“.
Unter der PDA schwanden die Wehenschmerzen zügig, und ich empfand nur noch Müdigkeit und Hunger. Endlich konnte ich ausruhen. Da Ewa der Ansicht war, dass ich für das Folgende noch viel Kraft brauchen würde, und ich seit dem Vortag nüchtern geblieben war, sollte ich zur Stärkung etwas essen. „Ewa, das mache ich doch gerne!“, grinste ich sie frech an.
So aß ich im Kreißsaal und war verwundert, wie gut ein Krankenhausessen schmecken kann, wenn man nur einen Tag lang so gut wie nichts gegessen hat. Danach ruhte ich mich aus. Das CTG zeigte kaum Wehen und dennoch öffnete sich der Muttermund vorbildlich – Stunde um Stunde!
Als er etwa 8 cm geöffnet war, ließen wir meine Eltern benachrichtigen. Sie sollten sich langsam auf den Weg machen, weil es bald losgehen würde. Gerne wollten sie bei der Geburt dabei sein – Jens und ich hatten keine Einwände. Im Gegenteil: Dieses Mal wollten wir alles richtig machen und nicht wieder auf sie verzichten müssen, nachdem wir sie, aufgrund der besonderen Umstände bei Stellas Geburt so schmerzlich vermisst hatten. Auch für ihre Trauer um Stella sollten sie durch dieses Geburtserlebnis, mit hoffentlich positivem Ausgang, ein wenig entschädigt werden, hatten sie uns die vergangenen Monate doch so liebevoll begleitet und geholfen, wo sie nur konnten.
Als die beiden im Kreißsaal eintrafen, sah ich ihnen die Nervosität deutlich an. Meine Mutter betrat den Raum und sah mich regungslos auf dem Kreißsaalbett liegen. Ihr Gesichtsausdruck verriet mir, dass sie am liebsten geweint hätte: vermutlich vor Aufregung, vor Rührung und vielleicht sogar vor Angst. Sie merkte jedoch bald, dass es mir ausgezeichnet ging und wir guter Dinge waren, und fing sich schnell wieder. Meinem Vater war die Aufregung ebenso deutlich anzumerken. Er flüsterte wie in einer Kirche und hielt sich, entgegen seines Naturells einer rheinländischen Frohnatur, dezent im Hintergrund.
Ewa untersuchte mich erneut und stellte fest, dass der Muttermund vollständig geöffnet war, obwohl das CTG weiterhin kaum Wehen angezeigt hatte.
Sie bereitete alles für die bevorstehende Geburt vor und forderte mich auf, zu pressen, sobald ich eine Wehe verspürte. Die PDA war sehr gut dosiert, sodass ich die Wehen deutlich und dennoch ohne große Schmerzen spürte. Ich konzentrierte mich voll auf Ewa und folgte ihren Anweisungen.
Wort- und nahezu lautlos presste ich, so gut ich konnte. Immer wieder nahm ich alle Kraft zusammen, um das kleine Wesen so schnell wie

möglich auf die Welt zu bringen. Die ganze Zeit über dachte ich: „Komm, kleine Maus. Wir schaffen das. Ich hole dich da raus und du wirst leben." Ich dachte daran, dass sie schnell den Bauch verlassen sollte, damit ihr nicht doch noch etwas passieren würde. Immer wieder holte ich tief Luft und presste so fest ich konnte. Ewa holte die letzten Kraftreserven aus mir heraus und gab mir die nötige mentale Unterstützung. Ich vergaß alles um mich herum und folgte nur noch ihrer Stimme und diesem unendlich starken Gefühl von „Mach schon, kleines Baby. Schneller!", bis ich den kleinen Körper meines Kindes endlich aus mir herausgleiten spürte.
Nur kurze Zeit nach Ewas Vorhersage erblickte unsere Tochter Angelina am 15.07.2006 um 17.13 Uhr das Licht der Welt. Ewa nahm das kleine Mädchen hoch und legte es mir sofort auf den Bauch: „Mein Gott, ist die blau", sagte ich besorgt, während ich meine Hände zitternd um ihr kleines Köpfchen legte, als sei es zerbrechlich.
Dr. Müller, der die Geburt im Hintergrund begleitet hatte, saugte die Flüssigkeit im Mund des Neugeborenen mit einem Schlauch ab. Und dann vernahm ich ihn, den so sehr ersehnten Schrei, der mich wissen ließ: SIE LEBT!
Das Schreien ihrer zarten Stimme erfüllte den Kreißsaal. In diesem Moment fiel eine unbeschreibliche Last von mir ab. Ich wusste nicht, ob ich lachen oder weinen sollte. Es war eine Mischung aus beidem. Ich lachte vor Freude und Trauer zugleich und dachte an Stella und wie gerne ich auch ihren Schrei gehört hätte. In diesem Augenblick wurde mir bewusst, worum ich betrogen worden war. Um dieses unendliche Glück. Doch wir hatten es geschafft. Angelina war endlich auf der Welt. Gott hat uns einen Engel geschickt, denn dies bedeutet ihr Name: Bote Gottes; Engel. Wir alle waren überglücklich, fielen uns vor Freude über ihre Ankunft in die Arme und küssten uns. Dr. Müller nahm sich Angelinas sofort an und führte die U 1 noch im Kreißsaal durch. „Hervorragend", beurteilte er ihren Gesundheitszustand.
Dann nahm sich Ewa Angelina zur Brust und kleidete sie an, während die stolzen Großeltern danebenstanden und alles genau mit ihren Blicken verfolgten, als wollten sie das kleine Mädchen beschützen. Nacheinander nahmen sie alle einmal in den Arm, bevor Ewa das Baby zurück auf meinen Bauch legte. Zwischenzeitlich hatte Dr. Müller mich medizinisch versorgt – davon hatte ich kaum etwas mitbekommen … derart positiv wirkten sich die Glückshormone auf meinen Körper aus.
Da ich vor Hunger fast umkam, fuhren Jens und mein Vater kurzerhand los, um mir einen leckeren Burger, Pommes und Chicken Nuggets zu besorgen. Mit dem Burger in der Hand wurde ich, während Angelina in einer Decke eingewickelt auf meinem Bauch schlief, aus dem Kreißsaal auf Station

geschoben. Fremde Menschen auf dem Gang beglückwünschten uns und schmunzelten über den Burger in meinen Händen.
Abschließend kann ich sagen, dass es ein einzigartig tolles Geburtserlebnis war und ich unserer Hebamme Ewa viel zu verdanken habe. Sie hat mir, durch ihre Art, ihre Tipps und ihr Handeln, das gegeben, was mir bei Stellas Geburt genommen worden war.
Dennoch hatte auch diese Geburt einen bitteren Beigeschmack: Als ich Angelina glücklich in meinen Armen hielt, sprach Dr. Müller offen: „Frau Lenzen, ich möchte ganz ehrlich zu Ihnen sein: Anhand des Blutes, das nahezu schwarz war, können wir erkennen, dass es Ihrer Tochter womöglich nicht mehr lange gut gegangen wäre. Anscheinend hatte sich auch bei ihr ein Stück der Plazenta gelöst.“ Diese Nachricht saß tief und bestätigte, dass wir alles richtig gemacht hatten: die engmaschigen Kontrollen, das vorzeitige Aufbrechen nach Deutschland, die Wahl des Krankenhauses, die Einleitung der Geburt. Einfach alles! Endlich konnten wir aufatmen.
Noch aus dem Kreißsaal rief Jens meine Schwiegereltern an, um sie über die Ankunft ihrer Enkelin in Kenntnis zu setzen. Vor Freude über die guten Nachrichten weinte Jens Mutter, was ich kaum glauben konnte, da es mir so widersprüchlich zu ihrem Verhalten der letzten Monate erschien. Als Jens' Eltern einige Wochen zuvor erfahren hatten, dass ich in Deutschland entbinden würde, versprachen sie, uns besuchen zu kommen. Sie wollten sich für zwei bis drei Tage ein Hotelzimmer nehmen, um das Neugeborene zu sehen. Bei diesem Telefonat jedoch kein Wort darüber. Bevor Jens intensiver darüber nachdenken konnte – obwohl er sich durchaus wunderte, dass sich seine Eltern nicht weiter über einen geplanten Besuch geäußert hatten –, widmete er sich wieder ganz seiner kleinen Familie.
Bereits am zweiten Tag nach Angelinas Geburt konnten wir aus dem Krankenhaus entlassen werden. Jens hatte sich zwei Wochen Urlaub genommen und wir planten, diese erste Kennenlernzeit mit unserer Tochter in Deutschland, bei meinen Eltern, zu verbringen. Ich wollte erst einen Rückflug für Angelina und mich buchen, sobald ich mir sicher sein würde, dass wir diese durchaus weite Reise zurück nach Italien bedenkenlos antreten könnten.
Endlich war er gekommen: Der Tag, an dem wir voller Stolz als frischgebackene Eltern mit einem gesunden, hübschen Baby die Heimfahrt (wenn auch nur in mein Elternhaus) antreten durften. Als ich im Auto saß, erinnerte ich mich traurig an die Rückfahrt nach Stellas Geburt. Prüfend schaute ich auf den Rücksitz, wo Angelina in ihrer Babyschale friedlich schlummerte: Ich schaute wieder weg, wieder hin, wieder weg … als ob ich nicht glauben konnte, dass unser Traum von einer eigenen Familie endlich in Erfüllung gegangen war.

17 Depressionen vor Glück

Jens dachte die kommenden Tage immer wieder an das Versprechen seiner Eltern und fragte sich, wann sie uns endlich besuchen kämen, zumal sie nur 320 Kilometer von uns, beziehungsweise dem Wohnort meiner Eltern, entfernt lebten – ein Katzensprung, gemessen an der Entfernung Deutschland – Italien. Als er es schließlich nicht mehr aushielt, rief er seine Eltern von sich aus an, um sich nach ihren Besuchsplänen zu erkundigen. Zu unserer großen Enttäuschung teilten sie ihm mit, dass sie nicht kommen könnten. Seine Mutter habe sich den Hals verrenkt und könne unter diesen Schmerzen keinesfalls Auto fahren – und sei es nur als Beifahrerin.

Nun gut – wir waren enttäuscht: keine Frage! Und dennoch hatten wir Verständnis für Jens' Mutter, zumal ich selbst des Öfteren unter ähnlichen Schmerzen litt und wusste, wie schlimm sie sein können. Was uns dann allerdings zutiefst traf, war die Tatsache, dass sie genau in dieser Zeit, in der sie uns eigentlich hätten besuchen können, zu Jens' Schwester fuhren, die etwa zweihundert Kilometer von ihnen entfernt wohnt, um dieser ihr Auto zu leihen. Jens' Schwester wollte nämlich mit dem Auto ihrer Eltern zu einer bestandenen Aufnahmeprüfung ihres Sohnes, Jens' Neffen, fahren. Heute noch fragen wir uns, wie man in der Lage sein kann, unter starken Schmerzen zweihundert Kilometer mit dem Auto zu fahren, um der Tochter das Auto zu bringen, das sie sich mit Hilfe öffentlicher Verkehrsmittel schließlich auch selbst hätte abholen können – während nur weitere 120 Kilometer entfernt das frisch geborene Enkelkind darauf wartete, von seinen Großeltern im Leben willkommen geheißen zu werden. Und selbst wenn sie das Auto verliehen hätten, weil sie es lange vorher versprochen hatten, was nicht einmal der Fall war, hätten sie sich doch gemütlich in den Zug setzen können, der nonstop bis zu meinen Eltern durchgefahren wäre. Aber wie sagte Jens' Mutter immer so schön: „Es ist eben nicht dasselbe, ob man das vierte oder das erste Enkelkind bekommt". Mal abgesehen davon, dass es mit Stella fünf Enkelkinder sind, halte ich diese Aussage für völlig herzlos – ist nicht jeder Mensch anders und jedes Kind somit individuell?

Jens war unbeschreiblich traurig über diese erneute Enttäuschung seitens seiner Eltern. Nach diesem Telefonat, das er aus Frust ziemlich kurz gehalten hatte, sprachen wir über Wochen hinweg nicht mehr mit ihnen. Von Jens' Eltern kam rein gar nichts. Und wieder war Jens sehr dankbar dafür, dass meine Eltern ihm und uns gaben, was er sich von seinen Eltern so sehr gewünscht hätte: Anteilnahme, Aufmerksamkeit und Liebe.

Schriftlich informierten wir unsere Familien, Freunde, Bekannte und andere Menschen, die uns während der schlimmsten Zeit unseres Lebens zur Seite gestanden hatten, über die sanfte Landung unseres Engels Angelina. Auch Stella Chiara räumten wir einen Platz auf Angelinas Geburtskarte ein: „Wir freuen uns auf ein Leben mit Angelina und sind dankbar für ihren persönlichen Schutzengel Stella Chiara".
Wir erhielten viele Glückwunsche und Geschenke als Antwort auf unsere Karten. Manche direkt zu meinen Eltern. Manche später an unsere Adresse in Italien.
Ein Satz, den mir Dr. Voigt, mein vormals behandelnder Arzt während der Kur, auf die Gratulationskarte schrieb, ist mir noch bis heute in Erinnerung geblieben: „Sie wollte geboren werden". Dieser Satz berührte mich auf eine ungewöhnliche Art und Weise. Wollte also Stella demnach nicht geboren werden und war deshalb von uns gegangen? Vielleicht infolge der „Ansprüche", die ich unbewusst an sie gestellt hatte? Zugleich machte es mich ein wenig wütend, dass Dr. Voigt die Antwort auf diese Fragen zu wissen glaubte und zur Wahrheit erklärte. Andererseits war ich glücklich darüber, dass Angelina bei uns sein wollte und nun endlich war.
Unsere Hebamme Ewa betreute die Kleine und mich über die gesamte Dauer unseres Aufenthalts in Deutschland. Fast täglich besuchte sie uns bei meinen Eltern zu Hause und sah nach dem Rechten, was mir als unerfahrene frischgebackene Mutter sehr entgegenkam. Neben dem täglichen Wiegen und dem Kontrollieren von Angelinas Bauchnabel gab sie hilfreiche Tipps zum Thema Stillen und führte Beckenbodengymnastik mit mir durch, auch wenn ich dazu meist überhaupt keine Lust hatte und mich jedes Mal aufs Neue wieder aufraffen musste.
Schnell bemerkte Ewa, dass etwas nicht mit mir stimmte, als sie wieder einmal zur Nachsorge erschienen war. Nur wenige Tage nach Angelinas Geburt wirkte ich niedergeschlagen auf sie, traurig und sehr gereizt. Jens war gerade mit meinem Vater auf Shoppingtour, als mich Ewa in Anwesenheit meiner Mutter vorsichtig darauf ansprach. Ich gestand ein, dass es mir keiner in meinem Umfeld recht machen konnte – auch wenn ich mich mit Angelina an sich nicht überfordert fühlte und so weit alles gut im Griff hatte. Erklären konnte ich mir mein Verhalten jedoch selbst nicht. So brach ich in Tränen aus, als Ewa mich nach den Gründen für meine Niedergeschlagenheit fragte. Mit verheulter Stimme gestand ich: „Ach es ist so schwer. Ich weiß jetzt erst so richtig, was ich mit Stella verloren habe. Ich sollte unendlich glücklich sein und bin es ja im Grunde auch, aber gleichzeitig bin ich so traurig, dass Stella nicht bei uns sein darf." Sie verstand sofort und öffnete sich mir im Gegenzug: Als Hebamme hatte sie

selbst Erfahrungen mit Totgeburten bei der Betreuung ihrer Patientinnen machen müssen und erzählte mir eine ihrer ergreifendsten Geschichten. Wir weinten zusammen über das, was wir uns gegenseitig erzählten. Ich fühlte, dass sie mich verstand und wusste, wovon ich sprach. Erneut bestätigte sich, dass Ewa die beste Hebamme war, die wir uns hätten wünschen können. Ich vertraute ihr meine Gefühle und Gedanken der vergangenen Tage an. Zudem erzählte ich ihr von einem Erlebnis, das mich in höchstem Maße über mich selbst erschrecken ließ:

Wenige Tage nach meiner Entlassung aus dem Krankenhaus sortierte ich die Fotos auf Jens' Laptop, die er und mein Vater unmittelbar nach Angelinas Geburt noch im Kreißsaal mit unserer Digitalkamera geschossen hatten. Ich fügte noch einige neue Bilder direkt von der Speicherkarte in den bestehenden Fotoordner ein, als die Bilder plötzlich verschwunden waren. Mit Jens' Mousepad konnte ich nicht sonderlich gut umgehen, da es anders reagierte als das meines eigenen Rechners. Ich fand sie nicht wieder und begann hysterisch zu weinen. Ich kann sehr gut mit dem PC umgehen und konnte mir nicht erklären, was geschehen war, da meine Augen dem Prozess nicht hatten folgen können. Im Papierkorb lagen keine Fotos. Wo waren sie abgeblieben? All die schönen Bilder der ersten Stunden und Tage mit Angelina. Wir hatten alles, jedes noch so kleine Detail, unmittelbar nach der Geburt bildlich dokumentiert. Ich war völlig aufgelöst. Meine Mutter wusste gar nicht recht, wie sie reagieren sollte, und versuchte mich zu trösten. Beruhigend nahm sie mich in den Arm und sprach mir gut zu: „Es sind doch nur die Bilder. Wenn sie wirklich weg sind, dann kannst du es nicht mehr ändern. Das Wichtigste ist doch, dass du Angelina bei dir hast. Es sind nur Fotos!“ Doch meine Hände zitterten vor Aufregung. Sie hatte zwar recht, ich jedoch dennoch das Gefühl, etwas Wichtiges verloren zu haben. Vermutlich aufgrund der Tatsache, dass wir von Stella viel zu wenige Fotos gemacht hatten und diese aufgrund der mangelhaften Lichtverhältnisse in den Räumlichkeiten des Kreißsaals auch noch relativ schlecht geworden waren, worüber ich mich bis heute noch ärgere. Es war tatsächlich, als hätte ich etwas Lebenswichtiges verloren.

Dank dem Zuspruch meiner Mutter schaffte ich es, mich zu sammeln und zu konzentrieren. Ich durchforstete alle Ordner auf Jens' PC – vielleicht hatte ich sie ja nur versehentlich verschoben. Und so war es schließlich auch: Ich fand sie alle wieder und atmete laut auf. Dennoch war ich sehr erschrocken über mein eigenes Verhalten und wusste, dass mit mir etwas nicht stimmte.

Ewa beruhigte mich und erklärte mein Verhalten mit einer Wochenbettdepression. Nie hätte ich gedacht, dass sich so etwas derart auf

einen Menschen auswirken kann. Als hätte man überhaupt keine Kontrolle mehr über sich selbst. Zum Glück hielt diese Phase nur etwa zwei Wochen an und ich fühlte mich bald wesentlich besser.
Ich frage mich heute noch, wie man so deprimiert sein kann, obwohl man endlich das in den Armen halten darf, worauf man so lange gewartet hat. Zudem denke ich beschämt an meine Launen zurück, die meine Familie und Freunde, die uns bei meinen Eltern besuchen kamen, damals aushalten mussten.
Etwa drei Wochen nach ihrer Geburt nahmen Angelina und ich den Flieger in Richtung Italien. Um mir die Reise zu erleichtern und mich weiterhin in der ersten Zeit nach der Geburt zu entlasten, begleitete mich meine Mutter erneut. Sie half uns, wo sie nur konnte, was es mir wiederum ermöglichte, mich voll und ganz auf Angelina zu konzentrieren. Dankbar nahm ich ihre Hilfe und Gegenwart an.
Jens hingegen wartete immer noch auf eine Nachricht von seinen Eltern. Zwischenzeitlich waren Wochen ohne eine Nachfrage vergangen, wie es uns gehe. Jens war sich allerdings zu stolz, um erneut seinerseits den Kontakt aufzunehmen und nahm das Verhalten seiner Eltern stattdessen enttäuscht hin.
Als Jens' Mutter schließlich doch nach einigen weiteren Wochen anrief, konnte er seine Enttäuschung nicht verbergen: Er war kurz angebunden und gab nur belanglose Dinge von sich, und das auch nur, wenn er gefragt wurde. Seine Mutter sollte spüren, dass er nicht verstand, dass sie uns nicht in Deutschland besucht hatten, jedoch die Zeit und Kraft aufbringen konnten, Jens' Schwester das Auto zu bringen; dass sie ihr Enkelkind nicht hatten sehen wollen und es anscheinend nur als eines von vielen ansahen. Denn ganz sicher war, dass es einige Monate dauern würde, bis wir wieder in Deutschland sein würden. Sicher war auch, dass seine Eltern keinen Urlaub bei uns in Italien planten, da sie für einige Monate in Spanien leben wollten. Jens hatte den Eindruck, dass seine Mutter anscheinend spürte, dass ihrem Sohn irgendetwas nicht passte, obwohl sie sich vermutlich nicht erklären konnte, wo genau das Problem lag.
Als wir nach diesem Telefonat erneut mehrere Wochen nichts voneinander hörten, obwohl Jens' Mutter ihren Sohn zuvor jedes Wochenende angerufen hatte, ergriff ich die Initiative. Denn Jens fing immer und immer wieder mit dem Thema an und ließ seinem Verdruss freien Lauf, was mich wiederum sehr belastete – nicht sein Unmut über die Angelegenheit, sondern vielmehr die Tatsache, dass sich Jens' Eltern so verhielten und sich offensichtlich dabei keiner Schuld bewusst waren beziehungsweise nicht wussten, wie sie uns mit ihrem Verhalten zusetzten.

Ist es denn wirklich zu viel verlangt, ein gewisses Grundinteresse von Großeltern an ihrem Enkelkind (und sei es das Zehnte, Elfte, Zwölfte und so weiter) zu erwarten? Ich denke nicht. Zumindest dann nicht, wenn man eigentlich ein gutes Verhältnis zu seinem Kind hat, wie das Jens damals einschätzte.
Ich fragte mich ständig, ob ich vielleicht der Grund für das Verhalten seiner Eltern sei und etwas falsch gemacht haben könnte. Meines Wissens hatte ich mir jedoch nichts zuschulden kommen lassen und mich immer zusammengerissen, wenn es in Vergangenheit Vorkommnisse gegeben hatte – selbst, wenn es manchmal schwergefallen war, wie beispielsweise nach der prekären Situation auf dem Parkplatz damals. Sie sind nun einmal die Schwiegereltern: Man muss sie nicht lieben, aber zumindest sollte man versuchen, sie zu respektieren – so sehe ich das mittlerweile. Vor Stellas Tod hätte ich vermutlich eine härtere Meinung vertreten.
Ohne Jens' Wissen schrieb ich meiner Schwiegermutter einen Brief. Ich war mir sicher, dass Jens das niemals zugelassen hätte, wenn er vorher davon gewusst hätte, da er normalerweise jede Form der Konfrontation scheute und lieber mit dem Frust lebte, als sich etwaigen Auseinandersetzungen auszuliefern. Ich hingegen bevorzuge die offene Aussprache.
Sorgfältig überlegte ich mir meine Worte und erklärte in diesem Brief, den ich bewusst an meine Schwiegermutter richtete, weil ich wusste, dass Entscheidungen in erster Linie von ihr ausgehen, warum Jens neulich so abweisend am Telefon gewesen war. Ich versuchte so wenig vorwurfsvoll wie möglich zu klingen und alles offen anzusprechen, um ihnen die Möglichkeit zu bieten, sich und ihr Verhalten zu überdenken. Um ehrlich zu sein, schmückte ich manche Aspekte sogar positiver aus, als sie waren – einfach um des lieben Friedens willen.
Um sicherzugehen, dass der Brief keine direkten Vorwürfe enthielt und sich niemand hätte angegriffen fühlen können, ließ ich ihn von einer neutralen Person meines Vertrauens gegenlesen. Erst als diese befand, dass ich meine Worte sorgfältig und gut überlegt formuliert hatte, schickte ich den Brief ab:

„Liebe Gisela,
sicher wunderst Du Dich, dass Du heute diesen Brief von mir erhältst. Es ist 7.15 Uhr und ich kann nicht mehr schlafen, obwohl ich heute Nacht zwei Mal wegen Angelina raus musste. Meine Gedanken lassen mich nicht mehr los und ich habe den Drang sie niederzuschreiben. Ich schicke Dir diesen Brief, obwohl Jens meint, dass es „seine Sache" ist, was ihn bzw. uns beschäftigt. Aber das sehe ich anders. Denn wir sind eine Familie! Deshalb schreibe ich Dir nun – von Frau zu Frau! Von (Schwieger-)Tochter zu (Schwieger-)Mutter.

Du wunderst Dich sicherlich, warum Jens am Telefon neulich so kurz angebunden war, oder? Wir sind traurig. Traurig darüber, dass ihr Angelina bisher nicht gesehen habt bzw. noch keine Pläne gemacht habt, wann ihr sie (in naher Zukunft) mal sehen wollt.
Als sie zur Welt kam, hattest Du gesundheitliche Probleme. Das wissen wir und dafür haben wir Verständnis. Wir verstehen jedoch nicht, dass ihr hundert Kilometer zu Sandra fahren konntet, um ihr das Auto zu bringen. Dann hättet ihr doch auch (zumindest mit der Bahn) zu uns fahren können. Die einmalige Chance, Angelina noch vor unserer Rückreise zu sehen. Nur 300 (statt über 1 400) Kilometer entfernt. Aber das hätten wir noch nicht einmal von euch verlangt. Ein Wort des Bedauerns, dass ihr sie nicht sehen könnt; ein kleines Gefühl, dass es euch wichtig gewesen wäre, hätte gereicht und wir hätten uns ins Auto oder in den Zug gesetzt. Wir wären vor unserer Rückreise nach Italien zu euch gekommen. Jetzt sagst Du vielleicht, dass ihr Rücksicht nehmen wolltet. Aber das sehen wir anders: Hätten wir es nicht gewollt und/oder gekonnt, hätten wir es schon gesagt. Wir hätten jedoch das Gefühl gehabt, dass euch Angelina wichtig ist.
Mehrfach hast Du gesagt, dass es nun mal nicht dasselbe ist, ob man sein erstes Enkelchen bekommt oder sein Fünftes. Damit hast Du aber unserer Meinung nach nicht uneingeschränkt recht. Natürlich ist es nicht mehr ganz so „aufregend". Aber ist das fünfte Enkelkind weniger wert als das Erste? Hat Angelina weniger Anspruch auf Oma und Opa als alle anderen Enkelchen? Ich denke nicht. Sie hat eure Liebe und Aufmerksamkeit genauso verdient wie alle anderen. Genauso wie womöglich in einigen Jahren das erste Urenkelchen.
Natürlich wohnen wir nicht gleich um die Ecke. Das wissen wir doch. Aber wann wollt ihr Angelina das erste Mal sehen? Die Winterzeit möchtet ihr im warmen Süden verbringen. Das verstehen wir gut und gönnen es euch von ganzem Herzen. Diese Entscheidung ist eine der besten, die ihr für euch treffen konntet. Umso wichtiger wäre es doch, dass ihr sie vorher noch sehen könnt, oder? Denn wenn ihr sie erst danach sehen wollt, kann sie doch schon fast laufen. Und ihr hattet sie nicht einmal auf dem Arm, als sie noch ganz klein war. Ach, was sage ich da. Sie ist erst 7 1/2 Wochen alt und schon so sehr gewachsen. So viel schwerer geworden und ihr Gesicht hat sich auch schon verändert. Das alles können Fotos aber nicht wiedergeben. Wie sie einen anschaut; wie sie sich an Haaren, der Kette oder Kleidung festhält; wie sie lächelt; wer sie ist.
Denn selbst Jens hat das meiste schon vergessen. Obwohl er schon Jana und Jenny hat, kann er sich an vieles nicht mehr erinnern. Ist es doch schon zu lange her. Und euch sollte es genauso gehen. Ihr würdet auch viele

Dinge an Angelina entdecken, die ihr sicher nicht mehr von euren Kindern und Enkelkindern wisst. Die man mit der Zeit vergisst. Umso aufregender ist es doch, dass ihr jetzt (nach so vielen Jahren) noch einmal Großeltern geworden seid. Auch wenn es das Fünfte ist. Denn es gibt keine Einstufung bei Kindern und Enkelkindern. Jedes ist anders. Jedes individuell. Das ist doch das Schöne an der Sache!
Sicher hättet ihr Spaß daran, mit Angelina zu knuddeln, sie zu wickeln. Das wäre überhaupt kein Thema, denn wir geben sie euch gerne in die Arme!
Auch wäre es kein Thema, dass wir zu euch geflogen kämen, wenn ihr es wollt. Und wenn es nur für ein Wochenende wäre. Oder Angelina und ich alleine kämen, wenn es gar nicht anders geht.
Und wenn all das nicht hatte klappen sollen, hätten wir uns einfach nur gefreut, wenn ihr einmal nach einer Videokonferenz gefragt hättet, um Angelina sehen zu können. Denn was uns enttäuscht, ist schließlich nicht ein konkreter Punkt, sondern dass irgendwie so gar kein wirkliches Interesse eurerseits an ihr besteht. Geschenke sind uns nicht wichtig, auch wenn wir dankbar dafür sind. Und dass wir dankbar sind, weißt Du! Wichtig ist uns, dass es euch klar ist, dass ihr diese Zeit niemals mehr aufholen könnt; dass Angelina nur zwei Omas und Opas hat; und dass es sie ohne euch nicht gäbe!
Manchmal denke ich, dass ihr (insbesondere Du) das vielleicht aus Rücksichtnahme macht. Weil ihr denkt, dass wir jetzt Zeit für uns alleine brauchen. Dass es schon falsch gewesen war, zu Stellas Trauerfeier zu kommen (dazu später) und ihr denkt, dass wir alles „Fordernde" als Last empfinden, weil sie noch so klein ist. Aber dem ist nicht so: Angelina ist ein ruhiges, liebes Mädchen und es gibt kaum Probleme mit ihr. Man kann sie überall mit hinnehmen und sie schreit nur selten. Dementsprechend pflegeleicht ist sie. Und dementsprechend relaxed sind wir! Somit stehen fast alle Möglichkeiten offen. Und das hätten wir euch auch gerne gesagt, wenn ihr nur danach gefragt hättet.
Zu Stella: Auch wenn Du das nun schon mehrfach gesagt hast, bin ich nicht der Meinung, dass es ein Fehler war, dass ihr zu ihrer Trauerfeier gekommen seid. Die Umstände waren schrecklich. Ich war nicht ich selbst. Wie konnte ich auch. Wärest Du Du selbst gewesen, wenn Du eines Deiner beiden Kinder damals geboren und danach tot in Deinen Armen gehalten hättest? Hättest Du dann Theater spielen können, wenn Dein Mann die Trauer „unterdrückt" hätte? Wir sind uns in vielerlei Hinsicht sehr ähnlich. Und genau deshalb denke ich, dass es Dir nicht viel anders gegangen wäre als mir. Vielleicht kannst Du viele Dinge, die damals vorgefallen sind, besser verstehen, wenn Du zwei Bücher liest, die ich

bereits gelesen habe. Sie beschreiben sehr gut viele Aspekte. Ich wollte sie Dir immer schon mal nennen:

Totgeburt weiblich. Ein Abschied ohne Begrüßung; von Angela Körner-Armbruster

Gute Hoffnung – jähes Ende; von Hannah Lothrop

Vielleicht verstehst Du dann viele Dinge von damals besser und kannst mir auch gewisse Verhaltensweisen verzeihen!
Jedenfalls war ich sehr froh, dass ihr damals da ward. Denn wir haben euch gebraucht. Insbesondere Jens hatte Sehnsucht nach seinen Eltern. Und schon damals hat es ihm fast zu lange gedauert, bis ihr euch entschieden hattet, zu uns zu kommen. Auch aus Rücksicht, wie wir heute wissen! Du wärest so gerne bei uns gewesen. Ich erinnere mich noch heute an Deinen Zwiespalt von damals. Dabei ist doch Reden alles. Wenn es uns nicht gepasst hätte, hätten wir das schon gesagt.
Und so ist es heute auch. Wenn ihr Interesse habt, ist alles eine Sache des Redens. Jens hat das Thema nicht angesprochen, weil er die Konfrontation scheut und keinen Streit will. Das möchte ich auch nicht. Deshalb habe ich sehr lange überlegt, ob ich anspreche, was uns seit Angelinas Geburt nun beschäftigt. Und ich hoffe, dass es kein Fehler war; dass Du meine Worte verstehst, wie sie gemeint sind – nämlich keinesfalls böse!
Dieser Brief enthält viele Spekulationen, weil wir nicht wissen, was ihr darüber denkt und welche eure Beweggründe sind; weil wir uns fragen, WIESO und die Antwort nicht kennen. Das Resultat des Lösungsweges von Jens, die Dinge nicht anzusprechen, obwohl sie uns so sehr belasten; obwohl wir so häufig darüber geredet haben, seit Angelina auf der Welt ist; obwohl er total niedergeschlagen bei meinen Eltern (und auch später hier in Italien) war. Fragt doch mal meine Eltern: Sie haben versucht, ihn zu trösten. Aber meine Eltern können euch nicht ersetzen. Genauso wenig wie meine Eltern euch als Großeltern von Angelina ersetzen können – auch wenn es ihr erstes, lebendes Enkelchen ist.
Ich hoffe, dass ich jetzt nichts vergessen habe. Wie beende ich einen solchen Brief? Keine Ahnung. Wie gesagt: Sei mir nicht böse für meine Offenheit und verstehe meine Worte bitte, wie sie gemeint sind – vor allem Jens zuliebe!
Dein Sohn weiß im Übrigen nicht, dass ich geschrieben habe. Ich bin mir auch nicht sicher, ob es ihm recht wäre.

Bis hoffentlich bald ...
Deine Klara“

Als zwei Tage später die Antwort meiner Schwiegermutter per E-Mail kam, öffnete ich diese mit klopfendem Herzen. Jens saß gerade auf der Couch und schaute fern, während ich unweit von ihm ihre Worte las, und versuchte, mir nichts anmerken zu lassen, da ich ihm immer noch nichts von meiner Initiative erzählt hatte.
Entgegen meiner Hoffnungen enthielt ihre Antwort keine Entschuldigung und auch keine Einsicht:

„Hallo Klara,
auf Deinen Brief zurückzukommen muss ich feststellen, wie man Probleme herbeireden kann und sie im höchsten Maße dramatisiert. Worte aus einem Gespräch herauszusuchen, die völlig aus dem Zusammenhang sind, ist nicht fair. Auf weitere Anschuldigungen werde ich nicht eingehen, es würde zu nichts führen, außer zu noch mehr Missverständnissen. Wir möchten gerne in Ruhe und Frieden leben und haben kein Verständnis für die Ablehnung, die uns entgegengebracht wurde. Diese zu spüren hat uns sehr traurig gemacht. Wie sollten wir Pläne mit euch machen, wenn kein Gespräch möglich war. So ein Verhalten kannten wir bis jetzt noch nicht. Ist es nicht langsam Zeit, ein harmonisches und friedliches Auskommen zu erreichen, damit wir in Zukunft glücklich mit euch und der Kleinen leben können? Der Gedanke uns zu besuchen freut uns sehr und die kleine Angelina zu sehen ganz besonders. Alle seid ihr herzlich willkommen. Eine Buchung nach dem 19.10.2006 wäre sehr schön: Müsstet mal schauen. Von uns alles Gute und wir bleiben sicherlich bis dahin in Verbindung.
Liebe Grüße an Dich, Jens und Angelina"

Ehrlich gesagt war ich sehr enttäuscht über diese Antwort. Meine Schwiegermutter machte es sich aus meiner Sicht sehr einfach, indem sie uns bei sich zu Hause willkommen hieß. Dabei hatte ich diese Option in meinem Brief doch nur aufgeführt, damit deutlich wurde, worum es uns im Grunde wirklich ging: um ihr fehlendes Interesse an Angelina! Anscheinend hatte sie die Kernaussage nicht recht verstanden und ritt stattdessen auf der Tatsache herum, dass mein Brief ihrer Meinung nach unberechtigterweise geschrieben worden sei.
Mir war klar, dass es nach dieser Antwort an der Zeit war, Jens von meinem Brief an seine Eltern zu erzählen. Er sah mir sofort an, dass etwas nicht stimmte, und lauschte gespannt den beiden Briefen, die ich ihm vorlas. Statt jedoch wütend auf mich zu sein, weil ich diese Zeilen verfasst hatte, war er sehr enttäuscht über die Antwort seiner Mutter. Mir fiel ein Stein vom Herzen, dass er meine Sichtweise unterstützte und ganz meiner Meinung war.

Jens und ich sprachen noch eine Weile über diese unerwartet uneinsichtige Antwort, bevor wir das Thema endgültig „begruben“. Wir hatten unsere Pflicht getan, indem wir die Dinge auf den Tisch gebracht hatten – nun waren Jens’ Eltern an der Reihe.

Erstaunlicherweise rief Jens’ Mutter wenige Tage später bei uns an, als sei nichts gewesen und war freundlicher denn je. Sie erkundigte sich nach Angelina und schwärmte in höchsten Tönen von ihren niedlichen Fotos, die sie zwischenzeitlich von meinen Eltern per Post bekommen hatte. Angelina sei ja so niedlich und sie würde es so bedauern, dass wir derart weit weg wohnten.

Was war geschehen? Verkehrte Welt. Plötzlich ging es auch anders? Leider fiel es uns aufgrund der Vorkommnisse der vergangenen Wochen schwer, ihr dieses plötzliche Interesse an ihrem Enkelkind abzunehmen. Dennoch: Seither meldete sie sich wieder regelmäßig bei uns – wie früher. Sie tat so, als sei nichts geschehen und als sei sie die glücklichste Großmutter der Welt.

Trotz unserer Enttäuschung luden wir Jens’ Eltern selbstverständlich zu Angelinas Taufe ein, die wir für Oktober 2006 geplant hatten. Wir rechneten aufgrund der weiten Entfernung nicht mit einer Zusage ihrerseits und waren umso erstaunter, als sie uns ihre Flugdaten mitteilten, um an den Feierlichkeiten teilzunehmen.

Neben meinen Eltern und Schwiegereltern reisten auch meine Freundin Jasmin und Björn, Jens’ guter Freund und Trauzeuge, aus Deutschland an. Die beiden sollten Angelinas Paten werden.

An einem Samstagabend feierten wir gemeinsam mit rund dreißig Gästen meinen dreißigsten Geburtstag und am darauffolgenden Sonntag Angelinas Taufe im engsten Familien- und Freundeskreis. Für die Taufzeremonie wählten wir bewusst Pfarrer Pierre aus, jenen Pfarrer, der mich nach meiner Überdosis Medikamente im Krankenhaus besucht hatte, um zu intervenieren. Er sollte unserer Tochter den Segen geben. In einem Vorgespräch entschuldigte ich mich bei Pfarrer Pierre für mein damaliges Verhalten und versuchte ihm zu erklären, wie es so weit kommen konnte. Ich hatte ihn schließlich nicht persönlich angreifen wollen, sondern war mit der Gesamtsituation überfordert gewesen. Auf diese Weise hatte die Taufe einen positiven Nebeneffekt: Ich konnte etwas, wofür ich mich schämte, aus dem Weg räumen – was meine Seele durchaus auf eine angenehme Weise entlastete.

Jens und ich besprachen mit Pfarrer Pierre nicht nur den Ablauf der Zeremonie, sondern auch unsere neu gewonnene Einstellung zum Glauben. Wir erzählten ihm, dass wir ohne Gottes Segen geheiratet hatten und Stella gerne hätten taufen lassen, um sie in das Reich Gottes aufnehmen zu lassen.

Wir erklärten ihm zudem, dass es uns um so vieles leichter fiel, daran zu glauben, dass Stella „dort oben“ weiterlebt, als wenn wir uns mit dem Gedanken hätten abfinden müssen, dass sie einfach WEG ist.
Durch die Besuche der Messen und Kirchen während meiner Zeit in der Kur, wo ich mich Stella immer am nächsten gefühlt hatte, begann ich, mich mehr und mehr mit dem Thema Glaube zu befassen. Manch einer mag seinen Glauben nach dem Verlust eines geliebten Menschen verlieren. Umso erstaunter war ich über mich selbst, dass bei mir das Gegenteil der Fall wurde.
Pfarrer Pierre war zutiefst erfreut über meine Bitte um Entschuldigung und über unsere neu gewonnene Einstellung zum Glauben. Gerne wollte er Angelina taufen und fühlte sich, nach dieser Vorgeschichte, auf eine besondere Weise geehrt.
Unter anderem schlug Pfarrer Pierre vor, dass Jens, die Paten, die Großeltern und ich Angelina zu Beginn der Zeremonie segnen könnten. Wir fanden den Vorschlag toll und waren uns sicher, dass es den anderen genauso gehen würde: Die beiden Paten Björn und Jasmin waren in der Tat sofort bereit, Angelina ihren Segen auszusprechen. Genau wie meine Eltern, die, als wir sie fragten, ob sie Angelina ihren Segen geben wollten, nur mit einem kurzen „Selbstverständlich“ antworteten. Jens’ Mutter hingegen wollte die Sache zunächst mit ihrem Mann besprechen und sich später erneut dazu melden, was sie schließlich wenige Tage später tat: Sie erklärte uns, dass sie Angelina sehr gerne ihren Segen geben würde. Gleichzeitig bat sie jedoch um Verständnis, dass ihr Mann, Jens’ Vater, kein Interesse an der Segnung hätte.
Diese Nachricht empfanden wir wie einen Tritt in den Magen. War nicht schon genug vorgefallen? Konnte er sich nicht zu einem einzigen kleinen Segen, in Form eines Kreuzes, das man mit der Hand auf die Stirn des Babys malt, aufraffen? Widerwillig akzeptierten wir ihre Entscheidung und grübelten ein weiteres Mal darüber nach, was es nun damit auf sich hatte. Eine logische Erklärung fanden wir jedoch nicht.
Trotzdem wurde es eine wunderschöne Zeremonie. Jens, Angelina und ich besuchen seither regelmäßig die Sonntagsmesse bei Pfarrer Pierre in deutscher Sprache.

18 Ein Baby im Herzen - eins an der Hand

Angelina entpuppte sich weiterhin als pflegeleichtes, fröhliches Baby. Natürlich hatten wir auch unsere schwierigen Phasen, zum Beispiel während der Wachstumsschübe oder wenn sich wieder ein Backenzahn ankündigte. Ansonsten kann ich mich keinesfalls beschweren, sondern habe nicht zuletzt häufig gedacht, dass sie der Lohn für all den Kummer, den ich die letzten Jahre hatte ertragen müssen, sei.

Ich bin keine der Mütter, die ihre Kinder mit anderen vergleicht. Im Gegenteil. Ich mag es nicht, wenn sich Mütter erkundigen, nach dem Motto: „Und, was hat deine die vergangenen beiden Wochen, die wir uns nicht gesehen haben, gelernt?“ Auf solche Fragen antworte ich oft nur mit: „Nichts, was soll sie schon gelernt haben?“ Mein Mann erklärte mir einmal, dass ich ruhig sagen könnte: „Das Alphabet und die Zahlen von null bis hundert“. In Gedanken malte ich mir die Reaktion der fragenden Mutter aus. Obwohl mir derlei Spitzfindigkeiten durchaus gefallen, bleibe ich doch lieber meiner Linie treu und antworte oberflächlich.

Jedenfalls fiel dennoch immer und immer wieder auf, wie pflegeleicht Angelina im Vergleich zu anderen Babys ihres Alters war. Sie weinte selten und ließ sich schnell beruhigen. Sie lachte viel und ließ sich von nahezu jedem, dem ich Angelina überließ, in den Armen halten.

So kam es auch, dass sie mit etwa zwei Monaten ihr erstes richtiges Lächeln unserem Freund Michael, der uns durch die schwerste Zeit unseres Lebens geholfen hatte, schenkte. Wir hatten zufällig unsere Digitalkamera zur Hand und konnten diesen Augenblick glücklicherweise festhalten. Oft betrachte ich dieses Foto und denke: „Sie muss geahnt haben, was Michael für uns getan hat und ihm deshalb dieses kostbare Geschenk, noch vor ihren eigenen Eltern, gemacht haben.“ Neidisch war ich nicht, dass es Michael war, der ihr erstes Lächeln erhielt. Im Gegenteil: Ich gönnte es ihm von Herzen.

Mit jedem weiteren Tag, den Angelina bei mir war, wurde mein Schmerz über die physische Abwesenheit meiner Erstgeborenen gemildert. Gerade in den ersten Lebensmonaten Angelinas sah ich häufig Stella in ihr, weil sich die beiden recht ähnlich sahen, als sie zur Welt kamen.

Jens und ich betrachteten häufig ihr Gesicht, wenn sie schlummerte und es völlig entspannt war, und sagten: „Sie sieht aus wie Stella“. In diesen Momenten weinte mein Herz und ich wünschte, Stella wäre bei uns. Dann machte ich mir bewusst, dass es Angelina zu diesem Zeitpunkt womöglich gar nicht gegeben hätte, wäre Stella lebend zur Welt gekommen. Und ich war gleichzeitig traurig und dankbar für Angelinas Dasein.

Vielleicht ist es nachvollziehbar, dass ich mich lange hin- und hergerissen fühlte. Ein schlechtes Gewissen gegenüber Stella, aufgrund meiner tiefen Liebe zu Angelina, hatte ich jedoch nie. Nicht zuletzt vermutlich aufgrund der Tatsache, dass ich der Überzeugung bin, dass sie uns Angelina schickte, nachdem ich sie an meinem Geburtstag darum gebeten hatte. Zumindest legte sie sicherlich ein gutes Wort für uns ein. Glaube oder Aberglaube. Was macht das schon für einen Unterschied? Für mich ist Stella Angelinas persönlicher Schutzengel. Ich möchte fest daran glauben, dass sie auf ihre kleine Schwester auf Erden achtgibt, und das werde ich ihr später, wenn sie etwas größer ist, auch vermitteln.
Gewiss nicht jeder Mensch würde so mit dem Tod des eigenen Kindes umgehen. Das zeigte mir die folgende Begegnung:
Als Angelina nur wenige Wochen alt war, bekam ich Besuch von einer Deutschen, die in unserer Nähe wohnt und selber drei Monate zuvor ein kleines, gesundes Mädchen geboren hatte. Als wir gemeinsam mit unseren Babys im Wohnzimmer saßen und uns unterhielten, fiel ihr Blick auf Stellas Urne. Sie fragte mich: „Wo wirst du die denn hinräumen?“ Ich verstand ihre Frage nicht auf Anhieb und hakte nach: „Wie meinst du das?“ Sie: „Na, Angelina soll die Urne doch bestimmt nicht sehen. Was machst du dann damit? Kommt sie in den Keller oder in einen Schrank?“ Ehrlich gesagt wusste ich in diesem Moment nicht, ob sie diese Frage ernst meinte. Ich entgegnete: „Was soll ich schon damit machen? In dieser Urne sind die Überreste von Angelinas Schwester. Angelina wird damit aufwachsen und ich werde ihr von Stella erzählen, wenn sie alt genug ist. Für Angelina wird es völlig normal sein, dass diese Urne ein fester Bestandteil unseres Lebens ist. Vielleicht werden wir sie irgendwann beisetzen lassen, wenn wir uns irgendwo endgültig niedergelassen haben. Aber so lange wird sie uns begleiten. Wir haben doch sonst keine Anlaufstelle, wie andere Menschen die Gräber ihrer Lieben.“ Der Blick und das flüchtige: „Aha“, meiner Bekannten verrieten mir, dass sie keinerlei Verständnis für meinen Umgang mit der Urne aufbringen konnte. Ich versuchte ihr zwar noch klar zu machen, dass sie womöglich eine andere Haltung hätte, wenn ihr Kleines kurz vor der Geburt in ihrem Bauch gestorben wäre, gab es jedoch auf, weil es einfach keinen Sinn zu machen schien.
Später erfuhr ich, dass besagte junge Mutter ihr Unverständnis für unseren Umgang mit der Urne gegenüber anderen Müttern aus der Umgebung mehr als deutlich machte. Sie begründete ihre Haltung mit der Aussage: „Ich bin halt so kinderlieb.“
Ich frage mich heute noch, in welchem Zusammenhang dieses Argument steht. Bin ich weniger kinderlieb, weil ich die Überreste meiner Tochter

nicht in den Keller oder Schrank stellen möchte? Oder versteht sie unter Kinderliebe, dass man seine Kinder von allem fernhalten soll, was mit Tod und Sterben zu tun hat? Nach dieser Aussage war mir klar, dass sie wohl selbst nicht wusste, warum sie eigentlich ein Problem mit dem Aufstellen der Urne hatte. Wie sollte sie sich da auch nur annähernd in mich hineinversetzen können? Sie hielt schließlich eine gesunde Tochter im Arm, die ohne jegliche Komplikationen das Licht der Welt erblickt hatte. Und doch ist sie, im Gegensatz zu mir, eine hysterisch übervorsichtige Mutter, die ihr Kind vor allem und jedem schützen will.
Ich weiß, dass sich teilweise selbst betroffene Eltern nicht mit dem Gedanken anfreunden können, die Urne ihres Kindes zu Hause aufzubewahren. Jedoch war bisher vermutlich auch kaum einer von ihnen in der Situation, im Ausland zu leben und nicht zu wissen, ob und wann man ins Heimatland zurückkehrt.
Angelina war gerade neun Monate alt, als Stellas zweiter Geburtstag vor der Tür stand.
Zu ihrem ersten Geburtstag hatte ich Blumen und einen Geburtstagskuchen mit Kerzen darauf neben die Urne gestellt. Zudem hatte ich unsere Homepage um eine Gedenkseite erweitert:

Heute, am 18.04.2006, ist es ein Jahr her, dass unsere Tochter Stella Chiara still zur Welt kam.
Wir möchten ihrer an diesem ersten Geburtstag gedenken und eine Kerze anzünden, denn sie hat einen festen Platz in unserem Leben und in unserer Liebe.
Der Schmerz und die Trauer haben sich verändert. Dies bedeutet jedoch nicht, dass wir aufgehört haben zu trauern; dass der Schmerz nicht mehr vorhanden ist. Schmerz und Trauer sind allgegenwärtig: Nur gehören sie jetzt fest zu unserem Alltag und sind somit erträglicher geworden.
Es ist ein Irrglaube, dass mit der neuen Schwangerschaft „alles wieder gut" ist. Denn unsere kleine Bauchbewohnerin wird ihre Schwester Stella Chiara nie ersetzen. Sie sind zwei völlig verschiedene Kinder: jedes von ihnen ein Individuum.
Auch wenn wir wieder lachen können, bedeutet dies nicht, dass wir nicht mehr weinen.
Wir wissen, dass es keine Selbstverständlichkeit ist, dass Familie, Freunde, Bekannte und die anderen Menschen um uns herum unsere Stella genauso lieben und vermissen wie wir. In diesem Zusammenhang möchten wir uns bei jedem bedanken, der uns im vergangenen Jahr „verstanden" hat. So schwer es auch manchmal war.

Völlig unerwartet erhielt ich anlässlich dieses ersten Geburtstages zudem ein Gedicht meines Vaters, welches er Stella zu Ehren verfasst hatte. Meine Mutter kündigte sich bald für einen weiteren Besuch bei uns in Italien an und wollte das Gedicht, das von meinen Eltern in einem speziellen Glas luftdicht verpackt worden war, auf besonders schönem Papier niedergeschrieben, mitbringen. Dieses Glas sollten wir auf Wunsch meines Vaters unter einen Blütenbaum, den wir gemeinsam mit meiner Mutter aussuchen sollten, pflanzen. Gerne kamen wir diesem ganz persönlichen Wunsch nach und waren dankbar für so viel Anteilnahme und diese wunderschönen Zeilen:

Ein kleines Licht am Firmament
Das wir lieben, das uns jedoch nicht kennt.
Den Engeln gleich, schön anzusehen
Du wolltest nicht warten, dort hinzugehen.
Von tausend Seelen umgeben
Nur im Tod, niemals im Leben.
Es schnürt die Kehle, es drückt das Herz
Man könnte schreien, ein nie endender Schmerz.
Wunden der Seele, die nicht heilen wollen.
Gedanken, die nicht enden sollen.
So lange schon und doch nicht zu fassen,
die Zeit lässt die Erinnerungen nicht verblassen,
nicht verdrängen, nicht vergessen, nicht verschweigen,
mit Dir leben, mit Dir reden, mit Dir verweilen.

April 2006
Im stillen Gedächtnis, Dein Opa

Ich weinte, als ich diese Worte zum ersten Mal las. Bei diesem einen Mal blieb es nicht: Ich las es immer und immer wieder. Und obwohl ich so unendlich gerührt über so viel in Worte gegossene Liebe meines Vaters war, schämte ich mich ein wenig dafür, dass ich Stella nicht selbst so etwas Schönes „gezaubert“ hatte.
Leider war das Bäumchen, unter dem wir das Gedicht vergraben hatten, recht empfindlich und überlebte den ersten Winter, trotz der milden Temperaturen in Italien und einer vorsorglichen Schutzfolie, nicht.

Dennoch brachten wir es nicht übers Herz, es einfach herauszureißen. Jens rief mich eines Tages im Frühjahr 2007 zu sich in den Garten. Wir konnten kaum fassen, was wir da sahen: Obwohl jeder Zweig des Bäumchens völlig ausgetrocknet zu sein schien und kein Leben mehr zu erkennen war, ragten dort, wo der Stamm seine Wurzeln hatte, kleine grüne Zweige aus dem Boden. Im Laufe des warmen Sommers wurde daraus ein stattlicher Busch voller Blüten – wie der kleine Baum sie zuvor getragen hatte.
Es war also doch noch Leben an dieser Stelle. Ich war mir sicher, dass es Stella war, die dem kleinen Bäumchen erneut das Leben eingehaucht hatte und dafür sorgen würde, dass wir uns stets daran erfreuen können.
Das Jahr verging schnell und schon bald stand Stellas zweiter Geburtstag vor der Tür. Während dieser Zeit befand ich mich bei meinen Eltern in Deutschland, die ich zusammen mit Angelina besuchte. Wenige Tage vor Stellas Geburtstag fragte mich meine Mutter, was ich zu ihrem Ehrentag geplant hätte. Bereits bevor sie mir diese Frage stellte, hatte ich sie erahnt und gefürchtet, denn ich hatte schon einige Tage darüber nachgedacht und war zu keinem Entschluss gekommen. Meine Gefühle waren ungewohnt unsortiert und mir war überhaupt nicht nach diesem Ereignis zumute. Ich wollte diesen Tag einfach aus meinem Leben streichen. Und obwohl ich mich heute noch dafür schäme, tat ich dies schließlich auch: Ich bestritt Stellas zweiten Geburtstag wie jeden anderen Tag und ließ ihn vorübergehen, auch wenn ich in dieser Zeit besonders oft an sie und die Geschehnisse vor zwei Jahren dachte. Meine Mutter war ein wenig enttäuscht, da sie und mein Vater bereits Dinge, die ich bis heute nicht gesehen habe, für Stellas Geburtstag gekauft hatten und diesen Tag gerne mit mir zusammen gestaltet hätten. Es tat mir auch leid, sie diesbezüglich enttäuscht zu haben, aber ich konnte einfach nicht anders. Umso glücklicher war ich, dass meine Eltern keine großen Worte darüber verloren.
Jens hingegen überraschte mich mit einer SMS, in der er schrieb, dass er Stella eine Kerze angezündet und sie neben ihrer Urne platziert hatte. Er feierte den zweiten Geburtstag unserer Tochter auf seine Weise – ganz im Gegensatz zu mir – und ich war sehr stolz auf ihn, da er sich endlich wieder zu den Gefühlen der Trauer um unsere Tochter bekannte.

19 Neue Perspektiven

Seit Stellas stiller Geburt sind nun über zweieinhalb Jahre vergangen. Erst jetzt habe ich so langsam das Gefühl, wieder so etwas wie einen Alltag zu erleben. Während ich mich viele Monate zurückgezogen hatte und mich niemandem gegenüber so richtig öffnen konnte und wollte, nehme ich nun, nicht zuletzt dank Angelina, wieder am Leben teil:

Ich habe eine Krabbelgruppe deutscher Frauen in Italien gegründet und wir unternehmen einmal pro Woche etwas miteinander. Wir besuchen mit unseren Kindern Spielplätze, basteln gemeinsam oder spielen etwas mit ihnen.

Seit Januar 2008 besucht Angelina eine Kinderkrippe – zwei Mal pro Woche am Vormittag für je drei Stunden. Ich finde es wichtig, dass sie insbesondere im Ausland Kontakt zu anderen Kindern ihres Alters hat: Sowohl zur sprachlichen Förderung, da Jens und ich zu Hause kein italienisch miteinander sprechen; als auch für die soziale Entwicklung. In Deutschland gibt es weit mehr Möglichkeiten, sich mit gleichaltrigen Kindern zum Spielen zu treffen, zum Beispiel beim Baby-Schwimmen und -Turnen, in PEKiP-Gruppen oder auf Indoor-Spielplätzen. Das ist in Italien leider etwas anders. Zudem bleibt man als Deutscher im Ausland aufgrund der anfänglichen Sprachbarrieren meist doch unter seinesgleichen und ist somit auf die wenigen Sozialkontakte, die man hat, angewiesen.

Nicht zuletzt um diesen Zustand zu ändern, bessere ich einmal pro Woche meine italienischen Sprachkenntnisse auf. Allerdings nicht mehr dort, wo ich damals Unterricht hatte und so enttäuscht wurde, sondern in einer neuen Gruppe, in der das erste Ziel lernen heißt und nicht tratschen.

Seit einiger Zeit besuche ich regelmäßig einen Fitnesskurs und tue damit erstmals wieder etwas für meinen Körper. Ich fühle mich wieder ganz wohl in meiner Haut, nachdem ich in den letzten Monaten einiges an Gewicht reduzieren konnte. Überflüssiges Gewicht, nicht zuletzt verursacht durch die beiden Schwangerschaften, das mich immer und immer wieder schmerzlich an das Vergangene erinnerte. Ich musste es einfach loswerden, als Schritt zur Heilung meiner Seele. Ich bin zwar nach wie vor nicht schlank, aber ich kann sehr gut mit meiner derzeitigen Figur leben und mich wieder ungeniert im Spiegel betrachten. Ich brauchte recht lange, um die überflüssigen Pfunde anzugehen. Mir fehlte schlichtweg die Kraft, die ich jedoch mit der Zeit nach und nach zurückerlangt hatte. Zudem würde ich Angelina gerne eine gesunde Ernährungsweise vorleben, was meiner Meinung nach um so vieles erleichtert wird, wenn ich mich selbst dementsprechend ernähre.

Angelina läuft seit ihrem fünfzehnten Lebensmonat. Entgegen meiner Befürchtungen wurde ich trotz Angelinas neu gewonnener Mobilität keine

übers normale Maß hinaus ängstliche Mutter. Jens zuckt bereits dreimal mit dem Arm, um Angelina beispielsweise im Falle eines drohenden Sturzes aufzufangen, während ich immer noch ruhig auf der Couch sitze und das Geschehen beobachte. Ich packe sie nicht in Watte und lasse sie ihre eigenen Erfahrungen machen. Natürlich immer im Rahmen gewährleisteter Sicherheit. Ein wenig habe ich die Einstellung: Wenn es passieren soll, wird es passieren und wir können uns nicht dagegen wehren. Dies zumindest zeigte schließlich unsere Erfahrung mit Stella. Andererseits vertraue ich auf Angelinas persönlichen Schutzengel Stella.
Auf Mamas Brust wollte Angelina lange nicht verzichten: Ich stillte sie siebzehn Monate lang. Eine wunderschöne Zeit, die ich keinesfalls missen will, auch wenn sie nicht nur Vorteile mit sich brachte und durchaus anstrengend sein konnte. Aber trotz aller anstrengenden Aspekte konnte ich in dieser Zeit vor allem eine ganz besondere Nähe und enge Bindung zu meinem Kind aufbauen – so empfinde ich es zumindest.
Der Kontakt zu meinen Schwiegereltern und Jens' beiden ältesten Töchtern hat sich merklich verändert. Meine Schwiegermutter gibt sich die größte Mühe und schwärmt zwischenzeitlich bei jeder Gelegenheit von ihrem Enkelchen Angelina. Jens meint, dass sie es „kapiert" habe. Vielleicht hat sie das; vielleicht ist es aber einfach nur Angelina mit ihrer süßen Art, die ihre Oma um den Finger wickelt. Denn nach wie vor verliert sie kein Wort über Stella. Im Gegenteil: Als ich einen Moment lang geglaubt hatte, sie hätten es verstanden, wurde ich ein weiteres Mal enttäuscht:
Im Sommer des Jahres 2007 waren meine Schwiegereltern zu Besuch in Italien. Sie hüteten das Haus eines gemeinsamen Bekannten. Ich war gerade auf Shopping-Tour mit ihnen, als mich meine Schwiegermutter fragte: „Weißt du zufällig, ob man hier auch irgendwo Engelchen kaufen kann?" Ich nannte ihr eine entsprechende Adresse und freute mich insgeheim: „Hat sie es wirklich verstanden und möchte nun auch Stella etwas neben ihre Urne stellen?" – das hätte mir so ungemein viel bedeutet.
Kurz vor ihrer Abreise nach Deutschland lud sie Jens, Angelina und mich zum Essen in ihr Feriendomizil ein. Plötzlich verstand ich, warum sie nach den Engeln gefragt hatte. Die Hausbesitzerin sammelte solche. Stolz berichtete meine Schwiegermutter, dass sie tatsächlich ein schönes Engelchen gefunden habe, welches sie der Hausbesitzerin nun schenken würde.
Da ging mir ein Licht auf: Der kleine Engel war gar nicht für Stella gedacht. Ich schluckte und war zutiefst enttäuscht. Wieder einmal hatte ich zu viel erwartet. Wie konnte ich annehmen, dass sie sich plötzlich nicht nur für Angelina interessieren würde, sondern auch für Stella? Dies wird wohl nie der Fall sein. Dennoch sind es meine Schwiegereltern und ich muss sie

respektieren – meinem Mann zuliebe. Ich versuche so gut wie möglich mit ihnen auszukommen und mich ihnen gegenüber freundlich zu verhalten. Trotzdem ertappe ich mich immer wieder bei dem Gedanken daran, dass sie mich so sehr enttäuschten und ich ihnen wohl niemals wirklich verzeihen kann.

Vielleicht ist es unfair, dass ich das so sehe. Jeder Mensch hat doch eine zweite Chance verdient. Diesbezüglich kann ich jedoch einfach nicht aus meiner Haut. Ich werde diese Menschen vermutlich niemals lieben und ihnen auch zukünftig nicht sehr viel mehr als Toleranz entgegenbringen können – so leid es mir tut.

Mein ehemals bester Freund Kai hatte sich bei seiner Ex-Freundin Jasmin, der Patentante von Angelina, gemeldet. Da Jasmin und ihre Tochter Alyssa uns ebenfalls im Sommer 2007 besucht hatten, zeigten sie ihm bei einem Treffen Fotos von uns und Angelina. Kai war Jasmins Erzählungen nach zu urteilen sehr gerührt und gestand ihr, dass er gerne Kontakt zu mir aufnehmen würde, sich aber nicht traue. Er habe zwei große Fehler in seinem Leben begangen, die er gerne wiedergutmachen würde: Die Sache mit mir sei einer davon.

Als Jasmin mir dies erzählte, empfand ich Genugtuung. Auch wenn er vermutlich niemals den Mut haben wird, zu mir Kontakt aufzunehmen, weiß ich doch, dass es ihn beschäftigt und er damit leben muss. Ich hingegen konnte zwischenzeitlich damit abschließen.

Meine Freundin Hannah, die ihren Sohn Marvin still geboren hatte, brachte ein Jahr nach Angelinas Geburt eine gesunde Tochter zur Welt. Zufall, dass ihr Folgebaby Michelle für exakt denselben Geburtstermin wie zuvor mein Folgebaby Angelina ausgerechnet war?

Hannah ist eine dankbare Abnehmerin all meiner süßen Babyklamotten von Angelina und ich freue mich über jedes neue Foto ihrer hübschen Michelle in Angelinas Sachen.

Im Herbst 2007 waren Jens, Angelina und Jana, die jüngere seiner beiden Töchter aus erster Ehe, und ich zusammen auf Kreuzfahrt. Es war wunderschön und wir haben bereits die nächste gemeinsame Kreuzfahrt für das Jahr 2008 ins Auge gefasst – so gut haben wir uns verstanden!

Es war meine Idee, Jana mitzunehmen, denn zwischenzeitlich hat sich unser Verhältnis merklich verbessert. Sie und ihre Schwester hatten sich damals die Worte ihres Vaters wohl zu Herzen genommen. Seither geben sie sich Mühe, gewisse Dinge, die wir immer wieder an ihnen kritisiert hatten, zu vermeiden. Ich für meinen Teil konnte meine Eifersucht ihnen gegenüber endlich ablegen und habe verstanden, dass sie keineswegs in Konkurrenz zu mir stehen. Wäre ich damals nicht so eifersüchtig gewesen, wären vermutlich

viele Spannungen, die aufgrund der Trauer um Stella entstanden waren, gar nicht erst eskaliert, denn im Grunde ging es mir doch oft nur ums Prinzip. Zudem habe ich endlich verstanden, wie sehr Jens seine beiden Töchter Jana und Jenny lieben muss: Seit ich Angelina habe, kenne ich die unermesslich großen Gefühle von Eltern für ihr Kind. Und vermutlich hätte ich in seiner Situation damals häufig genauso gehandelt, wie er es getan hat. Vermutlich hätte auch ich versucht, meine Kinder zu schützen.
Das Umdenken aller macht ein Zusammenleben, und sei es nur in den Ferien, sehr viel leichter. Die beiden Mädchen lieben Angelina von Herzen. Das spürt und sieht man, wenn sie bei uns sind. Sie verbringen viel Zeit mit ihr und sagen immer wieder, wie süß sie sie finden – das glaube ich ihnen sogar. Zumindest ist der Anfang für ein harmonisches Zusammenleben in Zukunft gemacht. Ob ich sie jemals von Herzen lieben werde, kann ich heute nicht sagen. Das hängt sicherlich von vielen Kriterien ab. Auch davon, was die Zukunft im Allgemeinen mit sich bringt. Aber zwei kleine Freundinnen sind sie mir zwischenzeitlich gewiss geworden.
Und als mein Großvater, zu dem ich ja den Kontakt bereits vor Jahren abgebrochen hatte, im Winter 2007 verstarb, konnte ich sogar nachvollziehen, warum Jana und Jenny damals nicht um Stella trauerten: Sie hatten einfach keinen Bezug zu der Kleinen aufbauen können, da sie Stella lediglich in meinem Bauch erleben konnten, und das nur an den wenigen Wochenenden, die sie bei uns verbrachten, als wir noch in Deutschland lebten. Zudem hatten sie mich in den Monaten nach unserem Umzug nach Italien überhaupt nicht mehr gesehen – genau in der Zeit, als mein Bauch erst richtige Ausmaße annahm und man Tritte und Bewegungen der Kleinen von außen hätte mitbekommen können.
Als ich kurz vor der Weihnachtszeit vom Tod meines Großvaters erfuhr, befand ich mich wieder einmal bei meinen Eltern in Deutschland und bekam die Trauer meiner Mutter um ihren Vater in vollem Ausmaß mit. Dennoch hatte ich nur den Wunsch, meiner Mutter beizustehen und konnte selbst keine Trauer um den Toten empfinden: Zu sehr hatte ich mich im Laufe der letzten Jahre von diesem Mann, der einst mein Großvater war, entfernt – so traurig das klingen mag. Dafür wurde die Trauer um Stella wieder gegenwärtig, als ich meine Mutter trauern sah. Vielleicht war diese unfreiwillige Aufarbeitung gar nicht schlecht, denn ich hatte schon länger nicht mehr um Stella geweint, was mich durchaus beängstigte, weil ich meine Trauer inzwischen verloren gegangen glaubte. So brachte der Tod meines Großvaters wenigstens ein Gutes mit sich: Ich konnte mich Stella nahe fühlen wie lange nicht mehr und wusste wieder, wie sehr ich sie liebe und vermisse.

20 An der Trauer wachsen können

Durch die Erfahrungen der letzten Jahre habe ich die Erkenntnis gewonnen, dass manchmal erst richtig schlimme Dinge passieren müssen, damit man das Leben wieder zu schätzen weiß:

„Ein Sommertag ist doch doppelt so schön, wenn man eine schwere Operation überstanden hat. Nach einer extremen Erfahrung ist der Sonnentag nicht nur schön, er ist bewusst wunderbar und heilig.“
[Hape Kerkeling; „Ich bin dann mal weg – Meine Reise auf dem Jakobsweg“ Malik-Verlag 5. Auflage 2006, Seite 173]

Besser hätte ich es nicht ausdrücken können. Vermutlich ist das Leid tatsächlich der Schlüssel zur Glückseligkeit. Vielleicht müssen wir erst erfahren, wie es ist, etwas oder jemanden zu verlieren, um es oder ihn dann wirklich und wahrhaftig schätzen zu können.
Oft fragt man sich, warum solche und andere schlimme Dinge passieren. Erst rückblickend kann man diese Frage dann vielleicht beantworten und ein ganz persönliches Resümee ziehen.
Ich habe durch das Geschehene viel gelernt. Über mich selbst und die Menschen um mich herum. So bin ich heute in der Lage, zu sagen, wer und/oder was mir gut tut und was nicht. Vor Stellas Tod hatte ich dafür kaum Talent. Diese neu gewonnene Gabe ermöglicht mir in vielerlei Hinsicht ein besseres Leben.
Meine Ehe wurde auf eine harte Probe gestellt. Das Geschehene hat meine Beziehung zu meinem Mann verändert. Ich bin glücklich mit ihm, und doch sehe ich heute viele Dinge klarer als früher. Er hat Wesenszüge an sich, die ich früher nicht erkannt hatte. Obwohl wir mittlerweile wieder glücklich miteinander sind, weiß ich nicht, ob ich ihn auch geheiratet hätte, wenn ich vorher gewusst hätte, wie er in der extremsten Situation unseres Lebens reagieren würde. So sehr hat mir das damalige Geschehen zugesetzt. Andererseits habe ich ihn sicherlich gleichermaßen verletzt, und auch diese meine Reaktionen konnte ich damals nicht voraussehen.
Die vielen Erfahrungen und die Lehren, die ich aus dem bisher schlimmsten Erlebnis meines Lebens ziehen konnte, haben mich verändert, und ich bin binnen kürzester Zeit gereift. Während ich früher glaubte „reif“ zu sein, weiß ich heute, dass ich es zum damaligen Zeitpunkt nicht war.
Ich bin bedachter und ruhiger geworden. Habe einen gewissen inneren Ausgleich gefunden und entschieden an Lebensweisheit gewonnen.
Ich bin dankbar: Dankbar, dass ich lebe und Menschen um mich habe, die ich liebe und die mich lieben. Insbesondere meine Tochter Angelina,

meinen Mann und meine Eltern. Ebenso dankbar bin ich für Freunde, die diesen „Titel“ auch verdient haben. Menschen wie Jasmin, die Patentante von Angelina. Menschen wie Michael, der uns so selbstlos zur Seite stand. Menschen, die wahre Freunde sind und in den schwersten Stunden des Lebens zu einem halten.

Manchmal im Leben weiß man weder ein noch aus. Und doch tut sich immer wieder ein weiteres Törchen auf, das einen neuen Weg vorgibt. Man darf nur nicht aufhören, nach diesem Törchen zu suchen. So beschwerlich der Weg auch manchmal scheinen mag. Selbst aus schier unüberwindbaren und schmerzvollen Situationen kann man etwas Positives ziehen, wenn man es nur will und den Mut hat, sich seinem Leid zu stellen. So lebe ich zwischenzeitlich ein durchaus erfülltes Leben mit meiner Tochter Stella TIEF IM HERZEN UND meiner Tochter Angelina FEST AN DER HAND.

Nachwort Klara Lenzen

Eine Bekannte, die das Manuskript meiner Geschichte im Vorfeld gelesen hat, fragte mich, ob mein Mann wirklich so schlimm sei, wie er hier teilweise dargestellt wird und ob er es verdient habe „so schlecht“ weg zu kommen. Dazu möchte ich Folgendes anmerken:
Ich hätte niemals einen „schlechten“ Menschen geheiratet – geschweige denn Kinder mit ihm bekommen. Ich habe meinen Mann lieben gelernt, weil er liebevoll, treu, intelligent, humorvoll ist und seine Familie liebt. Seine Macken, die schließlich jeder Mensch hat, lasse ich einmal beiseite.
Die Trauer verändert einen Menschen. In der schlimmsten Phase der Trauer ist man oft nicht man selbst. Man handelt, wie man fühlt, und glaubt das Richtige zu tun. In dieser Situation gibt es kein richtig oder falsch, kein gut oder schlecht.
Meine Trauer, die Trauer um Stella, hat im April 2005 begonnen. Die Trauer meines Mannes dagegen bereits im Februar 2005, als er sich aufgrund des Umzugs ins Ausland von seinen Kindern trennen musste. Das habe ich lange nicht verstehen können. Und letzten Endes hat Jens im Verlauf der Trauer um Stella so gehandelt, wie er handeln musste – ohne jemanden verletzen zu wollen. Aber diese Sichtweise blieb mir damals versperrt, denn ich steckte in meiner ganz eigenen Welt. Ebenso konnte ich nicht realisieren, dass das Handeln vieler meiner Mitmenschen sicherlich häufig unbedacht und ohne bösen Willen geschah.
Heute würden mich viele der Vorfälle und Ereignisse, die ich hier niedergeschrieben habe, vermutlich gar nicht mehr stören. Das wurde mir erst klar, als ich aus dem Abstand der Zeit mein eigenes Manuskript las.
Manchmal gibt es bei meinen Ausführungen keinen direkten Zusammenhang zur Trauer um Stella und man fragt sich womöglich beim Lesen: „Was hat das mit der Trauer zu tun?“ Dennoch habe ich es aufgeschrieben, um einen Eindruck dessen zu vermitteln, was die Trauer aus einem Menschen machen kann. Wie sie ihn verändern und verzweifeln lassen kann, ohne dass man großen Einfluss darauf hat: Es geschieht einfach.
Heute kann ich bestätigen, dass es keinen richtigen oder falschen Weg der Trauer gibt. Jens und ich sind zwei völlig verschiedene Wege gegangen. Diese Wege führten uns eine lange Zeit weit weg voneinander. Wir begegneten uns unterwegs nicht. Jeder der Wege war auf seine eigene Weise voller Hindernisse – holprig, steil und anstrengend! Und doch erreichten wir unser Ziel gemeinsam. Wir sind irgendwann wieder im Tal der Liebe angekommen, wo wir endlich das sein können, was wir immer sein wollten: eine Familie!

Teil 2

Anna Jakob

Sternenkind
David

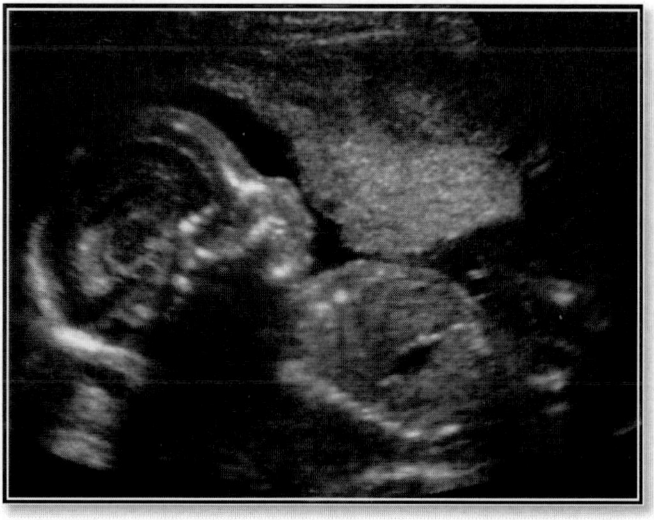

1 Vom Leben in den Tod

Es ist später Nachmittag: ein gewöhnlicher Tag im Spätsommer. Die Sonne scheint und die Luft riecht nach Herbst. Ich beeile mich, den Kinderwagen mit meinem elf Monate alten Sohn Samuel durch die mir entgegenkommenden Menschenmassen zu lenken. Ich habe noch einiges zu erledigen, bevor die Geschäfte schließen; in Gedanken gehe ich meine Einkaufsliste durch. Samuel klatscht vor Freude in seine kleinen Händchen und lacht, als uns ein Hund entgegenkommt. Ich betrachte mein kleines großes Wunder und genieße diesen Augenblick. Ich bin richtig glücklich! Die Sonne steht bereits tief und blendet mich ein wenig: Ich beschleunige meinen Schritt.

Aus dem Augenwinkel nehme ich sie gerade noch wahr. Sie scheint es ebenfalls eilig zu haben, denn innerhalb weniger Sekunden ist sie an mir vorbeigeeilt. Ich habe sie zuletzt vor knapp zwei Jahren gesehen. Trotz blendender Sonne, eilenden Schrittes und einer neuen Frisur erkenne ich sie sofort. Ihr Gesicht hat sich für immer in mein Gedächtnis eingebrannt: Kathrin! Sie war einer der beiden Menschen, die mir und meinem Mann Maurice in den schwersten Stunden unseres Lebens zur Seite gestanden hatten. Kathrin war eine der beiden Hebammen, die mit uns zusammen unseren erstgeborenen Sohn David, Samuels großen Bruder, tot zur Welt brachten.

Ich bin Anna, einunddreißig Jahre alt. Mit meinem Mann Maurice und meinem Sohn Samuel wohne ich in einer Kleinstadt im Süden Deutschlands. Bis zu jenem Tag, an dem sich mein Leben von einer Sekunde auf die andere veränderte, verlief mein Leben völlig normal, meist so, wie ich es erwartet hatte. Wenn das eintrat, was ich erwartet hatte, gab mir das Sicherheit; wenn unerwartete Situationen eintraten, improvisierte ich. Als jedoch völlig unvorhersehbar mein Kind starb, verlor ich jeglichen Boden unter den Füßen. Nie hätte ich solch einen Schicksalsschlag und so viel Trauer in meinem Leben erwartet. „So etwas" ist nicht normal und passiert schließlich nur anderen. Hätte man mich früher gefragt, ob ich ein derartiges Schicksal tragen könnte, hätte ich sicherlich verneint.

Rückblick

Ich wuchs als Einzelkind auf und lebte mit meinen Eltern in einem Reihenhaus in einer Kleinstadt in der Nähe von Stuttgart. Meine Kindheit und Jugend verliefen ohne Besonderheiten und ich musste mich nie sehr anstrengen, um etwas zu erreichen. Ich war der Sonnenschein meiner Eltern und versuchte, ihnen möglichst immer Freude zu bereiten und sie nicht zu

enttäuschen. In meiner Freizeit spielte ich begeistert Tennis und Klavier und hatte viele Freunde. Es lief eigentlich immer alles glatt. Vielleicht zu glatt?
Das erste Mal, dass ich bewusst mit dem Tod konfrontiert wurde und mich damit auseinandersetzen musste, war der Verlust meiner geliebten Oma, der Mutter meiner Mutter. Wir hatten ein sehr inniges Verhältnis zueinander; ich hatte in meiner Kindheit sehr viel Zeit bei und mit ihr verbracht. Sie starb mehr oder weniger unerwartet innerhalb einer Woche. Meine Mutter und ich waren in der letzten Nacht vor ihrem Tod bei ihr im Krankenhaus gewesen und hatten an ihrem Sterbebett gesessen, mit ihr geredet und gebetet und versucht, ihr Mut zum Loslassen zu machen, obwohl es uns selbst so unendlich schwergefallen war. Ihr Tod schmerzte mich sehr, aber meine Oma war alt und krank – sie hatte ihr Leben gelebt; das ist der Lauf des Lebens. Auch das war normal. Deshalb konnte ich ihren Tod damals verstehen und akzeptieren.
Ich war immer gerne zur Schule gegangen und eine dementsprechend gute und fleißige Schülerin, die ein sehr gutes Abitur absolvierte. Für mein berufliches Ziel – als Architektin zu arbeiten – nahm ich in Kauf, dass ich die Wartezeit auf einen Studienplatz mit einer Ausbildung zur Bauzeichnerin überbrücken musste. Als ich schließlich mit dem Studium begann, wohnte ich zusammen mit zwei Informatikstudenten in einer WG eines Studentenwohnheims. Schnell hatte ich mich an das Studentenleben mit ausgelassenen Partys gewöhnt. Trotz allen Feierns und der neu gewonnenen Freiheiten schaffte ich mein Studienpensum immer und ging mit kleinen, aber sicheren Schritten meinem Abschluss entgegen.
Als Wohnheimsprecherin kannte ich die meisten Bewohner des Wohnheims. Jedes Jahr feierten wir eine legendäre Nikolaus-Party in unserem gemeinschaftlichen Partyraum …

Das Kennenlernen

So auch 1999. Es war ein Donnerstag, Mitte Dezember. Ständig betraten neue Studenten den Partyraum. Auch er: Maurice! Ich kannte ihn vom Sehen her, er wohnte in demselben Stockwerk wie ich, nur ein paar Türen weiter. Ob wir uns vor diesem Tag jemals gegrüßt oder gesprochen hatten, weiß ich heute nicht mehr. An jenem Abend sprach er mich jedoch an, und wir kamen ins Gespräch. Maurice gefiel mir, und ich fand ihn ausgesprochen nett. In den kommenden Wochen und Monaten verbrachten wir sehr viel Zeit miteinander und flirteten heftig, aber der Funke wollte nicht so recht überspringen.
Das Jahr 2000 verging schnell: Maurice hatte inzwischen sein Diplom gemacht und seine erste Stelle als IT-Consultant angetreten. Schließlich zog

er aus dem Wohnheim aus. Mittlerweile war ich ziemlich verliebt in ihn und er in mich, was wir uns beide aber zunächst nicht eingestehen wollten. Ende des Jahres fragte mich Maurice, ob ich Lust hätte, über Silvester mit ihm und ein paar Kollegen in den Skiurlaub nach Österreich zu fahren. Ich witterte die einmalige Chance, ihn endlich vollkommen zu erobern.
Der Urlaub war sehr spaßig, und trotzdem kehrten wir beide immer noch als Singles nach Deutschland zurück. Ich resignierte und versuchte mich innerlich von Maurice zu lösen. Aber wir schafften es nicht, auch nur zwei Tage ohne den Anderen zu verbringen. Es stand eine wichtige Prüfung für das Diplom bei mir an, auf die ich mich nun konzentriert vorbereiten musste. Aber ich wollte zuerst meinen Kopf freibekommen und klingelte deshalb bei Maurice, um endlich ein klärendes Gespräch mit ihm zu führen. Wie schon tausend Male zuvor öffnete er die Türe; doch als ich zu diskutieren und schimpfen anfangen wollte, nahm er mich in die Arme und küsste mich: endlich! Wir waren ein Paar und ich im siebten Himmel. Seither kann ich mir ein Leben ohne Maurice nicht mehr vorstellen. Bisher verbrachten wir viele schöne und unbeschwerte Jahre miteinander, hatten viel Spaß, unternahmen und verreisten viel.
Anfang 2002 schloss ich das Studium ab und wollte der Welt endlich meine Baukünste präsentieren. Ich zog zu Maurice in das Einraumappartement, in das er nach dem Auszug aus dem Studentenwohnheim gezogen war, und wir machten es uns in unserem kleinen Nest gemütlich. An Kinder dachte ich zu diesem Zeitpunkt noch gar nicht: Zuerst wollte ich möglichst viel Geld verdienen und ausgeben. Doch durch die konjunkturellen Probleme der Baubranche damals wollte niemand mich, die unerfahrene Absolventin, einstellen. Nach unzähligen Bewerbungen, die mir nur Absagen und Frust einbrachten, begann ich über berufliche Alternativen nachzudenken. Nach vielen Recherchen und Gesprächen fiel meine Wahl auf ein Aufbaustudium zur Berufsschullehrerin. Die Vorstellung, vor einer Klasse unmotivierter pubertierender Berufsschüler zu stehen, ließ mich nicht gerade vor Freude an die Decke springen, aber ich konzentrierte mich letztendlich auf die Vorteile eines Beamten-Jobs und begann schließlich mit gemischten Gefühlen. Nach vier Semestern konnte ich erfolgreich das erste Staatsexamen machen und bekam einen Referendariatsplatz.

Der Kinderwunsch

Vielleicht war es der lange Zeitraum, der zwischen Staatsexamen und Beginn des Referendariats lag, jedenfalls hatte ich viel Zeit zum Nachdenken: über mich, Maurice, mein Leben und unsere Zukunft. Vielleicht war es auch der Gedanke, unsere Liebe mit einem Kind krönen

zu wollen, vermutlich angesteckt durch den Baby-Boom im Freundeskreis. Vielleicht hatte ich auch nur im Hinterkopf, dass die biologische Uhr tickte. Vielleicht war es von allem ein bisschen, denn plötzlich war er da: der Wunsch nach einem Kind!
Es fiel mir schwer, den Wunsch Maurice gegenüber zu thematisieren, denn der Gedanke war selbst für mich neu und die Vorstellung Mutter zu werden noch so abstrakt. Ich kann mich gar nicht mehr recht daran erinnern, wie wir schließlich auf das Thema zu sprechen kamen. Ich vermute, Maurice nahm mich mit meinem Kinderwunsch zunächst nicht so richtig ernst. Ich hatte das Thema immer mal wieder beiläufig erwähnt, ihm ab und an einen Zeitplan vorgerechnet – dabei versucht, nicht zu viel Druck zu machen, und ihn letzten Endes auf diese Weise überzeugt. Allerdings glaube ich, dass er sich insgeheim längst dafür entschieden hatte, denn schon bald waren wir uns einig, dass wir das Abenteuer Familie wagen wollten. Und schneller als gedacht waren wir mittendrin: Kurz darauf wurde ich schwanger!

Die Schwangerschaft

Da war *ES* – eine rosa Linie auf dem Schwangerschaftstest: unser Baby. Schon ab diesem Zeitpunkt liebten wir es mit jeder Faser und ich beschützte es mit all meiner Kraft. Wir freuten uns sehr und waren so sicher, dass alles gut gehen würde. Die Schwangerschaft verlief von Anfang an problemlos und unser Kleines wuchs und gedieh prächtig. Mir ging es immer gut – ich hatte keinerlei Beschwerden. Mit jedem Schwangerschaftstag wurden meine Gefühle für unser Kind stärker.
Zum ersten Mal nahm ich diese viel zitierten Muttergefühle bewusst wahr, als ich zur Nackenfaltenmessung in der gynäkologischen Praxis war. Ich lag auf der Untersuchungsliege und sah auf den Monitor: Ich sah mein Kind, wie es friedlich schlief. Leider lag es etwas ungünstig für die bevorstehenden Messungen, deshalb stupste es meine Frauenärztin Frau Dr. Hofer mit dem Ultraschallkopf über meine Bauchdecke an, bis es schließlich aufwachte: Es drehte und streckte sich und fasste sich an die winzig kleine Nase. Ich war ganz gefangen von diesem kleinen Menschen, der sich auf dieselbe Art und Weise an das klitzekleine Näschen fasste wie sein Papa. Das war der Augenblick, den ich rückblickend als den Moment bezeichnen würde, in dem ich von der Frau zur Mutter wurde. Es war das schönste Erlebnis, das, was mir aus der Schwangerschaft am präsentesten ist. Ich hatte plötzlich ein unbeschreibliches Gefühl wahrgenommen: die tiefe, niemals endende Liebe zu diesem kleinen Menschlein! Vor Glück und übermannt von meinen Gefühlen weinte ich.

Und auch heute kommen mir die Tränen, wenn ich an diesen Augenblick zurückdenke. Nach wie vor fehlen mir die Worte, um zu beschreiben, wie intensiv ich ihn empfunden habe und wie dankbar ich für diesen Moment bin: Ich trage ihn in mir wie einen kostbaren Schatz.
Bald darauf erfuhren Maurice und ich, dass *ES* ein kleiner Junge werden sollte: Aus *ES* wurde *ER* – unser David. Voller Vorfreude und Optimismus bereiteten wir uns auf unser neues Leben zu dritt vor: Wir zogen in eine größere Wohnung und richteten das Kinderzimmer liebevoll ein, wir besuchten einen Geburtsvorbereitungskurs und lasen viel. Doch vor allem in unserer Fantasie war David bereits allgegenwärtig. Wir sprachen von ihm, mit ihm und konnten es kaum erwarten, ihn endlich leibhaftig in den Armen zu halten.
Die Schwangerschaft verlief weiterhin bilderbuchmäßig. Abgesehen von leichten Wassereinlagerungen zum Ende der Schwangerschaft hin hatte ich keinerlei Beschwerden. Ich fühlte mich stets unendlich gut aufgehoben, vertraute meinem Körpergefühl, und die Untersuchungen verliefen allesamt völlig unauffällig und zufriedenstellend.
Kurz vor dem errechneten Geburtstermin geriet meine heile Welt jedoch aus den Fugen: Plötzlich und unerwartet stand ich völlig neben mir. Frau Dr. Hofer hatte eine letzte Ultraschall-Messung vor der Geburt durchgeführt – eigentlich alles in bester Ordnung. Bisher hatte ich immer auf die tadellosen Ergebnisse der Vorsorgen vertraut. Nach jenem Untersuchungstermin war ich jedoch innerlich völlig aufgelöst: Ich schaute mir immer wieder die Werte an, als ob ich eine Versicherung erhalten wollte, dass diese auch tatsächlich alle einwandfrei waren. Was war denn nur mit mir los? Ich hatte doch gerade erfahren, dass alles in Ordnung war, dass unser Sohn bereits tief im Becken lag und dass ich ihn bald liebkosen könnte.
Zu allem Überfluss bekam ich auch noch Panik vor der Geburt. So gelassen und optimistisch ich bis dahin gewesen war, so sehr war ich plötzlich wie gelähmt, unfähig zu essen und zu sprechen. Gefühle, die ich bis zu diesem Zeitpunkt nicht kannte. Ich fühlte mich wie zugeschnürt und konnte mich nicht mehr freuen, aber was war nur los?
Ich hatte mich wieder gefangen und die Tage verflogen – alles wurde leichter und ich machte mir wieder weniger Gedanken: Ich versuchte, die trüben zu verdrängen und mich auf die Geburt zu freuen. Im tiefsten Inneren jedoch spürte ich eine Unruhe. Ein unbeschreibliches Gefühl schlummerte in mir. Genau diese Unruhe führte dazu, dass mir die Ergebnisse, die ich bei einer weiteren Routineuntersuchung erhielt, kein Gefühl der Sicherheit mehr gaben. Im Nachhinein bin ich mir sicher, dass es eine Vorahnung war, eine Ahnung, dass ich David verlieren würde, dass er sich anders entscheiden und

wieder zurück in Gottes Hände begeben würde. Der Name „David“ bedeutet „der Geliebte“ und „Liebling Gottes“; fühlte er sich deshalb von der Liebe Gottes stärker angezogen als von unserer Liebe?

Davids Reise

Ich wurde wach, wieder getrieben von dieser undefinierbaren, inneren Unruhe: Ich wollte David spüren! Er schien zu schlafen, denn in meinem Bauch war es ganz still. Nichts Ungewöhnliches: Nachts schlief er eigentlich immer ruhig. Ich drehte und wendete mich und hoffte, auf diese Weise schnell ein Lebenszeichen meines Sohnes zu erhalten, doch es blieb still. Ich klopfte an meinen Bauch, setzte mich hin, stand auf und ging zur Toilette: Nichts! Angetrieben von einer aufkommenden Panik ging ich ins Wohnzimmer und legte die Spieluhr auf meinen Bauch – ein sicheres Mittel, David zu Bewegungen zu überreden. Es blieb dennoch weiterhin ruhig in meinem Bauch. Selbst ein Vierfüßlerstand brachte nichts. Ich ging wieder ins Bett und redete mir ein, dass er einfach zu tief schlafe. Ich ahnte nicht, dass David bereits in seinen ewigen Schlaf gefallen war. Trotz der Sorge um mein Kind konnte ich schließlich irgendwann wieder einschlafen: Die Müdigkeit hatte gesiegt.

Stille

Als Maurice und ich am nächsten Morgen zusammen am Frühstückstisch saßen, wartete ich immer noch sehnsüchtig auf ein Zeichen von David. Normalerweise wurde er morgens spätestens beim Frühstück munter, doch an diesem Morgen blieb es ungewohnt still in meinem Bauch. Ich redete mir ein, dass es ganz normal sei, dass Kinder vor der Geburt einfach ruhiger werden, um Kräfte zu sparen. Maurice schlug vor, dass ich doch in die Praxis gehen und nachsehen lassen sollte – zur Beruhigung. Ich fand das übertrieben: David würde sich schon noch melden … oder nicht? So lange hatte ich jetzt schon keine Lebenszeichen mehr von ihm erhalten; ich war sehr verunsichert und beunruhigt. Nachdem Maurice zur Arbeit gegangen war, beschloss ich, zu duschen und einkaufen zu gehen. Ich wollte David die Gelegenheit geben, sich von selbst bei mir zu melden. Doch es blieb still: unheimlich still!

Ich erinnere mich noch sehr genau daran, wie ich ganz benebelt durch den Supermarkt irrte und auf einen Tritt meines Schatzes lauerte. Die Frau an der Kasse fragte mich noch, wann es denn so weit sei. „Bald“, gab ich ihr zur Antwort – ich konnte nicht ahnen, wie bald.

Unmittelbar nach dem Einkauf telefonierte ich mit Maurice, der bereits versucht hatte, mich zu erreichen, und teilte ihm mit, dass ich seinem Vorschlag nachkommen und doch noch zur Praxis fahren würde, um nach dem Rechten sehen zu lassen. Auf dem Weg dorthin wurde mir plötzlich bewusst, dass irgendetwas nicht stimmte, dass irgendetwas Schreckliches passiert sein musste.
Ich schilderte der Arzthelferin mein Anliegen. Sie schien zu glauben, dass mir meine Nerven aufgrund der bevorstehenden Geburt einen Streich spielten, und schickte mich zunächst ins Wartezimmer. Das Wartezimmer war voll und ich nahm auf dem letzten freien Stuhl Platz, nachdem ich mir eine Zeitschrift aus dem Zeitungsständer genommen hatte. Ich wollte Normalität in eine Situation bringen, die alles andere als normal war. Mein Herz klopfte mir bis zum Hals, ich blätterte mit zittrigen Händen in der Zeitschrift herum, ohne auch nur das Geringste von dem, was dort geschrieben stand, wahrzunehmen. Die Arzthelferin rief mich zum Blutdruckmessen ins Labor. „Oh, der ist aber hoch heute!“, hörte ich sie sagen. Mich interessierte nicht, was sie sagte: Ich wollte nur endlich ans CTG, das Herz meines Babys schlagen hören! Doch die Arzthelferin schickte mich zurück ins Wartezimmer: Das CTG sei noch besetzt. Ich setzte mich wieder auf denselben Stuhl. Inzwischen hatte eine Frau mit ihrer kleinen Tochter mir gegenüber Platz genommen. Die Mutter las dem kleinen Mädchen etwas vor, während dieses meinen runden Babybauch voller Neugier betrachtete. Ich legte beide Hände darauf, um Kontakt mit David aufzunehmen: Stille! Die Panik stieg erneut in mir hoch, mein Puls raste, ich hörte mein Blut im Ohr rauschen und war kurz davor, die Fassung zu verlieren.
Dann endlich wurde ich zum CTG gerufen. Die Arzthelferin schnallte mir den Gurt um – so wie immer bisher. Sie strich das kühle Gel auf die Schallköpfe und setzte sie schließlich auf meinen Bauch. Ein Rauschen war zu hören und ich bemerkte sofort, dass es anders klang als sonst: Die vertrauten „Klack“-Geräusche fehlten. Die Arzthelferin fuhr mit den Schallköpfen quer über meinen Bauch, doch es blieb still – egal wo sie suchte! Mittlerweile konnte auch sie ihre Nervosität nicht mehr verbergen und rief nach ihrer Kollegin. Auch diese versuchte vergeblich, Davids Herzschlag zu orten. Die Arzthelferinnen schauten sich an, bevor eine von ihnen aus dem Zimmer eilte; binnen weniger Sekunden kam sie zurück. Ich sollte umgehend ins Untersuchungszimmer kommen, welches nur wenige Meter von dem CTG-Zimmer entfernt war. Diese kurze Distanz kam mir dennoch vor wie Tausende Kilometer und ich hatte das Gefühl, meine Beine würden diesen Weg nicht mehr bewältigen. Meine Knie schienen weich wie Gummi zu sein, mein Kopf war leer und ich empfand blanke Angst! Kurz vor

Betreten des Untersuchungszimmers wusste ich, dass David gegangen war, dass der Ruf nach drüben stärker gewesen war als der ins Leben zu mir.
Frau Dr. Schüssler, sie war die zweite Ärztin der Gemeinschaftspraxis und ich kannte sie nur flüchtig, nahm mich an der Tür zum Untersuchungszimmer in Empfang. Sie schaute besorgt – oder bildete ich mir das nur ein? Wie ferngesteuert begab ich mich zum Ultraschall auf die Untersuchungsliege. Die Ärztin schaltete den Monitor ein, strich mir das Gel auf den Bauch, setzte den Schallkopf an und bewegte ihn hin und her. Ich blickte zum Monitor und sah, was ich bereits geahnt hatte … David bewegte sich nicht mehr. Es ist wie in mich eingebrannt, dass ich immer wieder rief: „Sagen Sie mir, dass das Herz schlägt!“ Die Ärztin schallte und schallte, schwieg jedoch. Frau Dr. Schüssler nahm meine Hand, sie hatte Tränen in den Augen, und sagte: „Ich würde es Ihnen gerne sagen, aber das Herz schlägt nicht mehr. Ihr Kind ist tot!“
Viele Nächte habe ich diese Worte immer wieder und wieder in meinem Kopf gehört – und ich höre sie heute noch.
Obwohl ich es schon ahnte, bevor sie es ausgesprochen hatte, wollte ich es nicht wahrhaben. Denken war ab diesem Zeitpunkt nicht mehr möglich. Mein Kopf und mein Körper schienen leer, gestorben, mein Lebensziel ausgelöscht. Ich hörte mich aus der Ferne nach dem „Warum?“ fragen. Es hörte sich zwar nach mir an, aber ich schien dennoch nicht anwesend zu sein: Als betrachtete ich mich selbst von außen. Frau Dr. Schüssler schüttelte den Kopf, sagte, sie wisse es nicht, und schaltete den Monitor aus. Dann teilte sie mir mit, dass sie nun meinen Mann benachrichtigen würde, er solle schnell kommen, um alle weiteren Schritte zu besprechen. Sie fragte mich nach seiner Telefonnummer. Dieser fremde Teil von mir, von einer unbekannten Macht gesteuert, kramte in meiner Handtasche nach dem Handy, wählte Maurice’ Nummer und reichte es der Ärztin. Ich war nicht fähig, mit meinem Mann zu sprechen, ihm zu sagen, dass David, unser heiß ersehnter Sohn, tot sein sollte.
Von diesem Augenblick an gingen wir durch das tiefste Tal unseres Lebens: Alles lief wie in einem Film ab. Ich wurde in ein Nebenzimmer geführt; das Praxisteam alarmierte das Krankenhaus und meine Hebamme Michelle. Michelle traf kurz nach dem Anruf in der Praxis ein – noch vor Maurice, der im Gegensatz zur ihr eine gute Stunde Fahrtzeit von seiner Arbeitsstelle zur Arztpraxis zurückzulegen hatte. Ich hatte Angst vor dem Augenblick, ihn zu sehen; hatte Angst, seinen Schmerz und seine Trauer zu sehen. Michelle blieb bei mir: Sie versuchte mir das Unvorstellbare klarzumachen und mich gleichzeitig zu trösten. Die Zeit schien stillzustehen. Es kam mir wie eine Ewigkeit vor, bis endlich die Tür aufging

und Maurice hereinkam. Er war bleich wie die Wand. Wir nahmen uns in die Arme und weinten hemmungslos.
Dann die Fahrt in die Klinik, die Stunden vor der Einleitung, das Einsetzen der ersten Wehen. Ich konnte es nicht fassen, nicht begreifen, bis ich meinen kleinen David in den Armen hielt und er nicht schrie. Bis dahin hoffte ich immer wieder, dass sich alle nur geirrt hatten, dass alles nur ein böser Traum war, aus dem ich gleich erwachen würde. Doch es gab keinen Zweifel mehr am Tod unseres Sohnes.

Die Geburt

Noch in der Arztpraxis hatten wir mit Michelle abgesprochen, dass sie Maurice und mich ins Krankenhaus fahren würde. Kurz zuvor sollten wir schnell heimfahren und unsere Tasche packen, die schon seit Wochen in Davids Zimmer bereitstand. Keine Ahnung, wie wir von der Praxis in die Wohnung kamen. Ich rief meine Mutter an und teilte ihr erschreckend cool mit, dass David tot sei – an ihre Reaktion kann ich mich heute nicht mehr erinnern. Jede meiner Bewegungen schien nur noch zufällig und meine Füße entschieden eigenständig darüber, wohin sie liefen. Mein Verstand war abgeschaltet – wie abgestorben – und ich fühlte nichts mehr: Ich stand vollkommen unter Schock.
Wir packten noch ein paar Sachen von David in die bereitgestellte Tasche. Das Mützchen, das Maurice für ihn im Babyladen gekauft hatte – es war ganz weich und hatte angenähte Elch-Ohren. Mit diesem Mützchen auf dem Kopf wollten wir David eigentlich aus dem Krankenhaus mit nach Hause nehmen: Es sah so lustig aus. Außerdem nahmen wir noch seinen weichen Schlafsack – mit Eselchen darauf abgebildet – mit, er war ganz flauschig. Und eine Kuscheldecke, die für den Kinderwagen gedacht war. Die Ironie des Schicksals: Diese Decke war voller kleiner Sterne – Sterne für unser Sternenkind!
Michelle kam, um uns von zu Hause abzuholen und ins Krankenhaus zu fahren. Maurice und ich stiegen beide hinten ins Auto; er hielt mich ganz fest im Arm, während uns Michelle auf die kommenden Stunden vorzubereiten versuchte. Sie erklärte uns, dass man irgendwann die Geburt einleiten werde – ich solle mich nicht sofort mit Schmerzmitteln vollpumpen lassen. Es spiele zwar für David nun keine Rolle mehr, aber ich solle vermeiden, nach der Geburt benebelt zu sein. Michelle wusste aus Erfahrung, wie wichtig die Zeit nach der Geburt mit David für uns werden würde. Maurice und ich wussten es noch nicht, und genau deshalb waren wir Michelle so unendlich dankbar dafür, dass sie bei uns war: Sie wusste genau, was in dieser Situation gut für uns war; sie hatte die Dinge zu unserem Vorteil gelenkt, ohne dass wir es wirklich mitbekamen.

Das Krankenhaus, in das uns Michelle fuhr, hatten wir uns bereits vor einigen Wochen für die Geburt von David ausgesucht – ich selbst war dort geboren. Maurice und ich hatten uns zwar auch andere Krankenhäuser angeschaut, und jedes hatte ganz eigene Vor- und Nachteile, aber schlussendlich fiel die Wahl doch auf meine Geburtsstätte. Ich hatte in diesem Krankenhaus einfach ein gutes Gefühl. Und genau dort sollte nun auch David tatsächlich zur Welt kommen.

Wir betraten das Gebäude und gingen zur Anmeldung. Man erwartete uns bereits und brachte uns in den Kreißsaalbereich. Dort gab es ein Vorbereitungszimmer, in dem wir die nächsten beiden Tage bleiben konnten. Das Zimmer war hell und freundlich; ein großes Wasserbett nahm den überwiegenden Teil des Raumes ein, zudem stand eines der üblichen Krankenhausbetten daneben. Die Hebammen nahmen uns ganz lieb in Empfang und kümmerten sich sehr um uns. Sie sagten, dass wir selbst entscheiden könnten, wann wir so weit wären, die Geburt einzuleiten. Wir hätten nach der Geburt ebenso alle Zeit der Welt, um uns von unserem Schatz zu verabschieden.

Michelle blieb die ganze Zeit über bei uns. Man brachte uns „Erste-Hilfe-Literatur" – wir hatten jedoch noch keinen Nerv, darin zu lesen. Wir zündeten eine Kerze an und läuteten damit den ersten Moment der Stille und Besinnung ein. Der Albtraum hatte immer noch kein Ende und er sollte auch nicht wieder enden: Maurice und ich weinten gemeinsam.

Irgendwann traf auch meine Mutter im Krankenhaus ein: Sie wollte uns so gerne beistehen. Ich war glücklich über ihre Anwesenheit, da sie David auf diese Weise noch ein letztes Mal in meinem Bauch sehen und streicheln konnte, so wie sie es bereits die ganze Schwangerschaft über getan hatte. Meine Mutter blieb einige Zeit und verabschiedete sich schließlich schweren Herzens wieder von uns.

Maurice und ich hatten entschieden, die Geburt gegen 20 Uhr einleiten zu lassen. Als ich mich bereit fühlte – so bereit, wie eine Mutter eben sein kann, die ihr Baby in Kürze für immer hergeben muss –, gab ich das entscheidende Signal. Nach dem ersten wehenfördernden Mittel in Form eines Zäpfchens sollte es mindestens vier Stunden dauern, bis die Kontraktionen einsetzen würden. Wie lange die Geburt dauern würde, wusste niemand vorherzusagen. Vorsorglich füllten wir die Einverständniserklärung für eine PDA aus, obgleich wir nicht wussten, ob wir sie wollten oder bräuchten – nur für den Fall, dass später einmal alles ganz schnell gehen müsste.

Ein Schichtwechsel bei den Hebammen stand an und wir bekamen das Schlimmste nur Vorstellbare: eine Frau Anfang sechzig, die eher wie ein

Feldwebel wirkte als wie eine Hebamme. Wir fühlten uns nicht wohl in ihrer Nähe – sie machte uns Angst. Später erfuhren wir von Michelle, dass sie hinter ihrer ruppigen Art lediglich ihre eigene Angst verborgen hielt. Wir beteten, dass es in dieser Nacht noch nicht losgehen würde und wir David nicht mit Hilfe dieser Frau zur Welt bringen müssten.
Jene Nacht verbrachten Maurice und ich in dem schmalen Neunzig-Zentimeter-Bett, anstatt es uns auf dem großen Wasserbett gemütlich zu machen: Wir wollten einander ganz nah sein. Maurice hielt mich nahezu ununterbrochen in seinen Armen, so wie er es bereits auf der Fahrt ins Krankenhaus getan hatte. Die Kerze, welche wir gemeinsam entzündet hatten, brannte die gesamte Nacht über auf der Fensterbank. Im Laufe der Nacht musste ich ständig zur Toilette; Maurice begleitete mich jedes Mal dorthin, um mich zu stützen. Vom vielen Weinen hatte ich rasende Kopfschmerzen und ließ mir eine Schmerztablette bringen – warum nur gab es keine Mittel gegen diese seelischen Schmerzen? Mit Hilfe eines Schlafmittels nickte ich tatsächlich ab und zu ein. Maurice schlief auch etwas und ich war froh darüber, denn er würde in den kommenden Stunden sicher noch viel Kraft brauchen.
Gegen 2 Uhr in der Nacht kam „der Feldwebel" wieder, um mir eine zweite Portion des wehenfördernden Mittels zu verabreichen: dennoch tat sich zunächst nichts.
Am nächsten Morgen stand erneut ein Schichtwechsel an und wir bekamen einen wahren Schatz zur Hebamme: Kathrin David. Sie kam an mein Bett, stellte sich namentlich vor und ich glaubte mich verhört zu haben. Ich sagte zu David, dass seine Hebamme genauso hieße wie er – konnte das Zufall sein?
Michelle war wieder eingetroffen: Sie hatte die Nacht zu Hause verbracht. Es war derart angenehm, sie und Kathrin um uns zu haben, dass wir uns endlich für die Geburt bereit fühlten – ein besseres Team würden wir nicht mehr bekommen. Gegen 11:30 Uhr setzten schließlich die ersten Wehen ein: zunächst nur harmlose, die jedoch gegen 13 Uhr stärker wurden. Ich wurde untersucht und Michelle stellte fest, dass der Muttermund nahezu geschlossen war. Sie teilte uns deshalb mit, dass sie sich lieber noch einmal zu Hause ausruhen würde, damit sie zur Geburt fit sei. Michelle hatte die diensthabenden Hebammen im Krankenhaus gefragt, ob sie bei der Geburt anwesend sein dürfe, um uns weiter betreuen zu können ... Eigentlich war das in diesem Krankenhaus nicht üblich, dennoch machten sie eine Ausnahme. Später erfuhren wir, dass die diensthabenden Hebammen des Krankenhauses Michelle sogar gefragt hatten, ob sie die Geburt nicht komplett übernehmen wolle. Sie bevorzugte es jedoch, uns in erster Linie seelisch beizustehen. Sie verabschiedete sich von uns, bevor sie sich auf

den Heimweg machte. Maurice solle sie anrufen, sobald sich etwas täte. Von all diesen Absprachen hatte ich überhaupt nichts mitbekommen – so sehr war ich mit mir selbst beschäftigt.
Gegen 13:30 Uhr platzte die Fruchtblase, als Maurice und ich gerade alleine im Zimmer waren. Kathrin kam herbeigeeilt, machte alles sauber und untersuchte mich erneut. Die Wehen wurden ab diesem Zeitpunkt richtig schmerzhaft. Ich merkte, dass ich sie zunehmend intensiver veratmen musste, so wie ich es im Vorbereitungskurs bei Michelle gelernt hatte. Ich merkte zudem, dass ich müde war, müde und erschöpft – jetzt schon, dabei ging es doch gerade erst los. Wie durch die Macht einer anderen Welt angezogen, driftete ich immer weiter weg, schlief halb, war wie benebelt. Ich hatte keine Schmerz- oder Beruhigungsmittel bekommen und fühlte mich dennoch wie unter Drogeneinfluss – vielleicht war es David, der mir auf diese Weise helfen wollte. Immer wieder gab Maurice mir zu trinken. An die Trauer musste und konnte ich in diesem Augenblick nicht mehr denken: Ich funktionierte nur noch. In halb wachem Zustand bekam ich mit, wie die Hebammen sich darüber berieten, wie es weitergehen sollte. Gegen 14 Uhr entschieden sie, eine PDA zu setzen, denn der Muttermund war noch nicht merklich aufgegangen, und sie wollten damit bezwecken, dass ich unter der PDA etwas schlafen könne, um Kraft für die kommenden Stunden der Geburt zu sammeln.
Die Anästhesistin kam und es dauerte eine Weile, bis die Vorbereitungen getroffen waren, aber ich bekam das schon alles nicht mehr so richtig mit. Dann ging es los: Die nächste Wehenpause wurde abgewartet und die Spritze gesetzt. Die Ärztin schien eine ungünstige Stelle getroffen zu haben, denn eine Seite meines Unterleibs war betäubt, die andere jedoch nicht. Die Wehen schmerzten nur noch einseitig, was mir noch schlimmer vorkam als vorher. In den Wehenpausen wurde die Nadel immer wieder versetzt. Die Ärztin tastete meine linke Seite ab und meinte, dort dürfe ich nun nichts mehr spüren – aber es war genau anders herum: Rechts spürte ich nichts mehr. Angst stieg in mir hoch und ich fragte mich: „Macht die das zum ersten Mal?“ Mein Vertrauen in diese Frau im weißen Kittel war jedenfalls verschwunden. Kathrin legte parallel zu den Einstichversuchen der Anästhesistin eine Infusion zur Stabilisierung meines Kreislaufs. Sie fand die Vene nicht und stach daneben, woraufhin die Anästhesistin auch noch das Legen der Infusion übernahm – diesmal glücklicherweise erfolgreich! Ein Gerät sollte die Dosierung steuern, Kathrin schaffte es jedoch nicht, es in Gang zu setzen. An … aus … an … In der Ferne hörte ich Maurice mit dem Krankenhauspersonal diskutieren und spürte, dass er Angst hatte, Angst um mich. Doch so richtig „anwesend“ war ich nicht und ließ alles

mit mir geschehen. Ich hatte ohnehin jegliches Zeitgefühl verloren. Die Ärztin teilte uns mit, dass die PDA erst noch wirken müsse und sie zwischenzeitlich woanders hingehe, jedoch gleich wiederkomme. Maurice und ich waren wieder allein, allein mit dem Schmerz und der Trauer. Gemeinsam veratmeten wir die kommenden Wehen – die PDA wollte ihre Wirkung einfach nicht voll entfalten: Meine linke Körperhälfte war nach wie vor unbetäubt.

Zwischenzeitlich war die Anästhesistin nicht wieder aufgetaucht. Maurice fragte die Hebammen der Station einige Male, wann die Ärztin denn endlich zurückkomme, sie sollten sie doch bitte ausrufen lassen; nichts geschah. Die Wehen kamen in immer kürzeren Abständen mit ein bis zwei Minuten Pause. Der Muttermund hatte noch keine Fortschritte gemacht. Er war nach wie vor noch fast vollständig geschlossen.

Endlich: Die Ärztin war wieder da. Sie fragte mich, ob und wie die PDA wirke, und wollte schließlich eine weitere Nadel setzen: „Oh nein! Wie viele will sie denn setzen, bis es endlich klappt?“, schoss es durch meinen Kopf, dennoch wehrte ich mich nicht. Die Vorbereitungen dauerten für meinen Geschmack ein weiteres Mal viel zu lange: und das unter diesen sehr schmerzhaften Wehen, die uns immer wieder zu Unterbrechungen der PDA-Vorbereitungen zwangen. Maurice rief Michelle an und sagte ihr, dass sie sich auf den Weg machen müsse. Es gehe los und hier seien nur Dilettanten am Werk, teilte er ihr weiter mit. Ich vernahm die Panik in seiner Stimme, dennoch konnte ich selbst nichts sagen, nicht reagieren: Ich beschränkte mich darauf, meine Wehen anzukündigen.

Ich kann nicht mit Gewissheit sagen, ob die zweite PDA abgebrochen oder fertig gelegt wurde, jedenfalls wurde ich ein weiteres Mal untersucht und plötzlich war der Muttermund fast so weit geöffnet, dass der letzte Teil der Geburt anstand. So schnell hatte niemand damit gerechnet. Gegen 15:30 Uhr kam Leben in die Bude: Ich wurde umgehend in den eigentlichen Kreißsaal geschoben und auf das Geburtsbett gehievt; die Presswehen hatten bereits eingesetzt.

Michelle war zwischenzeitlich eingetroffen. Immer wieder versuchten sie, Maurice und Kathrin, mich aufzumuntern und zu motivieren. Ich hörte Kathrin sagen: „Super machst du das, jetzt haben wir es gleich geschafft.“ Doch ich konnte nur an die nächste Wehe denken, die nicht lange auf sich warten ließ. Die Hebammen gaben Anweisungen, dennoch verstand ich sie nicht: Was sollte ich machen? Ich presste ständig, dass mir fast der Kopf platzte. Denken konnte ich nun gar nicht mehr. Die Hebammen gaben vor, ob die nächste Wehe veratmet oder gepresst werden sollte; manchmal fragten sie mich auch und ich durfte selbst entscheiden. Ich kündigte jede

einzelne Wehe kurz vorher an. Kathrin sagte zwischendurch: „Jetzt haben wir es gleich, das Köpfchen schaut schon heraus." – Ich glaubte ihr.
Kathrin und Michelle forderten mich unerwartet auf, einmal zur Toilette zu gehen. Keine Ahnung, was das sollte, dennoch fügte ich mich ihrer Anordnung. Dort angekommen klammerte ich mich an Maurice – ich musste doch gar nicht. Hilflos standen wir in der engen Zelle. Sollte unser Sohn etwa ins Klo plumpsen? Plötzlich: eine Wehe. Keine Ahnung, wie lange wir dort alleine gestanden hatten, Maurice rief nach den Hebammen und sie kamen sofort herbeigeeilt. (Später erklärte Michelle, dass es bei Geburten, die ins Stocken geraten sind, ganz gut sei, eine Überraschung einzubauen. Tolle „Überraschung", wirklich!)
Wir wechselten zurück auf das Geburtsbett. Die Hebammen versicherten immer wieder, das Köpfchen zu sehen – ich erinnerte mich, dass sie das schon ein paar Mal gesagt hatten: „Sind wir noch kein Stück weiter?" Ich konnte die Situation nicht einschätzen und tat, was man mir sagte. Ich presste und presste – machte einfach weiter. Um 17:01 Uhr war es dann so weit: Unser Schatz David kam in der 39. Woche still zur Welt.

Unsere kurze gemeinsame Zeit

Nach und nach kam ich wieder zu mir, bis ich geistig wieder vollkommen gegenwärtig war. Mein erster Blick auf David erfüllte mich voller Stolz und Liebe, wie ich sie bisher noch nicht kennengelernt hatte. Michelle und Kathrin legten mir meinen Sohn auf den Bauch. Er schrie nicht, er schlief seinen tiefen und ewigen Schlaf in meinen Armen.
Ich betrachtete das kleine Wesen. Er war so schön und perfekt – mein Baby. Dieser Augenblick war zugleich der schönste und traurigste in meinem Leben. Die Zeit stand still in diesem Moment, den ich mein Leben lang nicht vergessen werde: Himmel und Erde schienen sich zu berühren.
Nach einer kurzen Weile nabelten Maurice und ich David unter der Anleitung von Kathrin gemeinsam ab. Danach kümmerten sich Michelle, Kathrin und Maurice gemeinsam um ihn: Sie wogen David, maßen ihn und schrieben ihm ein Armbändchen. In der Zwischenzeit wurde ich genäht – mit Taschenlampe, da das Licht im Kreißsaal nicht funktionierte. Währenddessen nahm Maurice unseren Sohn zum ersten Mal auf den Arm: der Moment, in dem David nur ihm alleine eine Träne schenkte.

> *Maurice:*
> *Anna wollte unseren David auf natürlichem Wege gebären. Michelle erklärte uns, dass es gut für den Trauerprozess sei, wenn David nicht einfach aus ihrem Bauch herausgeschnitten würde. Ich*

war entsetzt und konnte mir nicht vorstellen, wie man ein totes Kind gebären könnte. (Die Wortwahl „totes Kind" tut mir im Nachhinein weh, doch zum damaligen Zeitpunkt war unser Baby mehr ein „totes Kind" als mein geliebter David.) Wie sollte man die Schmerzen einer Geburt in dem Bewusstsein ertragen können, dass sie umsonst wären? Ich hatte zudem Angst um meine Anna und doch vertraute ich ihr und Michelle.

Bis zum Geburtsbeginn verbrachten wir sehr intensive und bewusste Stunden zu dritt. Es folgte schließlich eine nahezu normale Geburt und ich dachte nur selten daran, dass sich David bereits von uns verabschiedet hatte – ich zwang mich, nicht daran zu denken. Ich wollte Anna während der Geburt unterstützen und versuchte stark für uns beide zu sein. Dennoch musste ich manchmal in das Kissen weinen, in das auch Anna ihren Kopf vor Schmerzen gedrückt hatte.

Zum Ende der Geburt hin, als Davids Köpfchen bereits zu sehen war, stellte ich mir vor, wie er wohl aussähe. Hatte er womöglich Behinderungen und war deshalb gestorben? Sah er bereits wie ein Toter aus? Wie sah ein solcher überhaupt aus? Würde ich mich vor meinem eigenen Sohn ängstigen? Tausend Gedanken schwirrten mir durch den Kopf und machten mir Angst.

Um 17:01 Uhr, gerade geboren, lag er vor uns – zusammengekrümmt und still. Michelle und die anderen Hebammen vollzogen alles wie bei einer normalen Geburt: Sie behandelten David keineswegs wie einen Aussätzigen, sondern liebevoll wie ein lebendiges Baby. David wurde Anna auf die Brust gelegt und ich hatte Gelegenheit, meinen Sohn zu bestaunen. Er sah vollkommen gesund aus, alle Gliedmaßen waren vorhanden und er war unbeschreiblich süß – so, wie ich ihn mir immer gewünscht hatte. Bei seinem Anblick zerriss es mir fast das Herz und ich weinte bitterlich.

Michelle bat mich, ihr beim Wiegen und Messen zu helfen. Ich hatte Angst vor der ersten körperlichen Berührung mit meinem Sohn und fragte mich: „Muss ich ihn anfassen? Soll ich ihn streicheln? Was ist erlaubt? Was wird von mir erwartet? Was möchte ich tun?"

Mein Kopf arbeitete – etwas, das in den vergangenen Stunden nicht möglich gewesen war. Michelle streichelte David ganz zärtlich, sie sprach mit ihm und ich verlor meine Angst: Ich küsste

und streichelte ihn, roch seine Haut und spürte meinen kleinen Sohn mit allen Sinnen.
Der Moment, in dem ich ihn ganz allein in den Armen hielt, war der für mich bewegendste. Da lag er, in einem schneeweißen Handtuch eingehüllt, nur das Köpfchen lugte heraus. Seine Haare kräuselten sich, sie waren noch leicht feucht. Ich betrachtete ihn ganz genau und war im Herzen so unendlich glücklich, doch der Kopf erinnerte mich daran, dass wir nur eine kurze gemeinsame Zeit haben würden; das machte mich unendlich traurig. Glücks- und Trauergefühle schienen sich innerhalb von Sekundenbruchteilen abzuwechseln – sie verschmolzen und waren eins.
Die Träne, die von Davids Auge über seine Wange lief, wischte ich gedankenverloren weg; erst Tage später erinnerte ich mich an diese Szene. Sie lief vor meinem inneren Auge ab, und erst dann nahm ich sie wirklich bewusst wahr.
Ich dachte viel über diesen Moment nach und glaube, dass es kein Zufall war: David wollte mir auf seine Weise Lebewohl sagen.

Nachdem man mich medizinisch versorgt hatte, wurden wir zusammen mit David auf unser Zimmer gebracht. Für die nächsten 24 Stunden waren wir die kleine Familie, von der wir immer geträumt hatten. Ein Kennenlernen und Abschiednehmen zugleich: Wir lebten diese Stunden so intensiv wie möglich, hielten unser Kind im Arm, streichelten und liebkosten es. Wir versuchten, jedes Detail von David in uns aufzusaugen – mit allen Sinnen.
Gemeinsam mit Kathrin und Michelle wuschen wir David. Michelle hatte dazu geweihtes Wasser von zu Hause mitgebracht. Wir legten ihn auf seine Sternchendecke. Ganz vorsichtig und zärtlich reinigten wir den kleinen perfekten Körper. Michelle hatte eigens für diesen Augenblick ein Gedicht geschrieben und las die Worte vor, während wir dazu die entsprechenden Körperteile von David berührten:

Ich berühre *deine Wurzeln, denn meine Wurzeln sind hier und du hast deine gelöst.*
Ich danke dir *für deine Zeit auf der Erde und werde sie nicht vergessen.*

Ich berühre *deinen Bauch, denn du warst in meinem Bauch und hast ihn Weisheit gelehrt, die mein Kopf nicht verstehen kann.*
Ich danke dir *für dein Wissen und werde es nicht vergessen.*

Ich berühre *deine Brust, denn du hast mein Herz berührt.*
Ich danke dir *für deine Liebe und werde sie nicht vergessen.*

Ich berühre *deinen Hals, denn du hast zu mir gesprochen ohne Worte.*
Ich danke dir *für deine Worte und werde sie nicht vergessen.*

Ich berühre *deine Stirn, denn deine Gedanken waren in meinem Körper wie der Wind in den Bäumen.*
Ich danke dir *für deine Gedanken und werde sie nicht vergessen.*

Ich berühre *dein Haupt, denn dort ist die Verbindung zum großen Geist, wo dich meine Seele besuchen kann.*
Ich danke dir *für unsere Verbindung und werde sie nicht vergessen.*

Ich berühre *deine Hände, denn deine Hände haben mich berührt.*
Ich danke dir *für dein Streicheln und werde deine Berührungen nicht vergessen.*

Ich berühre *deine Füße, denn meine Füße werden getragen von der Erde und deine gehen zum Licht.*
Ich danke dir *für unseren gemeinsamen Weg und werde ihn nicht vergessen.*

Anschließend zogen wir David an: eine Windel, einen Body, ein Mützchen. Zuletzt wickelten wir ihn schließlich in seine Kuscheldecke und hielten ihn ganz fest an uns gedrückt.
Zwischenzeitlich hatten wir meine Mutter benachrichtigt: Sie kam, weinte, nahm ihren ersten Enkel liebevoll in den Arm und streichelte ihn. Sie begrüßte ihn auf der Welt, um gleichzeitig wieder Abschied zu nehmen – dieser Anblick tat mir zusätzlich weh. Sie hatte sich doch so sehr auf David gefreut. Auch Maurice' Eltern waren zwischenzeitlich eingetroffen. Alle Anwesenden waren einfach nur traurig und fassungslos.
In der Nacht schliefen Maurice und ich nur kurz – mit David in unserer Mitte. Wir stellten einen Wecker, um nichts von der ohnehin so sehr begrenzten Zeit zu verschwenden. Diese gemeinsamen 24 Stunden mit unserem Kind waren die wertvollsten meines bisherigen Lebens!
Heute weiß ich nicht mehr, woher ich die Kraft genommen hatte, die Geburt durchzustehen: Ich denke, ich hatte immer noch Hoffnung, dass alles nur ein Irrtum sein könnte. Ich bin mir sicher, dass mir David beistand: Er hat es mir trotz aller Umstände so leicht wie möglich gemacht.

Maurice:

Im Krankenhaus machte ich sehr viele Bilder – ich wollte am liebsten jede Sekunde festhalten. Für einige kurze Augenblicke kam es mir seltsam vor, was ich da tat, doch ich fühlte, dass es wichtig für mich war.

Heute bin ich unendlich dankbar für diese Bilder. Viele Erinnerungen in meinem Herzen sind nach den vergangenen beiden Jahren verblasst. Die Bilder helfen mir, diesen besonderen Tag aufleben zu lassen und mich erneut in den großen Schmerz und die Trauer hineinzufühlen.

Warum mache ich das? Ist es nicht einfacher, die Erinnerungen verblassen zu lassen? Dazu kann ich sagen: Ich möchte meinen Sohn nicht vergessen – auf ihn haben wir uns so sehr gefreut und er soll auch weiterhin an unserem Leben teilhaben. Die Trauer und der Schmerz aus dieser Zeit lassen mich das Leben spüren. Sie lassen mich heute wissen, wie viel Glück und Freude ich mittlerweile wieder erleben darf. Sie lassen den alltäglichen Ärger in einem ganz anderen Licht erscheinen. Glück ist vermutlich ein relativer Zustand, doch durch unser Schicksal haben wir einen extremen Schmerz durchlebt, der es uns heute erleichtert, es wahrzunehmen.

Die Segnungsfeier

Am nächsten Morgen zelebrierten wir eine kleine Feier, bei der David von einer offensichtlich zutiefst bewegten Seelsorgerin gesegnet wurde. Dazu mussten wir von unserem Zimmer über den Aufzug ins oberste Stockwerk der Klinik gelangen. Eine Hebamme schaute auf dem Flur nach, ob keine vor Glück platzenden frischgebackenen Eltern mit ihren Neugeborenen unterwegs waren. Da der Flur leer war, winkte sie uns schnell heraus.

Maurice trug David auf dem Arm – auf keinen Fall wollte er ihn in dem Babybettchen schieben. Unsere Eltern, Michelle und eine diensthabende Hebamme begleiteten uns. Kathrin hatte dienstfrei und konnte bedauerlicherweise nicht gegenwärtig sein. David blieb die ganze Zeit über auf dem Arm seines Vaters. Auf diese Weise hatte unser Sohn, mal abgesehen von unserem Krankenzimmer, wenigstens noch die Kapelle gesehen, die die Seelsorgerin liebevoll hergerichtet hatte: Überall leuchteten Kerzen und es lag eine feierliche Stimmung in der Luft. Trotz Schock und Schmerz war ich gerührt von dieser wunderschönen Atmosphäre. Eines war sicher: David hatte es verdient, so würdevoll behandelt zu werden.

Der Rückweg zum Zimmer: wieder das Abpassen des leeren Flures. Im Zimmer angekommen bekam ich plötzlich Probleme mit dem Kreislauf.

Meine Beine schienen mich nicht mehr tragen zu können oder wollen und vor meinen Augen begann sich alles zu drehen. Zunächst nahm ich Maurice' sorgenvolles Gesicht noch wahr und befolgte die Anweisungen der Schwestern, die zwischenzeitlich herbeigeeilt waren. Ich legte mich aufs Bett, und irgendjemand hielt meine Beine nach oben. Ich zitterte und mir kribbelte es am ganzen Körper: Mir war kalt und heiß zugleich und mein Gesicht brannte wie Feuer. Die Stimmen von Maurice, meiner Mutter, Michelle und den Schwestern schienen in immer weitere Ferne zu rücken. Ich wollte weinen und schreien, konnte aber nicht. Alles drehte sich mit rasender Geschwindigkeit. Dann plötzlich Stille und Ruhe. Man hatte mir ein Beruhigungsmittel gespritzt: Es wirkte sofort und ich schlief endlich ein. Leider nicht lange – vielleicht ein halbe Stunde. Als ich aufwachte, saß Maurice neben mir, sein Gesicht tief in das Laken vergraben. Ich griff nach seiner Hand, er blickte auf und ich sah in die traurigsten Augen, die ich je gesehen hatte: Wieder weinten wir.
Maurice und ich verbrachten schließlich noch den gesamten Nachmittag mit David. Kathrin, die inzwischen wieder Dienst hatte, kam so oft sie konnte zu uns herein und sprach mit uns, während sie unseren Sohn immer wieder zärtlich liebkoste.
Die Ärztin, die uns während der Geburt betreut hatte, sprach mit uns über die Möglichkeit einer Obduktion. Mir bereitete der Gedanke, dass Davids kleiner, perfekter Körper aufgeschnitten werden sollte, regelrecht Bauchschmerzen. Da es jedoch keinen offensichtlichen Grund für seinen Tod gab, hofften wir, auf diese Weise eine Antwort auf die Frage nach dem Warum zu erhalten. Wir wollten insbesondere für eine mögliche Folgeschwangerschaft ausschließen können, dass sein Tod eine genetische Ursache hatte. Allerdings bereitete uns die Ärztin auch darauf vor, dass es trotz Obduktion möglicherweise keine Erklärung für Davids Tod geben könnte. Dennoch waren Maurice und ich uns einig: Wir wollten eine Obduktion durchführen lassen.
Als Maurice und ich wieder allein waren, die Uhr näherte sich der 17-Uhr-Marke, hatten wir noch die spontane Idee, um 17:01 Uhr Davids Geburtsstunde – mit ihm zusammen seinen „Geburtstag" – zu feiern. Ein Jahr hatten wir an einem einzigen Tag erlebt: Wir nahmen David ein letztes Mal in den Arm, sangen ihm „Happy Birthday" vor und legten ihn schließlich, eingewickelt in die Sternendecke, in sein Moseskörbchen, welches das Krankenhaus für still geborene Kinder bereithielt.
Dann folgte der schlimmste Augenblick: Ich musste mein Kind zurücklassen, das Krankenhaus ohne meinen Sohn verlassen. Es zerriss mir fast

das Herz und ich wünschte mir in diesem Moment nichts mehr als auch zu sterben – dann wäre ich wenigstens bei ihm gewesen.

Maurice:

Im Nachhinein war ich unendlich dankbar dafür, dass Michelle bei uns war und uns einen Weg aufzeigte: Sie hatte uns gelenkt, ohne dass wir es bemerkten.

Nach der Geburt behandelte man uns genau wie andere frischgebackene Eltern. Das waren wir schließlich auch; die Hebammen gratulierten uns sogar. Das half mir, meine Angst abzubauen und meinen Sohn anzunehmen. Ich spürte, wie sehr ich David liebte und wie sehr er mir fehlen würde. In den 24 Stunden nach Davids Geburt hatte ich eine starke emotionale Bindung zu ihm aufgebaut. Ich wusste, dass ich ihn bald wieder loslassen müsste, dennoch verstärkte ich meine Beziehung zu ihm.

In einigen Sternenkinder-Foren hatte ich später von Vätern gelesen, die ihre Kinder nicht gesehen hatten oder nur kurz bei ihnen gewesen waren. Ich fragte mich oft, was die bessere Vorgehensweise sei. Hatte ich mir den Abschied selbst erschwert?

Ich glaube, dass ich mir den Abschied zunächst tatsächlich erschwert hatte. Einerseits wurden meine Trauer und mein Schmerz wesentlich verstärkt; andererseits konnte und musste ich mir die Trauer eingestehen. Ich war nicht vor ihr geflüchtet, sondern da sie so gegenwärtig war und die Wunden so frisch, konnte ich sie letztlich besser verarbeiten. Da Anna zur gleichen Zeit um David trauerte, hatten wir mehr Verständnis füreinander und konnten einander stützen. Ich bin davon überzeugt, dass die Heilung alter Wunden weitaus schwieriger und langwieriger gewesen wäre.

Zudem hätte ich Annas Trauer ohne diesen eigenen Schmerz vermutlich nicht nachvollziehen können. Ich bin nicht sicher, ob unsere Beziehung das ausgehalten hätte.

Mein damaliges Verhalten war jedoch nicht bewusst von mir gesteuert – ich war vollkommen außerstande, klare, rationale Gedanken zu fassen. Neben einer inneren Stimme waren es Anna, Michelle und die Hebammen, die mein Verhalten gesteuert hatten.

Zurück zu Hause

Maurice' Eltern holten uns vom Krankenhaus ab. Wir stiegen hinten ins Auto und klammerten uns, wie zuvor bereits auf der Hinfahrt, fest aneinander. Diesmal jedoch waren wir, im Gegensatz zur Hinfahrt, nur noch zu zweit. Maurice und ich flüsterten ganz leise, so als wollten wir etwas von der Stille, die uns in den letzten 24 Stunden umfangen hatte, mitnehmen. Wir verspürten den Wunsch ganz alleine zu sein und ließen uns zu Hause absetzen.

Maurice und ich betraten die Wohnung: Alles war still, ruhig und leer. Wie betäubt ging ich in das Kinderzimmer und sah die leere Wiege. Mein Hals schien wie zugeschnürt. Immer wieder versuchte ich aus diesem Albtraum zu erwachen – vergeblich. Ich hatte das Bedürfnis zu duschen, die Blutreste der Geburt abzuwaschen, wenn es auch die letzte körperliche Verbindung war, die ich noch zu David hatte. Die Wasserstrahlen fühlten sich an wie Nadelstiche auf meiner Haut und drangen direkt in meine Seele. Ich war vollkommen empfindungslos, wie abgestorben. Das Wasser prasselte mir auf die Brust und auf das Gesicht, es vermischte sich unbemerkt mit meinen Tränen. Ich fühlte mich wie eine kraftlose Puppe. Das Wasser drosch auf meinen Kopf, ich ließ es einfach geschehen. Ich war vollkommen leer und nichts in meinem Leben schien mehr von Bedeutung zu sein. Nichts – und ganz gewiss nicht ich selbst.

In dieser Nacht schlief ich tief und traumlos, ohne ein einziges Mal aufzuwachen: Ich war körperlich am Ende und der Schlaf war meine einzige Chance, dem Unbegreiflichen zu entfliehen.

Maurice:

Die Zeit im Krankenhaus war eine ganz besondere gewesen: Mir war bewusst, dass es die einzige Zeit mit David sein würde, die wir hätten. Wir hatten sie genossen, wenngleich sie so traurig war. Doch ich hatte Angst vor dem Nachhausekommen und vor dem Alleinsein, das uns die Einsamkeit und unser Schicksal noch deutlicher machen würde.

Wie oft hatte ich mir ausgemalt, wie wir mit unserem Sohn nach Hause kämen, ihm alles zeigen und ihn stolz den Nachbarn präsentieren würden. Nun kamen wir heim und hatten ihn nicht einmal dabei. Die Stille in der Wohnung war unerträglich. Dann bekam ich auch noch eine SMS von einem Arbeitskollegen, der hoffte, dass alles gut sei – seine Frau war auch schwanger und sie warteten darauf, dass es losging. Anna und ich verkrochen uns ins

Schlafzimmer, stillschweigend waren wir uns einig, dass wir dort bleiben wollten.
Es wäre möglich gewesen, David nochmals im Krankenhaus zu besuchen. Ein Teil in mir wollte unbedingt zu ihm, doch der andere Teil begriff die Sinnlosigkeit. Die Verabschiedung von David im Krankenhaus war das Schmerzhafteste, was ich bis dahin erlebt hatte. Er lag im Moseskörbchen mit einer Sternendecke umhüllt und wurde von Kathrin gehalten. Diesen letzten Blick zurück werde ich nie vergessen. Ich wollte mich nicht noch einmal von ihm verabschieden müssen – ich hätte mich niemals oft genug von ihm verabschieden können. Wir entschieden deshalb, nicht mehr ins Krankenhaus zu fahren.

Unsere schwierigste Aufgabe

An die Zeit bis zur Beerdigung habe ich nur noch vage Erinnerungen. Ich stand noch immer unter Schock und funktionierte – irgendwie. Es ist mir rätselhaft, woher Maurice und ich die Kraft nahmen, einfach weiterzumachen. Ich weiß noch, dass wir nicht mehr richtig zur Ruhe kamen: Es musste so viel erledigt werden, bei uns ging es zu wie auf dem Bahnhof. Bestatter, Pfarrer, Freunde und meine Mutter gaben sich die Klinke in die Hand. Wie verdreht doch alles war. Eigentlich sollten die Leute kommen, um unseren David zu begrüßen, um ihn zu bestaunen und nicht, um seinen Abschied zu organisieren.
Die täglichen Besuche von Michelle und Rike, einer befreundeten Psychotherapeutin, waren dabei unsere Bojen auf dem endlos scheinenden Meer der Trauer. Sie taten uns unendlich gut und gaben uns die nötige Kraft durchzuhalten. Wir standen mit einem Mal vor der schwierigsten Aufgabe unseres bisherigen Lebens: Wie beerdigt man sein still geborenes Kind? Für uns stand fest, dass wir keine gewöhnliche Beerdigung für unseren Sohn wollten. Wir wollten so viel wie möglich selbst organisieren und mitgestalten. Schließlich war es das Letzte, was wir für ihn hier auf der Erde tun konnten.
Obwohl ich mich bis zu Davids Tod als recht gläubigen Menschen sah, hatte ich diesen Glauben seit Jahren nicht mehr aktiv in der Kirche gelebt. Maurice ging es ähnlich und somit hatten wir gegenwärtig keinen Kontakt zu einem Pfarrer. Der Pfarrer, den ich noch aus meinen Kindertagen in der Kirche kannte, kam für Davids Beerdigung nicht in Frage: viel zu konservativ, zu katholisch, zu weltfremd – unvorstellbar. Ich war davon überzeugt, dass er niemals die richtigen Worte gefunden hätte. Kann man überhaupt die richtigen Worte finden, wenn ein Kind zu Grabe getragen wird? Meine Mutter hatte die rettende Idee, Pfarrer Pauli aus dem Krankenhaus, in dem sie

arbeitete, zu fragen: Sie rief ihn an, und er war sofort bereit, Davids Trauerfeier zu übernehmen – die beste Wahl, die wir treffen konnten.
Pfarrer Pauli kam zu einer Vorbesprechung zu uns nach Hause und wir unterhielten uns sehr lange mit ihm. Da er selbst ein Jahr zuvor seine Tochter plötzlich durch eine schwere Krankheit verloren hatte, konnte er uns leider viel zu gut verstehen. Pfarrer Pauli begrüßte es sehr, dass wir so viel selbst organisieren wollten, und stand uns mit Rat und Tat zur Seite.
So entschieden wir uns dafür, dass wir David die Geschichte vom „Abschied des kleinen Prinzen" vorlesen wollten. Ich hatte zunächst Bedenken, ob wir in der Lage sein würden, am Sarg unseres Kindes laut vorzulesen. Wir wollten es jedoch unbedingt versuchen. Die beiden Großmütter von David sollten ein Gedicht vortragen, das wir selbst geschrieben hatten. Wir suchten das Lied „Herr deine Liebe" für ihn aus – seltsam, wie uns der Herr seine Liebe zeigte. Michelle wollte eine Klangschale besorgen und dazu sprechen. Wir organisierten Noten für die Trompetenmusik im Musikhaus, denn Pfarrer Pauli war ein exzellenter Trompeter und erklärte sich bereit, für David zu spielen.
Die Beerdigung sollte am späten Nachmittag stattfinden, so dass Maurice und ich um 17:01 Uhr, zu Davids Geburtsstunde, alleine an seinem Grab sein konnten. Mit einer Ausnahmeregelung konnte dieser Wunsch realisiert werden; so legten wir die Beerdigung für 16 Uhr fest. Wir gestalteten sogar das Trauerheft zur Abschiedsfeier selbst und bastelten Einladungen, denn wir wollten nur einen ganz bestimmten Personenkreis dabei haben. Keinesfalls sollte ein Aushang am Friedhof oder eine Anzeige in der Zeitung mit den Einzelheiten zum Termin für die Trauerfeier erscheinen. Für die Einladung zur Beerdigung benutzten wir jene Karten, die wir eigentlich als Geburtsanzeige verschicken wollten: Sie waren allesamt sonnengelb – in meinem Herzen dagegen war es pechschwarz.

Lichter in der Finsternis

Maurice hatte noch die tolle Idee, David Laternen zu basteln. Jeder Trauergast sollte eine eigene Laterne bekommen und den kleinen Mann damit zum Grab begleiten. Die Laternen sollten sie dann mit nach Hause nehmen; dort würden dann immer Lichtlein für unseren David brennen. Unsere Freundin Uli übernahm die Organisation und besorgte das Material. Sie bot zudem an, die Laternen alleine anzufertigen, wir wollten jedoch alles uns noch Mögliche für David selbst machen.
Es war die traurigste Bastelrunde, die man sich vorstellen kann, als wir zwei Tage vor der Beerdigung zusammen mit unseren Freunden Uli, Andrea und Michael bei uns zu Hause am Esstisch saßen. Zwischen

Maurice und mir hatten wir ein Bild von David aufgestellt: Er saß sozusagen mit uns am Tisch. Andrea hatte gekocht und das Essen mitgebracht: Geschnetzeltes mit Nudeln, vermutlich sehr lecker. Ein paar Bröckchen davon konnte ich in mich hineinzwingen, doch selbst mein Geschmackssinn war betäubt – so wie alles in mir.
Nach dem Essen begannen wir zu basteln. Alle Anwesenden redeten ganz leise und ruhig. Sie waren so lieb und verständnisvoll, ließen uns erzählen, von David, von der Geburt, von unserem Schmerz. Es gab kein anderes Thema; David war unser Thema und es tat gut, über ihn zu reden. Immer wieder Tränen: Alle weinten mit uns! Über weite Strecken war ich allerdings nicht in der Lage zu basteln, saß nur da und konnte nicht fassen, dass wir gerade die Beerdigung unseres Kindes vorbereiteten. Die Laternen waren sehr hübsch geworden: Zylinder aus weißem Pergamentpapier. Unser ganz persönliches Exemplar steht heute noch auf der Fensterbank unseres Wohnzimmers, neben einem Bild von David, und leuchtet regelmäßig für unseren Engel.
Am nächsten Morgen hatten wir einen Termin mit der zuständigen Friedhofsangestellten. Sie zeigte uns die Stelle, an die Davids Grab kommen sollte. Leider durften wir uns nicht selbst einen Platz aussuchen. Im Nachhinein betrachtet war es ein sehr schöner Platz, der sich unter einem Baum befand – David blickte in die untergehende Abendsonne. Dieser Besuch auf dem Friedhof lief wie ein Film vor meinen Augen ab.

Die Beerdigung

Schließlich kam der Tag der Beerdigung. Ich hatte Angst und je näher die Stunde der Trauerfeier rückte, desto enger zog sich die unsichtbare Schlinge um meinen Brustkorb. Mir war bewusst, dass es der endgültige Abschied werden würde, das Loslassen von meinem Schatz. Als wir nachmittags am Friedhof ankamen, hatte ich das Gefühl ersticken zu müssen, so eng hatte sich die Schlinge zwischenzeitlich zugezogen. Maurice und ich wollten noch ein wenig Zeit alleine mit David in der Trauerhalle verbringen, bevor die anderen kämen. Wir konnten nicht gleich hinein, da der Bestatter noch ein paar Fotos für seine Unterlagen vom Sarg machen wollte, und warteten so lange draußen. Nach einer kurzen Weile winkte er uns herein.
Den Moment, als ich die Halle betrat und vorne den kleinen, weißen Sarg stehen sah, vergesse ich nie. Dort drin lag mein kleiner Schatz statt in meinen Armen. Es tat so unendlich weh und ich konnte kaum atmen vor Schmerz. Mit zittrigen Knien und fest aneinander geklammert näherten wir uns dem kleinen Sarg, der so liebevoll aufgebaut und geschmückt worden

war. Das kleine Herz aus weißen Rosen, welches auf dem Sargdeckel lag, hatten wir für ihn ausgesucht. Auf der Schleife stand unser Abschiedsgruß geschrieben: „In ewiger Liebe, deine Mama und dein Papa“. Ein weiteres großes Herz aus weißen Rosen kam von Davids Opa. Viele, viele Kerzen, Rosenblätter und Blumen schmückten die Trauerhalle. Maurice und ich setzten uns. Plötzlich bemerkte ich, wie ich innerlich ganz ruhig wurde, wie alles um mich herum in weite Ferne rückte – ich war ganz bei mir und meinem Kind. Ich spürte, wie David mir Kraft für die nächste Stunde schickte, und in diesem Augenblick wusste ich, dass ich ganz sicher in der Lage sein würde, die Geschichte vom Abschied des kleinen Prinzen laut vorzulesen.

Im Hintergrund setzte leises Orgelspiel ein und die ersten Trauergäste betraten den Raum: Die meisten kamen zu uns und nahmen uns still in den Arm, bevor sie sich setzten. Alle geladenen Gäste waren erschienen, bis auf Kathrin David, die leider verhindert war. Andrea und Uli zündeten unzählige Teelichter und einige Räucherstäbchen an.

Das Orgelspiel im Hintergrund endete irgendwann – wieder war mein Zeitgefühl völlig ausgeschaltet. Die Tür öffnete sich, Pfarrer Pauli kam in die Halle, trat an das Rednerpult und eröffnete die Trauerfeier mit einer Begrüßung und einem darauf folgenden Eingangsgebet. Es folgte das Gedicht der beiden Omas. Dann war unsere Geschichte an der Reihe: Ich nahm nichts um mich herum wahr, als Maurice und ich zusammen ans Pult traten, doch David gab uns die nötige Kraft. So lasen wir mit laufenden Tränen die ergreifenden Worte des kleinen Prinzen, als er sich vom Fuchs verabschiedet. Danach wurde das Lied gesungen, welches wir ausgesucht hatten.

Michelle kam mit ihrer Klangschale nach vorne, einer halbkugelförmigen Schale aus Bronze, die angeschlagen Töne erzeugte. Ich kann die Worte, die sie fand, nicht einmal ansatzweise wiedergeben, aber ich weiß noch, dass es Worte voller Bewunderung für uns drei waren, voller Mitgefühl und Liebe – es waren gut tuende Worte. Dann schlug sie die Schale an und der Ton war das Einzige, was man in der ganzen Halle hören konnte. Er dauerte etwa eine Minute an – die eine Minute nach 17 Uhr, die David noch gebraucht hatte, um auf die Welt zu kommen. Diese eine Minute ist auch heute noch nach wie vor sehr wichtig für uns, ebenso wie die Zahl Eins. Anschließend kam Pfarrer Pauli nach vorne und sprach die Trauerrede. Die Orgel begann wieder zu spielen, auf unseren Wunsch hin eine sehr traurige Melodie. Maurice und ich standen auf, hielten uns fest an den Händen und traten vor den kleinen weißen Sarg unseres Kindes. Ich erinnere mich noch, dass ich in diesem Augenblick nicht wollte, dass uns gleich der Moment bevorstünde, in dem wir unseren kleinen Schatz zu Grabe tragen, wir

endgültig Abschied von ihm nehmen mussten – ich wollte ihn einfach nicht hergeben. Ich wollte schreien, aber ich konnte es nicht; ich wollte weglaufen, aber ich durfte nicht.
Und dann war er gekommen: der Moment, in dem der Bestatter kam und ich wusste, dass ich nun den kleinen weißen, so leichten Sarg hochnehmen und raustragen musste; Maurice und ich wollten nicht, dass es ein Fremder tat. Wir wollten unseren Sohn eigenhändig ein letztes Mal tragen.
Wir nahmen ihn hoch – Maurice vorne, ich hinten – und folgten dem Bestatter in Richtung Tür. Ich nahm nichts und niemanden wahr, hatte das Gefühl, wie in Watte gepackt durch einen dunklen Tunnel zu gehen. Ich sah nur Maurice' Rücken und drückte den Sarg fest an mich. Lediglich mein Gehörsinn war hellwach: Ich hörte die Orgelmusik spielen und dass ein Glöckchen läutete, als wir die Kapelle verließen. Ich wusste, dass ich nur noch wenige Augenblicke so nah bei meinem Kind sein konnte, körperlich zumindest. Schritt für Schritt folgten wir dem Bestatter und gingen den schwersten Weg unseres Lebens. Der Weg zum Grab war auf der einen Seite so unendlich lang und auf der anderen Seite so unendlich kurz. Wir erreichten die Grabstelle und setzten den Sarg ganz vorsichtig neben dem dafür vorgesehenen Erdloch ab. Ich starrte in die tiefe schwarze Grube: Irgendwer hatte sie liebevoll mit Tannenzweigen ausgelegt und eine kleine Kinderlaterne brannte daneben. Ich sah den Korb mit den kleinen weißen Rosen darin. In dieses Loch sollte ich mein Kind legen? In die kühle Erde, obwohl es doch in meinen Arm gehörte? In diesem Augenblick drohten meine Knie ihren Halt zu verlieren und ich klammerte mich ganz fest an Maurice. Pfarrer Pauli betete das Vaterunser und segnete unseren Schatz ein letztes Mal.
Dann war er gekommen, der Augenblick, vor dem ich mich so gefürchtet hatte: Der Bestatter trat an das tiefe Erdloch und ließ den kleinen weißen Sarg mit unserem Schatz darin in das Grab hinab in sein ewiges Ruhebettchen. Am liebsten wäre ich hinterher gesprungen, denn nur so hätte ich bei meinem Kind bleiben können. Ich wollte auch tot sein! In diesem Augenblick brach mein Herz in tausend Stücke. Maurice und ich, immer noch eng umschlungen, traten an das Grab. Ich blickte auf das Rosenherz hinab, während wir noch eine kleine weiße Rose in die Tiefe warfen ... dann erstarrte ich. Pfarrer Pauli bekam seine Trompete gereicht und begann zu spielen: „Time to say goodbye“ hallte es über den Friedhof in die einsetzende Dämmerung hinein. Die Trauergäste nahmen endgültig Abschied von David, bevor sie uns wortlos drückten – jede einzelne Umarmung tat auf eine besondere Weise gut. Zuletzt reichte mir Andrea den kleinen, weißen Luftballon, den sie besorgt hatte. Maurice und ich hielten ihn gemeinsam fest und ließen ihn schließlich fliegen, unserem David hinterher, der sich bereits

auf die Reise gemacht hatte. In dem Moment, in dem wir den Ballon losließen, kam Wind auf und rasch stieg er in den Himmel. Er flog ebenso entschlossen dahin, wie David entschlossen seinen Weg gegangen war – lange schauten wir ihm nach. Ich rief David zu: „Schlaf gut, mein Schatz."

Die Trauergäste ließen Maurice, David und mich allein. Auf unseren Wunsch hin wollten wir um 17:01 Uhr alleine mit unserem Sohn sein. Kurz vor fünf saugten wir die letzten Minuten mit unserem Kind am offenen Grab in uns auf. Der Schmerz war so unendlich groß. Und wieder begann ich zu weinen: Um 17:01 Uhr weinten wir gemeinsam.

Wieder mussten wir den Heimweg ohne unseren Sohn David antreten. Wieder war es ein beschwerlicher Weg.

Abends, es war bereits dunkel, fuhren wir noch einmal zum Friedhof, um zu schauen, wie das Grab zugeschüttet aussah. Die Blumen und Gestecke waren sehr liebevoll hergerichtet worden und es brannten einige Kerzen. Da standen wir nun: vor dem Grab unseres Kindes statt vor seiner Wiege.

Alle um uns herum waren erschüttert und fassungslos bestürzt. Die Reaktionen waren so verschieden wie die Menschen selbst und unsere Beziehungen zu ihnen:
Auf der einen Seite wurden wir liebevoll begleitet und umsorgt. Wir ließen uns bedenkenlos in die Arme meiner Eltern und unserer Freunde fallen. Sie bildeten das Netz unter dem Trapez, stützten uns, wenn wir zu fallen drohten, und fingen uns auf, wenn wir fielen. Stets war jemand für uns da. Mutig hörten sie sich immer und immer wieder unsere traurige Geschichte an. Sehr viele von ihnen weinten und trauerten mit uns um unseren Sohn. Täglich erreichten uns Beileidskarten. Die zahlreiche Anteilnahme und die Wertschätzung unseres toten Kindes taten uns unbeschreiblich gut. Alltägliche Dinge wie Kochen, Waschen, Einkaufen erledigte meine Mutter für uns.
Unser Schmerz der Trauer und die innere Leere waren so unvergleichlich, dass sie mir tatsächlich körperlich zusetzten: Wenn ich essen wollte, blieben mir die Bissen fast im Halse stecken; wenn ich atmen wollte, blieb mir beinahe die Luft weg. Die Sehnsucht nach David war unendlich groß.
In den Wochen nach Davids Geburt kam Michelle regelmäßig zu uns nach Hause. Bei ihren Besuchen leistete sie mehr als nur die übliche Nachsorge: Sie leistete wertvolle Trauerbegleitung, so, wie wir sie bereits vor und während der Geburt durch sie erfahren hatten.
Maurice war krankgeschrieben und hatte im Anschluss an seine Krankschreibung weitere zwei Wochen Urlaub genommen. Abgesehen davon, dass er nicht fähig gewesen wäre zu arbeiten, brauchten wir uns. Wir klammerten uns aneinander wie zwei Ertrinkende. Unsere Tage und Nächte verbrachten Maurice und ich vorwiegend im Schlafzimmer. Das Bett war unsere kleine Rettungsinsel im unendlich großen Ozean der Trauer. Dort schliefen, aßen, lasen, redeten und weinten wir. Per Internet bestellte Maurice viele Bücher, die sich mit dem Thema Totgeburt, Tod und Trauer beschäftigten. Wir empfanden es als Glück, ein Laptop zu besitzen, da wir es mit ins Bett nehmen konnten. Auf diese Weise konnten wir sogar von unserer kleinen Rettungsinsel aus im Internet recherchieren.
Das Wohnzimmer betraten wir nur, wenn sich Besuch ankündigte. Wir konnten keinen Fernseher und kein Radio ertragen. Ich wollte nicht wissen, was draußen in der Welt vor sich ging, die sich so ohne Erbarmen weiter drehte. Das Kinderzimmer hingegen betraten wir nur, wenn es gar nicht anders ging. Zu groß war der Schmerz beim Anblick der leeren Wiege. Wir waren der Verzweiflung näher als jeglicher Hoffnung.

Meine Schwiegereltern in spe – die Enttäuschungen

Auf der anderen Seite wussten viele Menschen nicht, wie sie mit uns umgehen sollten. Daraus resultierten viele Enttäuschungen. Die größte Enttäuschung aber mussten wir seitens Maurice' Familie hinnehmen. Es begann damit, dass Maurice' Eltern nach der Beerdigung, gerade mal elf Tage nach Davids stiller Geburt, ein Ende der Traurigkeit von uns verlangten. Sie versuchten, uns unsere Gefühle zu verbieten und uns vorzuschreiben, wie und vor allem wie lange wir ihrer Ansicht nach um unser totes Kind weinen durften. Ein einzelnes aufgestelltes Bild von David hätte uns zu reichen, nicht so viele, wie wir sie hatten. Wir konnten es nicht fassen. Gerade sie, die selbst vor vielen Jahren ein Kind verloren hatten, konnten und wollten uns nicht verstehen. Eigentlich müssten doch gleichermaßen Betroffene am besten verstehen und nachvollziehen können, was in uns vorging – und sei es noch so lange her. Wie sehr hatte ich mir gewünscht, dass Maurice' Mutter mich nur ein einziges Mal in die Arme genommen und mir gesagt hätte, wie sehr sie mich verstehen könnte. Es erfolgte jedoch nichts dergleichen, stattdessen Vorwürfe und Vorschriften. Es schien ihnen wichtiger, dass wir für Maurice' Patenkind ein Weihnachtsgeschenk besorgten oder täglich bei seiner Oma anriefen, um Small Talk zu betreiben. Niemals wurde mir weniger Feingefühl entgegengebracht wie von meinen Schwiegereltern in spe. Für uns, besonders für Maurice, starb mit David ein Teil seiner Eltern. Es kostete uns unsagbar viel Kraft, uns mit ihnen auseinanderzusetzen. Kraft, die wir eigentlich nicht besaßen und die wir viel besser für unsere Trauerarbeit hätten brauchen können.

Maurice:

Ja, das Verhalten meiner Eltern enttäuschte mich und machte mich wütend. Es hatte uns mehr Kraft gekostet als gegeben.

Ich dachte viel darüber nach: Wie hätte ich als Vater reagiert, wenn meinem Kind plötzlich der Boden unter den Füßen weggezogen würde? Ich würde meinem Kind helfen wollen. Und das haben ganz sicher auch meine Eltern versucht. Sie wollten uns so schnell wie möglich aus dem Tal der Trauer holen – es sollte möglichst schnell wieder „alles gut" sein. Ich kann das nachvollziehen, denn auch mir geht es manchmal so, dass ich in Konfliktsituationen alles möglichst schnell wieder gut machen will. Sie hatten Angst um uns. Sie hatten ihr Enkelkind verloren und die Erinnerung an ihr eigenes verlorenes Kind wurde vermutlich wieder präsent.

Anna und ich hatten uns allerdings für einen anderen Weg der Trauerverarbeitung entschieden (ohne jemals wirklich darüber gesprochen zu haben). Wir wollten unsere Trauer zulassen, wir wollten die Leere, Orientierungslosigkeit, Einsamkeit und Kälte bewusst durchleben und ertragen. Es war ein sehr schwerer Weg – ein Weg, der anderen womöglich Angst gemacht hätte. Niemand wusste, wo der Weg münden und was aus uns werden würde. Viele Eltern, die ein Kind verloren haben, trennen sich, manche begehen sogar Selbstmord. Das hätte passieren können, und davor hatten meine Eltern Angst. Sie haben, insbesondere mir, vielleicht nicht zugetraut, dass ich stark genug für diesen Weg sei, den sie selbst nicht gegangen waren.
Die größte Hilfe, die ich von anderen bekam, war das Zuhören (meist war es Anna, die ein Ohr für mich hatte). Das Ertragen der Trauer, der Stille, der Tränen, der Wut, der Hilflosigkeit ist sehr schwer und gelingt nur wenigen. Selbst lieb gemeinte Worte treffen häufig offene Wunden, die von außen nicht sichtbar sind.
Aus dieser Extremsituation konnte mir niemand heraushelfen. Ich war in erster Linie auf mich selbst gestellt und musste meinen eigenen Weg finden. Ratschläge waren kontraproduktiv und konnten – sofern der Berater die Ablehnung persönlich nahm – sehr viel Kraft kosten und zu einer dauerhaften Zerrüttung führen. Für Angebote von Verwandten und Freunden, die ich ohne Begründung zurückweisen konnte, war ich sehr dankbar. Ich war froh, wenn ich alltägliche Arbeiten wie Kochen, Putzen, Einkaufen abgeben konnte.
Anna musste diesen Weg ebenfalls alleine gehen – ich konnte ihr zwar nicht direkt helfen, konnte jedoch immer für sie da sein, wenn sie mich brauchte. Wir mussten darauf vertrauen, dass unsere Wege in dieselbe Richtung gingen, beeinflussen konnten wir sie nicht.
Für Wochen und Monate lebte ich in meiner eigenen Welt; in dieser Zeit war ich richtiggehend egoistisch. Ich konnte keine Rücksicht auf andere nehmen, denn meine beziehungsweise unsere Existenz stand auf dem Spiel.
Leider hatten nicht alle Verständnis für unseren langen und einsamen Weg. Vielleicht wäre es mir genauso gegangen, vielleicht hätte ich ebenso erwartet, dass „es nach ein paar Monaten doch endlich mal gut sein müsste". Doch Außenstehende – und ich würde mich selbst hinsichtlich Annas Gefühlslage als „Außenstehenden" bezeichnen – sollten vermeiden, ihre eigene

Gefühlslage auf den Betroffenen zu projizieren. Niemand kann beurteilen, wann die Trauer ausreichend gelebt wurde.
Die Folgen spüren wir noch heute. Sie bereiten uns noch große Schmerzen und kosten uns viel Kraft. Einerseits tut es mir leid, dass wir anderen große Sorgen bereitet haben, andererseits haben wir uns unser Schicksal nicht ausgesucht. Von allen mussten wir die größten Schmerzen ertragen, und wir haben ein Recht darauf, dass man uns so annimmt, wie wir sind, und man unseren Weg akzeptiert.

Trauerarbeit

Maurice und ich versuchten tapfer, unsere Trauer auszuleben, so gut es eben ging. Unterstützung auf diesem Weg bekamen wir insbesondere von Michelle und Rike. Für uns gab es keine Alternative: Nur diesen einen Weg – und der führte mitten hindurch. Zweifellos ist das der schmerzhafteste und schwierigste Weg mit Trauer umzugehen, aber ich hatte Angst, Davids Tod zu verdrängen, Angst, ihm nicht den Platz einzuräumen, der ihm zustand – nämlich als unser Erstgeborener, als der große Bruder seiner Geschwister, die vielleicht noch folgen würden. Denn für uns stand schnell fest, dass wir mindestens ein weiteres Kind bekommen wollten – irgendwann.
Nach und nach kamen wir wieder auf die Beine und starteten unsere ersten Gehversuche zurück ins alltägliche Leben. Maurice' erster Arbeitstag kam. Ich hatte große Angst davor, den ganzen Tag alleine zu Hause verbringen zu müssen. War ich bereits stark genug? Aber ich hatte ja meine „Rettungsbojen“: Meine Mutter, Michelle und Rike waren immer für mich da. Ich überstand den Tag, und auch den nächsten und nächsten und nächsten. Tag für Tag wurde ich ein klitzekleines bisschen stärker. Gleichzeitig war ich weiterhin unendlich verletzbar und hilflos.
Seitens Maurice' Eltern kam nichts. Kein Anruf, keine Fragen, wie es mir alleine ging, rein gar nichts. Während der Schwangerschaft hingegen hatten meine Schwiegereltern in spe regelmäßig angerufen und gefragt, ob alles in Ordnung sei. So gewann ich in dieser Haupttrauerzeit sehr schnell den Eindruck, nur interessant für sie zu sein, solange ich ihr Enkelkind in mir trug.
Meine täglichen Besuche bei David auf dem Friedhof konnte ich nur mit dem Auto bewältigen, das mich wie eine schützende Haut umgab. Niemals hätte ich es ertragen, glücklichen Müttern mit Kinderwagen zu begegnen. Auch die Vorstellung, ich könnte Bekannten aus dem Geburtsvorbereitungskurs begegnen, deren Kinder genauso alt wie David waren, ließ die nackte Panik in mir aufsteigen. Aus derselben Angst heraus fuhr ich viele Wochen lang zum Einkaufen in den Nachbarort. Dort wähnte ich mich einigermaßen

in Sicherheit. Trotzdem spähte ich während des Einkaufens immer mit einem Auge über meine Schulter, sodass ich im Falle eines bekannten Gesichtes schnell genug die Flucht hätte ergreifen können. Ich fühlte mich dabei wie ein Ladendieb, der nicht erwischt werden wollte.
Nachdem die erste Schockphase und Erstarrung vorüber war, hatte ich das Bedürfnis, meine Gefühle nach außen zu tragen, nicht nur in gesprochenen Worten, sondern auch in geschriebener Form durch Gedichte und Geschichten. Während Maurice viel las, konnte ich das nicht. Viele der unzähligen Bücher über den Verlust eines Kindes, Trauerarbeit, Glauben et cetera konnte und kann ich bis heute nicht lesen. Maurice dagegen verschlang sie alle, saugte sie förmlich in sich auf und ich hatte den Eindruck, dass er unheimlich viel Kraft und Zuversicht aus ihnen schöpfte. Er erzählte mir viel darüber, resümierte das, was er gelesen hatte. Ich dagegen hatte das Bedürfnis, nichts Neues mehr in mich aufnehmen zu wollen, sondern meine Gefühle hinauszulassen, mich zu befreien von dem Schmerz und den Schuldgefühlen – ich begann schließlich zu schreiben. Zunächst in Tagebuchform, dann folgten Gedichte und Geschichten. Ich war und bin sehr von mir und meinen bis dahin ungeahnten Fähigkeiten und Talenten überrascht. Heute denke ich, Trauer kann ein starker Motor für die Kreativität sein. Das Schreiben befreit mich und ich wünsche mir, den Rest meines Lebens in der Lage zu sein, immer mal wieder zu schreiben – über, für und von David.
Zu diesem Zeitpunkt, etwa einen Monat nach Davids stiller Geburt, fand ich eine Sternenkinder-Seite im Internet, die mir besonders zusagte: ein Informationsportal für trauernde Eltern, Angehörige und andere Interessierte. Das Forum wurde für mich zum zweiten Zuhause, denn nirgendwo anders wurde und werde ich so verstanden wie dort. Die Nutzer des Forums verbindet dort alle das gleiche Schicksal und man wird immer aufgefangen und getröstet, wenn es einem schlecht geht. Es vergeht kein Tag, an dem ich nicht online bin und mich mit den anderen Betroffenen, vorwiegend Frauen, austausche. Es ist ein Geben und Nehmen, und ich habe schon sehr viele liebe Menschen persönlich kennengelernt, die ich nicht mehr missen möchte. Auch wenn der Anlass unseres Kennenlernens der traurigste der Welt war, so sehe ich diese Menschen als ein Geschenk und bin unendlich dankbar, dass ich sie gefunden habe. In dieser Hinsicht kann ich sogar etwas Gutes aus dem Tod meines Sohnes David schöpfen!

Sündenbock

Mit der Zeit hatten Maurice und ich begriffen, was geschehen war. Damit stieg, mal abgesehen von Trauer, Angst und Scham, Wut in uns auf. Wut auf Gott – an irgendwem mussten wir sie ja auslassen. Warum hatte er uns

das angetan? Was um alles in der Welt hatten wir verbrochen, dass er uns unseren David so kurz vor dem Ziel, eine richtige kleine Familie zu sein, wieder genommen hatte? Zu leben waren doch der Weg und das Ziel. Auf Leben hatten wir uns vorbereitet und dennoch den Tod bekommen. Womit hatten wir das verdient? Ständig diese Frage nach dem Warum. Dass es darauf keine Antworten gibt, machte mich in der ersten Zeit nach Davids stiller Geburt fast verrückt. Unser Glaube an Gott war bis in die Grundfesten erschüttert worden. Wir haderten mit ihm und zweifelten, ob es ihn überhaupt gibt. Bis zu Davids Tod hatten wir uns länger nicht mehr bewusst mit Glauben befasst. Das holten wir nun nach: Wir lasen und sprachen viel über Gott, Glauben, Religion und Spiritualität.
Viele betroffene Eltern entscheiden sich nach einem derartigen Schicksalsschlag, ihr Leben ohne Gott fortzuführen. Ich habe entschieden, ihn weiterhin für mich existieren zu lassen. Er hatte uns zwar das Schlimmste aufgeladen, was wir uns vorstellen konnten. Heute glaube ich jedoch, dass das der Weg ist, den er für uns ausgesucht hat. So machte ich ihn zunächst zu meinem „Sündenbock“, auf den ich schimpfte und dem ich die Schuld an Davids Tod geben konnte; das half mir. Nach einer gewissen Zeit verrauchte mein Zorn jedoch und ich begann, mit ihm und unserem Schicksal meinen inneren Frieden zu schließen.
Nicht zuletzt halfen Maurice und mir die Gespräche mit Pfarrer Pauli, wieder Vertrauen in Gott und unseren Glauben zu finden. Wir gehen sehr gerne in seine Gottesdienste, die unsere Sonntage bereichern und uns neue Energie für die kommende Woche geben. Seine Worte erreichen direkt unsere Herzen.

Schuldgefühle

Neben der unstillbaren Sehnsucht nach meinem Kind dominierten mich Schuldgefühle. Ich fühlte mich dafür verantwortlich, dass David nicht bei mir und seinem Papa sein konnte. Mein Körper und ich hatten versagt, hatten ihm nicht all das geben können, was er zum Leben brauchte. Ich hasste meinen Körper, und ich hasste mich. Diese Gefühle waren beinahe noch schlimmer als die Trauer an sich.
Auch das vorläufige Ergebnis der Obduktion, das die Unversehrtheit der Plazenta bestätigte, konnte meine Gefühle nicht abstellen. Man fand, wie befürchtet, keine Ursache für Davids Tod. Er schien gesund gestorben zu sein. Es ist so unverständlich und einfach nicht zu begreifen.
Niemand konnte mir meine Schuldgefühle ausreden. Es war wie eingebrannt in mich, dass ich allein für Davids Tod verantwortlich sei, und dieser Gedanke zerfraß mich förmlich, schmerzte nahezu körperlich.

Selbst heute noch kommen diese Gefühle hin und wieder auf; aber lange nicht mehr so schlimm wie in der Anfangszeit. Heute habe ich verstanden, dass niemand – auch ich nicht – die Schuld an unserem Schicksal trägt. Durch die vielen Gespräche mit den Menschen, die es gut mit uns meinten, und durch unsere intensive Trauerarbeit glaube ich heute, dass es Gottes und Davids gemeinsame Entscheidung war: Keine Macht dieser Welt hätte David auf seinem Weg aufhalten können.

Maurice:

Anna und ich trauerten gleichermaßen und gemeinsam, aber trotzdem unterschiedlich – wichtig war die Einsicht, dass das vollkommen in Ordnung war. Jeder ließ den anderen machen, was er wollte.

Ich hing nicht lange an der Frage nach dem Warum – niemand würde sie mir jemals zu Lebzeiten beantworten können. Seltsamerweise wurde ich neugierig auf das Leben: Wie entsteht es? Wie entstand die Welt? Was wissen wir? Woran glauben wir? Warum glauben wir? Warum glauben manche Menschen nicht? Gibt es einen Gott? Kann es einen Gott geben, der uns unseren David nimmt? Woran glauben andere Religionen? Was passiert nach dem Tod?

All diese Fragen schwirrten in meinem Kopf herum – sie waren einfach da, und ich suchte in Büchern, im Internet, in Gesprächen und in mir nach Antworten: Ich las „Siddhartha" von Hermann Hesse genauso wie Bücher über Nahtoderfahrungen, Astronomie, Quantenphysik, Sterbebegleitung, Philosophie und die Bibel. Ich verschlang all das und suchte, vollkommen orientierungslos. Ich begann ein Tagebuch zu schreiben – es befreite mich in gewisser Weise, dennoch brach ich es bald wieder ab. In einigen Internet-Foren stellte ich Fragen und diskutierte, doch irgendwann drehten sich die Gespräche nur noch im Kreis und die anderen waren an anderen Fragen interessiert.

Glücklicherweise fand ich in meinem Arbeitskollegen Klaus einen kleinen Philosophen, der interessante Fragen stellte und mich weiterbrachte. Er hatte sich schon länger mit Philosophie beschäftigt und sich viele meiner Fragen selbst gestellt. Schließlich brachte er neue Sichtweisen ein und wir diskutierten viel; ich konnte ihm immer mein Herz ausschütten. Er nahm mich an, wie ich war und sein wollte, und ertrug gelassen meine Trauer und meine Launen, die daraus resultierten.

Interessanterweise waren es zunächst flüchtige Bekannte oder gar bis dahin Unbekannte, die mir am meisten halfen. Vielleicht hatten sie den nötigen Abstand und fühlten sich nicht für mich verantwortlich. Die Gespräche mit Michelle und Rike – auch wenn ich sie manchmal als Therapiestunde empfand – taten mir sehr gut. Meistens konnte ich den nächsten Besuch kaum abwarten, denn mit ihnen konnte ich über meine Trauer und meine Ängste sprechen.
Ich hatte Angst davor, David irgendwann zu vergessen. Diese Angst hing vielleicht damit zusammen, dass ich Schuldgefühle hatte, mich nicht genügend auf seine Ankunft gefreut zu haben. Ich bin begeisterter IT-ler und habe neben meinem Job auch jede Menge private Interessen in diesem Bereich. Auf das Projekt DAVID ließ ich mich nicht mit der gleichen Begeisterung ein, wie ich das bei Computer-Themen tue. Das bereitete mir große Schuldgefühle – war er vielleicht gegangen, weil ich mich nicht so sehr für ihn interessierte? Hätte ich die kurze Zeit mit meinem Sohn besser nutzen müssen?

Unsere Flucht nach La Gomera - die Überraschung

Um den schwierigsten Monaten unseres Lebens zu entfliehen, beschlossen Maurice und ich, über Weihnachten nach La Gomera zu reisen. Nicht zuletzt war es auch eine Flucht vor dem Fest, vor dem Glück der anderen. Hatten wir uns doch so sehr auf das Weihnachtsfest als kleine Familie gefreut, jetzt war der Gedanke an die Feiertage einfach unerträglich. Für uns gab es kein Weihnachten. Wir buchten ein wunderschönes Hotel mit direktem Meerblick auf den Atlantik und verabschiedeten uns von unseren Familien und Freunden – mit der Begründung, dass Weihnachten in diesem Jahr für uns ausfalle, einfach nicht stattfinde. Wir wollten keine Geschenke bekommen und auch keine verschenken. Alle akzeptierten und verstanden das.
Auf La Gomera mieteten wir uns ein Auto, um die Insel erkunden zu können, und fuhren, oft ziellos und flüchtend, umher. Fast pausenlos drückte uns der Schmerz, redeten wir von David, weinten wir um ihn. Maurice versuchte das eine oder andere Mal seinen Schmerz mit Sport zu betäuben und verschanzte sich im Fitnessraum des Hotels. Währenddessen blieb ich auf dem Zimmer.
So auch am Nachmittag des 21.12.2005: Ich lag allein auf dem Bett und versuchte zu schlafen, doch ich konnte nicht. Wieder einmal versank ich in der Trauer um meinen Sohn, fühlte mich leer und verzweifelt. Als Maurice zurückkam, hatte ich keine Tränen mehr – ich weinte ohne Tränen. Maurice nahm mich fest in den Arm, und ich klammerte mich an ihn. Wir weinten

zusammen. Nach einer Weile stand Maurice auf und ging zu unserem Safe. Er öffnete ihn, und ich hörte es rascheln. Er schien nach etwas zu suchen. Kurz darauf kehrte er mit einem kleinen Päckchen zum Bett zurück. Meine Augenlider waren geschlossen, vom Weinen unsagbar schwer geworden. Erneut hörte ich ihn rascheln. Dann nahm mich Maurice ganz fest in den Arm. Er schien nach den passenden Worten zu suchen, jedenfalls stockte er mehrmals, bis er schließlich all seinen Mut zusammennahm und mich fragte, ob ich seine Frau werden wolle. Als ich meine Augen öffnete, sah ich den wundervollsten Ring, den ich je gesehen hatte. Er musste ein Vermögen gekostet haben. Maurice steckte ihn mir an und wir küssten uns – wieder Tränen: diesmal vor Rührung, Freude und Dankbarkeit. Wir lagen uns in den Armen und schworen uns ewigen Zusammenhalt. Der Antrag kam überraschend und ganz anders, als Maurice das geplant hatte, aber er kam genau zum richtigen Zeitpunkt und aus tiefstem Herzen! Dieser Antrag gab uns Zuversicht und Kraft zugleich.

Seit jenem Augenblick konnte ich die Tage auf La Gomera sogar einigermaßen genießen. Zum Glück hatte ich niemals ein schlechtes Gewissen David gegenüber, als es mir etwas besser ging und ich dort mit Hilfe von Maurice, unseren Hochzeitsplänen und der Sonne wieder etwas Lebensfreude entwickelte. Ich genoss die Sonnenstrahlen und den atemberaubenden Ausblick hinaus auf die Unendlichkeit des Meeres. David war in meinem Herzen bei mir. Ich wusste, dass er wollte, dass Maurice und ich eines Tages wieder glücklich werden.

Am Heiligen Abend saßen wir auf dem Balkon und betrachteten den endlosen Sternenhimmel, während wir stumme Zwiesprache mit David hielten. Als Maurice ins Zimmer ging und ich währenddessen in den Himmel blickte, sah ich eine Sternschnuppe: Sie kam völlig überraschend, blitzte kurz auf und verschwand am Horizont. Sofort empfand ich sie als ein Geschenk von David und wünschte mir schnell etwas ganz Besonderes. Von da an wusste ich, dass unser Leben eines Tages wieder Licht enthalten würde.

Am Silvestertag kehrten wir von La Gomera nach Hause zurück. Wir verbarrikadierten uns in der Wohnung und lagen um Mitternacht bereits im Bett. Das Feuerwerk lockte uns schließlich doch noch ans Fenster. Ich schaute den bunten Raketen nach, wie sie in den dunklen Nachthimmel stiegen, ihn für einen kurzen Moment erhellten und dann wieder erloschen. In diesem Moment wünschte ich mir, ich könnte mich mit solch einer Rakete hinauf zu David schießen lassen.

Ich kehrte gestärkt aus diesem Urlaub zurück und hatte verstanden, dass die Erde sich unerbittlich weiterdrehte. Ich musste versuchen, wieder auf das sich drehende Karussell zu steigen – irgendwie. Doch dazu kam es zunächst nicht.

Das Tief im Januar

Durch das medikamentöse Unterdrücken des Milcheinschusses nach der Geburt sollte meine erste Periode nach wenigen Wochen wieder einsetzen. Ich wartete sehnsüchtig darauf, denn ich brauchte dringend eine Bestätigung, dass noch irgendetwas an meinem Körper funktionierte, wie es sollte. Erschwerend kam hinzu, dass ich von Natur aus ein ungeduldiger Mensch bin und Warten nicht meine Stärke ist. Ich versteifte mich dermaßen darauf, bald meine Periode bekommen zu wollen, dass letztendlich genau das Gegenteil der Fall war: Die Periode kam und kam nicht. Ich fühlte mich darin bestätigt, dass mein Körper versagt hatte, dass ich an Davids Tod schuld war.

Zu diesem Zeitpunkt, etwa sieben Wochen nach der Entbindung, stand auch die gynäkologische Nachuntersuchung bei meiner Frauenärztin Frau Dr. Hofer an. Das erste Mal wieder in die Praxis zu gehen, davor graute es mir sehr. Die Vorstellung, dort hochschwangere Frauen zu sehen und das CTG zu hören, das bei David still geblieben war, fühlte sich wie ein Nadelstich in mein Herz an. Dennoch nahm ich all meinen Mut zusammen und vereinbarte diesen notwendigen Termin. Das Praxisteam war sehr rücksichtsvoll und gab mir glücklicherweise den letzten Termin kurz vor Schließung der Praxis am Abend, damit ich keinen Schwangeren begegnen würde. Zudem konnte mich Maurice auf diese Weise nach Dienstschluss begleiten. Auch für ihn war es ein schwerer Weg, aber zusammen schafften wir das und Frau Dr. Hofer nahm sich viel Zeit für uns. Körperlich war ich wiederhergestellt, nur meine Sorge um meine noch nicht wieder eingesetzte Periode konnte sie mir nicht nehmen und schlug vor, sie künstlich durch die Einnahme von Hormontabletten auszulösen. Nein, das wollte ich auf keinen Fall! Ich war fest entschlossen, es alleine zu schaffen. Mein verdammter Körper sollte es verdammt noch mal alleine auf die Reihe bekommen. Wir einigten uns darauf, noch ein paar Tage zu warten.

In den kommenden Tagen setzte ich mich jedoch so sehr unter Druck, dass meine Regel weiterhin ausblieb. Alles gute Zureden von Maurice, meiner Mutter, Rike und Michelle brachte nichts. Ich fühlte mich wie eine Versagerin auf der ganzen Linie und war an einem weiteren Tiefpunkt angekommen. Die Situation überforderte mich dermaßen, dass ich innerlich zusammenbrach, weinte und schrie. Ich wollte und konnte nicht mehr. Ich sah keinen Sinn mehr in meinem Leben, wollte dieses Leben in diesem Körper nicht mehr leben. Ich sehnte mich so sehr nach David – mit jeder Faser meines Körpers. Ich wollte zu ihm, einfach nur bei meinem Sohn sein!

Maurice und meine Mutter waren ernsthaft besorgt um mich. Sie alarmierten Rike, die die kommenden beiden Tage viele Stunden mit mir

redete und mich mit Reiki behandelte. Bei Reiki werden die Hände aufgelegt. Der Praktizierende versucht, auf diese Weise eine „Verbindung“ zwischen einer angenommenen „universellen Energie“ und dem Empfangenden (also mir) herzustellen. Das oberste Ziel dieser Methode ist eine ganzheitliche körperliche und seelische Heilung.
Maurice, meine Mutter und Rike ließen mich nicht mehr aus den Augen, immer war jemand um mich herum. Am dritten Tag nach meinem Zusammenbruch nahm mich Michelle zu einem sehr langen Winterspaziergang mit in den Wald. Wir redeten pausenlos und ich konnte endlich wieder lachen. Die frische Luft tat mir unendlich gut. Das erste Mal seit Tagen konnte ich wieder tief und frei durchatmen und kehrte völlig entspannt wieder nach Hause zurück.
Ob es die Bewegung war oder das innerliche Abschalten oder beides? Noch am selben Abend setzte meine lang ersehnte Periode ein. Ich empfand es als pures Glück und sehe es als den Augenblick an, in dem ich den ersten Schritt zur Versöhnung mit meinem Körper tat. Ich fühlte mich befreit und unendlich erleichtert, dass ich es ohne Medikamente geschafft hatte! Ein kleiner Schritt in Richtung Zukunft war getan.

Maurice:
Das war die kritischste Zeit unserer akuten Trauerphase. Als ich mich am Tag ihres Zusammenbruchs morgens von Anna verabschiedete, schien sie vollkommen abwesend und teilnahmslos. Ich war überfordert mit der Situation und wusste nicht, wie ich ihr hätte helfen können; ich kam nicht an sie heran. Voller Sorge ging ich aus dem Haus – ich hatte furchtbare Angst, dass sie sich etwas antun könnte. Von der Arbeit aus rief ich Annas Mutter, Rike und Michelle an und schilderte ihnen die Situation. Sie nahmen meine Sorge sehr ernst und versicherten mir, Anna nicht alleine zu lassen.
Ich bin allen dreien heute so unbeschreiblich dankbar, dass sie insbesondere in dieser Zeit für uns da waren und ihre eigenen Belange zurückstellten.

Erneuter Kinderwunsch

Von nun an richtete ich mir zwei Kammern in meinem Herzen ein und gab der Trauer und der Freude ihre Zeiten. Ich hatte gelernt, dass es einfacher ist, nach dem Motto „sowohl als auch“ als nach dem „entweder oder“-Prinzip zu leben. Auf diese Weise konnte ich gleichermaßen Freude erleben und traurig sein, alles zu seiner Zeit. Der Wunsch nach einem zweiten Kind wurde immer stärker. Ein Kind, das hier bei uns leben würde – für alle sichtbar. Ein Kind, das wir aufwachsen sehen würden, das wir beschützen und umsorgen könnten. Zwischenzeitlich hatte ich mich vorsorglich bei einem Gerinnungsspezialisten vorgestellt und meine Blutwerte überprüfen lassen, da Gerinnungsstörungen ja bekanntlich ursächlich für Totgeburten sein können. Und da man keine Ursache für Davids Tod gefunden hatte, wollte ich einfach sichergehen. Es gab jedoch auch hier keinerlei Auffälligkeiten, die im Zusammenhang mit Davids Tod hätten stehen können und somit keine Gründe, die gegen eine neue Schwangerschaft hätten sprechen können.

Die Liebe zwischen Maurice und mir war in der ersten Zeit nach Davids Tod auf der einen Seite sehr zurückhaltend und auf der anderen Seite sehr leidenschaftlich geworden. Vermutlich wollten wir einander einfach spüren, wenn wir mit Worten nicht mehr weiterkamen. Aber es gab auch häufiger Situationen, in denen ich Maurice nicht an mich heranlassen wollte, jeden Körperkontakt vermied. Ein schlechtes Gewissen war der Grund für meine Abweisungen: Wie konnte ich seine Zärtlichkeiten genießen, während mein Kind im kalten, dunklen Grab lag?

Oft fragte ich mich, wann der richtige Zeitpunkt für eine erneute Schwangerschaft wäre. Zunächst einmal aus seelischen Gründen, denn ein zweites Kind sollte mit ebenso viel Liebe und Freude empfangen werden wie unser David. Aber auch aus körperlichen Gründen: Wie lange sollte man aus medizinischer Sicht warten?

Doch der Wunsch nach einem weiteren Kind war um ein Vielfaches größer als die Angst und die Vernunft, und deshalb wollten wir einen neuen Versuch wagen. Ich wollte nicht schon wieder warten müssen, was ja bekanntlich nicht meine Stärke ist. So vertrauten Maurice und ich auf unser Gefühl und ließen es ganz langsam angehen. Damals dachten wir: „Vielleicht sind wir ja dann Mitte des Jahres wieder in freudiger Erwartung."

Ein Irrtum, denn ich wurde sofort wieder schwanger.

Ein neues Leben

Unser „Pünktchen" hatte sich bereits auf den Weg zu uns gemacht. Dass es unterwegs war, wusste ich intuitiv kurz nach seinem Entstehen – ein kleiner Engel hatte es mir zugeflüstert. Sechzehn Wochen nach Davids Tod und Geburt fühlte ich mich zum ersten Mal deutlich besser, als ich den positiven Test in meinen Händen hielt.

An jenem Sonntag saß ich mit Maurice im Wohnzimmer am Tisch, blickte aus dem Fenster in den sonnigen Morgen und mir wurde plötzlich klar, dass Leben und Tod so nahe beieinanderliegen wie Freud und Leid, Hoffnung und Trauer. Ich bin davon überzeugt, dass David sein Geschwisterchen

ausgesucht und auf die Reise geschickt hatte. Er wusste wohl, dass ich nicht noch einmal so lange warten könnte wie zuvor auf meine Periode.
An besagtem Sonntag besuchten wir den Gottesdienst bei Pfarrer Pauli und gingen danach am Neckar spazieren, wo wir drei Störche sahen. Ein sehr schöner Morgen – das erste Mal, dass die Sonne sich nach dem langen Winter schwach, aber entschlossen am Himmel zeigte. Ich spürte ihre Wärme auf meiner Haut und endlich wieder Wärme in meinem Herzen. Ich spürte MICH und ich fühlte Leben – das neue Leben, das in mir heranwuchs.
Seit ich wusste, dass wir wieder ein Kind erwarteten, ging es mit mir aufwärts. Die Trauer war noch immer präsent und zu einem festen Bestandteil unseres Lebens geworden, aber sie erdrückte mich nicht mehr täglich: Sie hatte sich gewandelt. Es verging kein Tag, an dem ich nicht an meinen David dachte, aber oft gelang es mir dabei, dankbar an die schönen Momente mit ihm zurückzudenken. Wir trauerten immer noch, aber nicht mehr 24 Stunden am Tag, 365 Tage im Jahr. Neben den Gedanken an David gab es so viele Tage, an denen ich mich einfach nur auf unser zweites Kind freuen konnte. Das Glück und die Hoffnung waren wieder in unseren Herzen eingekehrt. Maurice und ich blickten wieder mit Zuversicht in die Zukunft, und das war ein schönes Gefühl. Auch mit der neuen Schwangerschaft und der neuen Hoffnung waren der Schmerz und das Vermissen immer noch präsent. Davids kleines Geschwisterchen würde seinen Bruder nicht ersetzen können und müssen: Es sind zwei verschiedene Kinder – Geschwister eben.
Ängste? Ich hatte von Anfang an sehr große Angst vor einer Fehlgeburt und war immer ungemein aufgeregt, wenn ich zum Vorsorgetermin musste. Und ich glaube, meine Frauenärztin Frau Dr. Hofer war mindestens genauso ängstlich wie ich. Als ich zu ihr in die Praxis kam, um die Schwangerschaft bestätigen zu lassen, nahm sie mich vor Freude in die Arme – mit Tränen in den Augen. Sie freute sich sehr, dass ich ihr weiterhin mein Vertrauen schenkte und es wagen wollte, die neue Schwangerschaft in den „alten Räumen“, mit all den Erinnerungen an David, zu durchleben. Damit hatte ich seltsamerweise nie ein Problem. Ich fühlte mich in der Praxis von Frau Dr. Hofer nach wie vor gut aufgehoben. Aus Gesprächen mit Betroffenen weiß ich, dass viele Frauen mit ihrer Folgeschwangerschaft den Arzt wechseln. Für mich war das jedoch kein Thema. Auch in dieser Hinsicht verdrängte ich meine Traurigkeit nicht und die Termine in der Praxis waren jedes Mal eine Begegnung mit David, die ich in meinem Herzen speicherte. Auf diese Weise begleitete er mich und ließ ich ihn weiterleben. Frau Dr. Hofer versicherte mir, dass es kein Problem sei, wenn ich zwischen den regulären Vorsorgeterminen, die wir

anfangs in einem dreiwöchigen Rhythmus festlegten, vorbeikäme, wenn ich Angst hätte oder beunruhigt wäre. Prophylaktisch schickte sie mich ein weiteres Mal zum Gerinnungsspezialisten, um ganz sicherzugehen, dass die Blutwerte in Ordnung waren. Ich war sehr dankbar für ihr Verständnis und ihre Vorsicht. Zunächst mussten nun jedoch die ersten drei „unsicheren Monate“ überstanden werden.
Die Zeit schien dahinzukriechen, aber zum Glück konnte ich mich noch etwas mit den Vorbereitungen auf unsere Hochzeit und die geplante Hochzeitsreise ablenken. Während der Schwangerschaft lernte ich, den Augenblick zu genießen und im Hier und Jetzt zu leben. Die Schwangerschaft verlief, wie zuvor auch bei David, zunächst unauffällig und problemlos. Frau Dr. Hofer führte bei jedem Vorsorgetermin einen ausführlichen Ultraschall durch, um mich und sich selbst zu beruhigen.
Auf diese Weise blickte ich dem Tag unserer Hochzeit mit einem guten Gefühl und voller Zuversicht entgegen.

Maurice:

Mir war klar, dass die neue Schwangerschaft ein „Russisch-Roulette-Spiel“ werden würde. Würde in dieser Schwangerschaft wieder etwas schiefgehen, so würden wir nicht mehr die Kraft zum Leben haben.
Im Gegensatz zu anderen Vätern, von denen ich in Foren gelesen hatte, ließ ich mich sofort auf die neue Schwangerschaft ein. Wenn etwas passieren würde, so wollte ich die Tage bis dahin als Geschenk betrachten und in vollen Zügen genießen. Unser Kind lebte schließlich schon, es hörte und spürte uns. Wir sahen, wenn es an die Bauchdecke trat, und konnten es natürlich immer wieder beim Ultraschall betrachten. Unser Kind war bereits auf dieser Welt – nur anfassen konnten wir es noch nicht.
Ich dachte viel über meine Angst nach. Sie würde nicht aufhören, wenn unser Kind im Kreißsaal in unseren Armen liegen würde. Ich würde immer Angst haben müssen: In den ersten zwölf Monaten aufgrund der Gefahr des plötzlichen Kindstods, später, wenn es auf Gerüsten rumturnen, allein zur Schule gehen, den Führerschein haben, gefährliche Hobbys ausüben oder vielleicht selber einmal ein Kind verlieren würde. Ich wollte mein Leben nicht in ständiger Angst verbringen – diese Angst würde mein Leben zerstören und mir den Spaß daran nehmen. Ein solches Leben wollte ich nicht führen. Sollte der Sinn meines Lebens etwa darin bestehen, Angst zu haben? Im schlimmsten Fall, wenn die Angst mich erdrücken würde, würde ich sterben (oder mir das Leben nehmen). Dadurch,

dass ich mich mit dem Thema Tod auseinandergesetzt und mich auf die Suche nach Gott begeben hatte, verlor ich die Angst vor dem Sterben, obwohl ich glaube, dass es noch mal etwas ganz anderes ist, abstrakt darüber nachzudenken oder tatsächlich zu sterben. Deshalb machte es doch gar keinen Sinn, vor irgendetwas Angst zu haben. Stattdessen wollte ich irgendwann voller Glück und Zufriedenheit zurückblicken und bereit sein, diese Welt zu verlassen und meinen David in die Arme zu schließen.
Ich schaffte es, diese Schwangerschaft zu genießen und sehnte gar nicht so sehr ihr Ende herbei, wie ich es erwartet hatte.

Unser Hochzeitstag - allein zu viert

Maurice und ich wollten alleine heiraten. Nur wir beide mit unseren Kindern: eins im Herzen und eins im Bauch. Uns war nicht nach einem rauschenden Fest mit vielen Menschen zumute. Wir wollten ein großes Fest zum Anlass unserer kirchlichen Trauung kombiniert mit der Taufe nachholen, wenn unser Kind lebendig und gesund zur Welt käme. Dieser einmalige Tag im Leben sollte nur uns vier gehören. Nach allem, was passiert war, wollten wir niemanden dabeihaben. Für meine Eltern, besonders für meine Mutter, tat es mir jedoch sehr leid. Eine Mutter ist am Hochzeitstag der einzigen Tochter eigentlich nicht wegzudenken. Aber diese besonderen Umstände erforderten besondere Maßnahmen. Meine Mutter nahm unsere Entscheidung tapfer hin, obwohl man ihr die Enttäuschung deutlich anmerkte. Meine Eltern verstanden uns und konnten unsere Entscheidung akzeptieren. Maurice' Eltern hingegen nahmen unsere Entscheidung kommentarlos hin und äußerten sich nicht eindeutig dazu. Ihrem Verhalten nach zu schließen waren sie jedoch vermutlich geschockt.
Maurice und ich überlegten lange, wie und wo wir uns das Ja-Wort geben wollten. Schließlich entschieden wir uns für eine Heirat auf einem Leuchtturm. Der Leuchtturm symbolisiert für uns den Fels in der Brandung; Halt in der stürmischen Flut der Trauer; einen Richtungsweiser, der uns Licht wirft und uns den Weg zeigt; ein Symbol für unseren Zusammenhalt in der schlimmsten Phase unseres Lebens. Mit ein paar Anrufen und einem Besuch auf dem Standesamt hatten wir alle nötigen Formalitäten erledigt.
Maurice und ich buchten eine sündhaft teure und luxuriöse Suite in einem romantischen Hotel mit Blick auf die Nordsee. Wir reisten einige Tage zuvor an und verbrachten schöne und entspannte Tage bei herrlichstem Wetter. Vor Ort organisierten wir einen Brautstrauß, einen Friseurtermin, einen Fotografen und ein Candle-Light-Dinner für den Abend der Hochzeit.

Mein Brautkleid hatte ich bereits zu Hause zusammen mit meiner Mutter gekauft. Ein schlichtes zweiteiliges, elegantes goldfarbenes Abendkleid. Ich befürchtete, dass es mir am Hochzeitstag nicht mehr passen würde, wenn der Bauch zu schnell wuchs. Für diesen Fall hatte ich Sicherheitsnadeln im Gepäck, denn inzwischen war ich bereits wieder im fünften Monat.
Der Tag unserer Hochzeit kam und wir hatten eine schöne kleine Zeremonie auf dem Leuchtturm. Beim Tauschen der Ringe und der wichtigen Unterschrift klopfte mein Herz bis zum Hals und ich war vollkommen glücklich. Im Anschluss an die Trauzeremonie ließen wir einen kleinen, weißen Luftballon vom Leuchtturm steigen: einen Gruß an unseren David.
Abends genossen wir beim Candle-Light-Dinner im Hotel die ruhigen Stunden zu zweit. Satt, müde und glücklich fielen wir am Ende des Tages in unser mit Rosenblättern geschmücktes Bett.
Ich schlief und träumte von unserem Baby, als ich plötzlich erwachte. Da war doch etwas ... In dieser Nacht spürte ich sie: Die ersten zarten Flügelschläge meines kleinen Schatzes, wie die eines Schmetterlings, streichelten mich von innen. Ich weckte Maurice und berichtete ihm von diesem unvergleichlichen Hochzeitsgeschenk. Glücklicher hätten wir in jener Nacht nicht sein können. Eng umschlungen, mit einem Lächeln auf dem Gesicht, schliefen wir wieder ein.

Erneute Enttäuschungen

Zwei Tage nach der Hochzeit machten Maurice und ich uns mit Ringen an den Fingern, David im Herzen und zart anklopfendem Pünktchen im Bauch auf die Heimreise. Um die lange Fahrt von rund 800 Kilometern nicht komplett an einem Stück bewältigen zu müssen, wollten wir eine Zwischenübernachtung bei Maurice' Eltern einlegen. Schon vor unserer Reise hatten wir einen Tisch in einem dort ansässigen Lokal reserviert. Auf diese Weise wollten wir unsere Vermählung mit ihnen feiern.
Mit einem unguten Gefühl, das ich mir selbst nicht erklären konnte, kamen wir am Nachmittag bei Maurice' Eltern an. Wir wurden nur von seinem Vater, nun offiziell meinem Schwiegervater, empfangen – kühl und reserviert. Maurice' Mutter war nicht anwesend: Sie war arbeiten. Kein Kaffee, kein Kuchen, nichts!
Maurice holte seine Oma ab, die gegenüber seinem Elternhaus wohnte. Stolz zeigten wir ihr unsere Ringe und unsere Fotos von der Zeremonie und der anschließenden Fotosession. Seine Oma schaute nicht einmal hin, sein Vater blätterte die Bilder wortlos in Sekundenschnelle durch. Rumms – das saß mal wieder!

Dann die Ankunft seiner Mutter: Sie versuchte herzlich zu sein und sich zu freuen, doch so empfand ich es nicht. Ich fühlte mich nicht als neues Familienmitglied aufgenommen und Maurice litt entsetzlich unter dem Verhalten seiner Familie. Am nächsten Tag fuhren wir enttäuscht nach Hause. Ich empfand es als überaus unfair und gemein, dass sie uns auf diese Weise unseren Hochzeitstag nachträglich vermiesten.

Maurice:

Meine Erinnerungen an die Tage bei meinen Eltern sind nicht mehr so präsent. Ich empfand jedoch eine extreme Belastung dadurch, dass andere – unter anderem meine Eltern – während der Trauerphase etwas von mir erwarteten. Meine Eltern formulierten ihre Erwartungshaltung uns gegenüber ganz klar – wir interpretierten sie also nicht. In solchen Situationen fühlte ich mich sehr schlecht. Sie machten mich für ihr Glück verantwortlich und bürdeten mir damit eine große Last auf. Letztlich machten sie mich damit unglücklich. Ich konnte und wollte andere Menschen nicht verändern, also habe ich mein Verhalten geändert: Ich erwarte heute nichts mehr von anderen – und das meine ich keineswegs verbittert. Ich freue mich, wenn andere dazu beitragen, dass ich glücklich bin. Es macht mir nichts mehr aus, wenn ich auf jemanden warten muss, jemand meinen Geburtstag oder eine Verabredung vergessen hat. Durch diese Einstellung verhindere ich, dass andere mein Leben bestimmen, indem sie meine Erwartungen enttäuschen.

Allerdings macht es mir nach wie vor zu schaffen, wenn andere etwas von mir erwarten oder ich das zumindest so empfinde. Ich kann deren Erwartungen zwar nicht verhindern, doch kann ich meinen Umgang damit verändern. Ich bin nicht für das Glück anderer verantwortlich und muss deshalb nicht tun, was von mir verlangt wird, wenn ich das nicht möchte. Das ist mir klar geworden, auch wenn sich die Umsetzung manchmal schwierig gestaltet.

Unser Wunder in 3-D

Die Schwangerschaft verlief weiter problemlos. Parallel zu meinen Vorsorgeterminen bei Frau Dr. Hofer wurde ich in einer Frauenklinik betreut, wo ich mich regelmäßig zur Untersuchung vorstellte. Dort wollte ich auch entbinden, denn in das Krankenhaus, in dem ich David geboren hatte, wollte ich nicht mehr. Ich konnte mir selbst nicht erklären, warum es

mir keine Probleme bereitete, nach wie vor in Frau Dr. Hofers Praxis zu gehen, ich das Krankenhaus jedoch keinesfalls wieder betreten wollte. Vermutlich verband ich einfach viel zu viele intensive Erinnerungen an die gemeinsame Zeit mit David dort.
In der 22. Schwangerschaftswoche nahmen wir in der Klinik unserer Wahl einen Termin für einen umfassenden Ultraschall wahr. Alles bestens – Erleichterung! Zur Sicherheit schickte uns Frau Dr. Hofer noch zu einem Kollegen, damit dieser noch einmal als unabhängige Person nachschaute und bestätigte, dass auch wirklich alles in bester Ordnung war.
Maurice und ich fuhren völlig aufgeregt zu diesem Termin. Wir kamen viel zu früh an. Es war Mitte Juni und sehr heiß: Um die Wartezeit zu überbrücken, setzten wir uns in eine kleine Parkanlage. An einem Springbrunnen beobachteten wir Kinder, wie sie unbekümmert und fröhlich im Wasser planschten. Ein kleiner Junge sah uns und winkte uns zu. In diesem Moment spürte ich, dass alles gut gehen würde; dass unser Baby eines Tages auch so vergnügt mit anderen Kindern spielen würde. Voller Zuversicht gingen wir in die Praxis. Der Arzt vermaß unser Baby sehr genau – ich glaube jedes Knöchelchen einzeln. Er bestätigte: Alles in Ordnung! Überglücklich fuhren wir nach Hause.
In der kommenden Woche hatte Maurice Geburtstag, und ich hatte mir zu diesem Anlass ein ganz besonderes Geschenk für ihn ausgedacht: Ich hatte bei Frau Dr. Hofer einen Termin für einen 3-D-Ultraschall vereinbart. Sie filmte und fotografierte unseren Schatz von seiner besten Seite. Das Ganze wurde am Ende auf CD gebrannt, damit ich sie mit nach Hause nehmen und Maurice schenken konnte. Ich war gespannt, was er zu diesem einmaligen Geschenk sagen würde, zumal das kleine Video verriet, dass wir wieder einen kleinen Sohn erwarteten. Bevor ich das Geschlecht unseres „Pünktchens“ erfuhr, hatte ich gedacht, dass es für Maurice und mich vielleicht einfacher wäre, wenn das Folgekind ein Mädchen würde. Aber diese Gedanken waren sofort wie weggewischt, als ich erfuhr, dass es wieder ein kleiner Junge werden sollte. Genau dieses Wesen, so wie es war, das wollte ich haben, das sollte leben.
Maurice’ Geburtstag fiel auf einen Tag, an dem die deutsche Fußballnationalmannschaft ein wichtiges Spiel der WM 2006 bestritt. Wir waren bei Freunden zum Schauen und Grillen verabredet. Am Morgen schon gab ich Maurice das Geschenk und er war sehr gerührt und ergriffen. Als wir uns zusammen auf dem Laptop den Film ansahen, in dem unser kleiner Bub sein Gesicht an die Plazenta kuschelte, weinten wir vor Rührung. Der Kleine war bereits in meinem Bauch ein Fußballfan, denn nicht nur bei diesem Spiel kickte er fleißig mit.

Der Krankenhausaufenthalt

Der Sommer verstrich langsam – er zog sich wie Kaugummi. Ich las viele Bücher, war auf dem Krimi-Trip. Als ob mir die Spannung in den Büchern nicht gereicht hätte, bekam ich an einem Tag Anfang August seltsame Schmerzen im rechten Oberbauch. Ich musste mich hinlegen, danach ging es wieder. Als Maurice an diesem Abend heimkam und von meinen Schmerzen erfuhr, packte er mich ins Auto und fuhr mit mir in die Klinik. Wir wollten sichergehen, dass alles in Ordnung war. Dennoch waren wir davon überzeugt, dass uns unsere Nerven nur einen Streich spielten und wir unmittelbar nach der Untersuchung zusammen heimkehren würden. Im Kreißsaal schloss man mich ans CTG. Die Herztöne unseres Kindes waren zum Glück sofort hörbar – alles in Ordnung. Uns fiel ein Stein vom Herzen. Allerdings stellten sich meine undefinierbaren Oberbauchschmerzen als leichte Wehen heraus. Der Muttermund war zu diesem Zeitpunkt zum Glück fest verschlossen. Angesichts unserer Vorgeschichte und dem Schwangerschaftsalter (ich war gerade erst in der dreißigsten Schwangerschaftswoche) nahm mich die diensthabende sehr nette und einfühlsame Ärztin stationär auf und schloss mich an einen Tropf mit wehenhemmendem Mittel an. Es war schon nach Mitternacht, als ich endlich auf Station in meinem Bett lag. „Wie gut, dass wir doch noch zur Sicherheit ins Krankenhaus gefahren sind", dachte ich damals und fühlte mich gut aufgehoben. Schlafen konnte ich nicht: Meine Bettnachbarin schnarchte fürchterlich, und mit dem Infusionskabel konnte ich es mir nicht einmal gemütlich machen.

Früh am Morgen kam eine etwas ruppige osteuropäische Schwester und wollte mir Lungenreifungsspritzen verabreichen: „Wenn das Kind jetzt kommt, benötigen Sie die!" Hallo! Was war denn hier los? Ich wollte mein Kind doch noch gar nicht bekommen. Wer sagte denn so etwas? Verwechselten die mich?

War ich bis dahin noch beruhigt und fühlte mich gut aufgehoben, so raste mein Puls unmittelbar nach dieser unerwarteten Aussage. Ich verweigerte die Spritzen und wollte zuerst mit einem Arzt sprechen. Die Schwester zog beleidigt von dannen. Inzwischen wurde ich zur Abwechslung mal wieder ans CTG geschnallt. Bis zu diesem Zeitpunkt ahnte ich noch nicht, wie viele CTGs noch folgen sollten. Maurice hatte die ganze Zeit über versucht, mich auf dem Handy zu erreichen – in der Aufregung hatte ich es nicht gehört. Er stand bereits auf dem Bahnsteig und sein Zug zur Arbeit fuhr ein, als er umdrehte und zu mir in die Klinik fuhr.

Kreidebleich betrat er das Stationszimmer, und ich nahm sofort seine Besorgnis wahr. Seine Erleichterung, dass es mir und unserem Baby gut zu gehen schien, hielt nur kurze Zeit an. Es klopfte an der Tür und eine weitere Schwester trat ein, eine große Schachtel unter dem Arm. Sie stellte sich als Schwester der Neugeborenen-Intensivstation vor, die direkt dem Kreißsaal angeschlossen war. Diese Schwester spulte ungefragt ihr Programm herunter, zeigte uns winzig kleine Windeln und winzig kleine Mützchen sowie Beatmungsschläuche und diverse weitere Utensilien, wie man sie für Frühchen benötigt. Ich sehe mich heute noch, wie ich fassungslos diese klitzekleinen Windeln in meinen Händen hielt, während sie uns erklärte, was uns erwarten würde, falls unser Sohn nun zur Welt käme. Mit einem Mal war alles aus – ich verlor vollends die Fassung. Wenn ich nicht an diesem elenden Tropf gehangen hätte, dessen Nadel mir ohnehin schon in der Vene brannte, wäre ich am liebsten aus dem Bett gesprungen und aus dem Zimmer gerannt. So unsensibel konnte man doch nicht mit einer Schwangeren umgehen. Auch Maurice war sprachlos. So schnell die Schwester gekommen war, so schnell war sie auch wieder – mit ihrer Schachtel unterm Arm – verschwunden. Sprachlos blieben wir zurück und ich weinte vor Angst.

Eine Ewigkeit später kam eine Ärztin und hörte sich unseren Unmut an. Sie klärte uns über die Lungenreifungsspritzen auf, das sei in dieser Klinik unter solchen Umständen Standard. Das Wichtigste: Sie versicherte uns, dass es überhaupt keinen Grund für eine Frühgeburt gebe.

Die Wehen waren dank der Infusion verschwunden und das CTG prima. Ich sollte noch einen oder zwei Tage am Tropf bleiben, dann würde man beobachten, wie es ohne Medikamente weiterginge. Aufgrund unserer Vorgeschichte verordnete die Ärztin mir drei CTG-Kontrollen pro Tag.

Am nächsten Tag befreite man mich vom Tropf und ich konnte mich endlich wieder frei bewegen. Die Wehen blieben aus, die Untersuchungen und der Ultraschall lieferten sehr gute Ergebnisse. Die täglichen CTG-Marathons machten mir allerdings sehr zu schaffen. Statt mir Sicherheit zu geben, verunsicherten sie mich immer mehr, denn es wurde nicht die kleinste Auffälligkeit geduldet. So durfte das CTG zum Beispiel nicht mit einer Schlafphase meines Babys beendet werden. In solchen Fällen wurde an meinem Bauch gerüttelt oder ich musste irgendwelche Aromen inhalieren, damit das Ungeborene erwachte.

Unglücklicherweise entzündete sich meine Vene, in der die Infusionsnadel gesteckt hatte. Deshalb verlängerte sich mein Klinikaufenthalt unnötigerweise, da der Entzündungswert meines Blutbildes extrem in die Höhe gesaust war. Die zusätzlichen Tage im Krankenhaus zerrten sehr an meinen Nerven, denn ich sah und hörte den ganzen Tag über nichts anderes als Frauen mit Problemschwangerschaften. Ich bekam beinahe den

sprichwörtlichen „Krankenhauskoller“. Zum Glück besuchte mich Maurice jeden Abend und tagsüber kamen meine Eltern oder Freunde vorbei. Auf diese Weise hielt ich durch und konnte nach zwölf langen Tagen endlich wieder nach Hause zurückkehren.
Nach meiner Entlassung aus der Klinik wurde ich zweimal pro Woche bei Frau Dr. Hofer zum CTG vorstellig. Alles war bestens und es traten keine vorzeitigen Wehen mehr auf. Ich sollte mich schonen, und deshalb verbrachte ich den Großteil der letzten Wochen vor der Geburt auch artig auf dem Sofa. Zur Förderung innerer Entspannung besuchte ich einen Yoga-Kurs für Schwangere – eine Empfehlung von Michelle –, denn einen normalen Geburtsvorbereitungskurs wollte ich nicht noch einmal machen.
Michelle war seit Beginn der Schwangerschaft eine große mentale Stütze für mich. Sie war immer für mich da, hörte sich meine kleinen und großen Ängste und Sorgen an und verstand es, mich zu beruhigen. Sie überließ mir ihr Gerät, mit dem man die Herztöne des Ungeborenen hören kann. Das Wissen, dass dieses Gerät bei mir in der Schublade lag und ich es zu jeder Tages- und Nachtzeit hätte nutzen können, gab mir ein Stück ersehnter Sicherheit.
Ich erinnere mich an das eine oder andere Mal, als Maurice und ich das Gerät morgens panisch hervorholten, um das kleine Herzchen zu hören, wenn der kleine Mann sich nicht gleich bemerkbar machte. In diesen Situationen schlug mein Herz bis zum Halse. Die Erlösung folgte, sobald ich das bekannte „klack-klack-klack“ hörte. Manchmal holte ich es auch nur so zum Spaß hervor und lauschte dem Herzchen unseres Ungeborenen beim Schlagen. „Schlag weiter, weiter, weiter und höre nicht auf, ehe nicht achtzig oder mehr Jahre vergangen sind“, dachte ich jedes Mal. Insbesondere in den letzten Wochen der Schwangerschaft wollte ich das Gerät nicht mehr missen. In dieser Zeit kreisten meine Gedanken fast pausenlos um die Geburt und deren Planung, bei der mich Michelle wieder einmal maßgeblich unterstützte.

Samuels Weg zu uns

Seit Beginn dieser zweiten Schwangerschaft stand für Maurice und mich fest, dass wir nicht abwarten wollten, bis die natürlichen Wehen zur Geburtseinleitung einsetzten. Psychisch hätte ich es niemals durchgestanden, noch einmal vollständige vierzig Wochen bis zur Geburt unseres Kindes zu warten. Daher kam für mich nur eine Geburt durch Einleitung der Wehen – zwei bis drei Wochen vor dem errechneten Geburtstermin – in Frage. Ich wünschte mir nichts sehnlicher als eine spontane Geburt. Ich brauchte sie als weitere Bestätigung dafür, dass ich

mein Kind gesund gebären konnte; dass ich beziehungsweise mein Körper nicht bei David versagt hatte. Es war mir so unendlich wichtig! Wenn es nach Maurice gegangen wäre, hätten wir einen Kaiserschnitt veranlasst. Da er jedoch meine Gedanken zu diesem Thema kannte, akzeptierte er meinen Wunsch und wollte mich mit all seinen Kräften unterstützen. Frau Dr. Hofer und die Ärzte der Klinik sprachen beide Gebärmöglichkeiten mit all ihren Vor- und Nachteilen mehrfach gemeinsam mit uns durch. So einigten wir uns darauf, zwei Wochen vor dem errechneten Entbindungstermin zunächst einen Wehenbelastungstest zu machen, um zu sehen, wie der Kleine mit den Wehen zurechtkäme. Je nachdem, wie dieser ausfiel, sollte dann die Geburt eingeleitet oder ein Kaiserschnitt durchgeführt werden.
Obwohl es auch in diesem Krankenhaus nicht üblich war, seine eigene Hebamme mit zur Geburt zu bringen, bekamen wir eine Sondergenehmigung, dass Michelle wieder bei der Geburt assistieren dürfe. Ihre Anwesenheit gab mir Sicherheit und Mut, und durch ihren Beistand würden wir die Geburt unseres Kindes mit Bravour meistern. Somit vereinbarten wir für den Wehenbelastungstest einen Termin, der zwei Wochen vor dem errechneten Geburtstermin, am 10.10.2006, in der Klinik stattfinden sollte.
Der Test verlief positiv, der Kleine vertrug die Wehen gut, und man schickte uns noch einmal für eine Nacht nach Hause. Man bestellte uns für den darauffolgenden Morgen um 8 Uhr zur Geburtseinleitung in den Kreißsaal.
In dieser Nacht tat ich kaum ein Auge zu und war froh, als endlich der Morgen anbrach. Maurice und ich machten uns im Badezimmer fertig, als wir ein Zeichen von David bekamen: Eine kleine, gelbe Quietscheente, die bei Berührung zu blinken beginnt, saß auf dem Fensterbrett im Bad. Als wir davon sprachen, dass David während der Geburt ganz sicher auf uns und sein Brüderchen aufpassen würde, begann dieses Entlein plötzlich von alleine wild zu blinken. Keiner von uns beiden hatte es berührt. Ich bin davon überzeugt, dass David in diesem Moment ganz nahe bei uns war, uns für die kommenden Stunden Mut zusprechen und stärken wollte.
Mit Tränen in den Augen fuhren wir in der Morgendämmerung zum Friedhof, um uns für dieses Zeichen zu bedanken und uns noch eine Portion Kraft bei ihm zu holen, bevor wir singend in Richtung Klinik düsten. Im Kreißsaalbereich erwartete man uns bereits. Nach einem CTG – das sogar leichte Wehenaktivitäten anzeigte – und einem abschließenden Gespräch mit dem Oberarzt wurde mir die erste Dosis Wehenmittel verabreicht. Dann schickten uns die Hebammen spazieren. Ich sollte jedoch in regelmäßigen Abständen zur CTG-Kontrollc vorbcischauen.

Ein CTG um die Mittagszeit herum zeigte bereits deutliche, regelmäßige Wehen und die vaginale Untersuchung ergab eine leichte Öffnung des Muttermundes: Es schien tatsächlich loszugehen. Die Wehen waren noch nicht sehr intensiv, sodass wir in einem Bistro in der Herbstsonne zu Mittag aßen. Im Laufe des Nachmittags wurden die Wehen richtig stark. Deshalb hielten wir uns nur noch im Klinikgebäude auf und man verabreichte mir kein weiteres wehenförderndes Medikament mehr, da die Ärzte und Hebammen glaubten, dass die Geburt auch ohne äußere Einflüsse seinen Lauf nähme. Gegen Abend jedoch flachten die Wehen deutlich ab, was das letzte CTG um 20 Uhr bestätigte. Wir einigten uns mit dem Arzt darauf, dass ich die Nacht zum Schlafen nutzen sollte. Am nächsten Morgen würden wir gestärkt fortfahren.
Wir bezogen unser Familienzimmer und Maurice schlief bald ein. Ich war froh, nicht alleine sein zu müssen, tat jedoch kaum ein Auge zu, da ich die ganze Nacht über mittelstarke Wehen hatte.
Am nächsten Morgen löste sich mein Schleimpfropf ab. Maurice und ich marschierten wie besprochen um 8 Uhr in den Kreißsaal; wir hatten Handtasche und Sonnenbrille dabei, weil ich glaubte, wir müssten wieder spazieren gehen. Erneut wurde ein CTG geschrieben und nach Rücksprache mit dem Arzt legte mir die Hebamme einen Zugang für den Anschluss an einen Wehentropf. Ein wehenförderndes Gel schien ich nicht mehr zu benötigen: Der Muttermund war bereits vier Zentimeter offen.
Die Wehen wurden rasch stärker und schmerzhafter. Da sich der Muttermund dennoch nicht weiter öffnete, entschieden sich die Hebammen in Absprache mit mir für eine PDA. Meine Angst, dass es wieder so ein Dilemma beim Legen der PDA geben könnte, wie es bei Davids Geburt der Fall gewesen war, war sofort wieder präsent. Dementsprechend skeptisch stand ich dem Anästhesisten gegenüber. Doch entgegen meinen Erwartungen klappte das Legen der PDA gleich beim ersten Versuch und die Wirkung trat diesmal gleichmäßig auf beiden Seiten ein. Ich war sogleich beruhigt und konnte mich entspannen. Die Entspannung meines Körpers wirkte sich auch auf den Muttermund aus, denn dieser öffnete sich nun langsam, aber kontinuierlich. Die Wehen blieben konstant stark, wovon ich durch die PDA nichts mehr spürte. Alle waren guter Dinge, dass der Kleine voraussichtlich am späten Nachmittag auf der Welt sein würde.
Als die PDA nach circa zwei Stunden ihre Wirkung verlor, hatte sich leider zwischenzeitlich kaum eine weitere Entwicklung gezeigt. Die Hebammen ließen den Dingen dennoch ihren Lauf und untersuchten mich in regelmäßigen Abständen. Gegen 18 Uhr war der Muttermund bereits sieben Zentimeter geöffnet und die Hebammen entschieden, die (bisher noch intakte) Fruchtblase zu öffnen. Mit einem Spezialhandschuh stach die

Hebamme die Fruchtblase auf, was ich kaum spürte. Ich merkte nur, wie das Fruchtwasser abging und mein Baby einen ordentlichen Rutsch nach unten machte. Die Wehen wurden mit einem Mal wieder sehr stark und ich veratmete sie tapfer. Doch es dauerte noch eine ganze Weile, bis der Muttermund vollständig geöffnet war.
Endlich spürte ich den Drang zu pressen, der Muttermund war offen und nun sollte es nicht mehr lange dauern, bis mein Schatz in meinen Armen liegen würde. Man bugsierte mich in die verschiedensten Lagen zum Pressen. Geduldig ließ ich die Anweisungen über mich ergehen und presste, was das Zeug hielt.
Kurz nach 20 Uhr dunkelten die Hebammen den Kreißsaal ab, nur kleine Spots leuchteten an der Decke. Ich empfand es wie einen Blick in den Sternenhimmel – zu David. Ich war voller Vertrauen, dass er seinen kleinen Bruder auf den letzten Zentimetern seines Weges ins Leben behüten würde. Es wurde sanfte Musik gespielt. Die Hebammen, Maurice und Michelle standen um mich herum, hielten mich hoch, stützten mich und dann vernahm ich die erlösenden Worte: „Nur noch einmal, dann ist er da." Ein letztes Mal holte ich tief Luft und presste mit aller Kraft.
20:22 Uhr: Samuel war geboren und schrie aus Leibeskräften! Die Hebamme legte ihn mir auf die Brust. Maurice und ich weinten – vor purem Glück, Erleichterung und Dankbarkeit! Samuel hatte die Augen weit aufgerissen und schaute uns ungläubig an. Ich küsste und liebkoste das kleine, rosige Kerlchen. Gemeinsam nabelten Maurice und ich unseren Sohn ab, woraufhin die Hebammen die erste Untersuchung vornahmen. Sie wogen und vermaßen den kleinen Samuel. Da mein Damm leicht gerissen war, wurde ich genäht. Maurice durfte unseren Sohn zwischenzeitlich zusammen mit Michelle anziehen. Anschließend verabschiedete sich Michelle von uns. Frisch gewaschen und angezogen bekam ich Samuel wieder in die Arme gelegt und er suchte sofort eifrig nach meiner Brust. Ich konnte mein Glück kaum fassen; die Tränen liefen, während mein Sohn gierig nuckelte. Schon bald darauf brachte uns eine Schwester auf unser Zimmer und versorgte uns mit allem Nötigen.
Die Tür verschloss sich hinter ihr. Wir waren allein, wieder allein zu viert: Maurice und ich, Samuel – schlafend zwischen uns – und David in unseren Herzen. Zusammen mit unserem Kind im Krankenhauszimmer, wie einst mit David. Doch unser zweiter Sohn lebte.
Wir riefen unsere Eltern an und verkündeten Samuels Geburt. Körperlich war ich ziemlich erschöpft und schlief bald ein. Mein letzter Gedanke vor dem Einschlafen war ein stummer Monolog mit David. Ich dankte ihm für Samuel, sein wunderbares Geschenk.

Maurice:
Der Moment der Geburt war der glücklichste meines Lebens – die Erinnerung erzeugt noch immer Gänsehaut. Die Hebammen hatten besonders schönes Licht gemacht, und wir warteten (bei Anna würde ich es nicht als „warten" beschreiben) darauf, dass Samuel seine Höhle verließ. Als er endlich draußen war, war es zunächst still. Ich konnte diese Stille kaum ertragen, zu sehr hatte sie sich in mein Herz eingegraben. Erste Erleichterung machte sich breit, als sich Samuel schließlich zu uns umblickte. Erst sah er zu Anna, dann zu mir und endlich begann er, beherzt zu schreien. Dieses Schreien öffnete bei uns die Schleusen: Wir weinten vor Glück. Ich vergaß alles um mich herum und genoss diesen Augenblick.
Wir konnten es kaum erwarten, ihn endlich in die Arme zu schließen. Als er dann bei Anna auf der Brust lag, machten wir uns miteinander bekannt. Ich war fasziniert von seinen Fingerchen mit den klitzekleinen Fingernägeln. Wir streichelten ihn vorsichtig und sprachen ganz leise zu ihm.

Mein Leben heute

Ich hatte schreckliche Angst vor dem plötzlichen Kindstod, und in den ersten Wochen und Monaten nach Samuels Geburt schaute ich viele Male nachts nach, ob er noch schnaufte. Dass meinem Kind etwas zustoßen könnte und ich wieder keine Chance haben würde, es zu verhindern, brachte mich fast um den Verstand. In dieser Zeit voller Angst vertraute ich jedoch auf David und Gott. Ihnen sprach ich oft die Verantwortung zu, wenn ich kurz davor war, vor Angst verrückt zu werden. Zu ihnen hatte ich bereits die gesamte Schwangerschaft über gebetet und ich wurde erhört – „Samuel" bedeutet im Übrigen „Gott hat erhört". Inzwischen bin ich ruhiger geworden, aber dennoch ängstlicher als vermutlich andere Mütter. Ich bin sehr vorsichtig.
Samuel entwickelte sich von Anfang an prächtig. Er ist unser ganzer Stolz und Sonnenschein; ein Wildfang voller Temperament. Manchmal, wenn ich ihn beim Spielen und Toben beobachte, frage ich mich, woher er das Temperament wohl hat. Maurice und ich sind eher ruhigere Typen. Ich glaube, dass ein Teil von David in ihm weiterlebt. Bis vor Kurzem noch empfand ich die Vorstellung, dass es Samuel wahrscheinlich nicht geben würde, wenn David gelebt hätte, als unheimlich. Dieses Empfinden hat sich zwischenzeitlich jedoch geändert. Ich bin nun der Meinung: Es gibt Samuel nur, weil es David gab! Diesen Gedanken empfinde ich als sehr versöhnlich

und er erfüllt mich mit Stolz auf meinen „Großen“. Gott hat zwei Kinder für mich ausgesucht. Jedes von ihnen hat(te) seinen ganz eigenen Weg.
Ich genieße jeden Augenblick mit Samuel, auch in Zeiten, in denen er mir sehr viel Kraft abverlangt. Ich bin so dankbar, dass ich das Glück, Mutter mit lebendem Kind zu sein, doch noch erleben darf. Oft wische ich mir eine Träne aus dem Augenwinkel, wenn Samuel „Mama“ ruft oder die Ärmchen nach mir ausstreckt. Ich weiß, dass es ein großes Wunder ist und alles andere als selbstverständlich, wenn man ein gesundes Kind haben darf.
An David denke ich heute, zwei Jahre nach seinem Tod, in Liebe und Dankbarkeit zurück. Ich bin ihm unendlich dankbar für Samuel. Und ich bin dankbar für die Zeit, die ich mit ihm hatte, in der ich so viel Liebe erfahren und spüren konnte. Diese Liebe zu ihm wird uns immer verbinden. Er ist mein allwissender und immer präsenter, innerer Begleiter geworden, mit dem ich oft Zwiesprache halte oder den ich um seinen Rat frage. Ich sehe ihn als Fischer, der sein Netz spinnt, es auswirft und seine Fänge macht. Er hat uns in unserer schlimmsten Zeit neue Menschen geschickt, die uns zur Seite standen, hat alte Beziehungen wieder aufleben lassen, die Menschen miteinander verbunden und vernetzt. Und er hat den größten, unbezahlbaren Fang gemacht: Samuel!
Oft versuche ich mir vorzustellen, wie David wohl geworden wäre: wie er ausgesehen hätte, ob er ebenso wild wie Samuel oder ruhiger gewesen wäre. Was er heute schon alles könnte und was seine Vorlieben wären. Und es tut weh zu wissen, dass ich das, was ich mit Samuel erleben darf, nicht mit David erleben kann. Ich hätte ihm doch so gern die Welt gezeigt, die Vögel am Himmel, das Meer und die Blumen. Aber David hat dennoch seinen ganz eigenen Platz in unserem Leben gefunden. Ich danke ihm täglich, dass er so gut auf Samuel aufpasst. Samuel wird mit David aufwachsen: Wir nehmen ihn jetzt schon häufig mit zum Friedhof und wir werden auch zukünftig mit ihm über David sprechen.
Dennoch habe ich ein wenig Angst davor, dass Samuel sich eines Tages als Ersatz für David sehen könnte. Um dies zu vermeiden, werden Maurice und ich ihm zunächst kindgerecht und später genauer erklären, was passiert ist. Durch unsere Liebe werden wir ihm zeigen, dass er in keiner Konkurrenz zu David steht; dass wir beide Kinder gleichermaßen lieben, jedes auf seine Weise, so wie das bei Geschwistern nun einmal ist. David und Samuel sind Geschwister: Samuel hat einen großen Bruder, und ich höre ihn heute schon stolz zu seinen Freunden sagen: „Mein Bruder ist ein Engel.“

Maurice:

Die ersten Wochen mit Samuel waren sehr schwer für mich. Ich hatte keine Erfahrung mit Babys und deshalb Angst, ihn auf den Arm zu nehmen, ihm durch meine Ungeschicklichkeit wehzutun. Des Öfteren bat ich Michelle um Hilfe. Sie sagte, ich müsse mit Samuel nicht so behutsam umgehen wie mit David. Samuel sei wesentlich stabiler, sein Köpfchen nicht so weich. Ich fühlte mich dennoch überfordert und konnte die ersten Wochen nicht unbeschwert genießen. Und genau das setzte mich zusätzlich unter Druck: Diesmal hatten wir wirklich das bekommen, was wir uns sehnlichst gewünscht hatten – und nun konnte ich es nicht genießen. Michelle half mir, meine Angst zu überwinden und mehr Selbstvertrauen zu bekommen.

Ich setze mich auch heute noch oft unter Druck, weil ich ein besonders guter Vater sein möchte. Vielleicht liegt es daran, dass ich zwei Kinder liebe, aber nur eins in den Arm nehmen kann. Ich möchte zu Samuel immer ein liebe- und vertrauensvolles Verhältnis haben und wünsche mir so sehr, dass er mich auch in zwanzig Jahren noch gerne in den Arm nimmt.

David habe ich – entgegen meinen Ängsten – niemals vergessen. Der Schmerz hat sich verändert: Die Leere ist gewichen und das Leben hat wieder einen Sinn. Davids Tod war wie ein Erdbeben, das meine Welt vollkommen zerstörte; kein Stein stand mehr auf dem anderen. Ich ging abends ins Bett und hoffte, dass am nächsten Morgen alles wieder gut wäre. Doch als ich morgens erwachte und die Orientierung wiedergefunden hatte, waren der Schmerz und die Sinnlosigkeit noch immer da. Das Interesse an jeglichen Dingen war verschwunden – ich hatte keinerlei Motivation. Die Welt drehte sich unerbittlich weiter, doch ich bekam nichts davon mit. Wir verschanzten uns in unserem Schlafzimmer, lasen, redeten und hörten entspannende Musik. Wenn ich heute diese CDs höre, so kann ich die damalige Stimmung reproduzieren. Neben den vielen Fotos ist das eine wichtige Erinnerung.

Freude empfand ich nur noch bei den Besuchen von Michelle und Rike, die bis dahin zwei Unbekannte waren. Mit Verwandten und Freunden mochte ich nicht über meinen Schmerz reden; ich glaube, sie konnten ihn ohnehin nicht ertragen. Ich ging ihnen aus dem Weg und war froh, nicht mit ihnen sprechen zu müssen, da ich ganz mit mir beschäftigt war.

Irgendwann wurde ich durch etwas angetrieben – bis heute kann ich den Auslöser nicht identifizieren. Ich begann zu suchen und wusste nicht wonach: Ich las sehr viel und dachte über mich und uns nach; ich schrieb Tagebuch; besuchte meinen Seelengarten; sogar einen Geistheiler. Dinge, die ich früher belächelte, hinterfragte ich nun und probierte sie aus. Das Erdbeben hatte alles zerstört und ich musste meine Stadt neu aufbauen. Ich drehte alle Steine um und fragte mich, ob sie anders angeordnet vielleicht ein besseres Bild ergaben als zuvor.
Irgendwann dämmerte mir, wonach ich suchte: Ich war auf der Suche nach dem Sinn meines Lebens, auf der Suche nach mir selbst und auf der Suche nach Gott. Ich las die Bestseller-Trilogie „Gespräche mit Gott" von Neale Donald Walsch. Darin wurden die für mich interessanten Fragen gestellt. Mehr und mehr spürte ich, dass ich Gott gar nicht im Himmel oder der Bibel suchen musste, sondern tief in mir. Dort fand ich schließlich meinen Sohn David – beide sprechen über meine Gedanken zu mir. Manchmal spüre ich, dass David sich an mich kuschelt und mich tröstet.
Die Frage „Wenn es einen Gott gibt, warum lässt er das zu?" hat mich lange beschäftigt. Heute habe ich eine Antwort für mich gefunden: Ich glaube, dass wir das Geschehene negativ interpretieren. Verständlicherweise empfinden wir einen unbeschreiblichen Schmerz, aber ich glaube, dass David es ganz anders empfindet und nicht versteht, warum wir so traurig sind. Er weiß, dass wir uns schon bald wiedersehen und die Zeit unserer Trennung nur einen Bruchteil unserer gemeinsamen Zeit ausmacht. Die Situation ist ähnlich wie vor der Geburt: Wir können einander nicht anfassen und uns dennoch nahe sein.
Diese Vorstellung hat mir sehr geholfen, den Verlust meines Sohnes anzunehmen. Sie spendet mir Trost und gibt mir die Kraft und Zuversicht, das Beste aus meinem Leben auf Erden zu machen. Der Sinn meines Lebens ist mir klarer geworden, weil ich eine tiefe Einsicht in mich erhalten habe, die mein Weltbild veränderte. Ich möchte niemanden von meinem neuen Weltbild überzeugen; so wie jeder seinen Weg aus der Trauer finden muss, so muss auch jeder seinen Weg im Leben finden. Ich wünsche mir, dass wir die Wege anderer tolerieren und respektieren, auch wenn wir sie für falsch erachten.
Ob nun meine Vorstellung vom Leben und von Gott richtig ist oder falsch, wird mir zu Lebzeiten niemand beantworten können.

Vielleicht habe ich mir nur eine Scheinwelt konstruiert (um den Schmerz erträglicher zu gestalten), vielleicht habe ich aber auch das Geheimnis der Welt entdeckt? Niemand weiß es – wahrscheinlich ist es von allem etwas. Ob richtig oder falsch spielt dabei allerdings überhaupt keine Rolle. Entscheidend ist, dass wir nicht mit unserem Schicksal hadern, sondern immer nach vorn schauen und das Beste daraus machen. Wir haben eventuell nur dieses eine Leben und das sollten wir nutzen.
Ich weiß nicht, wohin uns ein anderer Trauerweg geführt hätte. Vielleicht gibt es bessere Routen als die, die wir eingeschlagen haben. Wir sind den Weg durch das Tal der Tränen gegangen, der für uns – so glaube ich – die richtige Wahl war. Wir haben keine Angst mehr davor, dass wir in ein tiefes Loch fallen und die dunklen Wolken erneut aufziehen. Wir lassen unsere Trauer weiterhin tagtäglich zu, doch dominiert sie nicht mehr unser Leben.

Mein Verhältnis zu Maurice und meinen Schwiegereltern heute

Maurice und ich haben uns sehr verändert. Auf den ersten Blick sind diese Veränderungen vielleicht nicht für jeden erkennbar. Maurice und ich sind eine untrennbare Einheit geworden, auch wenn wir nicht mehr so frei und naiv sein können wie vor Davids Geburt. Dafür lernen wir täglich Neues von- und miteinander. Früher waren wir sehr gesellige Menschen und unternahmen viel mit Freunden. Heute sind wir am liebsten mit Samuel allein, egal wo: Hauptsache zusammen!
Zu meinen Schwiegereltern habe ich heute, positiv ausgedrückt, ein neutrales und oberflächliches Verhältnis. Mehr kann man von mir nicht erwarten, nach allem, was sie uns angetan haben. Ihr Verhalten wirkt auf mich vollkommen aufgesetzt und unehrlich. Für ein solches „Schauspiel" aber habe ich keine Kraft – so ertrage ich die Situation stillschweigend.
Noch immer habe ich den Eindruck, dass sie mir die Schuld geben. Nicht an Davids Tod, aber an dem Kummer, den ihr Sohn deswegen ertragen musste. Ich fühle mich als das schwarze Schaf der Familie. Sie lassen es mich spüren, nicht immer offensichtlich, aber oft ganz subtil, wie zum Beispiel an Weihnachten 2007: Für zwei Tage fuhren wir zu ihnen zu Besuch. Ich tat es letztendlich Maurice zuliebe. An einem Abend saßen wir zu viert beisammen und versuchten krampfhaft, eine Unterhaltung zu führen. Meine Schwiegermutter erzählte von einer Kneipe in der Nachbarschaft, die, kaum geöffnet, schon wieder schließen musste. Lachend sagte sie: „Die Kneipe ist ein tot geborenes Kind." Geschmackloser, verletzender und dümmer hätte der Vergleich nicht sein können. Nichts, aber auch rein gar nichts hatten sie

verstanden. Ich habe wegen ihnen viel gelitten, aber das ist nun vorbei. Ich habe den Weg zurück ins Glück gefunden und lasse mich nicht mehr durch sie davon abbringen. Maurice steht vollkommen zu mir.

Davids Geschenke

Ich habe gelernt, wie kurz und kostbar das Leben ist und wie schnell es vorbei sein kann. Nur ein Herzschlag lag für David zwischen Leben und Tod. Sein Tod hat mir bewusst gemacht, dass wir alle vergänglich sind und nur für eine begrenzte Zeit im Diesseits leben.

Dinge, die mir früher wichtig erschienen, sind heute nichtig. Über vieles, worüber ich mich früher aufregen und ärgern konnte, kann ich heute nur noch die Schultern zucken oder lächeln – naja, meistens zumindest. Die Prioritäten im Leben haben sich tatsächlich grundlegend verschoben. Ich bin jedoch weniger tolerant meinen Mitmenschen gegenüber geworden, denn ich weiß, wie schnell die Zeit auf Erden vorbei sein kann. So erwische ich mich manchmal dabei, wie ich oft nicht mehr die Geduld aufbringen kann, mich auf oberflächlichen Small Talk einzulassen, und solche Gespräche dann schnell abbreche. Auch mein Mitgefühl für das Leid anderer ist sprunghaft angestiegen. Vieles lässt mich in Tränen ausbrechen. Die Ehrfurcht vor jedem Individuum ist gewachsen, sodass ich in jedem noch so kleinen Tier Gottes Schöpfung sehe. Meine Fähigkeit, den Augenblick zu genießen und mich über Kleinigkeiten zu freuen, ist ebenso viel stärker und intensiver geworden. Eine Fähigkeit, auf die ich wahrhaftig stolz bin, denn nicht vielen Menschen ist dieses Glück vergönnt. Ich glaube fest daran, dass mir David diese Geschenke gemacht hat, dass er mir auf diese Weise seine Liebe zeigt.

Ich habe mich mit meinem Schicksal und meinem Körper versöhnt. Heute weiß ich, dass der Trauerweg viel Mut und Kraft erfordert. Es ist so schwer, diesen Weg zu gehen, und oft ist es deprimierend zu wissen, dass er niemals wirklich zu Ende sein wird. Manchmal werde ich unterwegs schwach und müde und muss mich ausruhen, um neue Kraft zum Weitergehen schöpfen zu können. Manchmal führt er mich in Sackgassen, endet vor einer Mauer, zwingt mich zum Umkehren. Dann muss ich mir einen neuen Weg suchen. Der Trauerpfad geht niemals geradeaus und oftmals muss ich ausweichen. Und der Pfad führt nicht stetig bergauf. Unterwegs falle ich immer wieder in Löcher und tappe in Fallen. Aber das alles ist unser Weg mit David: der Weg, den das Leben für uns vorgesehen hat und den ich bewusst mit ihm bis zu unserem Wiedersehen gehen möchte.

Trauer macht einsam. Viele Mitmenschen können mit uns und unserem Schicksal nicht umgehen, sie meiden uns, haben Angst. Ich kann sie verstehen, kann ihnen dafür nicht böse sein. Denn nur wer selbst einen geliebten Menschen verloren hat, kann erahnen, was in uns vorgeht. Ich hingegen habe gelernt, meine Trauer anzunehmen und auszuleben. Ich bin bereit zu lernen und bereit zu leben. Ich erwarte nicht, dass Davids Name täglich genannt wird, aber jeder, der es tut, bringt Licht in mein Herz. Ich habe sehr gelitten. Ich wurde ins kalte Wasser geworfen und nicht gefragt, ob ich schwimmen kann. Oft ging ich unter, tauchte schwer atmend wieder auf, klammerte mich an der nächsten Boje fest, bis ich von einer Welle erneut unter Wasser gedrückt wurde. Mittlerweile hat sich das Wasser beruhigt, der Sturm nachgelassen und die gefährlichen Wellen kommen seltener und mit weniger Macht über mich. Mit der Zeit bin ich eine bessere Schwimmerin geworden – das lange Trainieren zeigt erste Erfolge: Heute kann ich mich besser über Wasser halten und ich weiß, wie ich mich verhalten muss, wenn eine neue Welle anrollt. Außerdem bin ich mir darüber bewusst, dass immer wieder eine kommen wird. Deshalb trainiere ich weiter: den Rest meines Lebens – so lange, bis mich eine von ihnen zu David spült …

Teil 3

Sigrid Frank

Sternenkind

Leonie

1 Vom Kind zur Frau

Mit meinen siebenundzwanzig Jahren bin ich vielleicht noch nicht alt. Dafür habe ich in den letzten zweieinhalb Jahren so viel an Lebenserfahrung gewonnen, wie sie vermutlich manch Achtzigjähriger nicht besitzt.

Bis zu meinem vierundzwanzigsten Lebensjahr habe ich in und um Halle gewohnt. Ich wohnte viele Jahre mit meinen Eltern in einer wunderschönen großen Altbauwohnung auf einem Krankenhausgelände am Rande der Stadt. Meine Mutter arbeitete damals in diesem Krankenhaus zuerst als Krankenschwester und später als Pflegedienstleiterin. Ich verbrachte im Grunde fast meine ganze Kindheit dort; auf dem Gelände befand sich auch mein Kindergarten.

Zu DDR-Zeiten machte den Großteil dieser Anlage eine Klinik für psychisch Kranke aus. Ich sage deswegen heute noch: „Ich bin in der Psychiatrie groß geworden." Das mag man belächeln, aber für mich und die anderen Belegschaftskinder war das damals eine wunderschöne Zeit und wir schwärmen heute noch davon.

Als junges Mädchen hatte ich keine festen Hobbys. Meine Eltern hielten anscheinend nicht viel davon, mich zu fördern. Ich durfte zwar ab und an zum Kindertanz oder zum Vorschulsport, ging jedoch nie einer dauerhaften und regelmäßigen Freizeitbeschäftigung nach. Später sagten meine Eltern zwar immer, ich solle mir doch ein Hobby suchen, aber geholfen haben sie mir beim Finden eines solchen nicht.

Meine Schwester hingegen wurde in jeder Hinsicht unterstützt. Sie durfte ein Musikinstrument lernen und später in ein Tanzstudio gehen. Die ganze Familie stand voll hinter ihr und ihren Aktivitäten, was mich sehr verletzte – ich fühlte mich benachteiligt.

Als ich schließlich zwölf Jahre alt war, wurde ich endlich fündig bei der Suche nach einem geeigneten Hobby. Auf dem Krankenhausgelände ging auch ein Karnevalsverein, in dem meine Mutter Mitglied war, seinen Aktivitäten nach. Als dort die Anzahl der Mitglieder merklich abnahm und der Verein kurz vor der Saison dringend Leute für seine Tanzgruppe suchte, brachte sie mich auf die Idee, mich als neues Mitglied zur Verfügung zu stellen. Ich hatte Bedenken, ob dies das Richtige für mich sein würde, wollte jedoch einen Versuch wagen.

Entgegen meiner Befürchtungen machte mir die Arbeit im Verein von Anfang an Spaß, und ich wollte nicht nur kurzfristig der „Notnagel" sein, sondern auch in Zukunft dabeibleiben. So kam es auch, dass ich meine ehemals beste Jugendfreundin Tina, die heute noch aktives Mitglied im Karnevalsverein ist, ebenfalls „ins Boot" holte.

Nach der Fachoberschule begann ich in einer kleinen Firma, die sich mit dem Vertrieb von Bürobedarf und -technik beschäftigte, eine Ausbildung zur Groß- und Außenhandelskauffrau. Mit meinen Eltern und meiner Schwester war ich zwischenzeitlich von der schönen Altbauwohnung auf dem Klinikgelände in ein Haus in einen Vorort von Halle gezogen.
Die Arbeit in meiner Ausbildungsfirma bereitete mir großen Spaß, zudem ging mir die Berufsschule leicht von der Hand. Ich wechselte noch während der Ausbildung in den Außendienst des Unternehmens und betreute fortan meinen eigenen Kundenkreis. Dementsprechend absolvierte ich meine Ausbildung mit Bravour.
Zwei weitere Jahre blieb ich in der Firma, bevor ich mich nach Alternativen umschaute, denn mein Aufgabengebiet wäre recht eintönig geblieben und es hätte keine Aufstiegschancen für mich gegeben. Zudem wäre, bedingt durch die Unternehmensgröße, immer eine gewisse Angst vor einer möglichen Arbeitslosigkeit geblieben.
Mittlerweile war ich finanziell unabhängig, ich konnte mich also von zu Hause abnabeln und in eine eigene Wohnung ziehen. Am liebsten wäre ich in Halle geblieben: Der Karnevalsverein und die Freunde, die ich dort gewonnen hatte, waren mittlerweile ein ganz fester Bestandteil meines Lebens geworden, den ich nur ungern aufgeben wollte.
Ich schaute mich daher zunächst in der näheren Umgebung nach einer anderen Arbeitsstelle um, wollte aber am liebsten in der Büromaterial-Branche bleiben. Als ich nur Absagen erhielt und keine Möglichkeit für mich sah, innerhalb der Branche regional tätig zu werden, beschloss ich, mich deutschlandweit umzusehen. Eine meiner Bewerbungen trug Früchte und die entsprechende Firma wollte mich sofort einstellen, weshalb ich im Jahre 2003 berufsbedingt ins Rheinland zog. Seitdem arbeitete ich in einer Einkaufsgenossenschaft in der Nähe von Köln, wo ich schließlich die Liebe meines Lebens, meinen heutigen Ehemann Uwe fand.
Bereits ein paar Jahre vor meinem Arbeitsbeginn in der neuen Firma lernte ich Uwe über das Telefon kennen – diese „Begegnung" fiel eher negativ als positiv aus. Damals war ich noch für meine Ausbildungsfirma tätig, die eine Mitgliedsfirma der Einkaufsgenossenschaft war, wegen der ich letztendlich ins Rheinland gezogen bin.
Jedenfalls wollte ich für ein spezielles Computer-Bestellsystem „freigeschaltet werden", was in den Aufgabenbereich von Uwe fiel. Unser Telefonat eskalierte damals unerwartet, denn ich musste am Telefon recht laut werden, um mein Ziel zu erreichen.
Ich hatte diese Aufforderung zur Freischaltung meines Zugangs schon ein paar Mal ohne Erfolg gestellt und war daher am Telefon etwas ungehalten.

Uwe dachte damals nach dem Gespräch, wie er später zugab: „Was für eine arrogante und unangenehme Person.“ Ich war nach unserem Telefonat ungemein aufgebracht und sagte zu meinen Kollegen: „Wenn man dort nicht lauter wird, fangen die gar nicht erst an zu arbeiten.“ Andererseits war ich froh, dass mir Uwe endlich geholfen hatte, weshalb mir mein Verhalten im Nachhinein leidtat.
Mit dem Wechsel in die neue Firma wurde ich demnach ein paar Jahre später eine direkte Kollegin von Uwe und wir arbeiteten seiner Ansicht nach sehr kollegial zusammen. Ich hingegen sah ihn nicht „nur“ als Kollegen, sondern fand ihn auch noch ausgesprochen attraktiv, weshalb ich ihm eines Tages eine mutige E-Mail schrieb und ihn um eine Verabredung bat.
Ich erhielt daraufhin eine positive Rückantwort und wir verabredeten uns für Samstagabend in der Kölner Innenstadt. Da ich mich dort noch nicht sehr gut auskannte, wollten wir uns vor einer bekannten Fast-Food-Kette treffen.
Schon Tage zuvor war ich total aufgeregt und kaufte, extra für diesen Anlass, zusammen mit meiner Kollegin und damaligen Freundin Ina neue Klamotten. An besagtem Samstag wurde die Aufregung im Laufe des Tages so schlimm, dass ich, trotz des großen Hungers, den ich verspürte, nur drei kleine Nudeln herunterbekam.
Am Abend fuhr ich schließlich in die Kölner Innenstadt und stellte mich vor das besagte Restaurant, um auf Uwe zu warten. Was ich nicht hatte ahnen können: Er war bereits vor mir eingetroffen, hatte sich jedoch absichtlich abseits gestellt, um mich bei meiner Ankunft zu beobachten. Während ich also nach ihm Ausschau hielt, beobachtete er mich heimlich und dachte: „Sigrid sieht aber verdammt gut aus“, was er mir irgendwann einmal später gestand.
Ich verbrachte einen traumhaft schönen Abend mit Uwe. Wir redeten und lachten sehr viel. Zum Abschied brachte er mich noch zum Auto. Schon bald wollten wir wieder etwas zusammen unternehmen – da waren wir uns einig. Uwe verabschiedete sich mit einem Wangenkuss von mir, der mein Herz höher schlagen ließ. Mit diesem Kuss war ich mir sicher, dass es mit uns etwas werden könnte.
Einige Treffen später funkte es tatsächlich endgültig zwischen uns. Nach einem ausgiebigen Frühstück an einem Sonntagmorgen und einem anschließenden Kinobesuch kamen wir uns bei ersten schüchternen Berührungen in einem Biergarten näher. Im Kino hatten wir noch ganz brav nebeneinander gesessen und kurze Zeit später hatte ich in diesem Biergarten bereits tausende Schmetterlinge im Bauch.

Es dauerte nicht lang, bis Uwe und ich feststellten, dass wir wie füreinander geschaffen waren. Wir waren uns sehr schnell vertraut und ich hatte das Gefühl, ihn schon ewig zu kennen.
Im Grundsätzlichen waren wir uns sehr ähnlich und gleichzeitig ergänzten wir uns bei unterschiedlichen Wesenszügen optimal. Uwe liebte mich so, wie ich war, ich brauchte mich nicht zu verstellen und konnte einfach ICH sein. Außerdem verhalf mir Uwe zu neuen sozialen Kontakten, die ich bis dahin an meinem neuen Wohnort noch nicht hatte aufbauen können.
Obwohl jeder von uns eine eigene Wohnung hatte, verbrachten wir die meiste Zeit zusammen. Die Woche über waren wir bei mir, da ich nur zehn Kilometer von der Firma entfernt wohnte; das Wochenende verbrachten wir bei Uwe, da seine Wohnung einfach mehr Platz bot.

2 Unsere Liebe trug Früchte

Zwischenzeitlich war Uwe ein fester Bestandteil meiner Gedanken an die Zukunft geworden, und eines Morgens, als wir noch gemeinsam im Bett kuschelten, kamen wir auf das Thema Kinder zu sprechen. Wir waren sofort einer Meinung, dass wir gemeinsame Kinder haben wollten.
Seit diesem Gespräch ließ uns der Gedanke nicht mehr los; wir malten uns immer wieder aus, wie es wohl mit Kindern wäre.
Nur kurze Zeit später waren wir uns absolut sicher: Wir wollten nicht nur zusammenbleiben, sondern auch eine eigene Familie gründen. Und das lieber früher als später.
Uwe überließ es mir, wann ich die Pille absetzen und es darauf ankommen lassen wollte. Ich entschied schließlich, dass es kurz vor unserem gemeinsamen Urlaub im Sommer 2004, den wir gerade geplant hatten, zeitlich günstig wäre. Am liebsten wäre ich unmittelbar nach Absetzen der Pille schwanger geworden, war mir jedoch darüber im Klaren, dass man eine Schwangerschaft nicht auf Knopfdruck herbeirufen kann und es durchaus dauern könnte, bis ich endlich schwanger werden würde – zumal ich jahrelang auf diese Weise verhütet hatte.
Wie erwartet klappte es mit einer Schwangerschaft im Urlaub nicht. Dennoch: Wir wollten uns nicht unter Druck setzen. Ich sagte zwar Monat für Monat: „Wir müssen weiter üben", blieb dabei aber trotzdem möglichst entspannt.
In den Monaten des Übens begaben wir uns auf Wohnungssuche. Wir wollten unsere beiden Haushalte zum Zeichen unserer Zusammengehörigkeit auflösen und in eine große gemeinsame Wohnung ziehen.
Das gestaltete sich im Kölner Norden jedoch sehr schwierig. Was wir für Wohnungen gesehen haben, glaubt man kaum. Die Zeitungsanzeigen klangen oft vielversprechend, aber die Realität sah dann meist völlig anders aus: Oft fanden wir das blanke Grauen vor.
In einer der Wohnungen, die wir gemeinsam besichtigten, hatten das Schlaf- und Kinderzimmer keine richtigen Fenster, sondern nur vergitterte Lichtschächte. In einer anderen Wohnung hätte man nicht einmal ein normales Bett ins Kinderzimmer stellen können – so klein war es.
Wir stellten schnell fest, dass unsere Ausgangsposition ohnehin nicht ideal war. Zwei Wohnungen mit Kündigungsfristen: Das hätte bedeuten können, dass wir schlimmstenfalls über eine gewisse Zeitspanne die Mieten für drei Wohnungen gleichzeitig hätten aufbringen müssen. Aus diesem Grunde entschieden wir uns, meine Wohnung zu kündigen und zunächst einmal in Uwes Wohnung zusammenzuziehen.

Uwe musste sich zu diesem Zweck kurzerhand von einigen Möbelstücken trennen, um für einige meiner Exemplare Platz zu schaffen. Die meisten meiner Sachen verstauten wir allerdings auf dem Dachboden.
Kurz nach meinem Umzug in Uwes Wohnung erfuhren wir von einer freien Dreizimmerwohnung bei uns in der Straße, um die wir uns nach Besichtigung sofort bewarben.
Kurz vor Weihnachten 2004 erhielten wir endlich die ersehnte Zusage des Vermieters für einen Einzug im April des Folgejahres. Ab diesem Zeitpunkt begannen wir konkrete Pläne für das kommende Jahr zu schmieden.
Im März 2005, etwa sechs Monate nach unserem Urlaub, in dem ich erstmalig versucht hatte, schwanger zu werden, war ich durch den Stress rund um die Wohnungssuche und den bevorstehenden Umzug so abgelenkt, dass ich nicht einmal bemerkte, dass meine Regel bereits seit zwei Monaten ausgeblieben war. Ich musste mich zudem plötzlich morgens übergeben und die darauffolgenden Tage war mir ständig schlecht. Dennoch ignorierte ich alle Anzeichen einer möglichen Schwangerschaft.
Als ich eines Morgens zu Uwe sagte: „Heute möchte ich bitte keinen Kaffee!“, schaute er mich an und entgegnete fragend: „Bist du vielleicht schwanger?“, was ich überzeugt verneinte. Aber er ließ nicht locker. Ihm kam es merkwürdig vor, dass ich meinen Kaffee nicht mehr mochte, weil ich ihn bis zu diesem Tag täglich „gebraucht“ hatte und von heute auf morgen den puren Ekel davor empfand. Uwe forderte mich auf, doch einmal einen Schwangerschaftstest durchzuführen. Ich lehnte jedoch energisch ab, weil ich die Anzeichen einfach nicht wahrhaben wollte; denn in den Monaten zuvor hatte ich fälschlicherweise immer wieder ominöse Schwangerschaftssymptome an mir beobachtet, die letztendlich keine waren.
Im Laufe desselben Tages, an dem ich keinen Kaffee hatte trinken wollen, fragte mich eine Arbeitskollegin, ob ich womöglich schwanger wäre. Sie war der Ansicht, dass ich insgesamt schlecht aussähe und meine Augen wie die einer Schwangeren – wie auch immer das aussehen mag – dreinschauen würden.
Ich dachte in dem Moment, dass sich alle gegen mich verschworen hätten, und war mir ganz sicher, dass ich irgendeinen Virus ausbrüten und deswegen so schlecht aussehen würde. Ich schob den Gedanken einer möglichen Schwangerschaft weit weg von mir und wollte nach getaner Arbeit in Ruhe shoppen gehen, um mir mal wieder etwas Gutes zu tun.
Schnell fand ich eine schöne Hose und stand kurz darauf in der Umkleidekabine, wo ich feststellen musste, dass ich nicht mehr in meine bisherige Größe passte. Ich schaute an mir herunter und dachte:

„Eigentlich ist sie ja nur am Bauch zu eng.“ Mit dieser Feststellung kam die Erleuchtung: „Bin ich vielleicht doch schwanger?“
Ich beendete meine Einkaufstour mit einem Umweg in die Apotheke, wo ich mir vorsichtshalber ein Doppelpack Schwangerschaftstests kaufte; den zweiten könnte ich schließlich aufheben, falls ich doch nicht schwanger wäre.
Zu Hause angekommen las ich schnell die Packungsbeilage durch, um zu erfahren, wie man den Test durchführen musste, und um mich gleich an die Umsetzung zu machen. „Wenn ich schon teste, dann jetzt gleich!“, sprach ich zu mir selbst.
Es war Freitagabend und ich war alleine zu Hause; Uwe war beim Kegeln. So ahnte er auch nicht, was ich daheim trieb. Aber schon bald war mir klar, dass er letztendlich doch etwas von dem Test erfahren würde: denn er war POSITIV!
Ich hatte bereits vor der Zeit, die der Schwangerschaftstest laut Packungsbeilage benötigte, um ein Ergebnis anzuzeigen, auf das Ergebnisfeld geschaut, und er war so eindeutig positiv, wie er nicht positiver hätte sein können.
Binnen Sekunden war ich unbeschreiblich aufgeregt und wollte meine Freude, wenn ich sie schon nicht mit Uwe teilen konnte, da er unterwegs war, gleich mit jemandem teilen, der mir am Herzen lag: meine damalige Freundin Ina.
Ina und ich telefonierten den ganzen Abend miteinander und malten uns die tollsten Dinge aus. Im Laufe des Gesprächs mit ihr wurde mir immer bewusster, dass ich in wenigen Monaten mein eigenes Baby im Arm halten würde. Welch schöner Gedanke!
Spät ging ich an diesem Abend zu Bett, aber vor Aufregung konnte ich einfach nicht einschlafen. Zum Glück kam Uwe früher nach Hause als erwartet. Er hatte seinen Schwager als Übernachtungsgast mitgebracht.
Ich rief Uwe ins Schlafzimmer, um alleine mit ihm sprechen zu können: „Ich muss dir etwas sagen!“ Uwe bemerkte sofort, dass ich ungemein aufgeregt war. Mit pochendem Herzen fuhr ich fort: „Du wirst Papa!“ Er konnte sein Glück kaum fassen, war überglücklich und nahm mich fest in seine Arme, während er sagte: „Da komme ich angetrunken vom Kegeln nach Hause und du machst mich zum glücklichsten Menschen der Welt.“
In der Aufregung und vor Freude hatten wir alles um uns herum vergessen; nach ein paar Minuten des Beisammenseins fiel uns Uwes Schwager ein, der immer noch alleine im Wohnzimmer saß. Uwe wollte noch kurz ein paar Worte mit ihm wechseln, um dann sofort wieder bei mir zu sein.

Eigentlich wollte er seinem Schwager gegenüber zunächst nichts erwähnen, aber er konnte seine Freude nicht verbergen und plauderte aus dem Nähkästchen. Die beiden Männer tranken zur Feier des Tages noch ein Bier und gingen unmittelbar danach ins Bett.
In der Nacht machten Uwe und ich vor Aufregung kaum ein Auge zu und waren froh, als der nächste Morgen anbrach.
Zur Sicherheit führte ich noch den zweiten Test durch und hatte Angst, dass dieser nicht das gewünschte Ergebnis anzeigen würde. Meine Angst war unbegründet: Auch der zweite Test fiel Gott sei Dank positiv aus.
Noch am selben Wochenende teilten wir die freudige Nachricht unseren Eltern mit. Ohne konkreten Grund hatte ich ein wenig Angst vor der Reaktion meiner Mutter und vor Fragen wie: „Muss das denn jetzt sein?“, oder „Wie konnte das denn passieren?“
Dennoch: Ich nahm all meinen Mut zusammen und wählte die Nummer meiner Eltern. Mit pochendem Herzen erzählte ich meiner Mutter, die das Gespräch entgegengenommen hatte, von dem positiven Schwangerschaftstest und sie reagierte völlig anders als erwartet: Sie gab einen Freudenschrei von sich! Meine Aufregung war offenbar ansteckend, denn binnen kürzester Zeit war sie genauso aufgeregt wie ich.
Später gingen wir zu Uwes Eltern, um ihnen die Neuigkeit persönlich mitzuteilen. Sie freuten sich sehr. Dieses Enkelkind würde ein besonderes für sie sein: das erste von ihrem Sohn.

3 Eine bewegende Zeit

Ich konnte noch gar nicht fassen, dass ich nun wirklich schwanger war. In den ersten Wochen war mir ständig schlecht – diese Tatsache half mir zu realisieren, dass ich tatsächlich bald Mutter werden würde.
Zwei Wochen vor Durchführung des ersten Schwangerschaftstests hatte ich gerade eine Therapie zur Verbesserung meiner sehr schlechten Haut bei einem Heilpraktiker begonnen. Damals war mein endogenes Ekzem – eine Form von Neurodermitis – wieder sehr stark gegenwärtig. In den vergangenen Jahren hatte ich schon viel ausprobiert, um den extremen Juckreiz zu mindern; der Heilpraktiker war meine letzte Hoffnung. Ich sollte nach seiner Meinung als unterstützende Therapiemaßnahme auf Weizen und Kuhmilch in der Nahrung verzichten. Gar nicht so einfach, denn diese Naturprodukte sind in fast allen Lebensmitteln enthalten. So musste ich auf viele lieb gewonnene Nahrungs- und Genussmittel verzichten, was die Sache mit der Übelkeit während der Schwangerschaft nicht unbedingt erleichterte. Mir war schlecht, ich hatte Hunger und durfte nur essen, worauf ich überhaupt keine Lust hatte. Ich brach die Therapie genau aus diesen Gründen ab. Der Heilpraktiker war sogar der Meinung, dass sich meine Beschwerden durch die Schwangerschaft von alleine erübrigen könnten.
Nach Abbruch der Therapie konnte ich zwar wieder alles essen, aber die Übelkeit plagte mich weiterhin. Als Uwe und ich an einem Samstagabend ausgehen wollten, hatte ich zwei Probleme. Das Erste: Ich fand keine Hose, die mir passte; das Zweite: Ich musste mich immer wieder hinsetzen, um durchzuatmen und zu überlegen, ob ich mich im nächsten Augenblick würde übergeben müssen. So pendelte ich eine Stunde lang zwischen Schrank und Bad hin und her, bis wir schließlich losfahren konnten.
Die nächsten Wochen verbrachten wir mit Umzugsplanungen, denn Mitte April wollten wir schließlich in die größere Wohnung ziehen. In dieser Zeit begab ich mich auf die Suche nach einem Frauenarzt in meiner Nähe, denn in meiner Wahlheimat Köln hatte ich bis dahin noch keinen benötigt. In meinem „Zustand“ änderte sich das selbstverständlich schlagartig.
Ich entschied mich letztendlich für den Gynäkologen von Uwes Mutter und Schwester. Beide waren mit ihrem Arzt sehr zufrieden; Uwes Schwester hatte während der Schwangerschaften mit ihren beiden Kindern alle Vorsorgeuntersuchungen dort durchführen lassen. Meine Schwiegermutter in spe vereinbarte einen Termin für mich, da man einen solchen als Neupatientin nur schwer bekam. Trotz ihrer guten Verbindungen zur Empfangsdame der Praxis Dr. Müller musste ich ein paar Wochen warten,

da Dr. Müller gerade im Begriff sei, seinen Urlaub anzutreten, und mich erst danach wieder „einschieben“ könnte. Somit sollte mein erster Untersuchungstermin mitten in der Umzugsphase stattfinden.
Am Wochenende vor besagtem Arzttermin hatten Uwe und ich gerade mit den Renovierungsarbeiten in der neuen Wohnung begonnen. Wir hatten uns ein straffes Pensum vorgenommen: Innerhalb von vier Renovierungstagen wollten wir alle Arbeiten abgeschlossen haben und das, obwohl Uwe und ich noch völlig unerfahren mit dieser Art von Arbeit waren.
An jenem Wochenende hatten wir zwar viele Helfer, dennoch ging es nur schleppend voran, sodass ich selbst kräftig mit Hand anlegen musste. Ich tapezierte zum ersten Mal in meinem Leben – es ging besser als ich dachte. Nicht nur die körperliche Leistung, die ich erbracht hatte, machte mich stolz, sondern auch die Tatsache, dass ich mein Pensum voll erfüllt hatte, obwohl ich die meiste Zeit mit meiner Übelkeit zu kämpfen hatte.
Am Montagnachmittag war es dann endlich so weit: Der vereinbarte Arzttermin stand an. Uwe und ich hatten Urlaub genommen, um die Renovierungsarbeiten voranzutreiben. Bis mittags arbeiteten wir in der neuen Wohnung, bevor wir uns in unserem alten Zuhause für den Termin zurechtmachten. Innerlich war ich schon den ganzen Tag über ungemein aufgeregt und wusste nicht, was mit der ersten Vorsorgeuntersuchung auf mich zukommen würde.
Ich musste nicht lange warten, bis ich in das Behandlungszimmer des Gynäkologen gerufen wurde. Uwe blieb währenddessen im Wartezimmer. Dr. Müller sagte gleich zu Beginn: „Wir schauen uns das erst einmal an und können anschließend immer noch über alles sprechen.“ Und schwups saß ich auf dem Behandlungsstuhl.
Dr. Müller führte einen vaginalen Ultraschall durch, um die Schwangerschaft festzustellen. Er warnte mich vor, dass man möglicherweise noch nichts erkennen könnte. Doch ich konnte ein kleines Etwas in Form einer Bohne erkennen. Inmitten dieser „Bohne“ pulsierte bereits ein winzig kleines Pünktchen: das Herz! In diesem Moment war ich nicht nur offiziell schwanger, sondern auch überglücklich!
Nach der Untersuchung gingen Dr. Müller und ich ins Beratungszimmer, wo er mir einige Fragen stellte. Er wollte wissen, wann ich meine letzte Periode gehabt hätte und ob ich vielleicht sogar wüsste, wann mein Eisprung stattgefunden hatte. Bedauerlicherweise konnte ich seine Fragen nicht genau beantworten, da ich meinen Zyklus nicht beobachtet und ihm insgesamt wenig Aufmerksamkeit geschenkt hatte. Eines war jedoch sicher: Mein Zyklus musste länger als üblich gewesen sein, denn die Entwicklung meines Babys war noch nicht so weit fortgeschritten, wie sie es hätte sein

müssen, wenn er eine übliche Länge gehabt hätte. Dr. Müller war der Ansicht, dass mein Baby, der Größe nach zu urteilen, am 27. Februar 2005 – plusminus – entstanden sein musste. Um seine Vermutung jedoch bestätigen zu können, wollte er mich zwei Wochen später erneut untersuchen.

Zum Abschied drückte mir Dr. Müller das erste Ultraschallbild unseres Babys in die Hand, mit dem ich schließlich stolz zu Uwe ins Wartezimmer ging – er war genauso glücklich wie ich! Mit der Sprechstundenhilfe vereinbarte ich noch den Anschlusstermin – zwei Wochen später. Sie drückte mir zudem einen riesigen Stapel Infoprospekte zum Thema Schwangerschaft in die Hände. An diesem Tag verließen wir die Arztpraxis voll bepackt und überglücklich.

Zu Hause angekommen warteten bereits Uwes Eltern in unserer neuen, noch leeren Wohnung. Uwes Mutter hatte eine kleine Spieluhr an die Kinderzimmertür gehängt, damit unser Baby gleich wusste, wo es zukünftig wohnen würde – welch liebe Geste.

Die zwei Wochen bis zum Kontrolltermin, der Mitte April stattfinden sollte, vergingen schnell. Das Wachstum meines Babys bestätigte die Vermutung des Arztes: Mein Zyklus musste tatsächlich sehr lang gewesen sein. Die Schwangerschaft war demnach vermutlich später entstanden, als von mir vermutet. Um auf Nummer sicher gehen zu können, setzte Dr. Müller erneut einen kurzfristigen Untersuchungstermin an – wieder in zwei Wochen.

Erst Anfang Mai legte er schließlich den offiziellen Geburtstermin fest. Unser Baby musste meine Leidenschaft für den Karneval erahnt haben, denn es wollte anscheinend ein „Karnevalskind“ werden. Der errechnete Geburtstermin fiel auf den 18. November 2005. Käme das Kleine nur eine Woche früher zur Welt, würde es zum Karnevalsauftakt geboren werden. Ob das für einen Kölner nun gut oder schlecht ist, sei dahingestellt. Mir war es im Grunde genommen egal. Eins fand ich allerdings schade: Unser Kind würde, genau wie Uwe und ich auch, im Winter Geburtstag haben und somit nie ein Geburtstags-Gartenfest feiern können; was ich als Kind stets bedauert hatte.

Ab der 13. Schwangerschaftswoche wurden die Vorsorgeuntersuchungen im Vierwochenrhythmus durchgeführt. Ich machte mir ab diesem Zeitpunkt keine Gedanken mehr darüber, dass irgendetwas schiefgehen und ich womöglich eine Fehlgeburt erleiden könnte.

Mitte Mai fuhren Uwe und ich gemeinsam mit ein paar Freunden in einen Kurzurlaub. Mir ging es bestens: Meine Übelkeit war komplett verschwunden und ich war voller Vorfreude auf ein paar Tage Ruhe, nach

all dem Umzugsstress. Während dieses Urlaubs sagte eine Freundin etwas, was ich nie vergessen werde: „Dann hast du ja jetzt die kritischsten Wochen geschafft; da kann jetzt nichts mehr passieren.“ Das sah ich zu diesem Zeitpunkt genauso und wurde dennoch eines Besseren belehrt …
Auch der Kontrolltermin Ende Mai verlief ohne Auffälligkeiten: Unser Baby war zeitgerecht entwickelt und auch sonst war alles bestens. Ich fühlte mich gut wie lange nicht mehr und lebte vermutlich genau deshalb weiter wie bisher – ganz nach dem Motto: „Ich bin doch nur schwanger und nicht krank.“
Kurz darauf fuhr ich nach Halle, um meine Eltern zu besuchen. Die 520 Kilometer lange Autofahrt machte mir, trotz der vorangeschrittenen Schwangerschaft, nichts aus.
In Halle angekommen machte ich mit meiner Mutter eine ausgedehnte Shopping-Tour, die mit dem Kauf eines Kinderwagens endete. Eigentlich wollten wir „nur mal schauen“, aber dann hatte uns die Kaufwut gepackt und wir konnten dem Angebot nicht widerstehen: „Warum warten? Die Schwangerschaft verlief doch bisher ohne jegliche Auffälligkeiten und bald werden Uwe und ich unser Baby in den Armen halten!“, überzeugte ich mich selbst.
Zurück in Köln war Uwes Mutter völlig anderer Meinung. Ihrer Ansicht nach bringt es Unglück, wenn ein Kinderwagen vor der Geburt eines Kindes bereits im Hause ist. Ich hielt ihre Ansichten jedoch für Aberglauben und völligen Quatsch. Uwe und ich hatten zwischenzeitlich ebenfalls eine Auto-Sitzschale fürs Baby gekauft: ein Super-Schnäppchen, an dem wir nicht hatten vorbeigehen können. Sollte das etwa auch Unglück bringen? Des lieben Friedens wegen, und aus Platzmangel in erster Linie, ließen wir uns dennoch davon überzeugen, die gekauften Sachen auf dem Dachboden bei Uwes Eltern zu verstauen.
Im Job ging es stressig zu: Ich wurde mit zusätzlicher Arbeit überschüttet, da eine Messe anstand. Auch dort wollte ich im Rahmen meiner Möglichkeiten wie immer vollen Einsatz zeigen und tat dies schließlich auch. Ich erinnere mich an ein Erlebnis, kurz vor der Messe: Ich arbeitete eng mit einer Kollegin zusammen, die man nicht unbedingt als schweigsam bezeichnen konnte. Sie hatte ihre Ohren und ihr Mundwerk überall und konnte vor allen Dingen vertrauliche Angelegenheiten überaus schlecht für sich behalten.
Ich weiß nicht mehr genau, wie es damals zu der folgenden Situation kam: Wir unterhielten uns über meine Schwangerschaft im Allgemeinen. Auf einmal meinte besagte Kollegin zu mir: „Das, was der Tochter vom Kollegen aus Uwes Abteilung passiert ist, ist ja schrecklich.“ Ich wusste

nicht, was sie meinte und war verwundert, weil sie so tat, als müsse ich genau wissen, wovon sie sprach. Neugierig fragte ich nach, was denn mit der Tochter passiert sei. Daraufhin erzählte sie, dass die Tochter des Kollegen eine Totgeburt, wenige Tage vor dem errechneten Entbindungstermin, erlitten hatte.
In diesem Augenblick wurde mir schlagartig bewusst, warum ich bis dahin nichts davon erfahren hatte. Man wollte mir, die selbst ein Kind unter dem Herzen trug, keine Angst machen. Ich entgegnete verwirrt: „Das muss ja schrecklich sein." Gleichzeitig versuchte ich eine innere Abwehrhaltung aufzubauen, ganz nach dem Motto: „So etwas kann und wird *mir* ganz bestimmt nicht passieren."
Bis zu diesem Augenblick hatte ich noch nie etwas von Totgeburten gehört und war mir ganz sicher, dass solche Fälle nur äußerst selten vorkommen. Dennoch fragte ich Uwe am Abend aus; ich wollte wissen, ob er darüber Bescheid wusste. Er schilderte daraufhin, was er erfahren hatte, und ich war total geschockt.
Wie vermutet hatte Uwe bis dahin nichts erzählt, weil er mich nicht unnötig aufregen wollte. Uwe erzählte mir, dass die gesamte Abteilung für die Tochter des Kollegen gesammelt hatte und dass dieser daraufhin eine sehr schöne Danksagung geschrieben hätte – mit einem beigefügten Foto seiner toten Enkeltochter. Uwe erzählte auch, dass sich einige Kollegen darüber aufgeregt hätten. Sie hatten es als unpassend empfunden, das Foto eines toten Menschen zu verschicken. Ich hingegen fand das überhaupt nicht schlimm. Uwe bot an, dass ich die Danksagung lesen könnte. Nachdem ich bereits so viele Details über den Tod der Enkelin des Kollegen in Erfahrung gebracht hatte, wollte ich nun auch noch den Rest erfahren und mir ein eigenes Bild machen. Ich betrachtete das Foto des Babys und war gerührt, wie die Eltern und Großeltern mit dem Tod des kleinen Mädchens umgingen. Man spürte und sah, dass sie es als vollwertigen Menschen sahen – als hätte es gelebt.
Ich wusste bis zu diesem Zeitpunkt tatsächlich nicht, dass es Totgeburten gibt, und wies alles, was ich soeben erfahren hatte, ganz schnell weit von mir, um nicht unnötig in Panik zu verfallen.
Zum Anlass des ersten Jahrestages unserer Liebe machte Uwe mir einen Heiratsantrag: Er fragte mich, ob *wir* (das Baby und ich) ihn heiraten wollten. Mit einem klaren „Ja!" brachte ich meine Freude darüber zum Ausdruck und fügte an: „Wir bekommen jetzt aber erst einmal unser Baby und nächstes Jahr im Sommer, wenn es dann ein knappes Jahr alt ist, kannst du uns heiraten." Wir hatten auch vorher bereits über das Heiraten gesprochen … Unser Kind sollte zunächst meinen Nachnamen bekommen, damit Uwe *uns* dann heiraten könnte.

Bald erfuhren wir von Dr. Müller, dass unser Baby höchstwahrscheinlich nicht nur meinen Nachnamen, sondern ebenfalls einen weiblichen Vornamen erhalten würde. Uwe und ich waren ganz angetan von den detaillierten Bildern, die wir auf dem Monitor während der Ultraschalluntersuchung, die Dr. Müller erstmalig über meine Bauchdecke durchführte, verfolgen konnten. Das war *unser* Baby – wir waren über alle Maße stolz! Wir freuten uns über jede noch so kleine Bewegung, die SIE während der Untersuchung machte.

Nach diesem Termin bekam unser Baby bereits einen Namen. Wir wurden uns schnell einig, wie unser Mädchen heißen sollte. Mit einem Jungennamen hingegen hatten wir uns schwergetan, aber den brauchten wir ja nun nicht mehr. Seit diesem Tag stand fest: Es würde eine kleine LEONIE werden. Nicht zuletzt deshalb kauften wir in den Tagen nach dieser Untersuchung jede Menge Babybekleidung in typischen Mädchenfarben.

Die Wochen bis zum Kontrolltermin Ende Juli verliefen völlig unspektakulär. Mein Bauch wuchs und ich erfreute mich bester Gesundheit. Bei dieser Untersuchung wurde erstmals kein Ultraschall durchgeführt; stattdessen hörte Dr. Müller mit einem kleinen Gerät die Herztöne des Babys ab – alles bestens! Ich sollte in vier Wochen, Ende August, wiederkommen. An diesem Termin sollte dann das „volle Programm" gemacht werden. Zum ersten Mal sollte ein CTG geschrieben und endlich wieder ein umfassender Ultraschall durchgeführt werden. Ich freute mich sofort auf diesen Tag.

In den Wochen bis zu diesem Termin geschah einiges: Meine Mutter und meine Schwester besuchten uns und brachten jede Menge Babysachen mit. Im Büro räumte ich bereits meinen Schreibtisch aus, denn Uwe und ich wollten zehn Tage vor Antritt meines Mutterschaftsurlaubs noch einmal in die Ferien fahren. Und diese letzten zehn Tage sollten noch einmal richtig stressig werden, da mein Kollege seinen Urlaub unmittelbar nach meinem antreten wollte, sodass ich für solche Dinge wie den Schreibtisch ausräumen keine Zeit haben würde. Zudem war bereits meine Nachfolgerin zur Einarbeitung eingetroffen, und die musste schließlich auch noch irgendwo sitzen.

In diesen Wochen wurde ich ständig von Menschen um mich herum gefragt, ob mein Baby schon kräftig treten würde, was ich eher zurückhaltend bejahte – ich hatte ab und an mal einen zarten Tritt zu spüren bekommen, aber nicht wirklich häufig. Meist nur am Abend, wenn ich ruhig auf dem Sofa lag. Ich empfand das als normal, denn ich wusste ja nicht, wie es sonst hätte sein müssen. Es gab auch mal Tage, an denen ich überhaupt nichts spürte und dann am nächsten Tag wieder, wie gehabt. Also war meiner Ansicht nach alles in bester Ordnung und meine

Vorfreude wuchs stetig. Uwe und ich malten uns die Zukunft mit unserer Leonie aus: Wir schmiedeten Pläne – alle nur noch mit Kind. Eine wunderschöne Zeit!
Unseren geplanten Urlaub wollten wir in Holland verbringen. Uwes Eltern und seine Schwester mit Familie waren parallel zur gleichen Zeit dort.
Am ersten Urlaubstag war es wie immer bei uns – total stressig. Wir hatten erst auf den letzten Drücker gepackt und waren schließlich in Hektik losgefahren. An unserem ersten Abend in Holland fiel mir auf, dass ich Leonie den Tag über noch gar nicht gespürt hatte. Ich schob dies jedoch auf den Stress vom Vormittag.
Am nächsten Tag fragte mich Uwes Mutter, ob es Leonie gut gehe. Ich antwortete: „Ja, sie bewegt sich zwar sehr wenig, aber sonst ist alles in Ordnung."
Die seltenen Bewegungen der darauffolgenden Tage schob ich wiederum auf die Ruhe im Urlaub. Sicher wollte sich Leonie auch ein wenig entspannen. Uwes Mutter und Schwester teilten meine Meinung. Die mussten es ja wissen, schließlich waren sie bereits Mütter und hatten ihre Schwangerschaften komplikationslos hinter sich gebracht.
In Holland war es sehr heiß und ich hatte ständig geschwollene Füße, so schlimm, dass ich teilweise dachte: „Die platzen bald!" Ich machte mir dennoch keine Sorgen um Leonie, denn ich wusste, dass Wassereinlagerungen während der Schwangerschaft durchaus normal sein können.
Obwohl ich mir im Grunde sicher war, dass es meiner Leonie gut ging, kamen doch immer mal wieder zweifelnde Gedanken auf. Aber was hätte nicht stimmen sollen? Wäre etwas nicht in Ordnung gewesen, hätte ich es doch bemerken müssen. Zudem würde ich unmittelbar nach meiner Rückkunft unserer Hollandreise einen Kontrolltermin haben – der würde mir Sicherheit geben.
Während des Urlaubs überlegten Uwe und ich, was wir während einer weiteren Woche, die wir im Anschluss an unsere Reise zu Hause verbringen wollten, zu erledigen hätten. Wir wollten auf jeden Fall noch zum Jugendamt, denn Uwe wollte die Vaterschaft für Leonie bereits vor ihrer Geburt anerkennen lassen, für den Fall, dass mir bei der Geburt etwas zustieße.
Eigentlich waren Uwe und ich Menschen, die solche Dinge auf die letzte Minute erledigten. Umso erstaunlicher, dass wir uns gleich am Montag nach unserer Rückkehr aus Holland auf den Weg zum Jugendamt machten, wo Uwe das Sorgerecht für unser Kind anerkannte. Da es noch nicht geboren war, wurde die Vaterschaft mit dem Nachnamen Frank, meinem Mädchennamen, eingetragen. Wir waren froh, diese Angelegenheit so zügig

geregelt zu haben. Warum es tatsächlich so wichtig war, konnten wir zu diesem Zeitpunkt noch nicht ahnen.
Am Abend besuchten wir zum ersten Mal einen Geburtsvorbereitungskurs. Dort erfuhren wir, wie die kommenden Termine ablaufen würden. Uwe und ich machten uns viele Gedanken über die Geburt: Ich hatte Angst, dass sie sehr schmerzhaft werden könnte und fragte mich insgeheim, ob ich das alles würde bewältigen können; Uwe hingegen machte sich Gedanken, wie er mich während der Geburt unterstützen könnte, und ob er zu gegebenem Zeitpunkt alles richtig machen würde. Aus diesen Unsicherheiten heraus belegten wir den Kurs schließlich.
Während des Kurses spürte ich Leonie allerdings überhaupt nicht; und dann am Abend zu Hause, wie die letzten Wochen zuvor bereits, nur ganz zaghaft. Ich machte mir keine Gedanken, denn für den nächsten Tag hatte ich ja wieder einen Kontrolltermin vereinbart, und ich war mir ganz sicher, dass alles in Ordnung war – wie immer!
Am Dienstagmorgen saßen Uwe und ich in der Küche beim Frühstück; wir unterhielten uns über die Tagesplanung. Uwe hatte einen Gerichtstermin, bei dem er als Zeuge aussagen musste, deshalb konnte er mich nicht zur Untersuchung begleiten. Er war sehr traurig darüber, denn er wollte so gerne dabei sein, um Leonie erneut betrachten zu können, aber es ging wirklich nicht anders und wir dachten: „Dann muss es diesmal eben so gehen.“
Nach unseren Terminen wollten wir gemeinsam einkaufen, denn am nächsten Tag sollte unsere Einweihungsparty in der neuen Wohnung stattfinden. Wir schrieben eine Einkaufsliste, damit es schneller gehen würde, denn schließlich musste die Wohnung auch noch aufgeräumt werden, und verabschiedeten uns mit einem Kuss voneinander, bevor wir unseren Terminen nachgingen.

4 Still mit dem Daumen im Mund

Beim Frauenarzt war alles wie immer: Ich gab den Urin ab, mein Blutdruck wurde gemessen und ich wurde gewogen. Zu meiner großen Verwunderung hatte ich innerhalb der letzten vier Wochen sechs Kilo zugenommen! Die Arzthelferin wies mich darauf hin, dass ich dies später unbedingt mit Dr. Müller besprechen sollte, da eine derart rapide Gewichtszunahme innerhalb solch eines kurzen Zeitraumes nicht positiv zu deuten sei. Doch zunächst, direkt im Anschluss an das Wiegen, sollte ein CTG geschrieben werden. Die Helferin positionierte die Schallköpfe des CTG auf meinem Bauch und suchte nach den Herztönen des Babys, fand jedoch keine auf Anhieb. Beruhigend sagte sie: „Das ist normal, wenn die Kleinen sich so viel bewegen."
Dennoch bat sie ihre Kollegin um Hilfe, die ebenfalls nach den Herztönen suchte – vergeblich! Besagte Kollegin versuchte mich mit den gleichen Worten zu beruhigen und schob das Nichtfinden der Herztöne meiner kleinen Leonie auf ihren starken Bewegungsdrang. Sie fügte hinzu: „Wir probieren es einfach in der kommenden Woche noch einmal", und ließ den Wehenschreiber dennoch weiterlaufen. Die Auswertung ergab schließlich, dass ich keine Wehen hatte – mehr jedoch nicht …
Innerlich war ich ganz schön aufgewühlt, als ich noch ein paar Minuten im Wartezimmer Platz nehmen sollte. Ich hoffte sehr, dass die Schwester Recht behielt und dass mit Leonie alles in Ordnung war. Ich streichelte mir über den Bauch und sprach gedanklich zu meiner Kleinen: „Leonie, ich hoffe so sehr, dass es dir gut geht." Mir war in diesem Moment ganz merkwürdig zumute. Irgendwie schaffte ich es dennoch, mich während der Zeit im Wartezimmer davon zu überzeugen, dass alles in bester Ordnung sei, weshalb ich relativ unbefangen zum Ultraschall ging.
Dr. Müller begrüßte mich mit den Worten: „Dann wollen wir doch mal sehen, wer sich hier so viel bewegt, dass man nicht einmal die Herztöne messen kann."
Mit dem Ultraschallkopf fuhr er schließlich über meinen Bauch – immer wieder hin und her. Er schaltete eine Zusatzfunktion ein: Farbveränderung bei Kindsbewegungen, während ich meine kleine Leonie auf dem großen Bildschirm ganz still, mit dem Daumen im Mund, in mir liegen sah … Und dann folgten die Worte, die ich nie mehr in meinem Leben vergessen werde: „Hier stimmt etwas nicht … ich kann keine Herzaktivitäten erkennen." Dr. Müller machte eine kurze Pause, bevor er mich mitfühlend ansah und leise sprach: „Frau Frank, Ihr Baby ist tot."

Unmittelbar nach diesen Worten lief alles nur noch wie im Film vor meinen Augen ab. Ich weiß nicht einmal mehr, ob ich in diesem Moment überhaupt noch denken konnte. Dr. Müller reichte mir ein Taschentuch, um die Tränen, die in Massen über mein Gesicht liefen, trocknen zu können, und zeigte mir schließlich mit sehr einfühlsamen, erklärenden Worten alles noch einmal ganz genau auf dem Bildschirm.
Nachdem ich mich wieder angekleidet hatte, begaben wir uns ins Sprechzimmer und Dr. Müller erklärte, dass ich möglichst bald ins Krankenhaus müsse, um mein Baby zur Welt zu bringen. Er fragte, wen er anrufen solle, um mich abholen zu lassen.
Diese Frage hatte ich mir in genau diesem Augenblick auch gestellt … Uwe war bei Gericht, sein Handy ausgeschaltet; meine Eltern und die engsten Freunde 520 Kilometer weit weg. Ich wusste nicht, was ich machen sollte, und dachte sogar einen Moment lang darüber nach, alleine nach Hause zu fahren, bis mir schließlich Uwes Mutter einfiel, die Dr. Müller verständigen ließ.
Dr. Müller fragte, in welches Krankenhaus ich gehen wolle. Ich wusste es nicht – ich wusste im Grunde gar nichts mehr –, ich war vollkommen durch den Wind und konnte überhaupt nicht mehr klar denken. Ich teilte ihm mit: „Erst kürzlich haben wir uns ein Krankenhaus angesehen und in genau diesem wollte ich nicht entbinden, da dort kein Kinderarzt bei der Geburt anwesend ist.“ Dr. Müller war der Ansicht, dass besagtes Krankenhaus einen sehr guten Ruf genoss – insbesondere in den Bereichen Geburten und Gynäkologie –, und dass der Aspekt mit dem Kinderarzt nun bedauerlicherweise nicht mehr relevant für mich sei. Wie Recht er hatte … Ich stimmte der Wahl des Krankenhauses schließlich zu. Zwischenzeitlich regelte Dr. Müllers Team alles für mich und kündigte dem Krankenhaus mein Kommen an.
Mittlerweile war Uwes Mutter eingetroffen, um mich abzuholen, und „mein Film“ lief weiter: Wir fuhren zu mir nach Hause, um ein paar Sachen zu holen. Auf dem Weg vom Auto zur Haustür begegneten wir einer Nachbarin, die mich schließlich fragte, wie es dem Baby gehe. Ich wollte und konnte nicht antworten und ging wortlos mit gesenktem Kopf an ihr vorbei. Uwes Mutter hingegen antwortete knapp: „Fragen Sie lieber nicht!“, und folgte mir in die Wohnung.
Planlos packte ich ein paar Dinge zusammen. Parallel versuchte ich immer und immer wieder, Uwe zu erreichen – erfolglos. Dann versuchte ich es bei meinen Eltern: Meine Mutter ging ans Telefon und ich sagte nur: „Mein Baby ist tot, kannst du zu mir kommen?“ Entsetzt über diese Nachricht antwortete sie: „Ja natürlich, ich werde gleich losfahren.“
Nach diesem Telefonat lief ich gedankenlos und verwirrt durch die Wohnung. Ich begann ziellos aufzuräumen – ich konnte meine Wohnung

schließlich nicht derart unaufgeräumt verlassen. Uwes Mutter bemerkte meine Verwirrtheit und überredete mich einfühlsam, sofort ins Krankenhaus zu fahren und die Hausarbeit niederzulegen.
Im Krankenhaus angekommen, die Uhr zeigte zwölf Uhr mittags, meldete sich Uwe endlich bei mir. Ich wusste nicht, was ich sagen sollte und war froh, dass seine Mutter ihm mitteilte, was geschehen war. Sie nahm mir das Telefon aus der Hand und sprach: „Mit dem Baby stimmt etwas nicht … fahr in Ruhe zu Papa. Er wird dir alles erzählen und dann kommt ihr ins Krankenhaus.“ Ich sehnte Uwe auf der Stelle herbei – ich fühlte mich so allein.
Die Krankenhaus-Anmeldung schickte uns in den Kreißsaal …

5 Die Leonie-Mappe

Im Kreißsaal angekommen, fragte mich eine diensthabende Hebamme nach einer kurzen Begrüßung, warum ich gekommen sei. Am liebsten hätte ich geantwortet: „Na, um mein Baby zu bekommen." Doch unter diesen Umständen fiel es mir sehr schwer, sagen zu müssen, dass ich gekommen war, um mein Baby tot zur Welt zu bringen.

Die Hebamme brachte meine Schwiegermutter und mich in ein Vorzimmer des Kreißsaalbereiches. Es glich einem herkömmlichen Schlafzimmer: Neben zwei Sesseln, einem Schrank und einem Fernseher stand darin ein Doppelbett. Die Hebamme fragte: „Wissen Sie schon, ob Sie ein Mädchen oder einen Jungen bekommen?", woraufhin ich entgegnete: „Vermutlich ein Mädchen." Sie fragte weiter, ob wir bereits einen Namen für das Baby ausgesucht hätten. „Sie soll Leonie heißen. Das steht schon lange fest", lautete meine Antwort.

Die Hebamme behandelte mich wie eine ganz normale Erstgebärende – was mich zwar überraschte, ich jedoch durchaus als angenehm empfand. Als wäre meine kleine Leonie noch lebendig.

Nach Erfassung meiner Daten in einer Patientenakte eröffnete mir die Hebamme, dass ich das Baby auf natürlichem Wege zur Welt bringen solle. Schock – damit hatte ich nicht gerechnet! Dennoch: Äußern konnte ich mich dazu nicht. Ich stand völlig neben mir und fühlte mich wie ferngesteuert.

Nach unserem Gespräch wurde ich gründlich von einer Ärztin des Krankenhauses untersucht. Uwes Mutter verließ den Raum, da die Ärztin die vaginale Untersuchung unmittelbar auf dem Bett des Kreißsaal-Vorzimmers durchführte. Die Anwesenheit meiner Schwiegermutter wäre mir dabei unangenehm gewesen.

Während der Untersuchung klopfte es an der Tür. Sie öffnete sich und Uwe betrat den Raum. Ich war so froh, dass er endlich da war. Am liebsten hätte ich ihn sofort in meine Arme genommen, aber wir mussten uns gedulden, bis die Untersuchungen der Ärztin abgeschlossen waren; dann endlich konnten wir unseren Tränen freien Lauf lassen, während wir uns ganz fest aneinander klammerten. Die Ärztin ließ uns allein, wollte jedoch in Kürze wiederkommen.

Uwe und ich hielten uns ganz fest und weinten wie noch nie zuvor. Es bedurfte keiner Worte … wir brauchten nur noch einander.

Nach ein paar Minuten Stille betrat Uwes Mutter erneut den Raum. Sie war gekommen, um sich von uns zu verabschieden, denn schließlich war Uwe nun bei mir. Sie nahm ihren Sohn herzlich in den Arm und sagte: „Bitte meldet euch, sobald ihr etwas wisst." Ehrlich gesagt war ich froh, als sie weg war, denn nun konnte ich meinen Gefühlen endlich freien Lauf lassen.

Uwe wollte detailliert wissen, was geschehen war. Ich erzählte ihm alles, von meinem Frauenarztbesuch bis hin zur Fahrt ins Krankenhaus. Uwe machte sich große Vorwürfe, weil er das erste Mal nicht bei einer Untersuchung dabei gewesen war und ausgerechnet dann so etwas Schreckliches geschehen musste. In einer derartigen Situation hätte er mich niemals alleinlassen wollen. Leider konnte ich Uwes Schuldgefühle nicht entkräften, war ich doch selbst völlig verzweifelt.
Erneut klopfte es an der Tür: Die Ärztin war zurückgekehrt, um mir einen Venenzugang zu legen.
Für den Fall, dass man mich unerwartet in einen OP bringen müsste, sollte ich zur Sicherheit meine Uhr ablegen. Bis zu diesem Moment hatte ich keinen Schritt ohne Armbanduhr gemacht. Seitdem jedoch habe ich, bis auf eine Ausnahme auf einer Messe, nie wieder eine Armbanduhr getragen. Ich kann das einfach nicht mehr, auch wenn ich keine Begründung dafür habe. Auf eine gewisse Weise habe ich damals „die Zeit abgelegt".
In einem Ultraschallraum wollte sich die Ärztin persönlich davon überzeugen, dass das kleine Wesen in meinem Bauch keine Lebenszeichen mehr von sich gab. Dabei stellte sie fest, dass Leonie verkehrt herum im Bauch lag, was jedoch keine große Rolle spielte, da sie noch sehr klein war. Ich empfand alle Untersuchungen als überflüssig und wollte nur, dass es schnell vorbei ging. Am liebsten wäre mir gewesen, sie hätten meinen Bauch aufgeschnitten und Leonie herausgeholt. Ich wollte keine natürliche Geburt! Die Ärztin erklärte uns jedoch, dass eine normale Geburt besser sei: zum einen für eine mögliche Folgeschwangerschaft, zum zweiten aus psychologischer Sicht, da mich eine Kaiserschnittnarbe immer wieder an die Geburt und die damit verbundenen Umstände erinnern würde. Selbst das war mir völlig gleichgültig. Ich wollte und konnte die Argumente der Ärztin einfach nicht verstehen, sah mich jedoch nicht in der Lage, dies zum Ausdruck zu bringen.
Im Anschluss an die Untersuchungen, so gegen halb zwei, verabreichte man mir ein Scheidenzäpfchen, um Wehen zu provozieren. Die Hebamme – das war im Übrigen bereits die Dritte, die wir an diesem Tag kennenlernen mussten – sagte, dass Uwe und ich spazieren gehen könnten, denn bis es losgehen würde, könnte es noch bis zum nächsten Tag dauern. Ich wollte jedoch nirgendwo hingehen, und ich wollte auch nicht noch einen Tag warten müssen. Ich wollte einfach nur, dass mein Baby lebte!
Die Vorstellung, draußen herumzulaufen, war für mich eine Horrorvorstellung. Jeder hätte mich sehen können. Ich hatte Angst, jemand könnte mich fragen, wann es denn so weit sei oder sonst irgendetwas. Ich hätte nicht gewusst, was ich darauf hätte antworten sollen. Ich wollte gar

nicht erst in die Gefahr kommen, gefragt zu werden: Uwe und ich blieben deshalb in dem Vorzimmer des Kreißsaales. Wir wollten allein sein und keine fremden Menschen sehen müssen.
Eine Hebamme brachte mir etwas zu essen, worin ich jedoch nur herumstocherte. Ich hatte überhaupt keinen Hunger. Uwe und ich saßen auf den beiden Sesseln, hielten uns an den Händen und redeten über alles Mögliche, nur um uns irgendwie abzulenken, was uns jedoch kaum gelang.
Lange blieben wir glücklicherweise nicht in dieser unangenehmen Situation, denn das Zäpfchen begann zu wirken: erst ein leichtes Ziehen im Unterleib – fast zu vergleichen mit Regelschmerzen –, dann von Minute zu Minute ein immer stärker werdendes Ziehen, bis hin zu unerträglichen Dauerschmerzen.
Ich konnte nicht länger auf dem Sessel sitzen bleiben und legte mich auf das Bett, weil ich dachte, die Schmerzen dort besser ertragen zu können. Zu diesem Zeitpunkt war ich der Meinung, dass ich die Wehen schon irgendwie aushalten würde, und verzichtete auf Schmerzmittel.
Eine Stunde später sah das dann schon etwas anders aus. Uwe fragte mich, was er tun könne – er fand es furchtbar, mich so leiden zu sehen. Aber er konnte mir nicht helfen … er sollte einfach nur bei mir bleiben.
Nach zwei Stunden Dauerschmerzen ohne Pausen willigte ich der Verabreichung eines Schmerzmittels schließlich doch dankend ein, welches man mir über eine Infusion einflößte. Als dieses jedoch nach einer weiteren Stunde überhaupt keine Wirkung zeigte, fragte Uwe die Hebamme, ob sie die Dosis nicht steigern könne. Doch es war bereits das stärkste Schmerzmittel seiner Art, welches sie mir verabreicht hatten. Alternativ stand nur noch eine PDA zur Verfügung.
Ich ließ mich überreden, obwohl ich solche Schmerzmittel im Vorfeld immer abgelehnt hatte: Ich halte gewiss einiges aus und kann durchaus die Zähne zusammenbeißen, wenn es darauf ankommt, aber dieser Dauerschmerz – ohne Pausen – war die Hölle. Ich hatte körperliche und seelische Schmerzen zugleich, das war einfach nicht auszuhalten.
Kurze Zeit später – mir kam sie unter den Schmerzen allerdings wie eine halbe Ewigkeit vor – erschien eine Anästhesistin, um mich über die PDA aufzuklären. Da ich viele Negativaspekte über die PDA gehört hatte, wurde ich zunehmend ängstlicher. Dennoch: Ich wollte nur, dass diese Schmerzen aufhörten. Mir war alles egal – Hauptsache schmerzfrei!
Die Anästhesistin überreichte mir ein Formular, welches ich ausfüllen und unterschreiben sollte. Sie verabschiedete sich kurz und wollte gleich darauf wiederkommen. Uwe füllte besagtes Formular für mich aus, denn dazu sah ich mich unter dem Wehenschmerz nicht in der Lage. Er fragte mich immer wieder Dinge, die er zum Ausfüllen des Formulars wissen musste, die ich

nur noch genervt beantwortete. Als ich meine Unterschrift auf dem Formular geleistet hatte, war mir völlig egal, was ich da gerade unterschrieben hatte. Ich hätte vermutlich alles unterschrieben, nur damit diese Schmerzen endlich aufhörten.
Bis zur Rückkehr der Anästhesistin mit allen notwendigen Utensilien für die PDA verging wieder eine halbe Ewigkeit – zumindest kam es mir so vor. Zum Legen der PDA sollte ich ganz still auf einem Hocker sitzen bleiben und einen runden Rücken machen, was mir unter den Schmerzen unmöglich schien. Uwe stand vor mir: Er sollte mich an den Schultern festhalten und ich meinen Kopf bei ihm anlehnen. Es war sehr anstrengend so zu sitzen, aber das eigentliche Legen der PDA tat nicht weiter weh. Sie wirkte glücklicherweise sofort, sodass ich mich ein wenig entspannen konnte. Die Hebamme brachte unmittelbar danach ein richtiges Krankenhausbett in das Kreißsaal-Vorzimmer, damit ich besser liegen beziehungsweise sitzen konnte.
Mit einem Mal hatten Uwe und ich wieder Zeit zum Nachdenken, und doch war ich mir immer noch nicht im Klaren darüber, was hier gerade geschah. Ich hatte Angst, meinen Körper zu berühren – er war mir völlig fremd geworden.
Ich fragte Uwe, was wir machen würden, wenn unsere Leonie letztlich doch ein Junge würde. Wir hatten schließlich keinen Jungennamen parat, außerdem hatte ich meinen Bauch bis dahin immer mit Leonie angesprochen. Kurzerhand beschlossen wir, dass unser Baby, wenn es doch ein Junge würde, den Namen Leon tragen sollte – das männliche Pendant zu Leonie.
Die Zeit wollte einfach nicht vergehen. Wir versuchten fernzusehen, um uns abzulenken. Schnell stellten wir jedoch fest, dass uns das Fernsehen nicht gut tat und alles andere als eine Ablenkung für uns darstellte.
Während die Hebamme mich an ein CTG-Gerät anschloss – sie nutzte dafür nur den Wehenschreiber und packte den Kopf, der normalerweise die kindlichen Herztöne aufzeichnet, weg –, rief ich meine Eltern auf dem Handy an, die sich bereits auf der Autobahn und auf dem Weg zu mir befanden. Ich erkundigte mich, wie lange sie noch brauchen würden und bat sie, noch am selben Tag zu mir ins Krankenhaus zu kommen – ganz egal, wie spät es werden würde. Ich wollte sie unbedingt bei mir haben und ließ sie das auch wissen.
Zwischendurch kontrollierten die Hebammen immer wieder den Muttermund. Er war zwar schon etwas geöffnet, aber noch lange nicht ausreichend weit. Nach einem erneuten Schichtwechsel der Hebammen stellte sich uns Hebamme Hildegard vor: Sie würde mich in den kommenden Stunden betreuen.

Die Betäubungsmitteldosis, welche über die PDA in meinen Rücken lief, wurde erhöht und das zweite Zäpfchen gelegt. Doch: Die Schmerzen wurden immer stärker statt schwächer. Trotzdem schien die Austreibungsphase der Geburt in weiter Ferne! Sehnsüchtig wartete ich auf meine Eltern. Uwe hatte zwar die ganze Zeit über meine Hand gehalten, aber ich hatte schließlich noch eine zweite für meine Mutter frei.
Die Schmerzen wurden immer stärker, kaum noch erträglich. Nach einigem Hin und Her beschlossen die Ärzte in Absprache mit Hebamme Hildegard, eine Spinalanästhesie zu legen, um mich gänzlich von den Schmerzen zu befreien. Neben den seelischen Qualen sollte ich nach Ansicht der Ärzte nicht auch noch körperlich leiden müssen. Eine Entscheidung ganz in meinem Interesse!
Es klingelte an der Kreißsaaltür und ich ahnte sofort, dass es Besuch für mich sein musste: Meine Eltern waren endlich eingetroffen. Meine Mutter nahm mich in den Arm und sagte: „Ach, meine Siggi!“ – mehr brachte sie zunächst nicht über die Lippen. Mein Vater drückte mich ebenfalls kurz. Dann nahmen sie auf den beiden Sesseln Platz, nachdem sich Uwe neben mich auf das Bett gesetzt hatte; es war unübersehbar, dass sie Tränen in den Augen hatten. Wir unterhielten uns über belanglose Dinge, doch die Anwesenheit meiner Lieben schaffte meinem Körper Erleichterung.
Hildegard kam herein und wollte mich erneut untersuchen. Meine Eltern verließen den Raum, Uwe blieb bei mir. In diesem Moment musste es passiert sein … die Fruchtblase war wohl geplatzt, denn von jetzt auf gleich war alles nass. Hildegard untersuchte mich nur kurz und stellte schnell fest: „Ich glaube, Ihr Baby möchte jetzt kommen!“
Sie bereitete alles Notwendige vor und benachrichtigte umgehend einen Arzt. Außerdem fragte sie, wen ich bei der Geburt dabeihaben wolle. „Uwe und meine Mutter!“, entschied ich spontan.
Plötzlich ging alles ganz schnell: Wir hatten nicht einmal mehr Zeit den Raum zu wechseln, geschweige denn das Bett; die Geburt war bereits in vollem Gange. Uwe stand links von mir, meine Mutter rechts, beide hielten meine Hände. Vor mir standen die Hebamme und der Arzt, den diese hatte rufen lassen. Ich sollte pressen. Durch die Spinalanästhesie merkte ich jedoch nicht, wann eine Wehe kam. Es musste auch so gehen … also folgte ich Hildegards Anweisungen.
Der anwesende Arzt hatte sich nach ein paar Presswehen mit auf das Bett gesetzt und versuchte nun, das Baby durch Druck auf meine Bauchdecke herauszuschieben. Das spürte ich trotz der starken Betäubung deutlich: Zeitweise hatte ich das Gefühl, der Arzt komme auf der Rückseite meines Körpers wieder heraus, so sehr hatte er sich auf mich gestemmt.

Hildegard erkundigte sich nach meinem Befinden, doch ich hatte keine Möglichkeit zu antworten, denn meine Mutter war mir bereits zuvorgekommen und entgegnete an meiner Stelle: „Das schafft sie schon!"
Ich hatte keine Einwände, da ich einfach nur wollte, dass alles schnell vorbei wäre, und dachte: „Wenn ich das jetzt über mich ergehen lasse, habe ich es bestimmt bald geschafft."
Mit vereinten Kräften und nach weiteren Presswehen brachte ich Leonie schließlich in der 29. Schwangerschaftswoche am 30. August 2005 um 22:23 Uhr auf die Welt. Sie wog bei ihrer Geburt gerade einmal 955 Gramm bei einer Größe von 36 Zentimetern.
Das Baby lag zwischen meinen Beinen, ich konnte es nicht sehen. Hildegard fragte Uwe, ob er die Nabelschnur durchschneiden wolle. Ohne zu zögern tat er dies, obwohl er im Vorfeld Bedenken darüber geäußert hatte. Er hatte schließlich nicht gewusst, wie so etwas vonstatten ging.
Eine Frage lag mir auf dem Herzen: „Ist es wirklich ein Mädchen?" Und … tatsächlich ein Mädchen. Unsere Leonie! Endlich zeigte mir Hildegard, wie meine Tochter aussah: Sie hatte ein Tuch in eine Nierenschale gelegt und sie dort hinein gebettet. Vom ersten Augenblick an, in dem ich Leonie sah, war ich voller Stolz. Sie war sehr klein, aber dennoch ein richtiges, fertiges Menschlein.
Nach nur ganz kurzer Zeit brachte Hildegard Leonie weg, da ich plötzlich sehr hohes Fieber bekam. Ich wusste nicht, ob ich Leonie später noch einmal wiedersehen würde und dachte, dass es ein Abschied für immer wäre. Ich hatte sie doch nur ein paar Sekunden gesehen … trotzdem konnte ich mich nicht dagegen wehren – ich war einfach nur wie gelähmt.
Die Ärzte konnten sich selbst nach eingehenden Untersuchungen nicht erklären, woher das Fieber so plötzlich kam. Um eine mögliche Infektion auszuschließen, beschlossen sie schließlich, eine Ausschabung vorzunehmen: Sie hatten den Verdacht, dass Gewebereste in der Gebärmutter zurückgeblieben sein könnten.
Hildegard bereitete mich für den Transport in den OP vor. Dann fragte sie meinen Vater, der immer noch wartend vor der Tür saß, ob er wieder zu mir wolle. Er muss wohl etwas gezögert haben, denn ich hörte Hildegard sagen: „Es ist nichts mehr zu sehen, Ihre Tochter ist zugedeckt, Sie können ruhig hineingehen."
Uwe und meine Mutter standen immer noch neben mir, als mein Vater das Zimmer betrat. Er wusste nicht, wie er sich verhalten sollte, ich konnte ihm ansehen, wie niedergeschmettert er war. Vor diesem Tag hatte ich meinen Vater noch nie mit Tränen in den Augen gesehen.
Ich weiß nicht mehr genau, worüber wir in besagtem Moment sprachen oder ob wir überhaupt gesprochen haben. Jedenfalls beschlossen meine

Eltern, zunächst einmal zu uns nach Hause zu fahren, denn im OP hätten sie ohnehin nichts mehr für mich tun können. Zudem wollten sie Uwe und mir Zeit der Zweisamkeit gewähren. Der Abschied fiel ihnen dennoch sichtlich schwer – sie hatten Angst um mich. Für die Zeit im OP musste ich mich auch von Uwe verabschieden, was mir wiederum sehr schwerfiel.

Auf dem Weg in den OP fragte Hildegard, ob ich Leonie mit ihrer Unterstützung nach der Ausschabung wiegen und messen wolle. Ich antwortete natürlich mit: „JA!" Zudem wollte sie wissen, ob ich meine Tochter beerdigen lassen wolle. Auch das war für mich überhaupt keine Frage: Natürlich wollte ich!

Ich kann nicht genau sagen, wie lange ich im OP war. Mir kam die Zeit recht kurz vor – wie maximal zehn Minuten. Aber Uwe belehrte mich eines Besseren und teilte mir später mit, dass es circa 45 Minuten gewesen seien. Er musste ja schließlich ganz alleine auf mich im Kreißsaal warten: Für ihn verging die Zeit wie im Schneckentempo, da er sich sehr um mich sorgte. Ich hingegen hatte das Gefühl: Kaum lag ich auf dem OP-Tisch, war ich auch schon wieder herunter. Ich hatte jegliches Zeitgefühl verloren und erinnere mich nur noch daran, dass das Blutdruckmessgerät im OP so straff saß, dass es mir beinahe den Arm abgeschnürt hätte. Dann kann ich mich erst wieder daran erinnern, dass ich in ein anderes Bett gelegt wurde, worin mich Hildegard wieder abholte, um mich zurück in den Kreißsaalbereich zu schieben.

Zwischenzeitlich hatte sie in einem anderen Raum als dem, den wir vorher belegt hatten, eine Kerze aufgestellt und das Licht gedämpft. Dort hinein brachte Hildegard Uwe und mich schließlich. Dann ließ sie uns einen Moment allein, um kurze Zeit später mit unserer Tochter auf dem Arm wiederzukommen.

In dieser schönen Atmosphäre sahen Uwe und ich zu, wie Leonie gemessen und gewogen wurde. Anschließend durfte ich meine kleine Tochter in den Arm nehmen. Sie sah aus, als ob sie nur schliefe. Ich streichelte ihren winzigen Köper und wiegte sie in meinen Armen, als sei sie lebendig. Dann nahm Uwe sie und setzte sich zu mir auf das Bett. Wir streichelten und küssten unsere Tochter anfangs mit etwas Scheu, die wir jedoch zunehmend ablegten. Sie war so schön und wir als frischgebackene Eltern unglaublich stolz auf sie. Wir betrachteten sie genau … jedes Detail wurde von uns aufgesogen. Leonie hatte im Verhältnis zu ihrem kleinen, zarten Körper sehr große Füße. Zudem fielen ihre dichten schwarzen Haare auf. So hatte ich sie mir immer vorgestellt!

Rückblickend kann ich sagen, dass wir in jenem Augenblick, trotz aller Umstände, glücklich waren.

Nach gerade einmal dreißig Minuten holte Hildegard unsere Tochter schließlich ab, um sie für immer wegzubringen. Ich wusste, dass ich Leonie nie wieder sehen würde, aber konnte es in diesem Moment nicht realisieren.
Im Nachhinein musste ich feststellen, dass die halbe Stunde viel zu kurz war und ich Leonie noch viel länger hätte bei mir behalten sollen – bedauerlicherweise kann ich die Zeit nicht mehr zurückdrehen.
Hildegard kam, um mich auf Station zu bringen. Glücklicherweise konnte Uwe zunächst einmal bei mir bleiben. Das war meine größte Sorge: Ich wollte nicht alleine im Krankenhaus bleiben müssen. Uwe sollte bei mir bleiben!
Hildegard erzählte uns, dass sie ein Foto von Leonie gemacht habe, welches wir uns am kommenden Tag abholen könnten, wenn wir wollten.
Dann brachte sie mich auf die gynäkologische Station, wo sie uns noch eine Mappe übergab. Eine Mappe mit allen Details über die Geburt unserer Tochter: die „Leonie-Mappe".

6 „Ich will nach Hause!“

Auf der gynäkologischen Station herrschte Platzmangel. Ich hätte als dritte Person in ein Zweibettzimmer gemusst. Da es mitten in der Nacht war, hätte Uwe unter diesen Umständen nicht bei mir bleiben können. Die Nachtschwester entschied sich daher kurzerhand, uns in einen separaten Raum zu bringen; in diesem Raum wurden normalerweise ambulante Chemotherapien durchgeführt. Uwe stellte einen bequemen Stuhl ganz nah an mein Bett und hielt meine Hand. Die Schwester brachte uns einen Tee und verließ uns schließlich mit den Worten: „Versucht doch wenigstens, ein bisschen zu schlafen!“ Der Gedanke an Schlaf jedoch schien mir völlig absurd.

Da waren wir nun und wussten nicht, wie es weitergehen sollte. Wir schauten uns die „Leonie-Mappe“ an: In dieser Mappe befand sich neben einigen formellen Dingen jede Menge Infomaterial, zum Beispiel über Selbsthilfegruppen für Eltern, die ihre Kinder verloren hatten. Des Weiteren fanden wir darin eine Klappkarte mit einem aufgedruckten Regenbogen. Im Inneren dieser Karte stand ein schöner Vers geschrieben und Leonies Geburtsdaten waren eingetragen worden. Was uns jedoch auf besondere Weise berührte, war ein Fußabdruck unserer kleinen Leonie. Als wir ihn erblickten, liefen uns erneut dicke Tränen über die Gesichter. Mein Körper war schmerzerfüllt. Uwe nahm mich in den Arm, während er mich behutsam streichelte. Dennoch war der seelische Schmerz kaum erträglich. Ich wollte endlich aus diesem Albtraum aufwachen – es gelang mir einfach nicht!

Jene Nacht kam mir wie eine Ewigkeit vor. Während ich im Bett lag und Uwe weiterhin an meiner Seite saß, unterhielten wir uns darüber, wie es weitergehen sollte. Wir konnten diese Frage jedoch beim besten Willen nicht beantworten. Ständig fragten wir uns zudem: „Warum wir? Warum unsere Leonie?“; auf diese Fragen konnten wir ebenfalls keine Antworten finden.

Uwe hatte die ganze Zeit über meine Hand gehalten, als er nach einer Weile schließlich vor Erschöpfung seinen Kopf auf meinem Bett ablegte und einschlief. Ich weckte ihn, da ich panische Angst davor hatte, allein wach bleiben zu müssen. Sein Erwachen blieb jedoch nur von kurzer Dauer. Er war zu erschöpft, und kurze Zeit später fielen seine Augen erneut zu.

Da lag ich nun mit meinen Gedanken. Ich konnte und wollte einfach nicht begreifen, dass diese Situation unabwendbar war. Ich musste mich mit meinem Schicksal abfinden, was mir völlig widersinnig erschien. Tausende

Gedanken gingen mir durch den Kopf. Dabei muss ich schließlich doch für ein paar Minuten vor Erschöpfung eingeschlafen sein.
Als ich wieder erwachte, war alles genauso wie vor dem Einschlafen. Kein Traum … die harte Wirklichkeit! Uwe ging es nicht anders. Wieder stellten wir uns dieselben Fragen: „Wie soll es nur weitergehen?“
Zwischenzeitlich musste es nach 6 Uhr morgens gewesen sein. Während wir schliefen, hatte es einen Schichtwechsel beim Krankenhauspersonal gegeben. Ab sofort war eine kleine asiatische Schwester für uns zuständig. Sie ging ihrer Arbeit sehr sachlich und wenig emotional nach. Die zierliche Person forderte mich auf, Wasser zu lassen, und schob mir ungefragt einen Toilettenstuhl unter den Allerwertesten. Ich gab keine Widerworte und tat, was sie sagte. Mir war ohnehin alles egal: Ich fühlte mich leer, und meine Körperhülle funktionierte immer noch wie ferngesteuert. Nachdem sie schließlich noch mein Bett gemacht hatte, verließ sie samt Toilettenstuhl das Zimmer. Uwe hatte das Geschehen wortlos beobachtet und nur noch den Kopf geschüttelt.
Ich hatte es mir gerade wieder bequem gemacht, als die kleine Schwester zum zweiten Mal in der Tür stand. Sie informierte uns darüber, dass sie uns aufgrund des Platzmangels auf der Station auf eine Privatstation verlegen würde. Dort hätte ich ein eigenes Zimmer und meine Ruhe. Das jedoch sagte sie in gebrochenem Deutsch mit einem Unterton, der uns vermittelte, dass sie uns diese Sonderbehandlung anscheinend nicht gönnte – so zumindest fühlte es sich für Uwe und mich in diesem Augenblick an.
Als sie mich schließlich abholte, um mich in das neue Zimmer zu bringen, betonte sie – mit genau diesem Unterton, den wir zuvor bereits festgestellt hatten –, dass auf besagter Privatstation sogar Teppichboden gelegt sei. Was interessierte mich das? Es war mir doch völlig egal. Selbst wenn die Wände des Zimmers aus purem Gold gewesen wären, hätte ich keine Notiz davon genommen.
Aber die kleine ruppige Schwester setzte noch einen drauf: Während sie mich in den Fahrstuhl schob, um mich eine Etage höher zu fahren, sagte sie mit stark ausgeprägtem asiatischen Dialekt: „Du sollen nich so schwer tragän bei nächste Mal, dann das passieren nich wieda.“
Für diese Worte, die mich hart und mitten ins Herz trafen, hätte ich sie erschlagen können. Ich hätte große Lust gehabt Widerworte zu geben, war jedoch einfach zu traurig und zu sehr mit mir selbst beschäftigt. Stattdessen liefen erneut Tränenbäche über mein Gesicht. Uwe musste sich auf die Zunge beißen, um die Beherrschung nicht zu verlieren. Er hielt es angesichts der Situation einfach für unangebracht, sich vor dieser

„unwichtigen und oberflächlichen Person", wie er sie bezeichnete, zu vergessen.
Im Zimmer angekommen begrüßte mich dafür eine umso freundlichere Schwester, die noch recht jung zu sein schien. Sie brachte mir unmittelbar nach meiner Ankunft auf Station Frühstück, wovon ich jedoch keinen Bissen zu mir nahm.
Nur wenige Minuten später folgte bereits die Visite: Der Arzt war noch nicht ganz im Zimmer, als ich ihn fragte, wann ich nach Hause dürfe. Ich wollte weg von diesem Ort; endlich nach Hause, dorthin, wo ich für mich alleine in gewohnter Umgebung trauern könnte.
Da ich jedoch immer noch Fieber hatte, hatte der Arzt beschlossen, mir erneut Blut abzunehmen, um dann zu entscheiden, wie es weitergehen sollte. Vorsorglich verordnete er ein Antibiotikum, welches man mir schließlich intravenös verabreichte. Er wollte wissen, ob wir Leonie obduzieren und im Anschluss an die Obduktion beerdigen lassen wollten: Wir wollten! Daraufhin sicherte er uns zu, dass er uns alle nötigen Unterlagen für die Obduktion bald zukommen lassen würde. Wir müssten uns allerdings schnellstmöglich um ein Bestattungsunternehmen kümmern, welches Leonie nach der Obduktion „übernehmen" könnte. Mit dieser Aufgabe waren wir zunächst völlig überfordert. Dinge, mit denen wir noch nie in unserem Leben zu tun gehabt hatten. Wir wussten einfach nicht, wie wir vorgehen sollten. Daher erhofften wir uns Hilfe von Uwes Eltern.
Uwe und ich überlegten nach der Visite, was als Erstes zu tun wäre. Dabei fiel uns ein, dass wir unsere Einweihungsfeier ursprünglich für den Abend geplant hatten. Wir mussten demnach zunächst einmal allen Freunden absagen, dann unseren gemeinsamen Arbeitgeber informieren und, und, und …
Ich fühlte mich in keinster Weise in der Lage, irgendetwas von diesen Dingen zu erledigen und hatte panische Angst davor, jemandem erzählen zu müssen, was passiert war.
Während unserer Überlegungen klopfte es an der Tür und Uwes Eltern betraten den Raum. Die beiden erkundigten sich, was bisher geschehen war. Uwe erzählte ihnen alles detailliert, während ich an die Wand starrte und versuchte, meine Tränen unter Kontrolle zu bringen – ich wollte nicht weinen und ich wollte nicht hören, was Uwe seinen Eltern zu berichten hatte. Jedes einzelne Wort über das Geschehene tat so ungemein weh. Ich wollte nur noch, dass es endlich aufhörte.
Kurze Zeit später klopfte es erneut an der Tür … diesmal waren es meine Eltern. Sie hatten die Nacht in unserer Wohnung verbracht. Uwes und meine Eltern hatten sich bis zu diesem Moment zuvor nur ein einziges Mal

kurz gesehen. So hatte ich mir das Kennenlernen unserer Eltern nun wirklich nicht vorgestellt; nicht unter solchen Umständen.

Unsere Eltern boten an, uns zu entlasten, und so verteilten wir die Angelegenheiten, die zu erledigen waren: Uwes Mutter erklärte sich bereit, alle Freunde anzurufen, um die Einweihungsfeier abzusagen. Uwe wollte mit unseren Vätern zu einem Bestattungsunternehmen fahren, während meine Mutter bei mir bleiben und einfach nur für mich da sein sollte. Zunächst jedoch fuhr Uwe heim, um zu duschen und seine Kleidung zu wechseln, denn er trug immer noch die, die er bereits im Gericht bei seiner Zeugenaussage getragen hatte.

Alle verabschiedeten sich von uns, nur meine Mutter und ich blieben zurück. Da saßen wir nun, völlig allein und hilflos; wir wussten gar nicht recht, worüber wir reden sollten. Die meiste Zeit schwiegen wir einfach nur vor uns hin.

Ein Krankenhausseelsorger betrat das Zimmer und befreite uns aus dieser hilflosen Situation, indem er sich erkundigte, ob wir Hilfe bräuchten. Ich lehnte sein Angebot jedoch ab, da ich nur noch meine Ruhe wollte … und nach Hause! Die Umgebung des Krankenhauses machte mich krank. Meine Mutter konnte diesen Wunsch durchaus nachvollziehen, hatte jedoch aufgrund der erhöhten Temperatur, die sich nach wie vor keiner der Ärzte erklären konnte, große Bedenken.

Am Nachmittag, Uwe war immer noch mit dem Bestattungsunternehmen zugange, erfuhr ich schließlich, dass man mich noch eine weitere Nacht zur Beobachtung im Krankenhaus behalten wollte. Welch eine niederschmetternde Nachricht für mich! Mir wurde sofort klar, was das bedeutete: nämlich dass ich die Nacht alleine verbringen würde. Uwe musste schließlich auch einmal schlafen – und zwar in einem vernünftigen Bett und nicht erneut auf einem unbequemen Krankenhausstuhl.

Der Gedanke, die ganze Nacht alleine verbringen zu müssen, machte mich fast wahnsinnig. Meine Mutter versuchte mir gut zuzusprechen und mir klarzumachen, dass es besser sei, wenn ich weiterhin unter Beobachtung stünde. Sie versuchte mir Mut zu machen. Sicherlich dürfe ich bereits am nächsten Tag heim.

Als Uwe endlich wieder bei mir war und ich ihm von meiner Aufenthaltsverlängerung erzählte, war er ebenfalls nicht besonders glücklich darüber – auch wenn er sich durchaus der Tatsache bewusst war, dass er endlich vernünftigen Schlaf brauchte. Ich hingegen hatte Angst zu schlafen und zu träumen.

Meine Eltern wollten ebenfalls eine weitere Nacht in unserer Wohnung verbringen und fuhren schon einmal vor, um dort auf Uwe zu warten. Als

Uwe und ich endlich wieder allein waren, berichtete er mir von dem Gespräch, das er am Vormittag mit dem Bestatter geführt hatte. Wir mussten uns überlegen, wo wir Leonie beerdigen lassen wollten und wie viele Jahre wir das Grab umsorgen wollten.
Warum konnte das nicht jemand anderes für uns regeln? Die Gedanken an den Tod, Gräber et cetera waren mir so völlig fremd, dennoch konnte ich mich der Verantwortung nicht entziehen. Uwe bemerkte, dass mir die Überlegungen schwerfielen, und gab mir Gelegenheit, das Thema später erneut aufzugreifen.
In genau diesem Moment verspürte ich den Wunsch, das Foto von Leonie zu sehen, welches Hildegard für uns gemacht hatte. Sie hatte uns schließlich gesagt, dass wir es abholen könnten, wann immer wir wollten. Ich bat Uwe, es zu holen.
Nach ein paar Minuten kam er mit einem weißen Briefumschlag in den Händen zurück. Er setzte sich zu mir auf das Bett und erzählte, dass er das Bild auf der Wöchnerinnenstation hatte abholen müssen. Der Gang dorthin sei ihm sehr schwergefallen, da es dort von glücklichen Eltern mit lebenden Babys nur so wimmele.
Fälschlicherweise gratulierte ihm auch noch eine Schwester zur Geburt unserer Tochter. Als Uwe sie über den Tod unserer Leonie aufklärte, versank sie vor Scham fast im Erdboden, wie er mir berichtete.
Uwe öffnete den Umschlag und holte das Foto behutsam hervor: fast so, als könne es zerbrechen. Wir schauten darauf und die Tränen liefen. Wir streichelten über das Bild, als könnten wir sie spüren – unsere Leonie.
Nach ein paar Minuten des Betrachtens schoben wir das Foto vorsichtig wieder zurück in den Umschlag und Uwe nahm mich in den Arm. In genau diesem Moment klopfte es an der Tür: Uwes Schwester! Birgit betrat den Raum und man sah ihr an, dass sie am liebsten gleich wieder kehrtgemacht hätte. Es fiel ihr sichtlich schwer, uns zu besuchen. Wie wir erfuhren, hatte sie bereits zehn Minuten lang auf dem Gang gestanden und überlegt, ob sie wieder gehen sollte: Sie hatte Angst vor der Begegnung mit uns, weil sie schließlich zwei gesunde Kinder zu Hause hatte.
Uwe versuchte seiner Schwester die Last der Befangenheit zu nehmen und fragte, ob sie das Foto von Leonie sehen wolle. Da sie seine Frage bejahte, ging Uwe mit dem Umschlag auf Birgit zu und öffnete ihn ein zweites Mal vorsichtig. Er nahm das Foto sachte heraus und hielt es fest in seiner Hand, während er es seiner Schwester zeigte. Sie betrachtete es intensiv und sagte schließlich mit tränengefüllten Augen: „Leonie ist doch ein komplett fertiger Mensch. Warum durfte sie nicht leben?“ Ihre Worte berührten mich

sehr und ich konnte meine Tränen beim besten Willen nicht mehr zurückhalten.
Sie setzte sich zu uns und erzählte, wie sie von Leonies Tod erfahren hatte: Uwes Mutter hatte sie telefonisch informiert. Nach diesem Telefonat hatte sie sich geschockt auf die Treppe ihres Hauses gesetzt, als plötzlich ihr neunjähriger Sohn heimkam und seine Mutter fragte: „Mama, wer ist gestorben?“ Sie muss schlagartig kreidebleich geworden sein und erklärte ihm, der mit seiner spaßig gemeinten Aussage mitten ins Schwarze getroffen hatte, was passiert war. Obgleich er noch so jung war, begriff er sofort und zeigte Trauer – auf seine ganz eigene kindliche Art.
Der Krankenhausalltag nahm weiter seinen Lauf. Kurz nachdem Birgit gegangen war, gab es Abendessen. Erneut bekam ich keinen Bissen herunter; ich hatte einfach keinen Hunger und wollte nichts zu mir nehmen. Hinzu kam die Angst vor dem Alleinsein, wenn Uwe bald heimfahren würde. Ich wiederholte mich: „Ich will nach Hause!“
Gegen 9 Uhr abends war es dann so weit: Uwe teilte mir mit, dass er nun heimfahre. Er schaltete den Fernseher an und sagte: „Vielleicht schläfst du ja damit schneller ein.“ Zudem versprach er, am nächsten Morgen ganz zeitig wieder bei mir zu sein. Doch all das liebevolle Umsorgen half nichts … ich brach in Tränen aus und wollte partout nicht alleine bleiben. Uwe nahm mich noch ein letztes Mal fest in den Arm. Ihm fiel es ebenso schwer, mich zurückzulassen. Wir hatten jedoch keine andere Wahl. Mitfühlend schaute er mich ein letztes Mal kurz an, bevor er das Zimmer verließ.
Da lag ich nun, allein in diesem Krankenhauszimmer. Der Fernseher lief und ich weinte. In meinem Kopf spukten Tausende wirre Gedanken, an die ich mich heute kaum mehr erinnern kann. Ich entsinne mich jedoch, dass sie sich teilweise widersprüchlich abwechselten: „Ich will nicht schlafen!“ – meine Angst vor dem Träumen war viel zu groß; und: „Ich will endlich einschlafen“, damit die Nacht schnellstmöglich vorüberginge. Ich ließ den Fernseher laufen, jedoch ohne Ton, denn dieser hätte mein Durcheinander im Kopf nur noch verstärkt.
Die Nacht wollte einfach nicht vergehen. Ich nickte zwar ein paar Mal kurz ein, fiel jedoch eher in eine Art Dämmerschlaf. Nach schier endloser Zeit schaute ich auf die Uhr … es war gerade einmal eine halbe Stunde vergangen! In dieser Situation war ich sogar froh, wenn gerade eine Infusion durchgelaufen war und ein Wechsel anstand, da ich endlich begründet nach einer Schwester klingeln konnte, um eine willkommene Abwechslung zu haben.
Als sich die Tür am nächsten Morgen noch vor dem Frühstück öffnete und Uwe den Raum betrat, war ich unendlich froh und erleichtert. Er sagte

zuallererst: „Noch eine Nacht verbringen wir nicht getrennt voneinander! Wenn sie dich heute nicht nach Hause lassen, bleibe ich hier.“ Für Uwe muss es zu Hause gleichermaßen schrecklich gewesen sein, obwohl meine Eltern direkt im Zimmer nebenan geschlafen hatten – ausgeruht sah er jedenfalls nicht aus.

Als ein Krankenpfleger meine Temperatur überprüfte und ich kein Fieber mehr hatte, war ich voller Hoffnung, dass ich schnell wieder nach Hause könnte. (Von den vielen Infusionen hatte ich einen mächtig dicken Oberarm bekommen, den ich mittlerweile kaum noch beugen konnte.) Zur Visite dann der herbe Rückschlag: Man wolle mir vor einer möglichen Entlassung ein weiteres Mal Blut abnehmen, und ich müsse auf die Ergebnisse warten. Erst dann solle entschieden werden, ob ich nach Hause dürfe oder nicht. Deprimiert über diese Aussage lautete jeder zweite Satz meinerseits: „Ich will nach Hause!“

Nach der Visite fiel mir plötzlich ein, dass ich mich vergangenen Dienstag bei meiner Freundin Susi hatte melden wollen, um mich mit ihr zu verabreden.

Susi kenne ich aus der Zeit, als ich noch in Halle an der Saale gewohnt hatte. Meine Mutter war damals ihre Chefin. Mittlerweile war auch sie ins Rheinland gezogen und wohnte nicht weit von mir entfernt. Im Laufe der Zeit hatte sich eine schöne Freundschaft zwischen uns entwickelt.

Ich entschied mich, ihr eine SMS zu schicken und schrieb: „Ich liege im Krankenhaus, mein Baby ist gestorben, melde mich irgendwann einmal.“ Auf diese Nachricht bekam ich binnen Sekunden eine Antwort. Susi wollte wissen, in welchem Krankenhaus ich läge.

Zwanzig Minuten später stand sie auch schon im Zimmer – sie hatte sich sofort auf den Weg gemacht. Nachdem Susi das Zimmer betreten hatte und auf mich zukam, musste ich bereits mit den Tränen kämpfen. Als sie mich zur Begrüßung auch noch in den Arm nahm, konnte ich mich beim besten Willen nicht mehr beherrschen und ließ meinen Gefühlen freien Lauf.

Obwohl sich Susi und Uwe zuvor noch nie persönlich begegnet waren, nahm Susi Uwe voller Mitgefühl in den Arm und sprach ihm ihr Beileid aus.

Kurz nach Susis Ankunft waren auch meine Eltern eingetroffen. Seit dem unterhielten wir uns über alles Mögliche. Nur das Thema Leonie wurde so gut es ging vermieden, was hauptsächlich von meinen Eltern ausging. Susi vertraute mir später an, dass sie dies als sehr unangenehm empfunden hatte – sie sprach mir aus der Seele!

Nachdem Susi sich von uns verabschiedet hatte, erkundigte ich mich nach dem Verbleib meiner Blutergebnisse. Der behandelnde Arzt versicherte

mir, dass die Ergebnisse bis spätestens 14 Uhr vorlägen und ich im Anschluss daran zur Entlassungsuntersuchung kommen könne – wenigstens ein kleiner Lichtblick!
Meine Eltern verabschiedeten sich kurz vor 14 Uhr, da sie ohnehin erst einmal nichts mehr für mich hätten tun können. Sie ließen mich wissen, dass sie sich wieder auf die Heimreise nach Halle begäben, damit Uwe und ich Ruhe und Zeit zu Hause hätten.
Wie auf heißen Kohlen warteten Uwe und ich anschließend auf eine Nachricht des Arztes, der zwischenzeitlich nicht wieder erschienen war. Als ich nach einer Stunde Wartezeit nachfragte, wo er denn bleibe, fand ich heraus, dass er zu einem Notfall in den OP gerufen worden war. Die Schwester versicherte mir jedoch, dass sie sich sofort bei mir zu melden würde, sobald er aus dem OP zurückkomme.
Das tat sie zu meiner Erleichterung schließlich auch. Allerdings erst am späten Nachmittag – mir war es wie der späte Abend vorgekommen! Der Arzt führte die angekündigte Abschlussuntersuchung durch und entließ mich – trotz leicht erhöhter Leukozyten –, weil er sich sicher war, dass ich zu Hause besser aufgehoben war. Ich bekam noch einen Brief für Dr. Müller und ein Rezept mit. Unsicher erkundigte ich mich, ob ich am darauffolgenden Montag wieder zur Arbeit gehen müsse. Der Arzt teilte mir daraufhin mit, dass ich dies mit meinem Gynäkologen besprechen solle. Er habe zu entscheiden, ob und wie lange ich zu Hause bleiben solle. Diese Aussage war allerdings falsch, wie ich leider viel zu spät erfuhr …
Obwohl ich noch viele unbeantwortete Fragen im Kopf hatte, war ich froh, dass ich endlich in mein vertrautes zu Hause durfte. Uwe und ich packten blitzschnell meine Sachen zusammen; dann verabschiedete ich mich flüchtig von einigen Schwestern, bevor wir das Krankenhaus endgültig verließen.
Mit dem ersten Schritt aus dem Krankenhausgebäude heraus betrat ich eine fremde Welt: Alles war irgendwie anders … nichts war mehr so, wie es zuvor gewesen war.

7 Letzte Vorbereitungen

Auf dem Weg zum Auto überlegten Uwe und ich, in welche Apotheke wir fahren könnten, um das verschriebene Antibiotikum und ein Medikament zur Unterbindung des Milchflusses zu besorgen. Die Apotheke in einem großen Einkaufscenter lag direkt auf dem Heimweg, aber dorthin wollte ich nicht: Wir hätten im Parkhaus parken und durch das gesamte große Center laufen müssen. Die Vorstellung, zwischen Unmengen fröhlicher und kaufwütiger Menschen hindurchspazieren zu müssen, war der reinste Horror für mich. Wir entschieden uns daher, zu einer entfernt gelegenen Apotheke zu fahren. Gesagt, getan!

Nach den Besorgungen beeilten wir uns, schnell in unsere Wohnung zu kommen. Wir wollten niemandem begegnen, der uns womöglich Fragen über das Baby stellte. Als wir die Wohnungstür hinter uns verschlossen hatten, fiel augenblicklich eine enorme Last von uns ab. Uwe und ich sahen uns an, nahmen uns wortlos in den Arm und weinten. Diesmal jedoch nicht nur mit Tränen, sondern richtiggehend mit lautem Herzschluchzen und dem Willen, den Schmerz, den wir aus tiefster Seele verspürten, hinauszuschreien. So hatten wir beide zuletzt in der Kindheit geweint, wenn wir gefallen waren und Schmerzen infolge des Sturzes verspürt hatten. Endlich waren wir allein und konnten unseren Gefühlen freien Lauf lassen …

Ich weiß nicht genau, wie lange wir Arm in Arm weinten. Jedenfalls lief ich anschließend ziellos durch die Wohnung, die mir mit einem Mal so leer und fremd vorkam. Die Wohnung selbst hatte sich nicht verändert; alles war so, wie ich es hinterlassen hatte, bevor ich mich auf den Weg ins Krankenhaus begeben hatte. Und obgleich Leonie in diesen Räumen nicht gewohnt hatte, trug ich dieses unsagbar merkwürdige Gefühl in mir. Auf meinem Streifzug durch die Wohnung verspürte ich zwei Bedürfnisse: Zum einen das Bedürfnis, mir die Haare zu waschen, warum, konnte ich selbst nicht erklären; zum anderen wollte ich alles beseitigen, was an die Schwangerschaft mit Leonie erinnerte.

Damit fing ich schließlich an: Ich nahm eine große Plastiktüte zur Hand, lief ins Schlafzimmer und öffnete meinen Kleiderschrank, aus dem ich meine komplette Umstandskleidung holte und sie in die Tüte stopfte. Das tat ich letztendlich auch mit der Hose, die ich gerade noch getragen hatte; ich hatte sie für den Heimweg vom Krankenhaus anziehen müssen, da ich keine andere Straßenbekleidung bei mir gehabt hatte. Meine Krankenhaustasche durchsuchte ich ebenfalls nach Umstandskleidung, die ich schließlich, ungewaschen wie sie war, in die Tüte stopfte. Bevor ich ins Kinderzimmer ging, knotete ich die beiden Schlaufen der Tüte fest zu, als hätte ich befürchten müssen, die Sachen könnten von allein wieder herauskommen. Im Kinderzimmer standen bereits ein Wickeltisch und ein mit Babykleidung gefüllter Schrank, in den ich schließlich die Tüte legte. Dabei bemerkte ich, dass meine Mutter das Stillkissen, das ich bis dahin bereits einige Zeit zum Schlafen benutzt hatte, dort hineingelegt hatte. Einerseits war ich froh, dass sie das ungefragt für mich übernommen hatte; andererseits überkam mich eine wahnsinnige Traurigkeit über die Tatsache, dass ich mein lieb gewonnenes Stillkissen nun nicht mehr brauchen würde. Theoretisch hätte ich es natürlich weiterbenutzen können ... Das kam für mich allerdings nicht in Frage, da ich schließlich nicht mehr schwanger war und ich das Kissen auch nicht mehr zum Stillen meines Kindes benötigen würde. Ich wollte es schlichtweg nicht mehr sehen müssen – zu sehr erinnerte es mich an die Schwangerschaft mit Leonie und die Gedanken über die zukünftige Stillzeit, die ich mir so oft ausgemalt hatte. Wehmütig schloss ich den Schrank und verließ das Kinderzimmer, um Uwe im Wohnzimmer zu bitten, mir beim Haarewaschen zu helfen – mein rechter Arm war durch die vielen Infusionen im Krankenhaus zwischenzeitlich so angeschwollen, dass ich ihn fast nicht bewegen konnte.

Nach dem Haarewaschen setzten wir uns auf das Wohnzimmersofa und kuschelten uns eng aneinander. Wir saßen einfach nur da und hielten uns. Erneut brauchte ich diese körperliche Nähe meines Zukünftigen, um den seelischen Schmerz besser ertragen zu können.

Die Zeit verstrich nahezu unbemerkt. Die Nacht kam näher und mit ihr meine Angst, bald wieder schlafen zu müssen. Mich plagten dieselben Ängste wie zuvor im Krankenhaus. Ich teilte Uwe meine Ängste mit und er machte den Vorschlag, das Sofa zum Bett auszuklappen. Auf diese Weise konnten wir es uns gemütlich machen und mussten uns gar nicht erst mit dem Gedanken plagen, bald ins Bett zu müssen – diese Variante behagte uns weit besser. Eigentlich kann ich nicht erklären, warum ich nicht ins Schlafzimmer beziehungsweise in unser Bett wollte. Alleine der Gedanke ans Schlafengehen löste bei mir Beklemmungen aus.

Die ganze Nacht über lief der Fernseher, jedoch nahezu ohne Ton. Während ich die stummen Bilder betrachtete, kreisten erneut Tausende Gedanken in meinem Kopf, bis ich irgendwann vor Erschöpfung einschlief. Dennoch wachte ich während dieser Nacht immer wieder auf – das reinste Wechselbad zwischen Schlafen, Fernsehen und Nachdenken!

Ich war froh, als endlich der Morgen anbrach, hatte jedoch überhaupt keine Lust aufzustehen, da ich keinen Sinn darin sah, und stellte mir selbst die Frage: „Warum sollte ich aufstehen und wofür sollte ich mich waschen?“ Ich hatte keine Ziele mehr vor Augen, meine gesamte Zukunft war einfach zerplatzt – wie eine Seifenblase.

Erst gegen Mittag ließ ich mich schließlich doch von Uwe überreden und schleppte mich ins Bad, um mich zu waschen und anzuziehen. Ich entschied mich für ein einfaches Shirt und eine Hose in dezentem Schwarz. Ich besitze fast ausschließlich schwarze Bekleidung und liebe sie über alles. In dieser Situation jedoch wäre mir, unabhängig von meiner Vorliebe, nach keiner anderen Farbe zumute gewesen.
Mir sind nur noch Bruchteile von jenem Freitag im Gedächtnis geblieben. Ich erinnere mich jedoch, dass Uwe einige Telefonate führte und ständig wiederholend erzählte, was passiert war. Er hätte es vermutlich am liebsten jedem erzählt, der uns kannte. Anscheinend tat es ihm gut, über Leonie und das Geschehene zu sprechen. Nach jedem Telefonat ging es ihm in gewisser Weise zusehends besser.
Uwe fragte, ob ich meine engsten Freunde ebenfalls anrufen wolle, aber ich wollte nicht! Ich hatte Angst, bei jeder Erzählung weinen zu müssen. Zudem wusste ich nicht, ob ich überhaupt Worte finden würde, um über Leonie zu sprechen.
Stattdessen schrieb ich vier Freunden eine kurze SMS – zu mehr sah ich mich nicht in der Lage. Eine Freundin rief sofort zurück und erkundigte sich, was genau passiert war. Ich nannte in Stichpunkten lediglich Fakten, ohne irgendwelche Gefühlsäußerungen. Das Telefonat war schnell beendet, da meiner Freundin ebenso die passenden Worte fehlten wie mir und sich das Gespräch dadurch insgesamt unangenehm gestaltete.
Eine andere Freundin hatte meine Nachricht zwischenzeitlich mit einer sehr einfühlsamen SMS beantwortet. Sie schrieb, dass sie gerade nicht telefonieren könne, sich jedoch bald bei mir melde. Abschließend schrieb sie: „Ich bin immer für dich da. Deine Maja." Keine leeren Versprechungen, denn bereits am selben Abend rief sie an. Ich erzählte Maja alles ganz genau und musste zwischendurch immer wieder pausieren, um meine Tränen unter Kontrolle zu bringen.
Von diesem Tag an telefonierte ich einmal wöchentlich mehrere Stunden mit ihr. Zu wissen, dass sie für mich da war und mir zuhörte, tat unglaublich gut. Die übrigen SMS blieben zu meiner großen Enttäuschung ohne jegliche Reaktionen.
Auch an jenem Freitagabend schlugen Uwe und ich unser Nachtlager wieder im Wohnzimmer auf und verbrachten die Nacht dort, ähnlich der vorherigen.
Am Montagmorgen hatten wir einige Dinge zu erledigen, doch es ging mir nicht anders als an den Tagen zuvor: Ich sah immer noch keinen Sinn darin aufzustehen, um mich zu waschen. Trotzdem raffte ich mich auf und rief meinen Frauenarzt an, um nach einer Krankschreibung zu fragen.

Dr. Müller erkundigte sich zunächst einfühlsam nach meinem Befinden. Dann erst fragte er, wie lange ich zu Hause bleiben wolle. Ich teilte ihm mit, dass es mir körperlich gut gehe und ich nicht wisse, wie lange ich zu Hause bleiben wolle, eine Woche sei mir jedoch sehr recht. Dr. Müller entschied, mich bis zum kommenden Dienstag krankzuschreiben. Des Weiteren bat er mich, unabhängig von der Krankschreibung, die er sofort für mich hinterlegen wollte, noch einmal zu einer Untersuchung in seine Praxis zu kommen. Er bot mir abschließend seine Hilfe an, wann immer ich sie bräuchte, wofür ich ihm sehr dankbar war.
Im Anschluss an das Telefonat mit Dr. Müller rief Uwe beim Bestattungsunternehmen an, um einen Termin zu einem weiteren persönlichen Gespräch zur Klärung noch offener Fragen zu vereinbaren. Wir bekamen auch gleich einen für den Nachmittag. Der Bestatter forderte Uwe auf, Kleidung für Leonie mitzubringen, die sie später im Sarg tragen sollte.
Als mir Uwe von dieser Aufforderung des Bestatters erzählte, brach ich in Tränen aus, da ich nichts Passendes zum Anziehen für Leonie zu Hause hatte. Alle Sachen, die ich gekauft oder geschenkt bekommen hatte, waren viel zu groß. Meine Mutter hatte uns eine gelbe Kombination eines bekannten Markenherstellers geschenkt, die Leonie hätte tragen sollen, wenn wir das Krankenhaus unter normalen Umständen mit ihr verlassen hätten. Selbst diese Kombi – das kleinste Bekleidungsstück, das wir besaßen – war viel zu groß. Unter Tränen sagte ich zu Uwe: „Wir müssen los und Leonie etwas Passendes besorgen!“ Mir schwebte etwas Ähnliches vor wie diese Kombination meiner Mutter, lediglich ein paar Nummern kleiner. Wir entschieden uns daher, dasselbe Kaufhaus aufzusuchen, in dem meine Mutter die Kombination erstanden hatte.
Zuvor hatten wir jedoch noch einige Angelegenheiten mit unserem Arbeitgeber zu klären. Uwe wollte keinesfalls sofort wieder arbeiten gehen, schon alleine deshalb nicht, weil er mich nicht alleine lassen wollte. Sein Vorgesetzter war sehr verständnisvoll und sagte, dass Uwe sich darüber zunächst keine Gedanken machen müsse, außerdem habe er doch ohnehin bis Mittwoch offiziell Urlaub – das war uns vor lauter Aufregung und aufgrund unseres fehlenden Zeitgefühls völlig entfallen!
Ich musste meine Vorgesetzte ebenfalls anrufen, um sie darüber in Kenntnis zu setzen, dass ich zunächst einmal bis Dienstag krankgeschrieben war. Meine Chefin war sehr einfühlsam und versicherte mir, dass alle Mitarbeiter der Abteilung an mich denken würden und mich ganz lieb grüßen ließen. Bevor sie mich in die Personalabteilung verbinden konnte, die ich ebenfalls informieren musste, brannte mir noch eine wichtige Frage auf den Nägeln: Obwohl ich eigentlich ganz andere Probleme hatte, wollte

ich wissen, ob ich meinen alten Arbeitsplatz wiederbekommen könnte – schließlich hatte bereits eine Nachfolgerin meinen alten Job angetreten. Zu meiner Erleichterung ließ mich meine Vorgesetzte wissen, dass ich mir darüber überhaupt keine Gedanken zu machen bräuchte, und beantwortete die Frage mit einem deutlichen: „Selbstverständlich!", bevor sie mich in die Personalabteilung durchstellte.
Die Kollegin dort war ebenfalls sehr verständnisvoll und teilte mir mit, dass alle formellen Dinge, die sie benötigen würde, noch Zeit hätten und wir das klären könnten, sobald ich wieder da wäre. Selbst den Krankenschein bräuchte sie nicht sofort, Uwe könne ihn mitbringen, wenn er wieder im Hause wäre. Verständnisvoll sagte sie nur: „Sie haben jetzt sicher ganz andere Sorgen!"
Nach all diesen anstrengenden und zugleich erleichternden Telefonaten fuhren Uwe und ich in die Praxis von Dr. Müller, um wie besprochen die Krankschreibung abzuholen.
Die Arzthelferin an der Anmeldung war gerade im Begriff, mir den Zettel zu übergeben, als sie mich fragend musterte und aussprach, was sie dachte: „Waren Sie nicht schwanger?" Entsetzt über diese Frage starrte ich sie ungläubig an. Noch ehe ich antworten konnte, kam die Schwester, die vor einigen Tagen vergebens das CTG hatte schreiben wollen, und nahm ihre Kollegin beiseite, um sie aufzuklären. Daraufhin bekam ich die Krankschreibung mit den Worten „Gute Besserung" überreicht. Uwe und ich flüchteten förmlich aus der Praxis, so geschockt waren wir über die gerade erlebte Situation. Uwe versuchte mich darauf vorzubereiten, dass solche Situationen in nächster Zeit sicherlich häufiger vorkommen würden, und versprach im selben Atemzug, dass er mir immer zur Seite stehen würde. Ich fand den Gedanken schrecklich, fremden Menschen von meinem Schicksal erzählen zu müssen, und noch größere Angst hatte ich vor ihren Reaktionen.
Von der Frauenarztpraxis aus fuhren wir ohne Umwege in das Einkaufszentrum, um die Kleidung für Leonie zu beschaffen. Wir stellten unser Auto im Parkhaus ab und liefen schnurstracks auf unser Ziel zu, das Kaufhaus, in dem meine Mutter die hübsche gelbe Kombi gekauft hatte, ohne auch nur eine Notiz von anderen Geschäften oder Menschen um uns herum zu nehmen.
Im Geschäft angekommen, steuerten wir geradewegs in die Abteilung für Kinderbekleidung. Ein absurder Gedanke, diese Abteilung aufzusuchen, um für sein totes Baby etwas zum Anziehen zu suchen. Ich versuchte mit aller Kraft gegen meine Emotionen anzukämpfen, um nicht weinend in diesem Laden zu stehen.
Vor Betreten des Geschäfts hatte ich mir inständig gewünscht, auf Anhieb etwas Passendes für Leonie zu finden, aber meine Erwartungen wurden

enttäuscht: Ich fand nichts. Ich bat Uwe schließlich, die Verkäuferin zu fragen, welches die kleinste Größe sei und wo sich diese befinde. Die Verkäuferin teilte uns mit, dass Größe 44 das Kleinste sei, was sie führten, und dass alles, was sie in dieser Größe vorrätig hätten, auf dem großen Tisch zu unserer Linken liege. Auf besagtem Tisch fanden wir schließlich doch noch eine Hose mit passender Jacke, die kleine Öhrchen aus Nicki-Samt an der Kapuze angenäht hatte. Dieses Ensemble ähnelte dem gelben, das uns meine Mutter geschenkt hatte. Dazu passend suchten wir noch nach einem Pulli, Unterwäsche und Söckchen. Leider konnten wir keinen Pullover finden, weshalb wir uns alternativ für einen langärmeligen Wickel-Body entschieden. Den Body und die Söckchen gab es nur noch jeweils im Doppelpack. Da ich keine Kraft mehr hatte, in weiteren Geschäften nach dem Passenden zu suchen, nahmen wir die ausgesuchten Sachen mit.

Auf direktem Wege fuhren wir wieder heim. Dort angekommen, setzte ich mich ins Schlafzimmer aufs Bett und schnitt mit größter Sorgfalt alle Schildchen aus den soeben gekauften Sachen für Leonie. Ich entfernte jedes noch so kleine Waschetikett, und so merkwürdig das klingen mag: Ich wollte nicht, dass Leonie irgendetwas an dieser Kleidung als unangenehm empfinden könnte.

Zielstrebig ging ich ins Kinderzimmer und holte einen Kuscheltuch-Teddy, den wir kürzlich für sie gekauft hatten, aus dem Kleiderschrank. Den kleinen Teddy in meinen Händen haltend, überkam mich ein merkwürdiger Gedanke: Ich wollte nicht, dass Leonie sich einsam fühlte, während sie in ihrem Ruhebettchen lag. Ich fragte Uwe deshalb unter Tränen, ob wir ihren Teddy mit in den Sarg legen lassen könnten. Uwe nahm mich in den Arm und bejahte meine Frage sanft. Mit der Kleidung und dem Teddy in einer Plastiktüte begaben wir uns auf den Weg zum Bestattungsunternehmen.

Dort angekommen, konnte ich meine Tränen nicht mehr unterdrücken, als mir der Bestatter sein Beileid aussprach. Zum Glück bat er mich, Platz zu nehmen, denn ich hatte das Gefühl, jeden Moment umfallen zu können. Kaum dass wir saßen, sollten Uwe und ich Entscheidungen treffen, die jemals treffen zu müssen ich nie geahnt hätte.

Zunächst jedoch benötigte der Bestatter die Geburtsurkunde von Leonie. Dabei stellten wir fest, dass das Krankenhaus nur eine Geburtsbescheinigung ausgestellt hatte, die sich entschieden von einer Geburtsurkunde unterschied. Da Leonie bei der Geburt über 500 Gramm gewogen hatte, stand uns eine Geburtsurkunde zu. Und die brauchten wir auch, um Leonie beerdigen lassen zu können. Zu unserer Erleichterung wollte sich der Bestatter persönlich um das fehlende Dokument bemühen.

Darüber hinaus benötigte er meine Geburtsurkunde und die des Kindsvaters. Da wir noch nicht verheiratet waren, hätte Leonie keinen offiziellen Vater gehabt. Es sei denn, er hätte die Vaterschaft bereits vor der Geburt anerkennen lassen – was wir ja glücklicherweise kurz vor Leonies Geburt erledigt hatten. Ein Wink des Schicksals, dass wir uns so zeitig um die Anerkennung der Vaterschaft bemüht hatten, obwohl Uwe und ich bekanntlich Dinge gerne auf den letzten Drücker erledigten?
Schließlich sollten wir uns noch für eine Bestattungsvariante entscheiden: Der Bestatter klärte uns darüber auf, dass Erdbestattungen bei so kleinen Kindern durchaus üblich seien. Uwe und ich hatten uns bereits im Vorfeld entschieden, dass Leonie auf einem Kindergrabfeld beigesetzt werden sollte. Das Bestattungsunternehmen selbst hatte Uwe während des ersten Vorgespräches auf diese Möglichkeit hingewiesen. Ich hatte den Wunsch, Leonie mit anderen Kindern zusammen begraben zu lassen und nicht inmitten alter Menschen. In unserem Bezirk gab es nur einen Friedhof, der so ein Kindergrabfeld besaß. Wir wollten uns diesen Ort vor einer möglichen Bestattung anschauen. Man konnte den Platz auf dem Kindergrabfeld für fünf oder alternativ zehn Jahre mieten. Uns kamen beide Varianten sehr kurz vor. Also entschieden wir uns in jedem Fall für die längere Mietzeit.
Abschließend suchten wir einen kleinen weißen Sarg und ein weißes Holzkreuz für die Grabstelle aus. In dieses Kreuz ließen wir den Namen *Leonie* und ihr Geburtsdatum schnitzen.
Die formellen Dinge waren damit endlich erledigt. Blieb nur noch die Frage, wie wir die Trauerfeier für Leonie gestalten wollten. Diese hätten wir in den Räumlichkeiten des Bestattungsunternehmens abhalten können. Ich wollte jedoch keine separate Trauerfeier, da ich mir einfach nicht vorstellen konnte, wie eine solche aussehen sollte. Was hätten wir dort über Leonie sagen sollen? Unsere Tochter hatte doch noch nichts erleben dürfen. Daher entschieden wir uns, es bei einer schlichten Bestattung zu belassen.
Uwe und ich hätten die Möglichkeit gehabt, uns am offenen Sarg von Leonie zu verabschieden. Der Bestatter wies uns jedoch auch gleich darauf hin, dass Leonie nicht mehr so aussähe wie im Krankenhaus. Da wir sie genau so in unserer Erinnerung behalten wollten, wie wir sie im Krankenhaus kennengelernt hatten, entschied ich für Uwe und mich, dass wir sie nicht noch einmal sehen wollten. Ich bin nicht sicher, ob Uwe anders entschieden hätte, aber danach habe ich in diesem Augenblick nicht gefragt. Für mich selbst war ich mir dafür umso sicherer, dass ich sie nicht noch einmal sehen wollte, da mir dafür schlichtweg die Kraft gefehlt hätte. Aus dem Abstand von heute betrachtet bin ich über meine damalige Entscheidung traurig. Trotz des Hinweises des Bestatters, dass sich Leonie

äußerlich sehr verändert habe, bat ich ihn, Fotos für uns zu machen, und er gab uns sein Versprechen, diesem Wunsch nachzukommen.
Während wir auf die Kostenaufstellung des Bestatters warteten, die wir noch zu unterzeichnen hatten, hielt Uwe die ganze Zeit über meine Hand. Wenn er sie nur für einen winzigen Augenblick losließ, suchte ich sofort wieder nach ihr. Ohne den Körperkontakt zu Uwe hätte ich mich während dieses Gespräches beim Bestatter allein und verloren gefühlt.
Der Bestatter teilte uns bei der Verabschiedung mit, dass er sich melden würde, sobald er Leonie von der Pathologie entgegengenommen hätte. Danach wollte er einen Beisetzungstermin mit uns vereinbaren. Wir übergaben ihm die Tüte mit Leonies Kleidung und verließen das Bestattungsunternehmen.
Auf dem Rückweg nach Hause fuhren wir an dem Friedhof vorbei, auf dem wir Leonie beisetzen lassen wollten, und ließen uns vom Friedhofspersonal die Stelle zeigen, an der unsere Tochter bald ihre letzte Ruhe finden sollte. Der erste Eindruck fiel nicht gerade positiv aus, denn es war nicht der schönste Ort: Das Kindergrabfeld lag am Ende des Friedhofes umringt von einer Hecke, an die sich unmittelbar der Wald anschloss, was wiederum als einzig positiver Aspekt ein gewisses Flair hatte. In einer Ecke unter der Hecke lagen Holzbohlen, die jedoch in Kürze entsorgt werden sollten, wie uns das Friedhofspersonal verriet. Die Kinderreihengräber waren auf zwei Wiesen verteilt, getrennt durch einen Weg. Die linke Seite war bereits komplett „belegt“ und die rechte hatte ebenfalls eineinhalb Reihen ausgefüllt. Einige der Gräber fielen gleich durch ihr ungepflegtes Erscheinungsbild negativ auf. Als seien sie völlig in Vergessenheit geraten, was in mir eine absolute Verständnislosigkeit hervorrief: So würde das Grab unserer Leonie niemals aussehen!
Mit dem Erscheinungsbild dieses Ortes waren wir ganz und gar nicht zufrieden, uns blieb dennoch nichts anderes übrig, als damit zu leben, da wir nicht mehr annähernd die Kraft gehabt hätten, uns nach einem neuen, passenderen Ort umzusehen. Wir verspürten lediglich einen Wunsch: Leonie sollte unter Kindern sein dürfen. Das wäre an diesem Platz gewährleistet, und genau deshalb wollten wir das Beste daraus machen. Dann würden wir ihn eben eigenhändig verschönern.
Noch am selben Nachmittag rief der Bestatter an, um uns mitzuteilen, dass er Leonie am nächsten Tag aus der Pathologie abholen werde und die Beisetzung somit noch binnen derselben Woche stattfinden könnte. Wir entschieden uns für Freitag, den 9. September 2005 um 14 Uhr – im kleinsten Familienkreis.
Mir ist nicht in Erinnerung geblieben, was ich die Tage bis zur Beerdigung gemacht habe. Ich weiß nur eins mit Sicherheit: Ich hatte Angst vor diesem Tag!

8 „Leonie ist nicht allein!“

Ehe ich es realisieren konnte, war der Tag gekommen, vor dem ich solche Angst hatte. Mein Kalender zeigte Freitag, den 9. September 2005 an. Dieser Morgen unterschied sich von den Morgen zuvor. Diesmal hatte ich einen Grund aufzustehen, einen Grund, mich zu waschen und anzuziehen: Ich wollte gut aussehen – für meine Leonie!
Nach dem Frühstück, bei dem ich mal wieder keinen Bissen herunterbekommen hatte, machte ich mich gemeinsam mit Uwe auf den Weg, eine kleine Windmühle für Leonie zu kaufen, die ich anstelle von Blumen auf ihr Grab stellen wollte.
Auf dem Parkplatz des Großhandels, bei dem wir eine solche Windmühle nach einigem Suchen gefunden und gekauft hatten, trafen wir an unserem parkenden Auto ein befreundetes Pärchen, das wir wenige Monate zuvor während unseres Hollandurlaubes, als ich noch mit Leonie schwanger gewesen war, besucht hatten. Sie lebten dauerhaft in Holland und hatten unsere Einzugsfeier damals extra zum Anlass genommen, die weite Reise nach Köln anzutreten: Eigentlich hatten sie erst im Oktober für ein paar Tage nach Deutschland kommen wollen, um Bekannte und Familie zu besuchen; für uns hatten sie ihre Reise jedoch vorverlegt und waren völlig geschockt, als sie von Uwes Mutter telefonisch erfuhren, was geschehen war. Uwe hatte zwar unmittelbar nach Leonies Tod bereits mit ihnen telefoniert, das Treffen auf dem Parkplatz fiel dennoch sehr emotional aus. Ständig hatten die beiden – genau wie wir – Tränen in den Augen. Ich beteiligte mich kaum an dem Gespräch und hielt die Windmühle in meiner Hand – als würde ich mich daran festhalten wollen –, während ich auf den Boden schaute, um mich emotional kontrollieren zu können.
Die Unterhaltung wurde gestört, als neben uns ein Auto zu parken versuchte und dabei gegen ein anderes Fahrzeug knallte. Die Unglücksfahrerin stieg aus ihrem Wagen und beschimpfte uns völlig zu Unrecht, dass dies nur passiert sei, weil wir dort gestanden hätten. Das Verhalten und die Anklage dieser aufgebrachten Frau empfand ich zwar als recht unverschämt, im Grunde jedoch war es mir völlig egal. Mein innerer Schmerz und die Angst vor dem, was an diesem Tag noch geschehen sollte, waren weit größer, als dass mich die Worte dieser Unbekannten hätten verletzen können. Unter normalen Umständen wäre das vermutlich anders gewesen und ich hätte mich mit ihr angelegt. Uwe sagte noch irgendetwas Belangloses zu dieser Dame – die ihrer Ausdrucksweise nach zu urteilen keine war –, schwieg jedoch alsbald, da auch er zu schwach war, etwas Passendes zu entgegnen.

Im Auto auf dem Weg nach Hause gestand er mir schließlich, dass er dieser Frau am liebsten gesagt hätte, dass sie sich über Nichtigkeiten aufrege, wohingegen wir in ein paar Stunden unser Kind zu Grabe tragen müssten. Er empfand es jedoch als zwecklos und war der Ansicht, dass jedes einzelne Wort für eine solche Person zu schade gewesen wäre, weshalb er letztendlich doch geschwiegen hatte.

In der Mittagszeit trafen meine Eltern und meine Schwester bei uns zu Hause ein. Als meine Mutter mich zur Begrüßung in den Arm nahm, liefen bei mir die Tränen. Sie hatte Blumen aus dem heimischen Garten mitgebracht. Das bedeutete mir sehr viel: Diese Blumen brachten ein Stück Vertrautes in meine Wohnung, Vertrautes, das mich auf meinem bevorstehenden Weg stützen würde. Auch meine jüngere Schwester hatte Tränen in den Augen. So kannte ich sie gar nicht. Nicht zuletzt deshalb fühlte ich mich ihr verbundener denn je zuvor.

Schon bald nach der Ankunft meiner Eltern mussten wir uns auf den Weg machen. Uwe zog seinen besten Anzug an und ich kleidete mich ganz in Schwarz: ein langer Rock und ein passendes Shirt … so würde ich Leonie sicher gefallen.

Meine Mutter hatte neben den Blumen aus dem heimischen Garten auch noch Blumenschmuck für Leonies Grab mitgebracht – ebenfalls aus meiner alten Heimat. Ihre beste Freundin führte einen kleinen Laden in Halle, der wunderschöne Dinge rund um die Blume anfertigte. Diesmal hatte sie sich besonders viel Mühe gegeben: Liebevoll hatte sie für Leonie ein atemberaubend schönes Herz aus rosafarbenen Rosen gesteckt, das passender nicht hätte sein können.

Ein Fahrzeug für uns fünf reichte aus, um zum Friedhof zu gelangen. Gemeinsam liefen wir vom Friedhofsparkplatz zur Trauerhalle, wo wir mit dem Bestatter verabredet waren. Der Weg war nicht weit und doch kam ich mir gebrechlich vor … als sei ich schwer krank und stark geschwächt.

Vor der Halle standen zwei Bänke, wo Uwes Eltern sowie seine Schwester in Begleitung ihres Ehemannes bereits Platz genommen hatten und auf uns warteten. Alle Anwesenden begrüßten sich mit einer kurzen, wortlosen Umarmung. Jeder versuchte, so gut es ihm gelang seine Tränen unter Kontrolle zu bringen. Nicht zuletzt war dies wohl der Grund dafür, dass kaum jemand ein Wort verlor.

Es war ein wunderschöner, sonniger und warmer Tag. Die Tage zuvor hatte es immerzu geregnet, weshalb ich im Vorfeld bereits Sorge hatte, dass es auch an diesem besonderen Tag regnen könnte. Aber wir hatten Glück – wenigstens etwas!

Pünktlich um 14 Uhr traf auch der Bestatter am verabredeten Treffpunkt vor der Trauerhalle des Friedhofs ein. Er fuhr mit einem gläsernen Auto vor, auf dessen Ladefläche der kleine weiße Sarg, mit unserer Leonie darin und umringt von Kerzen, stand. So ein Fahrzeug hatte ich zuvor noch nie gesehen. Es sah aus wie ein Pick-up mit einer Glaskuppel darüber. Unter der Glaskuppel befand sich der Sarg, auf den wir freie Sicht hatten. Dieses Fahrzeug erinnerte ein wenig an den gläsernen Sarg des schönen Schneewittchens.

Der Bestatter begrüßte uns dem Anlass entsprechend würdig und nahm das Rosenherz, um es auf Leonies Sarg zu legen. Dann teilte er uns mit, dass wir uns nun gemeinsam zum Grab begeben würden; er werde ganz langsam vor uns herfahren und wir sollten ihm zu Fuß folgen. Uwe und ich bildeten den Anfang des Trauermarsches, gefolgt von dem Rest unserer Familie. Der schier endlose Weg führte uns über den gesamten Friedhof. In der einen Hand hielt ich die kleine Windmühle; Uwe hielt meine andere Hand. Die Tränen, die ich zuvor noch zurückzuhalten versucht hatte, liefen nun in Bächen über meine Wangen. Der Schmerz, den ich auf diesem langen, schweren Weg empfand, war unbeschreiblich und unerträglich.

Am Kindergrabfeld angekommen, wartete bereits ein Friedhofsgräber auf Leonie, der sie in ihrem kleinen Sarg vom Auto zum Grab trug. Dann ließ er den Sarg ganz langsam in die Tiefe sinken, während wir im Halbkreis darum herum standen. Es war ganz still und ich vernahm sogar das leise Geräusch, das signalisierte, dass der Sarg unten angekommen war. Während meine Tränen unaufhörlich den lehmigen Friedhofsboden bewässerten, hielt ich Uwe ganz fest.

Uwe und ich blickten gemeinsam in das tiefe, schwarze Loch und auf den kleinen, weißen Sarg darin – die Ruhestätte unserer Tochter. Dort unten lag *unsere* Leonie und ich würde sie nie wieder sehen können. Wir mussten sie an diesem Ort alleine zurücklassen – aber das wollte ich doch gar nicht! Ich wollte meine kleine Maus in den Armen halten, sie ganz nah bei mir haben. Der Gedanke daran, dass mir dies auf ewig verwehrt bleiben würde, setzte mir unsagbar zu. Mein innerer Schmerz nahm immer weiter zu, anstatt geringer zu werden.

Während derartige Gedanken meinen Kopf durchströmten, ließen Uwe und ich jeweils eine weiße Rose auf den Sarg hinunterfallen. Uwe nahm mich in den Arm, doch selbst das linderte mein Leid nicht. Wir traten ein Stück zur Seite, damit auch unsere Eltern und Geschwister sich von Leonie verabschieden konnten. Sie traten nacheinander an das Grab – erst Uwes Eltern, dann Uwes Schwester und deren Ehemann und zum Schluss meine Eltern mit meiner Schwester. Während sie nacheinander näherkamen, wandte ich meinen Blick auf den Boden oder ins Leere. Ich hätte es nicht ertragen können, die traurigen Gesichter der anderen zu sehen. Es hätte mir das Herz zerrissen, weil ich das Gefühl hatte, in gewisser Weise Schuld an ihrer Traurigkeit zu haben. So gesehen war es gut, dass sie mit dem Rücken zu uns standen und ich ohnehin Mühe gehabt hätte, ihre Gesichter zu beobachten. Nacheinander nahmen wir uns in den Arm, wie im Film.

Nachdem sich alle wortlos und tränenreich von Leonie verabschiedet hatten, traten Uwe und ich ein letztes Mal an das offene Grab. Ich hockte mich hin und steckte die Windmühle neben dem tiefen, schwarzen Loch in die Erde.

Ich weiß nicht, wie viel Zeit wir letztendlich an Leonies Grab verbrachten – ich hatte jegliches Zeitgefühl verloren. Niemand hatte während der gesamten Zeit ein Wort verloren. Wir wollten Leonie so still verabschieden, wie wir sie auf der Welt begrüßt hatten …

Schweigend begaben wir uns zurück zum Auto, um den Heimweg anzutreten.

Uwes Mutter hatte ein Blech Pflaumenkuchen gebacken, den wir gemeinsam verzehrten. Die Stimmung war gedrückt, als wir im Wohnzimmer beisammensaßen. Nur langsam entspannte sich die Situation. Ich setzte mich abseits der Familie, denn ich fühlte mich durch die Anwesenheit aller überfordert. Und dennoch war ich gleichzeitig froh, nicht alleine sein zu müssen.

Nach dem andächtigen Zusammensitzen verabschiedete sich Uwes Familie, während meine Mutter und meine Schwester noch schnell etwas zum Abendessen einkaufen wollten.

Voll bepackt kamen sie aus dem Supermarkt zurück und fingen an zu kochen. Trotz der Tatsache, dass ich am liebsten meine Ruhe gehabt hätte, ließ ich es einfach geschehen. Ich hatte keine Kraft und Lust, darüber zu diskutieren, dass ich das ungefragte Kochen als unpassend empfand. Eigentlich war es mir bereits zu viel, meiner Mutter und Schwester erklären zu müssen, wo sie notwendige Kochutensilien hätten finden können. Sie hätten meiner Meinung nach doch schnell etwas beim Imbiss um die Ecke bestellen können. Und dennoch dachte ich: „Wenn ich sie machen lasse, dann ist es schnell vorbei und ich habe bald meine ersehnte Ruhe.“ Von dem Essen bekam ich letztendlich ohnehin nichts hinunter. Jeder Bissen steckte wie ein Stein im Halse fest.

Im Detail kann ich mich an den weiteren Verlauf des Abends heute nicht mehr erinnern. Da meine Eltern auf unserem Sofa und meine Schwester auf einer Luftmatratze im Kinderzimmer übernachteten, waren Uwe und ich gezwungen, uns zum Schlafen in unser Schlafzimmer zurückzuziehen, was wir die letzten Tage seit meiner Rückkehr aus dem Krankenhaus vermieden hatten. Bereits zuvor hatte ich darüber nachgedacht, ob wir meinen Eltern nicht vorzugsweise das Schlafzimmer überlassen sollten, entschied mich jedoch dagegen, da wir schließlich irgendwann ohnehin nicht mehr darum herumgekommen wären, wieder in unserem Schlafzimmer zu übernachten. So gesehen nahm ich den Besuch meiner Eltern und Schwester an diesem traurigen Tag zum Anlass, ein Stück Alltag in unser Leben einkehren zu lassen und unseren Schlafplatz zurück ins gemeinsame Bett zu verlagern. Uwe sprach mir für diesen Schritt Mut zu und wollte in jener Nacht meine seelische Stütze sein – selbst wenn er dafür die ganze Nacht wach bleiben müsste. Immer noch hatte ich Angst vor meinen Träumen. Doch ich redete mir ein, dass ich ja wach bleiben könne, es würde mich schließlich niemand zum Einschlafen zwingen.

Als Uwe und ich im Bett lagen, waren wir froh, wieder alleine zu sein. Es war ungewöhnlich still um uns herum und wir hielten uns ganz fest in den Armen. Endlich hatten wir diesen Tag, vor dem wir so große Angst gehabt hatten, hinter uns gebracht.

Der Gedanke daran, dass Leonie so völlig allein da draußen lag, brachte mich fast um den Verstand. Uwe beruhigte mich mit den Worten: „Leonie ist nicht allein. Da, wo sie jetzt ist, sind noch ganz viele andere Kinder.“ Das beruhigte mich ungemein, und vor Anspannung und Erschöpfung schliefen wir schließlich im Licht der Nachttischlampe nach diesem schrecklichen Tag ein.

9 „Und was jetzt?“

Am Morgen nach Leonies Beerdigung setzten Uwe und ich uns ins Wohnzimmer, nachdem wir meine Eltern und Schwester verabschiedet hatten. Wieder war alles um uns herum ganz still. Draußen das herrlichste Sommerwetter und in unseren Räumen eine unbeschreibliche Leere. Ich schaute Uwe an, während ich ihn verzweifelt fragte: „Und was kommt jetzt?“ Ich hatte wirklich keine Vorstellung davon, wie unser Leben nun weitergehen sollte – all unsere Zukunftspläne der vergangenen Wochen und Monate waren zunichte gemacht. Wenigstens Uwe versuchte einen Hauch von Struktur in unseren Alltag zu bekommen, indem er sich Mühe gab, gewohnte Rituale wie beispielsweise das gemeinsame Frühstücken beizubehalten – obwohl ihm ebenso wenig danach war wie mir.

An diesem Tag beschlossen wir, erneut zum Friedhof zu fahren und am Grab unserer Tochter nach dem Rechten zu sehen. Die Autofahrt dorthin machte mir schwer zu schaffen; der Fußweg vom Auto über den Friedhof zum Grab war jedoch noch weit schwieriger. Ich fühlte mich so krank und gebrechlich wie bereits am Tag zuvor, ständig begann ich erneut zu weinen. Am Grab angekommen, konnte ich mich überhaupt nicht mehr beherrschen und brach unter der Last all dieser Gefühle zusammen. Ich weinte bitterlich, dicke Tränen überströmten mein Gesicht. Uwe versuchte mich zu trösten, nahm mich in den Arm und hielt mich ganz fest, so wie er es immer tat, wenn es mir schlecht ging. Im ersten Augenblick ließ ich ihn gewähren, doch dann wollte ich nur noch alleine weinen – es einfach herauslassen. Ich löste mich aus Uwes Umarmung und hielt ihn nur noch an der Hand, während ich tat, wonach mir zumute war – nach Trauern aus tiefstem Herzen!

Es musste eine ganze Weile vergangen sein, bis ich mich wieder gefangen hatte. Erst jetzt konnte ich Leonies Ruhestätte betrachten: einen kleinen Erdhügel mit dem weißen Holzkreuz am Kopf des Grabes. Inmitten des Erdhügels lag das Rosenherz aus meiner alten Heimat und daneben steckte die kleine Windmühle, die wir für Leonie ausgesucht hatten. An einer der Grabecken standen zwei Kerzen, ein Teelicht und ein Stundenbrenner-Grablicht. Bis heute wissen wir nicht, wer diese Kerzen für Leonie aufgestellt und angezündet hat – mit dem Friedhofspersonal hatten wir es jedenfalls nicht vereinbart.

Erleichtert über den Anblick des gepflegten Grabes waren meine Tränen zwischenzeitlich versiegt. Bis zu dem Zeitpunkt, als wir uns von Leonie verabschieden mussten, um den Heimweg anzutreten: Da schossen sie mir wieder in die Augen, als wären sie nie fort gewesen. Ich wollte bei Leonie

bleiben, sie nicht alleine lassen – am liebsten für immer! Erneut versuchte Uwe Trost zu spenden und sagte, dass wir fortan täglich hierher kommen würden. Das änderte zwar nichts an meinen Gefühlen, bei Leonie bleiben zu wollen, ich konnte mich jedoch wenigstens für diesen Tag losreißen. Auf dem Weg zum Auto drehte ich mich immer wieder zu Leonies Ruhestätte um, bis wir die Hecke des Kindergrabfeldes nicht mehr sehen konnten.
Zu Hause angekommen fragte Uwe, ob wir noch kurz bei seinen Eltern reinschauen wollten, die in derselben Straße wie wir wohnten. Da ich diesbezüglich keine Meinung hatte und es mir egal war, ob wir sie besuchten oder nicht, willigte ich ein – so würde die Zeit womöglich etwas schneller verstreichen.
Es war sehr heiß an diesem Tag und doch war mir eiskalt. Ich weiß nicht, ob es daran lag, dass ich meinen immer noch geschwollenen Arm mit Kühlgel zu therapieren versuchte oder ob es einfach nur mein Kreislauf war, der mich schwächeln ließ. Jedenfalls trug ich an jenem heißen Spätsommertag eine schwarze 7/8-Hose und eine viel zu große, dunkelblaue dicke Sweatshirt-Jacke. Diese Jacke hielt mich nicht nur schön warm, sondern verdeckte auch meine Körperkonturen, die niemand sehen sollte – vor allem nicht meinen Bauch, den ich seit der Geburt nicht mehr zu meinem Körper zählen wollte.
Wir hielten uns nicht lange bei Uwes Eltern auf und nahmen eine ihrer Tageszeitungen, die sie nicht weiter benötigten, mit heim, da Uwe zur Abwechslung mal wieder in Erfahrung bringen wollte, was in der Welt los war. Davon hatten wir in den vergangenen Tagen, an denen wir uns in unserer eigenen Welt befunden hatten, nicht viel mitbekommen.
Auf dem Rückweg zu uns nach Hause wollte Uwe noch einen kleinen Umweg über den Zeitungs- und Tabakwarenladen machen, um Schnupftabak für sich zu besorgen. Also liefen wir an diesem heißen Tag, mit der dicken Jacke, die ich trug, und Uwe mit Zeitung unter dem Arm dorthin. Obwohl uns ganz und gar nicht nach Lachen zumute war, schmunzelten wir über uns selbst: Eingepackt wie ein Eskimo im heißesten Sommer mit Zeitung zum Zeitungshändler …
Im Schaufenster des Geschäftes entdeckten wir eine wunderschöne, große Windmühle, die uns auf Anhieb gefiel. Wir achteten beim Kauf überhaupt nicht auf den Preis. Ich musste diese Windmühle einfach haben – für Leonie. Geld spielte keine Rolle, auch wenn wir es nicht im Überfluss besaßen und sonst recht sparsame Menschen waren.
Die Fortsetzung unseres Weges zurück zu unserer Wohnung, der uns geradewegs durch die gesamte Länge unserer Straße führte, war für mich wie ein Spießrutenlauf: Zuerst begegneten wir unserem Vermieter, der mit

dem Auto angefahren kam, neben uns anhielt und die Scheibe herunterließ; er habe gehört, was passiert sei – es hatte sich also bereits im ganzen Ort herumgesprochen. Schließlich fragte er mich, wie weit die Schwangerschaft fortgeschritten gewesen sei. Ich antwortete, dass ich Leonie in der 29. Schwangerschaftswoche verloren hatte. Die Antwort, die ich daraufhin bekam, schockte mich sehr: „Schade drum, echt schade drum." Ich empfand seine Antwort als oberflächlich und gefühllos, beendete diese Unterhaltung meinerseits daher sofort, bevor ich meinen Blick zu Boden richtete und Uwes Hand ganz fest hielt. Er wechselte noch ein paar Floskeln der Höflichkeit mit dem Vermieter, bevor wir endlich weitergehen konnten.

Wir kamen an einigen Balkonen unserer Nachbarn vorbei. Auf einem von ihnen saß ein bekanntes Ehepaar, das uns ebenfalls auf den Verlust unserer Tochter ansprach. Dieses Gespräch verlief glücklicherweise angenehmer, da uns das Pärchen mit gewählten Worten sein aufrichtiges Beileid aussprach und darauf einging, was wir von Leonie zu erzählen hatten. Dennoch schaute ich die meiste Zeit zu Boden und wollte nur noch nach Hause, um anschließend, wenn es nach mir ginge, nie wieder die Wohnung verlassen zu müssen.

Kaum hatten wir die eigenen vier Wände betreten, klingelte auch schon das Telefon. Unser vor langer Zeit bestelltes Sofa, das ich vollkommen vergessen hatte, sollte im Laufe des kommenden Montags geliefert werden. Das hatte zur Folge, dass wir das alte Modell ins Kinderzimmer verlagern mussten, um Platz zu schaffen. Um das Sofa jedoch dort hinein zu bekommen, mussten wir den Kleiderschrank, der ja voller Babybekleidung war, ebenfalls verrücken. Als Uwes Freund am Sonntagabend zu Hilfe kam, um die Möbel an ihre neuen Positionen zu verlagern, nahm ich ein Klebeband und klebte beide Schranktüren zu, während ich sagte: „Es ist mir egal, wie ihr es macht, aber ihr müsst den Schrank mitsamt seinem Inhalt verrücken. Ich will ihn nicht ausräumen!" Mir zuliebe kamen die Männer meinem Wunsch nach. Ich hätte es einfach nicht übers Herz gebracht, all diese hübschen Sachen meiner Tochter sehen und berühren zu müssen. Sicher hätte mich das in ein noch tieferes Loch gerissen als das, in dem ich ohnehin schon steckte.

Am späten Abend, während Uwe und ich auf unseren beiden übrig gebliebenen Freischwingersesseln im Wohnzimmer saßen, wurde mir immer bewusster, dass wir bereits Samstag hatten und Uwe in zwei Tagen wieder zur Arbeit würde gehen müssen. Ich würde gezwungenermaßen das erste Mal einen Tag ganz alleine zu Hause verbringen, seit Leonie gestorben war. Und ich hatte Angst davor!

So schnell wie möglich wollte ich selbst wieder arbeiten gehen, um diesem Problem aus dem Wege gehen zu können. Also entschied ich, mich ab dem kommenden Mittwoch ebenfalls wieder zur Arbeit zu begeben – für mich anscheinend die einzige Lösung, einen einigermaßen geregelten Tagesablauf zurückzuerlangen. Der Gedanke, einen längeren Zeitraum allein zu Hause verbringen zu müssen, machte mich wahnsinnig und erschien mir völlig abwegig. Ich hatte Angst vor meinen Gefühlen und wusste nicht, wie ich meinen Tag gestalten sollte. Dann doch lieber arbeiten gehen. Sicher würde mich die Arbeit ablenken.
Als Uwe schließlich am kommenden Montag zur Arbeit fuhr und mich alleine zurückließ, begann ich, mir Arbeit zu suchen. Ich machte mich fertig, fing an, wie wild die Wohnung aufzuräumen, Wäsche zu waschen und aufzuhängen. Alle Arbeiten gingen mir für meinen Geschmack viel zu schnell von der Hand, denn ich hatte in zwei Stunden geschafft, was ich manchmal an einem kompletten Wochenende nicht zustande brachte. Solange ich etwas zu tun hatte, konnten mich meine Gedanken nicht einholen; es ging mir einigermaßen gut.
Nachdem ich die gesamte Hausarbeit erledigt hatte und der Möbellieferant noch nicht in Sicht war, überlegte ich, was ich als Nächstes tun könnte. Ich hatte keine Lust fernzusehen, da ich nicht ins Grübeln verfallen wollte. Also zog es mich an den Computer.
Erst wenige Tage zuvor hatten Uwe und ich uns in einem Sternenkinder-Forum angemeldet. Seither hatte ich dort schon einige Male von den Schicksalen anderer Betroffener gelesen, aber selbst noch nichts geschrieben. Das holte ich an diesem Montagvormittag nach. Ich bekam viele Antworten, unter anderem auch von Sarah, der Tochter des Arbeitskollegen, von deren Schicksal ich während der Schwangerschaft mit Leonie erfahren hatte.
Sarah hatte mich anhand meiner Vorstellung im Sternenkinder-Forum wiedererkannt, nachdem ihr Vater ihr bereits erzählt hatte, was geschehen war. Ich fand es schön zu wissen, dass sie mir ihre Hilfe anbieten wollte. Der Tod ihrer Tochter lag zwischenzeitlich immerhin ein halbes Jahr zurück. Sie hatte bereits ein Stück weit in den Alltag zurückgefunden und war mir um diese und viele andere Erfahrungen der Trauerbewältigung voraus, weshalb ich ihr für ihre freundliche Hilfestellung sehr dankbar war. Seither stehen wir in regelmäßigem Kontakt zueinander.
Neben der von Sarah las ich an diesem Tag auch noch sehr viele Geschichten anderer Betroffener und weinte bitterlich. Jedes einzelne Wort tat weh, und dennoch konnte ich nicht aufhören zu lesen, denn gleichzeitig tat es gut zu wissen, dass ich nicht alleine war mit meinem Schicksal. Auch

die Tatsache, dass anderen Menschen noch viel Schlimmeres widerfahren war, nahm ein wenig von meinem eigenen Schmerz.
Nachdem ich eine Weile im Sternenkinder-Forum gelesen hatte, begab ich mich im Internet auf die Suche nach Informationen über mögliche Ursachen für eine Totgeburt. Ich verschlang alles, was ich zu dieser Thematik finden konnte, und suchte nach einer Erklärung für Leonies Tod: Zu meiner Enttäuschung wurde ich dabei jedoch nicht fündig.
Das Klingeln des Telefons riss mich nach einer langen Zeit der Recherchen aus den Gedanken: Uwe rief von der Arbeit aus an. Er klang sehr bedrückt. Sein Wunsch, durch die Arbeit in den Alltag zurückzufinden, wurde nicht erfüllt. Es hatte mal wieder eine Umstrukturierung im Unternehmen gegeben, die dieses Mal auch Uwe betraf. Sein Arbeitsbereich wurde einer anderen Abteilung zugeordnet, und das brachte einen neuen Vorgesetzten und einen Umzug innerhalb des Bürogebäudes mit sich. Uwe sollte möglichst schon gestern umgezogen sein – für ihn in dieser Situation ein Schock. Er hatte gehofft, auf der Arbeit gewohnte und altvertraute Dinge wiederzufinden, um in den Alltag zurückfinden zu können, aber das würde ihm nun nicht mehr so ohne Weiteres gelingen.
Trotzdem hatte Uwe auch eine positive Nachricht für mich: Seine bisherige Abteilung hatte eine beachtliche Summe Geld für uns gesammelt. Von einem Teil des Geldes hatten die Kollegen ein Buch zum Thema „Trauern um Sternenkinder“ gekauft, welches uns helfen sollte, Antworten auf offene Fragen zu finden. Ich konnte es kaum abwarten, dieses Buch in meinen Händen halten zu dürfen, und war sehr gerührt über dieses Geschenk, denn die Kollegen meiner Abteilung hatten mich diesbezüglich ein wenig enttäuscht: Am Tag nach Leonies Beerdigung hatten sie uns eine Mini-Blumenschale und eine Karte zukommen lassen. Jeder Mitarbeiter hatte genau einen Euro gespendet. Mal abgesehen davon, dass es mir nicht ums Geld an sich ging, hatte ich vielmehr das Gefühl, dass sich meine Kollegen keine Gedanken gemacht hatten. Ich hatte lediglich das erhalten, was sonst bei irgendwelchen Anlässen standardmäßig eingesammelt wurde. Der Tod unserer Tochter war demnach in den Augen meiner Kollegen anscheinend nichts Besonderes – das enttäuschte und verletzte mich sehr. Wenn sie wenigstens ein paar warme Worte auf ihrer Beileidskarte ergänzt hätten, anstatt nur die Unterschriften darauf zu sammeln …
Nach dem Telefonat mit Uwe lief ich ziellos durch die Wohnung, während meine Gedanken wild umherkreisten, bis ich schließlich wieder am Computer landete. Dort traf ich endgültig den Entschluss, nicht einen Tag länger alleine zu Hause zu bleiben. Ich nahm das Telefon in die Hand und rief meine Vorgesetzte an, um ihr mitzuteilen, dass ich ab Mittwoch wieder

bei der Arbeit erscheinen würde. Dann versank ich erneut in der virtuellen Welt und sog die Texte im Internet regelrecht auf – so verging die Zeit erträglicher.
Kurz bevor Uwe nach Hause kam, waren auch die Möbellieferanten endlich bei uns eingetroffen, was mir jedoch völlig gleichgültig war angesichts der Tatsache, dass ich Uwe nach diesem langen Tag endlich wieder bei mir hatte. Im Laufe des Abends jedoch erkannten wir zunehmend die Vorteile des neuen Sofas. Endlich konnten wir wieder gemütlich beisammensitzen und uns aneinanderkuscheln. Derart intensiv war das auf dem alten Sofa nicht mehr möglich gewesen, da uns alles zu sehr an Leonie erinnerte: Wie oft hatten wir uns während der Schwangerschaft auf diesem Sofa eng aneinandergeschmiegt und uns eine gemeinsame Zukunft mit unserer Tochter ausgemalt! Da ich Uwes Nähe in diesen Tagen mehr brauchte denn je, kam das neue Sofa genau zur rechten Zeit.
Am nächsten Morgen fuhr Uwe bereits den zweiten Tag zur Arbeit und ich machte mich für meinen Frauenarzttermin zurecht, den ich für mittags vereinbart hatte. Bis dahin fiel mir sprichwörtlich die Decke auf den Kopf. Ich wusste nichts mit mir anzufangen. Die Wohnung war geputzt und das Internet um einige Beiträge reicher. Dennoch schaffte ich es, die Zeit irgendwie verstreichen zu lassen.
Glücklicherweise musste ich nicht lange warten, bis mich Dr. Müller in das Behandlungszimmer rief. Die Kontrolluntersuchung verlief zur Zufriedenheit aller. Dr. Müller eröffnete mir nach der Behandlung im Beratungszimmer, dass die Obduktionsergebnisse von Leonie immer noch nicht angekommen seien, versprach aber, mich anzurufen, sobald sie vorlägen. Des Weiteren fragte mich Dr. Müller, wann ich wieder arbeiten gehen wolle. Im gleichen Atemzug unterbreitete er den Vorschlag, ich solle bereits am nächsten Tag wieder mit der Arbeit beginnen – das lenke mich sicher ab und tue mir vermutlich seelisch gut. Ich war ganz seiner Meinung – konnte dieser Mann Gedanken lesen? In sechs Wochen sollte ich mich erneut zur Kontrolle zu ihm begeben.
Als ich wieder im Auto saß, überlegte ich kurz, wie ich den Tag möglichst schnell verstreichen lassen könnte. Ich wollte nicht nach Hause, denn dort hätte ich absolut nichts mit mir anfangen können – das hatte die Erfahrung der letzten anderthalb Tage gezeigt. So entschied ich mich kurzerhand, vor dem offiziellen Arbeitsbeginn ins Büro zu fahren und „vorzufühlen“ – denn ein bisschen Angst vor den Begegnungen mit meinen Kollegen hatte ich ehrlich gesagt schon. Ich fand den Gedanken angenehmer, vorab einmal hinzufahren und jederzeit wieder gehen zu können, wie es an einem

offiziellen Arbeitstag nicht würde möglich sein – zumindest nicht so ohne Weiteres.
Beim Betreten unserer Abteilung begrüßten mich alle anwesenden Kollegen sehr herzlich. Sie freuten sich offensichtlich über meine Anwesenheit und Rückkehr an den Arbeitsplatz.
Meine Vorgesetzte bot verständnisvoll an, dass ich mich in den kommenden Tagen langsam wieder einarbeiten oder auch jederzeit wieder heimfahren könne, wenn mir danach sei beziehungsweise es mir nicht gut gehe. Dann setzte ich mich an meinen Schreibtisch; meine Kollegen hatten ihn wieder so hergerichtet, wie ich ihn verlassen hatte, auch meine Nachfolgerin hatte ihre „Spuren“ bereits beseitigt. Dennoch erfüllte mich ein merkwürdiges Gefühl: Ich war nur wenige Wochen weg gewesen, trotzdem kam es mir nun wie eine halbe Ewigkeit vor. Alles war anders: Ich spürte, dass ich nicht hier sein sollte, unterdrückte dieses Gefühl jedoch, denn alles war besser, als allein zu Hause sitzen zu müssen.
Meine Kollegin Alexandra, deren Schreibtisch direkt neben meinem stand, erkundigte sich einfühlsam, was geschehen war, und wollte alles ganz genau wissen. Ohne jegliche Emotionen erläuterte ich die „Fakten“. Ich wusste, dass ich sofort angefangen hätte zu weinen, wenn ich in dieser Situation von Gefühlen gesprochen hätte – und das wollte ich auf gar keinen Fall. Nicht schon wieder und nicht vor meinen Kollegen!
Nach diesem Gespräch schaltete ich den Firmen-Computer ein, um schon einmal einen Eindruck davon zu gewinnen, was sich in den letzten Wochen an Arbeit angesammelt hatte. Es müssen an die zweihundert E-Mails gewesen sein, die im Posteingang darauf warteten, von mir gelesen und bearbeitet zu werden; ich begann sofort damit. Schnell merkte ich jedoch, dass mich diese E-Mails überhaupt nicht interessierten. Die Vorgänge und Informationen, die mit ihnen übermittelt wurden, kamen mir so unglaublich unwichtig vor – so belanglos! Aber ich hatte ja keine Wahl, da ich mich nun einmal selbst dazu entschlossen hatte, die Arbeit frühzeitig wieder aufzunehmen. Also las ich rund zweieinhalb Stunden weiter, bis ich mich verabschiedete, um wieder nach Hause zu fahren. Für diesen Tag hatte ich genug, und schließlich war ich ja immer noch krankgeschrieben.
Am nächsten Morgen sollte der Alltag wieder über uns hereinbrechen – das gemeinsame Aufstehen und der gemeinsame Weg zur Arbeit, wie gehabt. Auch an diesem Tag beschlich mich ein merkwürdiges Gefühl auf dem Weg zur und bei der Arbeit. Im Laufe des Tages traute ich mich kaum von meinem Schreibtisch weg – alle in meiner Abteilung wussten, was geschehen war, aber wie sah es mit den restlichen Mitarbeitern der riesigen Firma aus? Ich hatte Angst, Fragen gestellt zu bekommen, und noch viel

mehr Angst hatte ich davor, womöglich in Tränen auszubrechen, wenn ich sie hätte beantworten müssen.
Meine Abteilungsleiterin begrüßte mich an diesem Morgen sehr distanziert, aber anders hatte ich es von ihr auch nicht erwartet. Diese Frau konnte anscheinend keine Gefühle zeigen – so war es mir immer vorgekommen. Deshalb nahm ich es auch nicht persönlich, dass sie kein Wort der Herzlichkeit für mich übrig hatte.
Unser Bereichsleiter hingegen, der seinem Ruf als wahrhaftiges Ekel normalerweise alle Ehre machte, ging ungewohnt einfühlsam auf mich ein, als er mich kurze Zeit später zu sich ins Büro rufen ließ. Er erzählte offen, dass seine Frau eine relativ späte Fehlgeburt erlitten hatte und dass sie viele Jahre später immer noch darunter gelitten hatte. Das gar nicht mehr so ekelhaft erscheinende Ekel gab mir den Rat, mich langsam wieder einzuarbeiten und das Tempo selbst zu bestimmen. Ich war positiv überrascht von diesem Gespräch.
Leider musste ich nach nicht einmal einer Woche feststellen, dass es leere Worte waren, denen ich Glauben geschenkt hatte. Die Worte des Bereichsleiters waren nichts anderes als sonst auch: heiße Luft! Nur wenige Tage nach unserem Gespräch überhäufte er mich derart mit zusätzlicher Arbeit, dass ich kaum Zeit für die eigentliche hatte. Er übte zudem den altbekannten Druck aus, wenn ich Angelegenheiten nicht zur rechten Zeit erledigen konnte, obwohl er diese in den meisten Fällen selbst hätte erledigen können und teilweise sogar müssen, weil er mir Aufgaben übertragen hatte, die überhaupt nicht in meinen Arbeitsbereich fielen. Willkommen in der Realität, Sigrid!
Telefonate mit Kunden sollten die schwersten Aufgaben des Tages für mich darstellen. Die meisten der Kunden, die ich betreute, wussten von meiner Schwangerschaft; dass ich – unter normalen Umständen – nur noch ein paar Tage zu arbeiten gehabt hätte, bevor es in den Mutterschutz gegangen wäre. Wenn nicht sofort, hätten sie sich im Laufe der Zeit gewundert, wieso ich mich noch nicht im Mutterschaftsurlaub befand.
Das erste Telefonat führte ich mit meinem größten Kunden, der meine angekündigte Abwesenheit für die bevorstehende Mutterschaft sehr bedauerlich fand. Mein Geschäftspartner am Telefon fragte: „Hallo, Frau Frank, wie war der Urlaub?“ Knapp antwortete ich mit: „Na ja …“ Da mein Kunde derart knappe Antworten nicht gewohnt war und in meiner Stimme wohl den traurigen Unterton vernommen hatte, den ich nicht verbergen konnte, bohrte er weiter: „Ist bei Ihnen alles in Ordnung? Wie lange müssen Sie eigentlich noch arbeiten, bevor Sie in den Mutterschutz gehen?“ Da war sie … die Frage, vor der ich mich so sehr gefürchtet hatte. Mir wurde heiß

und kalt zur gleichen Zeit und ich wusste im ersten Augenblick nichts zu entgegnen. Stattdessen stammelte ich schließlich etwas wie: „Ich werde Ihnen noch lange erhalten bleiben“, vor mich hin. Sehr einfühlsam und erstaunt über meine Antwort erkundigte sich mein Gegenüber nun gezielt nach dem Grund für diese Aussage. Daraufhin nahm ich all meinen Mut zusammen und flüsterte: „Mein Baby ist gestorben.“ Am anderen Ende der Leitung Stille. Erst nach kurzer Atempause fasste sich mein Gesprächspartner und gestand, dass dies ein Schock für ihn sei. Er sprach mir sein Beileid aus und ließ mich wissen, wie leid es ihm täte. Des Weiteren wisse er nun nicht mehr, was er noch sagen solle und stellte sein eigentliches Anliegen, wegen dem er angerufen hatte, zurück, da es seiner Ansicht nach nun völlig nichtig geworden war – gemessen an dem, was er soeben vernommen hatte.
Nachdem ich den Hörer aufgelegt hatte, war ich erleichtert und fix und fertig zugleich. Ich war froh, den Anfang gemacht zu haben, wusste aber auch, dass es so weitergehen würde. Das Gespräch hatte mich sichtlich mitgenommen. Alexandra hatte das Gespräch mitbekommen und fragte, ob sie die kommenden Telefonate für mich übernehmen solle. Dankend lehnte ich ab – da musste ich alleine durch.
Ich war froh, als ich diesen ersten Arbeitstag hinter mich gebracht hatte. Seelisch verlief er anstrengender, als ich gedacht hatte. Mit jedem Tag wurde es jedoch besser und ich begann, mit der Zeit wieder Spaß an der Arbeit zu haben. Ich hatte die richtige Entscheidung für mich getroffen, schnell wieder ins Berufsleben zurückzukehren. Mein Tag hatte zumindest wieder eine Struktur: eine notwendige Struktur, um mein Leben wieder meistern zu können.

10 Ich fühlte mich befreit

Eine Woche, nachdem ich wieder zu arbeiten begonnen hatte, suchten Uwe und ich eine Selbsthilfegruppe für Eltern auf, deren Kinder während oder kurz nach der Schwangerschaft verstorben waren, sogenannte „verwaiste Eltern“. Wir hatten die Kontaktdaten dieser Gruppe der „Leonie-Mappe“, die uns Hildegard im Krankenhaus überreicht hatte, entnommen. Uwe und ich hatten uns speziell für diese Selbsthilfegruppe, die jeden zweiten Mittwoch im Monat in den Räumlichkeiten eines Krankenhauses stattfand, entschieden, da sie von einer Familienpsychologin und einer Frauenärztin geleitet wurde und wir uns eine professionelle Form der Trauerbegleitung erhofften.

Ich hatte Angst: Angst vor dem, was mich in dieser Gruppe erwarten würde, Angst vor den Menschen, denen ich dort begegnen sollte. Ohne Uwe hätte ich die Selbsthilfegruppe vermutlich nie aufgesucht – lieber hätte ich den Kummer in mich hinein gefressen. Uwe war jedoch der Meinung, dass uns der Austausch mit anderen Betroffenen gut tun würde.

Wir betraten den großen Schulungsraum des Krankenhauses, in dem die Treffen der Selbsthilfegruppe regelmäßig stattfanden. Inmitten des Raums stand ein runder Tisch, an dem bereits ein Pärchen und eine Frau saßen. Diese Frau begrüßte uns schließlich und stellte sich als eine der beiden Leiterinnen der Gruppe vor: „Herzlich willkommen! Ich bin Heike, Leiterin der Gruppe.“ Heike, die hauptberuflich Psychologin war, erklärte uns die organisatorischen Hintergründe: Sie teilte sich die Arbeit mit einer Frauenärztin und wechselte sich bei der Gruppenleitung jeweils mit ihr ab. Keine der beiden blieb bis zum Schluss der Sitzung anwesend, sondern sie ließen die Betroffenen nach circa zwei Stunden gezielter Therapiemaßnahmen allein, damit sie sich untereinander austauschen konnten.

Das Pärchen, das ebenfalls am Tisch saß, war genau wie wir zum ersten Mal erschienen. Wir warteten noch eine Weile auf weitere mögliche Teilnehmer, blieben jedoch allein.

Heike läutete eine Vorstellungsrunde ein: Uwe und ich sollten den Anfang machen. Schnell gab ich ihm zu verstehen, dass er das für uns übernehmen sollte. Ich hatte Angst davor, diesen mir fremden Menschen unsere Geschichte zu erzählen. Uwe stellte uns also vor und erzählte von Leonie. Während er sprach, stiegen mir Tränen in die Augen und ich kämpfte innerlich mit meinen Gefühlen, um nicht lautstark weinen zu müssen. Ich suchte Uwes Hand, brauchte wieder einmal den Körperkontakt.

Nachdem Uwe uns vorgestellt hatte, waren Anja und Paul, so hießen die beiden, an der Reihe. Bei den Schilderungen ihrer Geschichte hatte ich ebenfalls Tränen in den Augen, so ergriffen war ich von ihrem Schicksal.
Nachdem wir uns einander vorgestellt hatten, fragte Heike verwundert, ob sie es richtig verstanden habe, dass ich wieder arbeiten ginge, was ich bejahte. Heike wollte den Grund für meine Entscheidung wissen. Ich erklärte, dass ich gerade einmal eine Woche lang krankgeschrieben war, als mir Dr. Müller geraten hatte, es wieder mit dem Arbeiten zu versuchen, um mich abzulenken. Vor allem jedoch wolle ich es selbst, da mir zu Hause die Decke auf den Kopf falle, führte ich weiter aus. Heike erklärte schließlich, dass ich überhaupt keine Krankschreibung gebraucht hätte. Ich hatte Leonie natürlich geboren und sie hatte mehr als 500 Gramm gewogen, was bedeutete, dass automatisch das Mutterschutzgesetz in Kraft getreten war. Der Paragraf 6 des BGB regelt, dass Mütter bis zum Ablauf von acht Wochen nach der Entbindung nicht beschäftigt werden dürfen. Nach einer Totgeburt können Frauen zwar vorzeitig arbeiten gehen, wenn sie dies ausdrücklich wünschen und gesundheitlich nichts dagegen spricht, jedoch nicht in den ersten Wochen nach der Entbindung. Ich war bereits nach zwei Wochen wieder arbeiten gegangen. Niemand hatte mich auf diese Bestimmung des Gesetzes hingewiesen – weder das Krankenhaus noch mein Gynäkologe. Ich war mir fast sicher, dass zumindest Dr. Müller nichts von dieser Regelung gewusst hatte.
Heike drängte daher darauf, dass ich die Angelegenheit sofort am nächsten Tag regeln müsse, da ich ansonsten rein rechtlich betrachtet nicht versichert sei. Vorher sollte ich mir jedoch überlegen, ob ich wirklich bereit sei, vorzeitig arbeiten zu gehen, oder ob ich vielleicht nicht doch eine Auszeit bräuchte. (Ich war mir jedoch nach wie vor sicher, dass mir die Arbeit gut tun würde.) Heike erklärte weiter, dass ich sogar bis zum Ende des offiziellen Mutterschutzes auf meine Rechte zurückgreifen könnte, selbst wenn ich jetzt darauf verzichten würde.
An diesem Abend tauschten Uwe und ich uns noch lange mit Paul und Anja aus. Auf dem Heimweg fühlte ich mich auf eine angenehme Weise befreit. Wir hatten zum ersten Mal persönlich mit anderen Betroffenen gesprochen, und das tat richtig gut. Zuvor hatten wir lediglich Kontakte zu anderen verwaisten Eltern über das Internet geknüpft, fanden jedoch, dass Schreiben und Sprechen zweierlei Dinge waren. Stefan und ich beschlossen, die Gruppe auch im nächsten Monat wieder aufzusuchen.
Gleich am nächsten Tag ging ich in die Personalabteilung meines Arbeitgebers, um die rechtliche Lage klären zu lassen. Die Kollegin setzte sich sofort mit dem Firmen-Anwalt in Verbindung. Dieser bestätigte, dass

ich ein Unbedenklichkeitsattest des Arztes benötigte und zwei Erklärungen unterzeichnen müsste: eine, in der ich bestätigte, dass ich mich wieder in der Lage sah, meiner Arbeit nachzukommen; die zweite zum Verzicht auf den Mutterschutz. Durch diese Unterschriften konnte ich meiner Arbeit problemlos weiter nachgehen und mich dadurch ablenken lassen. So verstrichen die kommenden Wochen im Arbeitsalltag recht zügig.
Uwe und ich waren in der Zeit nach Leonies Tod eng zusammengewachsen und verspürten daher den Wunsch, früher zu heiraten als zunächst geplant. Im Mai 2006 sollte es so weit sein und wir wollten uns das Ja-Wort in einem Vorort von Halle an der Saale geben.
Die Standesbeamtin, bei der wir das Aufgebot bestellen wollten, fragte: „Haben Sie Kinder?“ Wir beantworteten diese Frage selbstverständlich mit „Ja!“ und baten sie, nachdem wir ihr erklärt hatten, was geschehen war, Leonies Daten mit in das Familienstammbuch einzutragen. Gerne wollte sie unserem Wunsch nachkommen, aber die Software ihres Computers ließ diese Eingabe nicht zu. Stattdessen schrieb sie Leonie nach dem Ausdrucken des neu erstellten Dokuments handschriftlich mit auf. Außerdem verfasste sie ein kurzes Schreiben, das besagte, dass wir den ausdrücklichen Wunsch geäußert hätten, Leonie mit in das Stammbuch aufzunehmen. Und da sagt man immer: „Beamte handeln ausschließlich nach Vorschriften.“ Zu unserer angenehmen Überraschung waren wir eines Besseren belehrt worden!
Anfang November fuhr ich zum ersten Mal seit Leonies Tod in meine alte Heimat, da ich noch viel Urlaub übrig hatte und nicht wollte, dass dieser mit Beginn des neuen Jahres verfiel. Zudem stand Karneval vor der Tür und ich musste einige organisatorische Dinge erledigen, da ich dem Verein auch nach meinem Umzug die Treue geschworen hatte. Bis zu dieser Reise hatte sich keiner meiner Freunde bei mir gemeldet – niemand hatte angerufen, um sich nach meinem Befinden zu erkundigen. Sie hatten lediglich Grüße über meine Mutter ausrichten lassen. Von wahren Freunden hätte ich etwas anderes erwartet. Ich war nicht nur enttäuscht, sondern auch traurig und wütend zugleich. Ich hoffte zumindest bei einem Zusammentreffen mit ihnen auf Beileidsbekundungen oder liebe Gesten, aber auch diesbezüglich wurde ich enttäuscht: Jeder einzelne meiner Freunde, den ich in meiner alten Heimat traf, versuchte das Thema Leonie zu umgehen. Alle freuten sich zwar, dass ich wieder einmal zu Besuch gekommen war, und begrüßten mich herzlich, aber niemand fragte genauer nach. Weder, wie es mir ging; noch, was ich durchgemacht hatte. Wenn ich von mir aus auf Leonie zu sprechen kam, wurde die Unterhaltung unterbrochen oder vom Thema abgelenkt. Da ich auch vor meinem Besuch länger nichts aus

meinem Freundeskreis gehört hatte und bei manchen Dingen überhaupt nicht mehr auf dem Laufenden war, kamen mir meine Freunde nach dieser Erfahrung völlig fremd vor und ich fühlte mich fehl am Platz. Dennoch versuchte ich am Geschehen teilzuhaben und stürzte mich in die Karnevalsvorbereitungen. Die Arbeit war dieselbe, die ich über viele Jahre hinweg stets gerne ausgeübt hatte, doch diesmal bereitete sie mir überhaupt keinen Spaß. Ich erledigte alle Arbeiten, war jedoch froh, wenn ich am Abend zu Hause bei meinen Eltern alleine im Bett lag. Dort vergoss ich schließlich viele Tränen, weinte mir den aufgestauten Frust, den ich den ganzen Tag über heruntergespielt hatte, von der Seele.
Ich sehnte das Wochenende herbei, da Uwe seinen Besuch angekündigt hatte. Mit ihm an meiner Seite würde ich mich gleich viel stärker fühlen. Gemeinsam wollten wir an den Karnevalsveranstaltungen teilhaben – ich hatte sogar zwei kleinere Bühnenauftritte geplant – und wir wollten versuchen, Spaß zu haben. Wir wussten, dass Leonie in unseren Herzen bei uns war, und wir waren uns sicher, dass sie wollte, dass wir ein wenig Fröhlichkeit in unser Leben zurückkehren ließen.
Gleich am ersten Abend nach Uwes Ankunft kam es während einer Karnevalsveranstaltung zu einer unangenehmen Situation: Uwe und ich hatten mitten im Saal gestanden, als ein Bekannter auf uns zukam, seine Hand auf meinen Bauch legte und fragte: „Wann ist es eigentlich so weit?“ Geschockt suchte ich nach Worten und stammelte: „Ich bin nicht mehr schwanger … mein Baby ist gestorben!“ Mein Gegenüber entschuldigte sich peinlich berührt und wandte sich unmittelbar nach seiner Entschuldigung von uns ab. Er fragte nicht, was passiert war, sondern ließ uns einfach stehen. Ich dachte nur: „So ein Mistkerl!“ Meiner Ansicht nach hätte er wissen müssen, dass ich nicht mehr schwanger war, weil jeder im Dorf darüber Bescheid zu wissen schien. Zudem hatte ich überhaupt keinen Babybauch mehr und spätestens da hätte ihm ein Licht aufgehen müssen.
Im Laufe des Abends lockerte sich bei dem ein oder anderen mit merklichem Anstieg des Alkoholpegels die Zunge und einige unserer Freunde sprachen uns schließlich doch auf Leonie an. Sie hatten überhaupt nicht gewusst, dass ich Leonie natürlich geboren hatte, und waren überrascht darüber, dass wir sie als unsere vollwertige Tochter betrachteten. Wir versuchten meinen „sogenannten Freunden“ etwas über unser Erlebtes und Leonie näherzubringen, bekamen jedoch nur Floskeln zurück: Hätten sie das alles so detailliert gewusst, hätten sie angerufen … – bla bla bla! Sie wussten, dass mein Baby gestorben war. War das etwa nicht Anlass genug einmal anzurufen, um sich nach meinem Befinden zu erkundigen? Für mich waren das alles nur plumpe Ausreden!

An diesem Abend erfuhren wir auch, dass unser Karnevalspräsident gesagt haben sollte, dass wir nicht über Leonie sprechen wollten. Das stimmte überhaupt nicht! Mit jedem weiteren Gespräch wusste ich: Das können keine wahren Freunde sein.
Der Heimreisetag fiel ausgerechnet auf den ursprünglich errechneten Geburtstermin unserer Tochter. Im Vorhinein hatte ich große Angst vor diesem Tag gehabt. Angst, dass all meine traurigen Gedanken und Gefühle wieder aufkommen könnten und ich damit wieder in den Anfängen der Trauerbewältigung stehen würde. Das war glücklicherweise jedoch nicht der Fall. Ich dachte an diesem Tag zwar intensiver als sonst an Leonie und war traurig, dass ich sie nicht bei mir haben konnte, beließ es jedoch schließlich dabei. Es war mir gelungen, diesen Tag wie jeden anderen in der letzten Zeit meines Besuchs anzugehen.
Nahezu unbemerkt verstrich die Zeit. Uwe und ich besuchten weiterhin die Selbsthilfegruppe und sammelten Kraft an Leonies Grab. Wir besuchten Leonie täglich – außer in den Wintermonaten, da schafften wir es zeitlich nicht so regelmäßig. An diesen Tagen sah dafür Uwes Mutter nach Leonie und zündete eine Kerze für sie an. So war wenigstens einer aus der Familie täglich bei ihr. Wir gestalteten Leonies Grab entsprechend den Jahreszeiten oder Ereignissen – zur Adventszeit beispielsweise weihnachtlich. Das gab uns Kraft und das Gefühl, etwas für Leonie tun zu können. Das Grab schön zu gestalten war schließlich so ziemlich das Einzige, was wir für sie tun konnten.
Ansonsten blieb uns nur die Möglichkeit, Leonie durch eine eigene Homepage ein Stück weit gegenwärtiger zu machen. Ich wollte der Welt zeigen, dass sie nicht nur ein Wesen in meinem Bauch gewesen war, sondern ein vollständiger Mensch. Auf den Seiten meiner Homepage zeigte ich auch immer die aktuellsten Fotos von Leonies Grab – ihrem Zuhause auf ewig!

11 Erneuter Kinderwunsch

In der Vorweihnachtszeit des Jahres 2005, ein gutes Vierteljahr nach Leonies Tod, spürte ich, dass mein Wunsch, erneut schwanger zu werden, immer stärker wurde – vermutlich waren all die leuchtenden Kinderaugen auf den Weihnachtsmärkten nicht unschuldig daran. Bereits im Oktober hatte mir Dr. Müller aus medizinischer Sicht sein Okay für eine Folgeschwangerschaft gegeben. Obwohl Uwe und ich uns gleich ans Üben machten, wollte es dennoch nicht auf Anhieb klappen.

Über das Sternenkinder-Forum hatte ich ja Sarah, die Tochter unseres Arbeitskollegen, kennengelernt. Mit ihr hatte ich in den vergangenen Monaten in regelmäßigem E-Mail-Kontakt gestanden, was jetzt noch häufiger und intensiver wurde. Sarah war mir um etwas Entscheidendes voraus und wieder guter Hoffnung, was mich sehr für sie freute. Sie gab mir Tipps zur Bestimmung der fruchtbaren Tage und ich war mir fast sicher, dass ich diese schlichtweg immer wieder verpasst haben musste. Einen anderen Grund für die bisher erfolglosen Versuche konnte es meiner Ansicht nach nicht geben, da es bei Leonie schließlich auch nicht lange gedauert hatte, bis ich mit ihr schwanger geworden war. Ich besorgte mir also zunächst einen Zykluscomputer, den ich gleich nach Weihnachten einsetzen wollte.

Die Besinnlichkeit der Vorweihnachtszeit brachte mich wieder mehr zum Nachdenken und ich spürte die Trauer um Leonie intensiver als sonst. Ständig musste ich daran denken, dass sie nun eigentlich bei uns hätte sein können, und versuchte mir auszumalen, wie schön das wohl wäre. In dieser Zeit weinte ich sehr viel. Uwe versuchte mich mit positiven Zukunftsgedanken aufzumuntern. Wir wollten im Mai des nächsten Jahres heiraten: Sicher würde ich bis dahin bereits wieder schwanger sein, und wir im nächsten Jahr zu Weihnachen nicht mehr allein.

Obwohl mich diese Vorstellungen durchaus beruhigten, ließ ich das vergangene Jahr im Kopf immer und immer wieder Revue passieren. Mir fielen ständig Situationen ein, die mich sehr verletzt hatten. Meinen Freunden aus Halle, die ich zu diesem Zeitpunkt nicht mehr als wahre Freunde betrachten konnte – wir waren immer wie eine große Familie gewesen –, war ich anscheinend völlig gleichgültig; meine Freundin und Kollegin Ina hatte seit Leonies Tod kein privates Wort mehr mit mir gewechselt, vorher hatten wir uns regelmäßig getroffen oder telefoniert – von einer Sekunde auf die andere Funkstille, obwohl sie immer wieder versprochen hatte anzurufen. Bei den leeren Versprechungen war es jedoch geblieben. Wenn ich sie darauf ansprach, hatte sie fadenscheinige Ausreden parat.

Es muss eine Woche vor Weihnachten gewesen sein, als ich im Büro saß und eine schmerzende Beule an meinem Hals bemerkte. Ich lief zur Toilette und schaute in den Spiegel … dort erblickte ich eine eindeutige Erhebung. Aus Angst fragte ich meine Vorgesetzte, ob ich sofort zum Arzt fahren dürfe – ich durfte!
Nach langem Warten beim Arzt, was mich über alle Maße nervös machte, diagnostizierte dieser eine Zyste an der Schilddrüse, die sehr groß war: Es bestand sogar Verdacht, dass sie operativ entfernt werden müsste. Das sollte jedoch ein Spezialist entscheiden. Geschockt über diese Diagnose fragte ich mich: „Warum muss das jetzt auch noch sein, habe ich nicht schon genug erlitten?" Der Gedanke an eine mögliche Operation brachte mich fast um den Verstand.
Zum Glück bekam ich bei einer Spezialistin noch einen Termin – einen Tag vor Weihnachten. Bis dahin war es mir mental richtig schlecht ergangen. Die Ärztin gab jedoch glücklicherweise Entwarnung und beruhigte mich, dass es schlimmer aussehe als es tatsächlich sei. Sie erklärte, dass Zysten durch eine Überreaktion der Schilddrüse entstehen könnten; diese würden jedoch in den meisten Fällen von selbst wieder eintrocknen. Nun musste also nur noch die Ursache für das Nicht-Funktionieren meiner Schilddrüse herausgefunden werden: Ich sollte der Ärztin von meinen Lebensumständen erzählen. Als ich ihr schließlich von Leonie berichtete, brauchte ich gar nicht weiterzusprechen. Der Ärztin war sofort klar, dass die Totgeburt ursächlich für meine Schilddrüsenerkrankung gewesen sein musste. Sie erklärte, dass die Schilddrüse bei derart großen psychischen Anspannungen oftmals nicht mehr funktionierte, wie sie sollte, beruhigte mich jedoch gleichzeitig, dass sich so etwas mit der Zeit von selbst regulierte. Mit dieser Diagnose fiel von Uwe und mir eine enorme Last ab.
Die Weihnachtsfeiertage verbrachten wir bei meinen Eltern. Kurz vor der Bescherung gingen alle gemeinsam spazieren, als wir plötzlich vor einem riesigen aufgeblasenen Weihnachtsmann standen. Uwe und ich stellten uns Hand in Hand vor ihn und griffen mit unseren freien Händen jeweils nach einer Hand des Weihnachtsmannes. So bildeten wir mit dem aufgeblasenen Mann einen Kreis, während ich sprach: „Lieber Weihnachtsmann, wir wünschen uns in diesem Jahr nur eins: dass ich schwanger werde und das Baby lebend zur Welt kommt!" Dann nahm mich Uwe in den Arm und ich hoffte innigst, dass es bald mit einer Schwangerschaft klappte.
Meinen Geburtstag einige Tage später wollte ich partout nicht feiern – mir war einfach nicht zum Feiern zumute, schließlich hatte ich in diesem Jahr meine Tochter verloren. Ich hatte meinen Eltern diesen Entschluss schon lange im Vorfeld eröffnet und sie zudem gebeten, meine Entscheidung auch

in meinem sogenannten Freundeskreis kundzutun – mit Sicherheit würde ich nicht mit Freunden feiern wollen, die in meinen Augen nun überhaupt keine mehr waren. Uwe und ich fuhren am Morgen meines Geburtstages gleich nach dem Frühstück zurück nach Köln. Mir war es wichtig, an diesem Tag zu Leonie an das Grab gehen zu können. An meinem Geburtstag wollte ich ganz nah bei ihr sein.
Über die Feiertage hinweg besuchte auch Sarah ihre Eltern im Rheinland. Sarah lebte seit vielen Jahren bei ihrem Mann José in Spanien, kam jedoch regelmäßig für Familienbesuche zurück in ihre alte Heimat. Sarah unterbreitete den Vorschlag, sich doch einmal persönlich zu treffen, nachdem wir uns die vergangenen Monate so intensiv in schriftlicher Form ausgetauscht hatten. Ich fand die Idee toll und wir verabredeten uns kurzfristig zwischen Weihnachten und Neujahr bei ihren Eltern. Sarah war ja wieder schwanger und zu diesem Zeitpunkt bereits im vierten Monat. Über die Entfernung hinweg freute ich mich sehr für sie und fieberte bei jeder Untersuchung mit, dennoch wusste ich ehrlich gesagt nicht, wie ich reagieren würde, wenn sie vor mir stünde: Ich wollte es einfach auf einen Versuch ankommen lassen.
Als Uwe und ich bei Sarahs Eltern zu Hause eintrafen und sie uns die Tür öffnete, waren alle Zweifel verflogen: Sarah stand kugelrund – unfassbar rund für den vierten Schwangerschaftsmonat, aber das soll ja Gerüchten nach zu urteilen während einer zweiten Schwangerschaft nichts Ungewöhnliches sein – vor mir und ich hatte überhaupt keine Berührungsängste mehr. Ich konnte sogar ohne schlechtes Gefühl ihren Bauch berühren. Im Nachhinein war ich über mich selbst verwundert, denn mich stimmte der Anblick anderer Schwangerer immer sehr traurig und manchmal auch wütend, nach dem Motto: „Warum ich nicht? Warum immer nur die anderen?“ Bei Sarah war es anders: Sie hatte Ähnliches wie ich erlebt und sah diese Schwangerschaft mit denselben Augen, wie ich sie gesehen hätte. Deshalb konnte ich mich aufrichtig mit ihr freuen.
Den Jahreswechsel verbrachten Uwe und ich eher ruhig. Dafür begann das Arbeitsjahr umso stürmischer: Gleich am ersten Arbeitstag begrüßte mich Ina mit den Worten: „Dieses Jahr wird für dich bestimmt besser laufen. Das letzte musst du einfach vergessen!“ Ich war entsetzt. Es waren die ersten privaten Worte seit Langem, die Ina an mich richtete, und dann so etwas. Aber das war noch nicht alles; sie setzte noch eins drauf: „Du wirst bestimmt bald wieder schwanger und dieses Mal verläuft dann alles gut. Das andere war eben nur ein Probelauf.“ Mir fehlten die Worte – was sagte diese Person da? Sie sprach von Leonie und nannte sie einen „Probelauf“ … Vor Entsetzen wandte ich mich von Ina ab und ging an meinen Arbeitsplatz, wo

ich noch lange brauchte, um das Gesagte aus dem Sinn zu bekommen. Als ich Uwe am Abend davon erzählte, war er einfach nur noch fassungslos.
Kaum hatte ich Inas Aussage etwas verdrängt, wartete einige Tage später der nächste Hammer auf mich. Meine Vorgesetzte rief mich zu sich und ging mit mir in einen separaten Raum, um sich unter vier Augen mit mir unterhalten zu können. Ich wusste nicht, was mich erwartete, war mir jedoch sicher, dass es nichts Schlimmes sein konnte. Doch ich wurde eines Besseren belehrt: Zwei Kolleginnen hatten sich darüber beschwert, dass ich zu laut spräche und sie aufgrund dessen ihrer Arbeit nicht voll und ganz nachkommen könnten. Ich war völlig von der Rolle – was war das denn jetzt? Ich fragte meine Vorgesetzte verwirrt: „Bitte was? Was soll das denn heißen?“ Sie jedoch ließ mich wissen, dass ihr dies auch schon aufgefallen sei und sie sich gezwungen sehe, Maßnahmen zu ergreifen, falls ich zukünftig nicht leiser sprechen würde. Ich wusste gar nicht, wie mir geschah, und war mir keiner Schuld bewusst. Wir saßen doch mit zwanzig Personen in einem Großraumbüro und es war dort immer extrem laut! Dass ich diejenige sein sollte, die andere am Arbeiten hinderte, war für mich ganz neu. Meine Vorgesetzte unterbreitete den Vorschlag, ein Stimm- und Sprachtraining zu machen, und falls das nicht helfen sollte, müsste ich in Zukunft eben mit dem Gesicht zur Wand sitzen, damit meine laute Stimme dagegen prallen und nicht direkt in den Raum schallen würde. Nach diesem Gespräch kam ich mir vor wie eine Schwerverbrecherin. Ich fand es unmöglich von meinen Kolleginnen Alexandra und Denise, mich derart bloßzustellen. Wenn sie tatsächlich ein Problem mit mir oder meiner Stimmgewalt hatten, hätten sie mir dies doch persönlich sagen können. Mir jedoch die Schuld dafür in die Schuhe zu schieben, dass sie ihre Arbeit nicht bewältigen konnten, war der Gipfel.
Als ich an meinen Arbeitsplatz zurückkehrte, muss man mir meinen Missmut wohl angesehen haben: Mein Kollege Manuel schrieb mir sofort eine E-Mail, in der er fragte, was denn passiert sei. Das wollte ich ihm lieber persönlich erzählen, und wir schlichen uns kurzerhand aus dem Büro. Manuel war ebenso verwundert über die Beschwerde meiner Kolleginnen und die Reaktion meiner Vorgesetzten und hielt zu mir. Er war mit einem Mal völlig aufgebracht und wollte die beiden aus Loyalität zunächst einmal links liegen lassen. Manuel und ich beschlossen, ab jetzt nur noch zu flüstern, damit wir sie nicht mehr stören konnten. Mit Alexandra und Denise wechselte ich seitdem kein privates Wort mehr und berufsbezogen nur noch das Nötigste, und genau das tat Manuel auch. Infolgedessen fühlten sich die beiden Kolleginnen jedoch angegriffen und es entwickelte sich der reinste Nervenkrieg. Denise und Alexandra machte das kaum etwas

aus, mir hingegen ging es schlecht. Oft saß ich verzweifelt an meinem Arbeitsplatz und kämpfte mit den Tränen. Ich war brenzligen Situationen bisher immer gut gewachsen gewesen, diesmal jedoch ging mir die Angelegenheit ungewohnt nah.
Zu Hause war ich ebenfalls nicht mehr zu gebrauchen; ich hatte das Gefühl, meine Trauer bräche erneut über mich herein: Ich weinte nur noch, hatte keine Lust morgens aufzustehen und stellte den Sinn meines Lebens in Frage. Ich hatte den Tod von Leonie in keinster Weise verarbeitet, das wurde mir schlagartig bewusst. Zum ersten Mal gestand ich mir ein, dass es ein Fehler war, so schnell wieder arbeiten gegangen zu sein. Am liebsten hätte ich von heute auf morgen alles hingeschmissen und wäre zu Hause geblieben. Ich dachte darüber nach, einen Psychologen aufzusuchen, der mich für einige Zeit aus dem Verkehr ziehen sollte, doch dann hatte ich wieder Zweifel: Ich hatte Angst vor dem Tag, an dem ich wieder würde arbeiten gehen müssen und befürchtete, dass es dann noch viel schlimmer kommen könnte. Ich vegetierte von Tag zu Tag vor mich hin. Meine einzige Hoffnung bestand darin, bald schwanger zu werden und dann sofort zu Hause bleiben zu können.
Nach einigen Wochen entspannte sich die Lage im Büro etwas. Doch die Anspannung in mir selbst wuchs: Mit Hilfe des Zykluscomputers hatte ich versucht, meinen Eisprung zu bestimmen, was mir jedoch leider nicht gelingen wollte. Unglücklicherweise zeigte das Gerät die fruchtbaren Tage nicht korrekt an. Nach zwei Zyklen ließ ich mich von Sarah überzeugen, es zusätzlich mit der Temperaturmessmethode zu probieren. Ich war mir sicher, dass es damit sofort funktionieren würde. Mittlerweile hatte ich mir selbst einen enormen Druck auferlegt: Ich wollte schwanger werden, um der Arbeit zu entfliehen. Jede Schwangere, die ich in dieser Phase meines Lebens sah, löste bei mir tiefste Trauer aus. Nicht nur die Trauer um das Ausbleiben einer erneuten Schwangerschaft, sondern auch die Trauer um Leonie. Von Tag zu Tag ging es mir schlechter – dennoch bemerkte niemand etwas. Alle um mich herum schienen vergessen zu haben, was vor ein paar Monaten erst geschehen war, und waren sich anscheinend sicher, dass ich alles gut verarbeitet hatte.
Selbst als ich mal wieder ein paar Tage in Halle verbrachte, bemerkte niemand meine Verzweiflung. Ich hoffte, beim Karneval Ablenkung zu finden, doch auch dort fand ich keinen Weg aus meinem Tief heraus. Eine Bekannte fragte mich kurz vor einer Karnevalsveranstaltung: „Wie geht es dir denn so?“ Als sie bemerkte, dass ich etwas zögerte, beantwortete sie sich die Frage selbst: „Bestimmt geht es dir gut“, und wandte sich von mir ab. Ich versuchte mich meiner Mutter mitzuteilen, die mich angeblich zwar

verstand, jedoch der Ansicht war, dass ich nur deshalb so deprimiert sei, weil ich zu intensiv und häufig mit gleichermaßen Betroffenen kommunizierte. Dass diese Menschen jedoch die Einzigen waren, die Uwe und mich verstanden, konnte sie nicht nachvollziehen.
Abends nach einer Karnevalsveranstaltung lag ich mit dem Gefühl im Bett, dass mich niemand verstehen wollte, und schrieb folgende Zeilen auf:

Warum nur kann mich niemand verstehen? Leonie ist jetzt fünf Monate tot und alle tun so, als wäre nie etwas gewesen. Das stimmt nicht und dennoch erwartet man von uns, die Trauer verarbeitet zu haben und wieder zu funktionieren. Funktionieren ist der richtige Ausdruck, denn mehr machen wir zurzeit nicht. Wir versuchen im Alltag klarzukommen und das fällt oft verdammt schwer. Das Schlimme dabei ist, dass niemand sieht, wie schlecht es uns bzw. mir tatsächlich geht.
Seit Leonies Tod weiß ich, wer meine wahren Freunde sind, und da kann ich nur sagen: Ich habe kaum welche. Die Menschen, mit denen ich sehr viel Zeit verbracht hatte, haben es nicht einmal geschafft, mich anzurufen, geschweige denn nach dem Befinden zu fragen, als wir uns wiedergesehen haben.
Weshalb das so ist, wird nicht gefragt! Ich habe dennoch die Antwort: Sie haben Angst, dass ich sagen könnte: „Mir geht es beschissen!“ Damit könnten und wollten sie nicht umgehen.
Wenn ihr Freunde, Bekannte, Arbeitskollegen und ... das lest, fragt euch doch einmal, ob ihr tatsächlich beurteilen könnt, wie es mir/uns in Wirklichkeit geht!

Diese Zeilen habe ich niemandem gezeigt, obwohl ich sie am liebsten auf Leonies Homepage veröffentlicht hätte. Letzten Endes war mir diese Angelegenheit dann doch zu persönlich, weshalb ich den Brief lieber für mich behalten hatte; ich hatte meine Gedanken aufgeschrieben und das reichte mir fürs Erste!
In den nächsten Wochen ging es mir zwar geringfügig besser, jede Unwegsamkeit warf mich jedoch erneut aus der Bahn: Eines Tages besuchte uns eine ehemalige Kollegin, die zwischenzeitlich ein Kind bekommen hatte, im Büro – es musste schließlich der Welt präsentiert werden. Eine Kollegin, deren Schreibtisch direkt vor meinem stand, hatte offensichtlich nichts Besseres zu tun, als die frischgebackene Mutter zu sich zu rufen, nachdem diese den Raum betreten hatte. Sie folgte den Rufen prompt und stellte sich samt Kind und Babyschale vor meinen Schreibtisch, wo sie begann, ihr Kind in aller Ruhe auszuziehen und lang und breit davon zu erzählen, wie anstrengend es doch mit Baby sei. Alle Kolleginnen, die in diesem Augenblick Zeit hatten, kamen zusammen, um das Kleine zu betrachten; es

gab kein anderes Thema mehr als Kinder kriegen! Ich saß hinter meinem Schreibtisch und beobachtete die Situation … ich musste daran denken, dass *ich* jetzt ebenso zum „Babyzeigen" hier sein könnte. In solche Gedanken versunken wurde ich schrecklich traurig und wütend zugleich. Die Kollegen wussten, dass ich vor einem halben Jahr mein Kind verloren hatte. Mussten sie nun genau vor meinem Schreibtisch Babyschau betreiben? Hätten sie nicht etwas Rücksicht nehmen und das am anderen Ende des Raumes machen können? Zum Glück war gerade Mittagszeit und ich konnte in die Pause flüchten. Ich verließ meinen Arbeitsplatz in der Hoffnung, dass das ganze Theater nach meiner Rückkehr vorbei sein würde.
Bei meiner Rückkehr jedoch ergab sich eine Situation, die fast nicht schlimmer hätte sein können: Der Trubel hatte sich gelegt und alle waren verschwunden, nur die leere Babyschale hatten sie zurückgelassen und auf einer freien Ecke meines Schreibtisches abgestellt. Vom Prinzip her hätte sie mich dort nicht gestört, aber der Anblick verletzte mich zutiefst. Nicht nur, dass er meine Trauer aufwühlte, sondern auch die Tatsache, dass meine Kollegen derart rücksichtslos gewesen waren. Wie kann man einer Kollegin, die vor einem halben Jahr ihr Kind verloren hat, eine Babyschale auf den Tisch stellen? Um dem Ganzen ein Ende zu machen, nahm ich den Sitz wütend in die Hand und stellte ihn aus meiner Sichtweite, was bedauerlicherweise nicht viel nützte, da Mutter und Kind kurze Zeit später zurückkamen, um sich nun unmittelbar vor meinem Platz anzuziehen. Und wieder stellte sie dazu ihre Babyschale samt Kind darin auf meine freie Schreibtischecke. Dass ich den restlichen Tag über völlig durch den Wind war, bemerkte anscheinend mal wieder niemand!
In den nächsten Wochen setzte ich alles daran, schwanger zu werden, auch ganz im Interesse von Uwe. Ich maß jeden Morgen Temperatur und führte Buch darüber. Davon alleine wurde ich jedoch nicht schwanger. Ich war verzweifelt und angespannt: Jeden Monat aufs Neue wurde ich enttäuscht. Aus der Verzweiflung heraus dachten Uwe und ich über einen Tapetenwechsel nach; der würde uns sicher gut tun. Wir wollten ein verlängertes Wochenende wegfahren, um uns eine Auszeit zu gönnen. Als ich wieder einmal E-Mails mit Sarah austauschte und ihr von unserem Vorhaben berichtete, lud sie uns spontan zu sich nach Spanien ein. Dieser Einladung folgten wir Mitte März liebend gerne und verbrachten ein paar wunderschöne Tage dort. Es war bereits richtig warm. Ein weiteres Mal bestätigte sich, dass ich mit Sarahs Schwangerschaft überhaupt keine Probleme hatte. Ich freute mich mit ihr und ihrem Mann José – ganz im Gegensatz zu dem, was ich beim Anblick anderer Schwangerer empfand.

In Spanien tankten Uwe und ich Kraft für die bevorstehenden Wochen und Monate, denn der Termin unserer Hochzeit rückte immer näher. Es gab noch viel zu erledigen: Ich hatte noch kein Kleid ausgesucht und die Feiern mussten auch noch organisiert werden. Die Tatsache, dass ich bis zuletzt kein Brautkleid gekauft hatte, resultierte aus der Hoffnung, möglicherweise bis zur Hochzeit schwanger zu werden. Dennoch ließ ich mich nun überreden, loszuziehen und nach einem passenden Kleid zu suchen. Ich wurde auch gleich im ersten Geschäft fündig und entschied mich spontan zum Kauf. Je näher die Hochzeit rückte, desto angespannter wurde ich. Es gab viel Organisatorisches zu erledigen und ich war immer noch nicht schwanger. Meine Nerven lagen blank. Wegen jeder noch so nichtigen Kleinigkeit stritt ich mit Uwe. Für mich gab es nur noch zwei Themen: dic Hochzeit und den Kinderwunsch. Wobei der Wunsch nach einem Kind sehr dominierte – es machte mich fast wahnsinnig, nicht schwanger zu werden, ich war so verzweifelt! Dennoch holten die Hochzeitsvorbereitungen, je näher sie rückten, meine Gedanken ein.
Kurz vor der Hochzeit und nach vielen Streitereien zwischen Uwe und mir schmiedete ich mit Sarah einen Plan: Sie war Anfang Mai eine Woche alleine, da ihr Mann berufsbedingt verreisen musste. Aus Spaß schrieb ich in einer E-Mail, dass ich ja dann zur ihr kommen könnte und wir uns eine schöne Woche machen würden. Die mittlerweile hochschwangere Sarah fand meine Idee klasse und fragte, ob wir es nicht tatsächlich so machen wollten. Ich zögerte zunächst, da ich schließlich zwei Wochen vor meiner Hochzeit stand. Nach Rücksprache mit Uwe befand ich diese Möglichkeit jedoch als eine ausgezeichnete Gelegenheit, Abstand zu gewinnen und auszuspannen. Ich flog also für eine knappe Woche nach Spanien, wo es mir tatsächlich gelang, einmal abzuschalten und die Seele baumeln zu lassen – eine gute Entscheidung!
Nach meiner Rückkehr nach Deutschland und vor Antritt der Reise nach Halle hatte ich noch einen Frauenarzttermin. Im Grunde eine Routine-Vorsorgeuntersuchung, die jedoch anders endete als erwartet: Dr. Müller erkundigte sich vor der Untersuchung nach meinem Kinderwunsch. Ich erzählte ihm, dass ich lieber gestern als morgen schwanger werden wollte, dass dies jedoch einfach nicht funktionieren wollte. Dr. Müller erkundigte sich nach dem Zeitpunkt meiner letzten Periode und der Länge meiner Zyklen. Ich berichtete, dass ich seit dem Tod von Leonie Zyklen zwischen 36 und 50 Tagen gehabt hatte. Dr. Müllers Kalkulationen zufolge hätte ich am Tag dcr Untersuchung kurz vor einem Eisprung stehen müssen, was er mittels Ultraschall überprüfen wollte. Leider lag er mit seiner Vermutung falsch, woraufhin er eine Blutuntersuchung anordnete: Dr. Müller wollte

meinen Hormonhaushalt überprüfen. Das Ergebnis wollten wir eine Woche nach meiner Hochzeit besprechen. Er vermutete, dass ich keinen Eisprung hatte beziehungsweise das Ei zu lange brauchte, um heranzureifen, und somit für eine Befruchtung zu alt wäre. Zunächst einmal hieß es jedoch: abwarten!
Mit meinen neu gewonnenen Erkenntnissen fuhr ich zu Uwe nach Hause. Ich wusste nicht so recht, wie mir geschah. Einerseits war ich froh, dass nun endlich etwas getan wurde, um herauszufinden, woran es lag, dass ich nicht schwanger wurde; andererseits hatte ich Angst vor dem Ergebnis und einer möglichen Diagnose, dass ich vielleicht nie wieder schwanger werden könnte. Uwe nahm mich tröstend in den Arm und versuchte die Lage etwas zu entschärfen – schließlich stand unsere Hochzeit vor der Tür. Wir beschlossen, zunächst einmal nicht weiter über den Kinderwunsch nachzudenken und den nächsten Arzttermin abzuwarten.
Am nächsten Tag fuhren Uwe und ich nach Halle. Es gab noch einige Angelegenheiten zu regeln, die großen Arbeiten hielt man jedoch zu unserer Entlastung von uns fern.
An unserem großen Tag stand ich schon sehr zeitig auf, um mich zurechtmachen zu lassen. Kurz vor der Trauung holte mich Uwe bei meinen Eltern ab. Die Zeremonie und die anschließende Feier waren wunderschön, in der Tat war es einer der schönsten Tage in meinem Leben, jedoch auch wahnsinnig anstrengend. Während der Trauung musste ich immer wieder an Leonie denken, sie hätte eigentlich dabei sein sollen. Das tat sie auch, jedoch leider nur in unseren Herzen.
Hätte ich den Familiennamen meines Mannes (Rohbrecht) angenommen, hätte Leonie allein meinen Mädchennamen (Frank) weitergetragen, da eine nachträgliche Änderung nicht mehr möglich war. Aus diesem Grund entschieden wir uns dafür, einen Doppelnamen anzunehmen: Frank-Rohbrecht. Auf diese Weise waren wir drei nun auch durch unsere Namen miteinander verbunden.
Unmittelbar nach meiner Rückkehr nach Köln rief ich bei Dr. Müller an, um nach meinen Blutergebnissen zu fragen. Ich sollte gleich zu ihm in die Praxis kommen. Das Ergebnis bestätigte Dr. Müllers Vermutung. Mein Eisprung fand verzögert statt, was durch eine Gelbkörperschwäche hervorgerufen wurde. Ich saß vor Dr. Müller und mir fehlten die Worte. Warum das jetzt auch noch? Dr. Müller versuchte sofort zu meiner Beruhigung Lösungsvorschläge aufzuzeigen; zu diesem Zweck sollte ich ihm noch ein paar Fragen beantworten. Es schien tatsächlich so, dass Leonie ein riesengroßer „Zufall" gewesen war, denn mein Zyklus war von jeher unterschiedlich lang gewesen – und sehr unregelmäßig! Verwirrt wollte ich wissen, wie es nun weitergehe. Dr. Müller schlug vor, dass wir es

zunächst mit einer einfachen Hormontherapie versuchen sollten. Ich sollte ab dem fünften Zyklustag fünf Tage lang eine Hormontablette zu mir nehmen. Zeitgleich sollte ich jeden Morgen Temperatur messen. Um feststellen zu können, ob ich einen Eisprung hatte, sollte ich am fünfzehnten Tag zur Blutentnahme und zum Ultraschall kommen.
Der erste Ultraschall ergab schließlich, dass zwei Eizellen vorhanden, sie jedoch viel zu klein waren. Dr. Müller klärte mich auf, dass der Eisprung um den zwanzigsten Zyklustag herum zu erwarten sei. Uwe und ich sollten in dieser Zeit alles daran setzen, die Eizellen zu befruchten. Gerne kamen wir seiner Aufforderung nach – wir machten ohnehin kaum noch etwas anderes in unserer Freizeit. Um den fünfundzwanzigsten Zyklustag herum hatte ich plötzlich unerträgliche Unterleibsschmerzen; erst ein Ziehen, das mit der Zeit immer stärker wurde, dann ein schmerzhaftes Stechen. Es war Samstagabend und ich bekam Angst, dass irgendetwas nicht stimmte. Uwe überzeugte mich davon, dass es besser sei, ins Krankenhaus zu fahren.
In der Notaufnahme sollte ich schließlich einem jungen Pfleger meine Beschwerden beschreiben. Der junge Mann diagnostizierte mit seinem Halbwissen, dass ich vermutlich irgendetwas an den Nieren hätte. Ich hingegen wollte bevorzugt von einem Gynäkologen untersucht werden, was der Pfleger jedoch zunächst verweigerte – er war sich seiner Diagnose sicher. Ich begab mich also in die mir zugewiesene Abteilung, um meine Nieren untersuchen zu lassen, denen – wie hätte es anders sein können – nichts fehlte. Dem untersuchenden Arzt schien das bereits im Vorfeld klar gewesen zu sein, ganz im Gegensatz zu dem schlauen Pfleger; dennoch vollzog er die Untersuchung zur Sicherheit in vollem Umfang, bevor er mich an dic Kollegen der Gynäkologie verwies.
Ich sollte dort klingeln, wo ich vor fast einem Jahr bereits gestanden hatte – am Kreißsaal. Das weckte unangenehme Erinnerungen in mir; eigentlich wollte ich hier erst wieder stehen, um ein lebendes Kind zur Welt zu bringen. Es kommt vermutlich immer anders, als man denkt, und somit beschlich mich ein merkwürdiges Gefühl. Die Stationsärztin empfing mich und begann sofort mit der Untersuchung. Mittels vaginalem Ultraschall stellte sie schließlich eine mögliche Ursache für meine Schmerzen fest: Ich hatte einen Eisprung gehabt und dabei war eine Zyste geplatzt. Aufgrund dessen hatte ich zum Zeitpunkt der Untersuchung sehr viel Flüssigkeit in der Gebärmutter, weshalb die Ärztin zunächst keine weiteren Diagnosen stellen konnte. Zur Sicherheit nahm sie jedoch Blut ab, um weitere mögliche Ursachen für mein Leiden ausschließen zu können. Dic Ergebnisse des Blutbildes sollte ich in der Notfallaufnahme erhalten, wo ich letzten Endes zwei Stunden warten musste, bis mich ein Arzt zur Besprechung aufrief. Dieser bestätigte zwar die Diagnose der Gynäkologin,

vermutete jedoch, ohne weitere Untersuchungen durchgeführt zu haben, dass in erster Linie mein Blinddarm ursächlich für meine Schmerzen war. Am liebsten hätte er mich zur Beobachtung in der Klinik behalten: Ich entschied jedoch, das Krankenhaus so schnell wie möglich wieder zu verlassen, bevor man mir noch weitere Krankheiten „anzauberte". Ich ärgerte mich über diesen Mann, der mir das Gefühl gab, noch Patienten zur Auslastung der ausnahmsweise einmal leeren Krankenhausbetten zu suchen. Um nach Hause gehen zu dürfen, musste ich jedoch versprechen, am nächsten Tag zur Kontrolle wiederzukommen – ich dachte im Traum nicht daran!

Der erste Zyklus unter dem Einfluss der Hormone endete ohne Schwangerschaft und ich startete in den nächsten. Ich war enttäuscht darüber, dass es sogar mit Hilfe von Hormonen nicht auf Anhieb geklappt hatte, und schnell kam die altbekannte Verzweiflung erneut in mir auf.

In diesen Tagen erhielt ich eine SMS von Sarah. Sie war bereits vor Wochen nach Deutschland gereist, um hier ihr Baby im Kreise ihrer Familie zu bekommen. Sie schrieb, dass ihr Bauchbewohner zwischenzeitlich gesund und munter das Licht der Welt erblickt hatte. Sofort nach der Arbeit fuhren Uwe und ich zu Sarah ins Krankenhaus, um das kleine Wunder zu bestaunen. Ich wusste nicht, wie ich mich beim Anblick des Neugeborenen fühlen würde und ließ es auf mich zukommen. Sarah präsentierte uns ihren kleinen Sohn Juan-Manuel voller Stolz und drückte ihn mir gleich in die Arme – ganz bewusst, wie sie mir später gestand, um mir die Ängste zu nehmen. Wie ein rohes Ei hielt ich den kleinen Mann fest und war sogleich verzaubert. Berührungsängste? Keine Spur! Sarah und ihr Mann hatten es geschafft. Nun fehlte nur noch Uwe und mir das „kleine Wunder" zum Glück!

Es gab kein anderes Thema mehr. Der Kinderwunsch bestimmte unseren gesamten Tagesablauf, der mit dem morgendlichen Temperaturmessen begann und mit einem Alkoholverbot um den Eisprung herum endete. Ich trank schon lange keinen Tropfen Alkohol mehr, und selbst Uwe, der gerne ab und an mal ein Bier zum Abendbrot genoss, verzichtete darauf. Uwe tat alles, was zur Realisierung des Kinderwunsches notwendig erschien: Er ging sogar zu einem Urologen, um ein Spermiogramm erstellen zu lassen. Das Ergebnis fiel positiv aus, dennoch waren wir zutiefst betrübt.

Auch der zweite Zyklus unter Hormongabe endete erfolglos. Unsere Nerven waren hauchdünn. Im Büro wurden Kolleginnen um mich herum am laufenden Band schwanger und es gab anscheinend kein anderes Thema mehr: Alle erzählten vom Kinderkriegen.

Nicht nur die Anspannung über den unerfüllten Kinderwunsch machte uns zu schaffen, auch der immer näher rückende erste Geburtstag von Leonie

setzte uns unter Druck: Ich hatte Angst vor diesem Tag, konnte jedoch nicht erklären, weshalb. Vielleicht war es die Angst vor der Trauer, die mich erneut einholen könnte; womöglich auch Gewissensbisse, dass ich an diesem Tag nicht ausreichend an Leonie denken würde. Ich weiß es nicht.
In der Zeit kurz vor ihrem ersten Geburtstag ging es mir wieder einmal richtig schlecht: Ständig musste ich weinen und brauchte Uwes Nähe mehr denn je. Leonies erster Geburtstag fiel auf einen Mittwoch – wir hatten uns extra Urlaub genommen. Dieser Tag sollte ganz ihr gehören. Als ich am 30. August 2006 morgens aufwachte, wartete ich insgeheim auf einen Gefühlsausbruch meinerseits, der jedoch nicht folgte. An diesem Morgen bereitete Uwe das Frühstück zu, das er im Wohnzimmer servieren wollte, während ich Leonies Gedenkstelle dekorierte, die wir auf dem Wohnzimmerschrank errichtet hatten, einem Kindergeburtstag würdig. Nach einem gemütlichen Geburtstagsfrühstück überreichte mir Uwe ein Geschenk – ich war sehr überrascht und gerührt zugleich. Ganz vorsichtig öffnete ich es, als könne es zerbrechen, obwohl es sich von außen weich anfühlte. Es war ein T-Shirt; Uwe hatte es mit Leonies Geburtsdaten bedrucken lassen. Mit einem Mal hatte ich Tränen in den Augen, vor Freude und Trauer zugleich. Uwe nahm mich einfühlsam in den Arm und wir hielten einige Minuten inne.
Bald schon machten wir uns auf den Weg zu Leonies Grab. Im Vorfeld hatten wir einige Dinge besorgt, um es zu ihrem Ehrentag besonders schön herzurichten. Voll bepackt fuhren wir zum Friedhof und machten uns an die Arbeit. Wir verbrachten über eine Stunde mit Dekorieren – das gab mir enorme Kraft. Als Leonie endlich das vermutlich schönste Geburtstagsgrab der Welt hatte, fuhren wir zu einem Partyausstatter und ließen zwei Luftballons mit Helium füllen. Zwei weitere Folienballons in Sternform ließen wir ebenfalls befüllen und schließlich beschriften. Einen Ballon wollten wir an Leonies Grab befestigen; den anderen an ihrer Gedenkstelle zu Hause platzieren. Die beiden unbeschrifteten, mit Sternen bedruckten Ballons wollten wir einfach steigen lassen. Zu diesem Zweck fuhren wir erneut an Leonies Grab und befestigten liebe Geburtstagsgrüße an die Ballons, bevor wir sie zu Leonie in den Himmel steigen ließen …
Am Abend beschlossen Uwe und ich, dass wir Leonies Geburtstag fortan als „unseren Tag" nutzen wollten. Wir wollten auch zukünftig nicht nur ihr Grab besonders schön herrichten, sondern die Zeit zudem für *uns* nutzen, als kleine Familie.
Dieser traurigschöne Tag hatte vorübergehend unsere größte Sorge verblassen lassen, die uns bedauerlicherweise viel zu schnell wieder einholte: Auch der dritte Zyklus unter Hormongabe endete unerfreulich.

Mir war bewusst, dass wir nur noch drei Zyklen zur Verfügung hatten, bevor wir eine Pause von einem halben Jahr einlegen mussten. Denn die Dauer der Hormonbehandlung sollte laut Dr. Müller sechs Zyklen nicht überschreiten. Dies sei zwar kein unumstößliches Gesetz, aber achtzig Prozent der Schwangerschaften träten wohl innerhalb der ersten sechs Behandlungszyklen ein und daher sei es nach dieser Zeit statistisch nicht mehr sinnvoll, in Tablettenform weiterzumachen. Ich war mir darüber im Klaren, dass die Wahrscheinlichkeit, ausgerechnet in einem der nächsten drei Zyklen schwanger zu werden, verschwindend gering war. Selbst Dr. Müller konnte seine Enttäuschung nicht verbergen, denn er hatte ebenfalls einen schnelleren Erfolg erhofft. Dennoch versuchte er mir Mut zu machen, wenn auch vergeblich. Dr. Müller unterbreitete den Vorschlag, einen weiteren Zyklus abzuwarten, um dann schließlich zusätzlich zur Tablettengabe Spritzen zu verabreichen. Er gab mir den Rat, mich zu entspannen und womöglich sogar in den Urlaub zu fahren. Ich sollte versuchen, meinen Kopf freizubekommen; dann würde es seiner Ansicht nach sicher bald mit der lang ersehnten Schwangerschaft klappen.
Am Abend erzählte ich Uwe von Dr. Müllers Vorschlag. Dieser war überhaupt nicht abgeneigt: Wir hatten das ganze Jahr über nur Stress gehabt und unsere Nerven lagen blank wie nie zuvor – da käme ein Urlaub ganz recht.
Noch am selben Tag buchte Uwe spontan einen vierzehntägigen „All Inclusive“ Türkei-Urlaub für uns …

12 Ein Schrecken nach dem anderen

Uwe und ich verbrachten zwei wunderschöne Urlaubswochen in der Türkei miteinander. Wir taten nichts weiter, als es uns gut gehen zu lassen. Dennoch führte ich mein morgendliches Ritual weiter und maß Temperatur. Der Alltag hatte uns nach dem Urlaub viel zu schnell wieder eingeholt, trotzdem ging es uns besser als zuvor, weil wir die Dinge entspannter angehen konnten. Meine Temperaturkurve entwickelte sich nun völlig anders als in den Monaten zuvor. Eigentlich hatte ich einen Abfall der Temperatur und damit das Einsetzen meiner Menstruation erwartet – dem war aber nicht so. Wieder begann ich, mir Hoffnungen zu machen, dennoch hatte ich diesmal Angst, meinen Gefühlen freien Lauf zu lassen; meine Erwartungen waren in den vergangenen Monaten einfach zu oft enttäuscht worden. Der Verlauf meiner Temperaturkurve zeigte mir an, ab welchem Tag die Durchführung eines Schwangerschaftstests möglich war, der ein positives Resultat hätte anzeigen können. Jeden Morgen bangte ich diesem entscheidenden Tag entgegen: schwanger oder nicht? Dieses Mal war ich mit meinen Ängsten allerdings nicht allein, denn Corinna, eine Freundin aus einem Sternenkinder-Forum, versuchte ebenfalls seit Längerem wieder schwanger zu werden, nachdem sie ihren Sohn in der 37. Schwangerschaftswoche still geboren hatte. Gemäß ihrer Berechnung hätte sie am selben Tag wie ich auf eine mögliche Schwangerschaft hin testen können. Wir malten uns fröhlich aus, wie wir zur gleichen Zeit – sie in Frankfurt am Main, ich in Köln am Rhein – einen Schwangerschaftstest durchführten. Wir beschlossen, uns gegenseitig sofort zu informieren, sobald wir einen Test durchgeführt und damit Gewissheit hätten.

An einem Samstag entschied ich schließlich, der Warterei ein Ende zu machen. Mein Großvater war gerade zu Besuch bei uns und schlief seelenruhig im Gästezimmer, während ich die ganze Nacht über kein Auge zugetan hatte. Immer und immer wieder hatte ich an den Test und seine Folgen denken müssen. Um kurz nach 6 Uhr hielt ich es beim besten Willen nicht mehr aus und schlich mich schließlich aus dem Bett: Zunächst kramte ich einen Schwangerschaftstest aus der Kommode und verschwand anschließend damit im Bad. Ein paar Minuten überlegte ich noch, ob ich diesen Test jetzt wirklich durchführen sollte. Dann nahm ich all meinen Mut zusammen und tat, was ich die Monate zuvor schon so oft getan hatte: Ganz alleine saß ich im Bad, als mein Glück binnen weniger Minuten sichtbar wurde … der Test war POSITIV! Ich konnte es nicht fassen. Vor Freude hätte ich schreien können, aber Großvater schlief ja nebenan und ich wollte ihn nicht der Gefahr eines Herzinfarktes durch einen plötzlichen lauten Aufschrei aussetzen. Stattdessen rannte ich samt Schwangerschaftstest quer durch die Wohnung zu Uwe und riss ihn aus dem Schlaf. Er war völlig durch den Wind, als ich aufgeregt sagte: „Ich bin schwanger!“ Uwe konnte es nicht glauben und fragte mich, ob ich wirklich sicher sei. Ich zeigte ihm den Teststreifen und wir freuten uns riesig – überglücklich nahmen wir uns in die Arme.

Vor Aufregung fanden wir an diesem Morgen jedenfalls keinen Schlaf mehr. Wir saßen im Bett und redeten wie zwei aufgescheuchte Hühner, als ich plötzlich eine SMS bekam: von Corinna. Dort stand, dass sie ebenfalls positiv getestet hatte. Sofort rief ich sie an und wir unterhielten uns wie aufgeregte Teenager, die gerade ihren großen Schwarm getroffen hatten.

Nach diesem Telefonat wollte ich meine Freude noch jemandem mitteilen, der mir die ganze Zeit über beigestanden und mit mir gebangt hatte: Sarah. Während Uwe das Frühstück machte, schrieb ich ihr eine SMS: „Bist du schon wach? Kann ich dich anrufen?“ Sofort schrieb sie zurück: „Ja.“ Und schon hatte ich ihre Nummer gewählt. Sarah freute sich sehr für uns und sagte, dass sie es niemandem mehr gönne als mir. So könne ihrer Ansicht nach ruhig jeder gute Morgen starten. Sie kannte Corinna ebenfalls und konnte kaum glauben, dass wir beide am selben Morgen positiv getestet hatten, und sagte nur: „Na, wenn das mal kein Schicksal ist!“

Meinem Großvater erzählten wir nach dem Aufstehen erst einmal nichts von unserer morgendlichen Aufregung. Wir wollten es generell zunächst einmal für uns behalten und wenigstens die Bestätigung des Arztes abwarten.

Die Bestätigung von Dr. Müller bekamen wir schließlich eine Woche später – allerdings verbunden mit einer guten und einer schlechten Nachricht. Die gute: Das Herzchen schlug bereits. Die schlechte: In meiner Gebärmutter war nicht nur das schlagende Herz erkennbar, sondern auch noch etwas Undefinierbares. Dr. Müller konnte nicht genau sagen, worum es sich dabei handelte. Es hätte ein Zwilling sein können, der es nicht geschafft hatte, oder aber schlichtweg Gewebe. Es bestand die Möglichkeit, dass sich das undefinierbare Etwas ablösen und unseren kleinen Krümel, wie wir meinen neuen Bauchbewohner tauften, mitreißen könnte. Ich sollte mich unbedingt schonen und viel liegen.

Nach diesem Termin bei Dr. Müller wusste ich meine Gefühle kaum einzuordnen. Einerseits wollte ich mich über die bestätigte Schwangerschaft freuen; andererseits hatte ich Angst um das Krümelchen in mir. An diesem Tag sagte ich alle Termine ab, die ich für die kommenden Tage vereinbart hatte, und erfand Notlügen, da ich niemanden einweihen wollte, was tatsächlich geschehen war und warum ich mich schonen sollte.

Eine Woche später entschärfte Dr. Müller die Situation ein wenig: Unser Krümel war gewachsen, während das undefinierbare Etwas kleiner geworden war und sich am Rand der Gebärmutter platziert hatte, wo es weniger Schaden anrichten konnte. Dr. Müller war der Meinung, dass wir nichts mehr zu befürchten hätten. Gleichzeitig sagte er jedoch auch, dass er uns so etwas nicht erzählen brauche, da wir selbst am besten wüssten, dass man während einer Schwangerschaft niemals außer Gefahr sei und bedauerlicherweise jederzeit etwas geschehen könne. Dementsprechend gingen wir weiterhin mit unserer Vorfreude um: zurückhaltend und sparsam, denn die Angst, auch dieses Baby verlieren zu können, blieb.
Zwischenzeitlich hatte auch Corinna zwei Frauenarzttermine hinter sich gebracht und ließ mich unter Tränen am Telefon wissen, dass ihr „Pünktchen" nicht leben würde; dass sie zur Ausschabung ins Krankenhaus müsse. Ich war geschockt: Wir hatten über Monate hinweg miteinander gefiebert und getestet und sogar denselben Geburtstermin errechnet bekommen … und dann so etwas. Sie tat mir unendlich leid und meine Angst um unser Krümelchen wurde um ein Vielfaches verstärkt.
Gemeinsam mit Dr. Müller entschieden wir, in dieser Schwangerschaft alle nur erdenklichen Spezialuntersuchungen durchführen zu lassen. Einige Tage nach Weihnachten begannen wir mit der Nackenfaltenmessung. Uwe und ich hatten Angst vor diesem Termin. Wir waren uns zwar darüber einig, dass wir das Kind auch im Falle einer Behinderung bekommen wollten, dennoch hatten wir Angst, dass man eine lebensbedrohliche Krankheit feststellen könnte. Das war jedoch glücklicherweise nicht der Fall: Die Untersuchung verlief positiv und brachte beste Ergebnisse mit sich. Zu diesem Zeitpunkt war ich zwar erst in der 14. Schwangerschaftswoche, mein Bauch sah jedoch aus wie bei Sarah ein Jahr zuvor in der 20. Woche.
Die nächsten Wochen verliefen optimal: Mein Bauch wuchs und wuchs. Die Feindiagnostik sollte in einer spezialisierten Praxis durchgeführt werden. Dort bestätigte sich schließlich Dr. Müllers Verdacht, dass unser Krümel ein Mädchen sei. Außerdem ergab die umfassende Untersuchung, dass die Versorgung unseres Babys minimal eingeschränkt war, was jedoch zu diesem Zeitpunkt der Schwangerschaft noch nicht besorgniserregend war. Aufgrund meiner Vorgeschichte und der Tatsache, dass man keinen Grund für Leonies Tod gefunden hatte, wollte man dies jedoch in jedem Fall regelmäßig beobachten. Die Kontrollen fanden von nun an in Abständen von jeweils vier Wochen statt – zwischendurch führte Dr. Müller weiterhin seine Routine-Untersuchungen durch. So lagen zwischen den Terminen jeweils maximal zwei Wochen, die mir dennoch

oftmals wie eine Ewigkeit vorkamen. Unmittelbar nach einer Untersuchung ging es mir meist gut: Ich hatte keine Angst um meinen Krümel und konnte unbeschwert meinem Alltag nachgehen. Je länger eine Untersuchung jedoch zurücklag, desto angespannter wurde ich. Von meiner Hebamme hatte ich ein kleines Gerät bekommen, mit dem man zu Hause überprüfen konnte, ob es dem ungeborenen Baby gut ging. Immer wenn ich unsicher war, nutzte ich diese wertvolle Erfindung, die ich nicht mehr missen wollte.
Kurz nach Ostern – ich war gerade in der 29. Schwangerschaftswoche – wollten Uwe und ich ein letztes Mal vor der Entbindung in meine alte Heimat fahren. Im Vorfeld hatte ich mich sehr darauf gefreut. Als ich jedoch am Morgen der geplanten Reise aufwachte, hatte ich zunächst einmal überhaupt keine Lust aufzustehen; ein merkwürdiges Gefühl überkam mich. Mit einem Mal wollte ich zu Hause bleiben, und das kannte ich so gar nicht von mir. Ich quälte mich dennoch aus dem Bett und begab mich ins Bad. Dort bemerkte ich, dass mein Bauch ganz hart war und spannte. Dieser Tatsache schenkte ich zunächst wenig Beachtung und stieg unter die Dusche. Ich war der Meinung, dass sich das Problem bald von selbst geben würde – in Anbetracht des zuvor Erlebten sicherlich eine naive Hoffnung. Als ich mich bereits angezogen hatte, war mein Bauch jedoch immer noch ungewöhnlich hart und ich verspürte zudem einen Schmerz. Ich gestand Uwe, dass es mir nicht gut ging. Kurzfristig beschlossen wir, ins Krankenhaus zu fahren, um auf Nummer sicher zu gehen.
Bereits im Parkhaus des Krankenhauses verschwanden die Schmerzen und der Bauch fühlte sich merklich weicher an. Die Hebamme, die mich sofort ans CTG schloss, war sehr freundlich und einfühlsam. Sie erklärte, dass es sich mit aller Wahrscheinlichkeit nach um eine Dauerkontraktion gehandelt habe, denn laut CTG ging es meinem Baby wunderbar. Dennoch ließ die Hebamme zur Sicherheit eine Ärztin rufen, die mich genau untersuchen sollte. Der ausführliche Ultraschall und die damit verbundene Doppleruntersuchung zeigten keinerlei Auffälligkeiten. Die Ärztin ließ mir die Wahl, ob ich zur Beobachtung im Krankenhaus bleiben wollte oder nicht. Es gebe zwar keinen medizinischen Grund, ich könne jedoch bleiben, falls es mir ein Gefühl der Sicherheit vermitteln würde. Ich zog es allerdings vor, heimzufahren. Uwe und ich wollten lediglich noch wissen, wie eine solche Dauerkontraktion zustande kam. Die Ärztin klärte uns darüber auf, dass es verschiedene Ursachen dafür geben könne. Sie nannte einige der möglichen Faktoren, und bei einem von ihnen wurde ich hellhörig: Stress! Denn Stress hatte ich in den vergangenen Tagen jede Menge gehabt. Ich wollte wissen, ob eine fünfstündige Autofahrt nach Halle ein Problem darstellen würde. Medizinisch gesehen gab es im Grunde

keine Einwände. Ich sollte mich allerdings schonen und angesichts dieser Tatsache riet mir die Ärztin eher von der strapaziösen Fahrt ab. Kurzerhand entschied ich, meinem Kind und unserer Gesundheit zuliebe nicht nach Halle zu fahren. Obwohl ich mich im Vorfeld sehr auf den Heimatbesuch gefreut hatte, wusste ich: Es war besser so!

Zwei Wochen nach Ostern setzte mit einem Mal der Hochsommer ein und es wurde unerträglich heiß. Mit der Hitze kam bei mir auch das Wasser. Dieser Zustand wurde durch die sitzende Tätigkeit am Arbeitsplatz nicht gerade begünstigt. Ich hatte Füße und Beine so dick wie die eines Elefanten – als könnten sie jede Sekunde zerplatzen. Das machte mir Angst, denn kurz vor Leonies Tod hatte ich auch große Wassereinlagerungen an mir festgestellt. Mindestens zweimal pro Tag benutzte ich das kleine Gerät meiner Hebamme, um nach dem Krümel in mir zu hören. Ich weiß nicht, was ich ohne diese Erfindung getan hätte. Vermutlich wäre ich vor Angst verrückt geworden.

Meine Hebamme Beate besuchte mich in diesen Tagen und richtete ihre Blicke sofort auf meine Elefantenfüße. Sie wollte mir keine Angst machen, bat mich aber trotzdem, mich am nächsten Tag bei Dr. Müller zu melden. Dieser sollte eine mögliche Schwangerschaftsvergiftung ausschließen und mich vorsorglich krankschreiben. Ich hatte noch drei Wochen bis zum Beginn des Mutterschutzes, sollte mich jedoch unbedingt vorher schonen. Beate drängte förmlich darauf, dass ich zu Hause bleiben sollte – sie hatte Angst um mich und das Baby, wie sie später eingestand. Ich tat, was sie sagte, und wollte Dr. Müller aufsuchen, der jedoch Urlaub hatte, weshalb ich mit seiner Vertretung vorliebnehmen musste.

Die vertretende Ärztin spielte mein Anliegen in höchstem Maße herunter. Ich bat sie, mich für die restliche Zeit bis zum Mutterschutz krank zuschreiben. Sie jedoch befand eine Krankschreibung für unnötig. Erst als Uwe, der mich zu diesem Termin begleitet hatte, das Wort ergriff und ihr eindringlich erklärte, dass wir die Praxis keinesfalls ohne dieses Dokument verlassen würden, stellte sie die Krankschreibung widerwillig aus.

Da saß ich nun unerwartet frühzeitig zu Hause und hatte mit einem Mal viel Zeit, was ich ungemein genoss. Ich ruhte mich aus und wartete auf die nächsten Untersuchungstermine, die immer sehr positiv verliefen. In der 34. Woche wurde ich im Krankenhaus vorstellig, wo ich den Wunsch äußerte, die Geburt vor dem errechneten Geburtstermin einleiten zu lassen. Anfang der 38. Woche wollte der leitende Professor, Professor Dr. Mayer, einen Wehenbelastungstest durchführen. Anhand dieses Tests wollte er beurteilen, wie mein Krümel auf die Belastungen einer Geburt reagierte.

Vor diesem Wehenbelastungstest wurden wir jedoch noch einmal unerwartet in Angst und Schrecken versetzt: Uwe bekam eine Gürtelrose. Und zwar als Zeichen seiner Anspannung während der neuen Schwangerschaft und infolge der Trauer um Leonie. Die Ärztin, die diese Diagnose stellte, schickte mich sofort ins Krankenhaus. Ich bekam Panik, dass meinem Baby etwas zustoßen könnte. Zum Glück gaben die Ärzte Entwarnung, da ich in Kindheitstagen bereits die Windpocken gehabt hatte und Gürtelrose durch den gleichen Erreger hervorgerufen wird. Das Einzige, was ich zu berücksichtigen hatte, war, dass unser Baby in mir bleiben sollte, um sich nicht anzustecken. Glücklicherweise ging in dieser Hinsicht alles gut, auch wenn der Schreck tief saß und wir uns erneut die Frage stellten: „Warum wir schon wieder?“
Der Wehenbelastungstest zwei Wochen darauf ging mit einem nächsten Schock einher: Vor dem Test sollte ein CTG geschrieben werden. Eine Schwesternschülerin sollte mich an das Gerät anschließen. Sie suchte und suchte nach den Herztönen meines Babys, aber fand sie nicht. Ich wurde zunehmend nervöser – mir wurde heiß und kalt zur gleichen Zeit –, bis ich sie schließlich hysterisch aufforderte: „Holen Sie schnell jemanden, der sich damit auskennt!“ Ich hatte Angst: „Nicht schon wieder … das kann doch alles nicht wahr sein.“ Während die Schwesternschülerin panikerfüllt Hilfe holte, bekam ich einen festen Tritt meines Krümels zu spüren, der mich aufatmen ließ. In diesem Moment stand auch schon eine erfahrene Hebamme neben mir und fand die Herztöne meines Babys auf Anhieb. Ich war unbeschreiblich erleichtert und die Hebamme entschuldigte sich mehrfach bei mir. Sie gestand ein, dass gerade in Fällen wie meinem so etwas nicht passieren dürfe. Den Schrecken, der mir nach wie vor in den Knochen saß, konnte sie mir dennoch nicht nehmen. Meine Aufregung wich aber schnell der Erleichterung darüber, dass es meinem Baby gut ging und die Herztöne deutlich zu hören waren.
Eine knappe Woche vor dem errechneten Geburtstermin begaben Uwe und ich uns auf den Weg ins Krankenhaus, um dort einen dritten und voraussichtlich letzten Wehenbelastungstest durchführen zu lassen. Dieses Mal jedoch ließ ich meine Krankenhaustasche von vorneherein zu Hause. Die Male zuvor hatten wir sie immer dabei gehabt – völlig umsonst. Ich war mir sicher, dass sich wieder nichts tun würde … Und so war es schließlich auch. Der untersuchende Arzt stellte beim Ultraschall fest, dass das Baby bereits über vier Kilo wog. Er war der Meinung, dass wir alles daransetzen sollten, unser Kind so schnell wie möglich zur Welt zu bringen, da es ansonsten zu groß für eine natürliche Geburt werden würde. Unser Baby hatte allerdings überhaupt kein Interesse daran, den Empfehlungen

des Arztes Folge zu leisten, denn auch dieser Wehenbelastungstest zeigte überhaupt keine Wirkung. Dem Baby ging es gut, es dachte jedoch keinesfalls daran, zur Welt zu kommen. Es lag ohnehin noch nicht tief genug im Becken. Ich fragte den Arzt, was das zur Folge hätte. Er erklärte, dass aufgrund der Tatsache, dass mein Kind so schwer sei und die Geburtsposition noch nicht eingenommen habe, ein Kaiserschnitt ratsam sei. Dennoch wolle er vor einer endgültigen Entscheidung noch zwei Tage abwarten. Frustriert verließen Uwe und ich an diesem Tag das Krankenhaus. Damit hatten wir überhaupt nicht gerechnet.
Aus Verzweiflung bat ich meine Hebamme Beate noch am selben Abend um eine unabhängige Meinung. Sie bestätigte den fehlenden Beckenkontakt und war der Meinung, dass es unter diesen Umständen womöglich tatsächlich das Beste sei, das Kind per Kaiserschnitt zu entbinden. Frustration und Verzweiflung machten sich breit. Ich hatte mir nichts sehnlicher als eine natürliche Geburt mit positivem Ausgang gewünscht. Mit einem Mal schien sich die Erfüllung dieses Wunsches in Luft aufzulösen – zumindest hinsichtlich der natürlichen Geburt; den positiven Ausgang, nämlich ein lebendes, gesundes Kind in den Armen zu halten, erhoffte ich natürlich weiterhin. Was sollte denn noch alles kommen, wenn ich nicht einmal in der Lage wäre, mein Kind natürlich zu gebären? Uwe versuchte mir Mut zuzusprechen – vielleicht würde unser Krümel ja doch noch nach unten rutschen. An diesem Gedanken versuchte ich mit aller Kraft festzuhalten. Dennoch konnte ich mich nicht dagegen wehren, dass sich auch immer wieder Gedanken über einen möglichen Kaiserschnitt dazwischendrängten.
Als ich mich freitags wie üblich zur Folgeuntersuchung und zum CTG ins Krankenhaus begab, entschied der Stationsarzt, doch noch länger als die zunächst geplanten zwei Tage zu warten. Denn das Wochenende war gerade eingeläutet worden und dem Baby ging es den Untersuchungen zufolge prächtig. Zudem war Professor Dr. Mayer bisher mein behandelnder Arzt gewesen und der diensthabende Arzt wollte ihm ungern vorgreifen. Ich kann nicht genau sagen, welches meiner Gefühle in diesem Moment stärker war: die Angst, dass an diesem Wochenende etwas Unvorhersehbares geschehen könnte, oder die Enttäuschung darüber, schon wieder nach Hause geschickt worden zu sein. Jede Untersuchung, die mir in den letzten Tagen bestätigt hatte, dass es meinem Kind gut ging, war eine Erleichterung für mich. Dennoch fand ich es nun mehr denn je an der Zeit, dass es zur Welt kommen sollte. Die Ängste um das Ungeborene hatten sich mittlerweile gesammelt und waren zu einem riesigen See angestaut – einem See, in dem ich zu ertrinken drohte, wenn er sich nicht bald auflösen würde.

Der nächste Tag wurde bestimmt von unerwarteten Panikattacken: Ständig horchte ich in mich hinein und wollte Gewissheit darüber haben, dass es meinem Baby gut ging. Zusätzlich belastete mich die Tatsache, dass ich an diesem Tag seltener als sonst Kindsbewegungen spürte – zumindest bildete ich mir das ein. Zur Beruhigung nahm ich mein kleines Herztongerät zur Hand: Erschrocken stellte ich fest, dass die Herztonfrequenzen des Ungeborenen viel zu niedrig waren. Normalerweise sollte eine Frequenz zwischen einhundertzwanzig und einhundertsechzig Schlägen pro Minute liegen. Ich konnte jedoch nur Schläge bis knapp über Hundert zählen. Ich prüfte meinen eigenen Herzschlag, um sicherzustellen, dass ich ihn nicht mit dem meines Babys verwechselte. Immer und immer wieder hörten Uwe und ich die Herztöne ab – an der Lage änderte sich dennoch nichts. Ich bekam Angst; so kurz vor dem Ziel wollte ich keinesfalls ein Risiko eingehen. Nahezu panisch fuhren wir daher ins Krankenhaus.
Das CTG und der Ultraschall zeigten glücklicherweise keine Auffälligkeiten. Mein Baby hatte zu Hause lediglich geschlafen, und das war der Grund für den langsamen Herzschlag der Kleinen gewesen. Ihr ging es weiterhin gut und sie lag immer noch dort, wo sie eigentlich schon lange nicht mehr hätte liegen sollen: viel zu weit oben. Aus diesem Grund beschloss die Ärztin, dass ich mich am Montag nüchtern zum Kaiserschnitt im Kreißsaal einfinden sollte – welch große Enttäuschung! Einerseits freuten wir uns darauf, das Baby in Kürze in den Armen zu halten; andererseits wurde diese Freude von der Tatsache überschattet, dass es per Kaiserschnitt geboren werden sollte. Sollte ich auch dieses Mal kein positives Geburtserlebnis erfahren dürfen? Nicht nur die Geburt an sich würde ich nicht erleben können, wie ich sie mir so sehr gewünscht hatte, auch das Danach würde völlig anders sein: Ich würde mein Baby nicht sofort in den Arm nehmen und auch nicht alleine versorgen können, da ich unmittelbar nach dem Eingriff bettlägerig sein würde. Diese Gedanken fraßen mich innerlich auf. Ich war überaus niedergeschlagen und weinte mich in Uwes Armen aus. Er versuchte mich zu trösten, was ihm jedoch nicht gelang – ich glaube, Männer können die Gefühle einer Frau in dieser Hinsicht kaum nachvollziehen. Uwe und ich redeten den gesamten Abend auf meinen Bauch ein. Wir sagten immer wieder: „Maus, komm raus“, oder: „Bitte, bitte rutsche doch nach unten.“
Am Montagmorgen, einen Tag vor dem errechneten Geburtstermin, fuhren wir mit Sack und Pack ins Krankenhaus – auf einen Kaiserschnitt eingestellt, war ich nüchtern geblieben. Im Kreißsaal begrüßte uns Professor Dr. Mayer, der jedoch überhaupt nicht glücklich mit der seiner Ansicht nach voreiligen Entscheidung seiner Kollegen war; er hatte es

anscheinend nicht gern, dass solche Dinge über seinen Kopf hinweg entschieden wurden. Er wollte sich selbst ein Bild machen und ordnete zunächst ein weiteres CTG an. Während das Gerät die Herztöne des Ungeborenen aufzeichnete, bekam ich plötzlich eine Wehe – ich spürte sie ganz deutlich und auch das Gerät hatte sie erfasst. Das musste ein Zeichen sein! Und tatsächlich: Auch bei der anschließenden Untersuchung stellte der Professor fest, dass unser Krümel zwischenzeitlich doch noch tief ins Becken gerutscht war. Er wollte daher unbedingt erst einmal abwarten und keinesfalls sofort den Kaiserschnitt wählen. Er war sich sicher, dass sich unser Baby in den kommenden 24 Stunden auf den Weg nach draußen machen würde. Mit ein paar Tipps zur Geburtseinleitung verabschiedete er sich für diesen Tag von uns. Da standen wir nun … eigentlich sollten wir heute doch unser Baby endlich im Arm halten, aber trotz dieser kleinen Enttäuschung hatten wir das erreicht, was wir eigentlich wollten: gute Chancen auf eine normale Geburt, denn der Kaiserschnitt war fürs Erste in die Ferne gerückt – zu unserer Erleichterung.
Ich hatte alle Tipps des Professors zur Geburtseinleitung befolgt und alle Untersuchungen ausgehalten, aber man hielt mich bezüglich der Geburt immer noch hin. Das ließ mich nach einer weiteren Nacht, in der sich nichts getan hatte, zu dem Entschluss kommen, den Professor an diesem Tag in jedem Fall um eine Einleitung zu bitten. Ich wollte keine Minute länger leiden müssen, denn zwischenzeitlich war ich nicht nur körperlich an meine Grenzen gestoßen, sondern auch seelisch. Immer und immer wieder hatte ich die Kraft aufbringen müssen, mich von einem Tag auf den nächsten vertrösten zu lassen. Und das bei meiner großen Angst, dass am Ende der Schwangerschaft wieder etwas Unerwartetes passieren könnte. Der Professor muss meinen Entschluss bereits erahnt haben, denn zu meiner Erleichterung sagte er bei seiner Visite: „Dann wollen wir doch gleich mal das Gel zur Einleitung legen.“ Oder hatte Uwe ihm vielleicht etwas zugeflüstert, als ich auf Toilette war? Diese Variante ist wahrscheinlicher als die, dass der Professor ein Gedankenleser war. So nahmen die Dinge ihren Lauf …

13 Mein neues Leben

Inzwischen hatte man mir das wehenfördernde Gel zur Einleitung verabreicht und schon kurze Zeit später antwortete ich mit Wehen darauf. Um sie zu verstärken, sollte ich Treppen steigen und spazieren gehen. Zwischendurch wurden immer wieder CTGs geschrieben. Kurz vor dem Abendbrot erhielt ich schließlich die ernüchternde Diagnose des Professors: „Ihr Baby ist wieder nach oben gerutscht. Von unten kann ich es jedenfalls nicht mehr spüren." Den ganzen Tag über hatte ich leichte Wehen in fünfminütigen Abständen gehabt und trotzdem ging es plötzlich nicht weiter. Ich war verzweifelt und wusste nach dem Hin und Her der vergangenen Tage weder ein noch aus. Sina, eine der diensthabenden Hebammen, versuchte mich zu beruhigen und schickte mich ein weiteres Mal zum Treppensteigen. Sie wollte die Geburt fortan eigenhändig vorantreiben und ergriff die Initiative. Nach kurzer Rücksprache mit dem Professor hängte sie mich nach dem Treppensteigen an den Tropf, um meine Wehen zu verstärken. Sina war sich jedoch sicher, dass unser Baby das Licht der Welt nicht mehr während ihrer Schicht erblicken würde. Ihre Ablösung, die Hebamme für die Nachtschicht, sei jedoch sehr freundlich. Ich erkundigte mich nach dem Namen der Hebamme, da ich in den vergangenen Wochen einige von ihnen kennengelernt hatte. Sina verriet ihn mir: HILDEGARD! Hildegard hatte Dienst, meine Hildegard – die Hebamme, die bereits Leonie auf die Welt geholt hatte. Ich freute mich darauf, fast zwei Jahre nach dem Tod meiner Tochter zum Ausgleich ein positives Geburtserlebnis gemeinsam mit derselben Hebamme erleben zu dürfen.

Schließlich öffnete Sina die Fruchtblase. Schlagartig verkürzten sich die Abstände zwischen den Wehen und gleichzeitig nahm deren Intensität um ein Vielfaches zu. Es lohnte sich kaum noch auf die Uhr zu schauen, denn plötzlich kamen sie in halbminütigen Abständen, was kaum auszuhalten war. Zunächst sah es so aus, als würde alles ganz schnell gehen. Das täuschte jedoch, denn irgendwann ging gar nichts mehr voran und Hildegard, die ihre Schicht mittlerweile angetreten hatte, überredete mich zu einer PDA. Unter furchtbaren Schmerzen willigte ich ein und sagte schließlich unbedacht: „Ich will nie wieder schwanger werden!" Dass mir so ein Satz jemals über die Lippen kommen würde, hätte ich niemals geglaubt – insbesondere nicht nach dem Erlebten. Aber ich hatte mich nicht dagegen wehren können, diese Worte sprudelten im Affekt aus mir heraus.

Bevor die PDA ihre Wirkung zeigte, konnte ich nahezu keinen klaren Gedanken mehr fassen. Das Einzige, was ich ständig tat, war, Uwe nach

dem Befinden unseres Babys zu fragen. Immer wieder musste er mir die Herzfrequenzen ansagen, die das CTG anzeigte, da ich keine freie Sicht auf das Display hatte. Kraft für andere Dinge hätte ich in diesem Augenblick auch nicht aufbringen können, da die unsagbaren Schmerzen meine volle Konzentration forderten. Als die PDA jedoch richtig wirkte, konnte ich wieder einen kühlen Kopf bekommen und mich darauf freuen, dass ich in wenigen Augenblicken mein Baby in den Armen halten würde. Immer und immer wieder hatte ich mir diesen Moment ausgemalt und mir nichts sehnlicher gewünscht. Dennoch hatte ich oft daran gezweifelt, dass der Augenblick jemals kommen würde – selbst so kurz vor dem Ziel noch.
Endlich tat sich wieder etwas und ich folgte Hildegards Anweisungen, da ich nichts falsch machen wollte, was dem Baby womöglich geschadet hätte. Außerdem dachte ich: „Wenn ich den Anweisungen nun genau Folge leiste, wird mein Baby bestimmt ganz schnell auf der Welt sein." Mit jeder Presswehe gab ich alles: Ich holte jede noch so versteckte Kraftreserve aus mir heraus. Nach einigen Malen Pressen sagte Hildegard, dass sie das Köpfchen bereits sehen könne. Neugierig erkundigte ich mich nach der Haarfarbe. Zu unserer Überraschung antwortete sie: „Blond!", woraufhin ich scherzhaft entgegnete: „Das ist nicht mein Kind!" Leonie hatte bei ihrer Geburt schließlich ganz viele schwarze Haare gehabt und genauso hatte ich mir Krümel vorgestellt.
Lange konnte ich darüber jedoch nicht nachdenken, denn die nächste Wehe forderte meine Aufmerksamkeit. Professor Dr. Mayer teilte mir mit, dass er einen Dammschnitt vornehmen müsse, was er in der nächsten Wehe erledigen wollte. Ich hatte große Angst vor diesem Eingriff – angesichts der vielen Horrorgeschichten, die ich darüber gehört hatte – aber ich muss gestehen, dass ich überhaupt nichts spürte. Viel zu sehr hatte ich mich auf das Pressen konzentriert, weil ich mein Baby endlich bei mir haben wollte. Noch eine Wehe: Jetzt wollte ich alles geben und ich presste mit aller Kraft … nur Sekunden später hatte ich es geschafft. Professor Dr. Mayer hatte mein Baby in Empfang genommen und es mir unmittelbar danach auf die Brust gelegt.
Endlich war sie da: meine Paula … und sie schrie. Ein unbeschreiblicher Augenblick. Uwe beugte sich über mich, streichelte unser kleines Wunder, küsste mich und flüsterte mir ins Ohr: „Danke, mein Schatz, das hast du ganz toll gemacht. Ich liebe dich, unsere Leonie und unsere Paula Sophie ganz, ganz doll!" Diese Worte werde ich nie vergessen. Ich streichelte Paula und küsste ihr Köpfchen. Noch immer konnte ich nicht begreifen, dass ich es endlich geschafft hatte. Währenddessen vergaß ich alles um mich herum. So sehr ich daran gezweifelt hatte, diesen Augenblick jemals

erleben zu dürfen, so sehr freute ich mich nun darüber, dass es endlich so weit war: Leonie hatte ein lebendes und gesundes Geschwisterchen bekommen. Und beinahe hätten sie nicht nur die gleiche Hebamme gehabt, sondern auch noch die gleiche Geburtszeit: Leonie war um 22:23 Uhr auf die Welt gekommen, Paula Sophie um 22:29 Uhr – wenn das mal kein Zufall war.

Das Wiegen und Messen unserer Tochter durfte ich vom Kreißsaalbett aus beobachten, während ich noch medizinisch versorgt wurde. Was mit mir geschah, interessierte mich überhaupt nicht, ich hatte nur Augen für Paula. Uwe wich unserem Baby nicht von der Seite und badete es im Anschluss an die U1-Vorsorgeuntersuchung, die unmittelbar nach der Geburt durchgeführt wird. Es war wunderschön, Uwe im Umgang mit seiner Tochter zu sehen. Solche Bilder kannte ich bis dahin nur aus dem Fernsehen, doch dieses Mal war es mein Baby, das da gewaschen wurde.

Kurze Zeit später wurden wir in einen anderen Kreißsaal verlegt. Und zwar in jenen Kreißsaal, in dem wir vor fast zwei Jahren Leonie verabschiedet hatten. Zwischenzeitlich hatte man den Raum renoviert und einen Sternenhimmel an die Decke gemalt: Viele kleine Leuchtdioden ließen ihn erstrahlen, wie einen echten Sternenhimmel. Ein wunderschöner Ort, an dem sich der Kreis schloss: An dem Ort, an dem wir unsere Leonie verabschiedet hatten, durften wir Paula Sophie nun willkommen heißen.

Als ich drei Tage später aus dem Krankenhaus entlassen wurde, war es mir ein großes Bedürfnis, auf dem Heimweg vom Krankenhaus am Friedhof haltzumachen. Ich wollte Leonie ganz nah sein und ihr ihre kleine Schwester vorstellen. Am Grab von Leonie durchlebte ich ein Wirrwarr der Gefühle. Zum einen empfand ich das Glück, Paula in den Armen zu halten, zum anderen die Trauer um Leonie. Als ich Paula fest an mich drückte, wurde mir plötzlich wieder bewusst, dass ich dieses Erlebnis mit Leonie niemals haben würde. Am Grab brach aus mir heraus, was ich eigentlich schon im Krankenhaus erwartet hatte: Ich weinte bitterlich. Uwe, Paula und ich mussten alleine heimkehren – ohne Leonie. Das schmerzte nicht minder als am Tag ihrer Beerdigung.

Mit Paula Sophie nach Hause zu kommen, war unbeschreiblich schön. Ich war so stolz auf unser Baby, am liebsten hätte ich ganz laut gerufen: „Seht her, wir haben es geschafft!“ Alles war anders als gerade mal zwei Jahre zuvor: Damals hätte ich am liebsten einen Tunnel als Weg vom Auto in die Wohnung gegraben, damit ich niemandem begegnen musste; diesmal jedoch wollte ich gesehen werden: mit meiner Paula auf dem Arm.

Noch am selben Abend trafen meine Eltern aus Halle ein, um ihr Enkelkind willkommen zu heißen. Obwohl ich mich sehr über ihr Interesse an Paula

freute, hätte ich die erste Nacht am liebsten allein mit meiner kleinen Familie verbracht. Dennoch war es wunderschön anzusehen, wie meine Mutter die Kleine in den Armen hielt – ohne jegliche Bedenken wiegte ich Paula bei ihr in Sicherheit. Erst drückte sie das Baby ganz fest an sich, um ihr Enkelkind im Anschluss daran komplett zu betrachten: Sie legte Paula vor sich auf den Wickeltisch und war sichtlich überwältigt von ihrer Vollkommenheit. Der Stolz meiner Eltern, nun endlich ein lebendes Enkelkind zu haben, erfüllte auch mich mit Stolz.
Paula Sophie wollte an diesem Abend, wie zuvor bereits im Krankenhaus, nicht in ihrem eigenen Bettchen liegen. So beschloss ich, sie in mein Bett zu legen, und siehe da: Augenblicklich schlief sie tief und fest. Als ich mich ebenfalls schlafen legte, hatte ich große Bedenken, Paula zu erdrücken. Ich machte mich daher so klein wie nur möglich und genoss das tolle Gefühl, mit meiner ganzen Familie in einem Bett zu liegen: Uwe und ich mit Paula in unserer Mitte und Leonie tief im Herzen.
Uwe hatte sich zwei Wochen Urlaub genommen, um mich zu unterstützen und natürlich in erster Linie, um mit uns zusammen zu sein. Bei unserem ersten gemeinsamen Spaziergang schob ich den Kinderwagen voller Stolz durch die Ortschaft. Jeder, den wir auch nur entfernt kannten, gratulierte und gönnte uns dieses Glück. Diesmal war es kein Spießrutenlauf wie zwei Jahre zuvor; diesmal war es ein schönes Gefühl, angesprochen zu werden. Ich hatte das starke Bedürfnis, allen mein Glück mitzuteilen. Im Allgemeinen kann ich sagen, dass ich seit Paulas Geburt wieder wahres Glück empfinden kann. Über die Dauer der Schwangerschaft hinweg war ich zwar auch glücklich, aber auf eine ganz andere Weise. Dieses neue Glück gab mir ein Gefühl der Unbefangenheit – ich fühlte mich plötzlich frei. Und das, obwohl ich mich insbesondere in den ersten Wochen immer wieder fragte, ob ich häufig genug an Leonie dachte. Insgeheim hatte ich Angst sie zu vernachlässigen, was ich allerdings in keinster Weise tat. Weiterhin fuhren wir täglich zum Friedhof, gemeinsam mit Paula Sophie. Vor Paulas Geburt hatte ich mir still und leise immer schon ausgemalt, wie es wohl wäre, den Friedhofsweg mit dem Kinderwagen entlangzufahren, und nun war es endlich so weit: Mein Traum war Realität geworden.
Aber nicht nur dieser Traum. Während meiner Haupttrauerphase und in der Zeit, als ich den unerfüllten Kinderwunsch hegte, hatte ich an meinem Arbeitsplatz so einiges ertragen müssen, mitunter die Babyschauen einiger Kolleginnen. Dieses Mal wollte ich diejenige sein, die ihr Baby voller Stolz präsentierte. Zu diesem Zweck fuhren Uwe und ich gemeinsam mit unserem kleinen Schatz in die Firma. Zuallererst gingen wir in mein Büro: Die Kollegen waren erstaunt, dass wir bereits eine Woche nach der Geburt

gekommen waren, um ihnen unsere Paula Sophie zu präsentieren, die nun jeder von ihnen bestaunte. Jedes einzelne Kompliment war eine Wohltat für meine geschundene Seele. Dennoch konnte ich die Vorkommnisse der vergangenen Monate nicht vollends aus meinem Gedächtnis streichen. Für mich hatte sich das Grundgefühl gegenüber diesen Menschen tief in meinem Inneren völlig verändert – zu schmerzhaft waren die Erinnerungen!
Uwes Urlaub verstrich schnell. Vor Glück hatten wir jegliches Zeitgefühl verloren und nahezu alles um uns herum vergessen. Ich wusste teilweise nicht einmal, welchen Wochentag wir gerade hatten. Insgesamt war mit Paulas Geburt vieles so nebensächlich geworden. Dinge, über die ich mich früher aufgeregt hätte, wurden mit einem Mal unwichtig. Wichtig war nur Paula Sophie. Keine Minute wollte ich sie aus den Augen lassen – immer in der Angst, dass ihr etwas zustoßen könnte. Diese Angst gestaltete meinen Alltag allerdings recht schwierig: Paula forderte meine volle Aufmerksamkeit, weshalb ich in den ersten Tagen zu nichts anderem kam, als mich um die Babypflege zu kümmern. Mich selbst und den Haushalt vernachlässigte ich tagsüber hingegen völlig. Diesen Dingen widmete ich mich erst nach Uwes Heimkehr von der Arbeit. In den ersten Wochen nach Paulas Geburt fiel es mir zugegebenermaßen nicht leicht, mich zu finden und zu organisieren. Ich hatte nicht gedacht, dass der Alltag mit Baby so anstrengend sein könnte. An und für sich war er wunderschön, der Tag schien lediglich viel zu kurz für andere Dinge: Kaum war man aufgestanden, war auch schon wieder Schlafenszeit.
Nach einer Weile kam schließlich dennoch Routine auf. Die Zeit verging wahnsinnig schnell und Paula Sophie entwickelte sich prächtig: Sie war ein richtiger Wonneproppen.
Paula war gerade zwei Monate alt, als Leonies zweiter Geburtstag vor der Tür stand. Ein Jahr zuvor hatten wir uns geschworen, dass dieser Tag immer UNSER Tag bleiben würde, den wir nur im Kreise unserer kleinen Familie verbringen wollten; das taten wir auch. Wir verbrachten Leonies zweiten Geburtstag ähnlich wie das Jahr zuvor – nur mit einem Familienmitglied mehr. Wie im vorigen Jahr auch schien an diesem Tag die herrliche Augustsonne, während wir Leonies Grab anlässlich ihres Geburtstages gestalteten und im Anschluss daran Luftballons zu ihr in den Himmel steigen ließen. Dieses Mal waren es jedoch drei anstatt nur zwei Ballons wie im Vorjahr: einer von Uwe, einer von Paula und einer von mir.
Dass wir Leonies Geburtstag auf dieselbe Art und Weise begingen wie im Vorjahr, stieß bei Uwes Vater zunächst auf Unverständnis. Er hatte uns an diesem Tag zu seiner nachträglichen Geburtstagsfeier eingeladen und konnte es nicht nachvollziehen, dass wir seine Einladung ausschlugen.

Seiner Ansicht nach hätten wir nicht mehr trauern müssen, denn schließlich sei nun Paula Sophie da. Dass es uns an diesem besonderen Tag jedoch gar nicht mal um das Trauern ging, sondern um ein liebgewordenes Ritual in Gedenken an Leonie, konnte er nicht verstehen.
Auch seitens anderer Verwandter und Freunde brachte man uns Unverständnis entgegen. Es fielen Sätze wie: „Jetzt ist doch alles wieder gut!“ oder: „Jetzt könnt ihr euren Schmerz sicherlich vergessen.“ Warum sollte man automatisch alles Traurige vergessen, nur weil man ein weiteres Baby bekommen hatte? Wir könnten Leonie niemals vergessen – sie ist doch unser Kind und das wird sie auch immer bleiben. Mit dem Verständnis, dass ich die Menschen und ihre Einstellungen nicht ändern kann, fiel es mir zunehmend leichter, derartige Aussagen wegzustecken. Unmittelbar nach Leonies Tod verletzten mich solche Worte sehr. Jedes Mal aufs Neue wurde ich in ein tiefes Loch gestürzt. Das sollte sich von nun an ändern!
Durch Leonies Tod hatte ich verstanden, was wahre Freunde ausmacht und vor allem wer dazugehört und wer nicht. Ehemaligen sogenannten Freunden, die mich zutiefst enttäuscht hatten, schenkte ich fortan keine Beachtung mehr: darunter auch meine Freundin und Arbeitskollegin Ina. Ina hatte mich bei unserem Baby-Besuch in der Firma zwar überschwänglich begrüßt und versprochen, mich sehr bald besuchen zu kommen, darauf legte ich jedoch keinen Wert mehr. Und ihre Selbsteinladung brauchte ich auch nicht auszuschlagen, denn ich wusste: Sie würde sowieso nicht kommen – womit ich recht behielt. Heute weiß ich, dass solche Menschen viel zu sehr mit sich selbst beschäftigt sind, als dass sie wahres Interesse an ihrem Umfeld hegen könnten.
Auch einer weiteren ehemaligen Freundin, der ich unmittelbar nach Leonies Tod eine SMS geschrieben hatte – die bis heute unbeantwortet blieb –, kehrte ich den Rücken. Als ich versucht hatte, telefonisch Kontakt zu ihr aufzunehmen, um ihr ein wenig entgegenzukommen, teilte sie mir mit, dass sie nicht wüsste, was sie sagen sollte und sich wieder bei mir melden würde. Im Nachhinein fragte ich mich, warum ich sie jemals zuvor als meine Freundin angesehen hatte.
Doch trotz der Tatsache, dass ich heute sehr viele meiner ehemaligen Freunde nicht mehr als solche bezeichne, habe ich gewonnen. Gewonnen an Erfahrung, an neuen Sichtweisen und neuen Freunden. Mittlerweile weiß ich, was einen Freund ausmacht, wer Menschen sind, die diese Bezeichnung verdient haben. Einige von ihnen kannte ich schon vor Leonies Tod. Doch erst durch die Trauer entwickelten sich daraus wahre Freundschaften, wie zum Beispiel mit Maja, ohne deren wöchentlichen

Telefonate ich nicht gewusst hätte, wem ich all meine Sorgen hätte anvertrauen können. Aber auch Menschen, die wir neu kennengelernt haben, wie beispielsweise andere Sternenkinder-Eltern, zählen Uwe und ich heute zu unseren Freunden!

Schon während der Schwangerschaft beschlossen Uwe und ich, Paula Sophie taufen zu lassen. Ich selbst war nicht getauft worden und hatte somit keine Beziehung zum Glauben und zu Gott finden können. Leonie hätten wir damals nicht taufen lassen: Was hätte ich ihr in Glaubensfragen vermitteln können? Bei Paula Sophie war das anders; sie sollte getauft werden. Seit Leonies Tod glaube ich fest daran, dass es noch etwas nach dem Leben geben muss. In Kirchen fühlte ich mich ihr seither immer am nächsten, ohne das näher erklären zu können. Mit Uwes Unterstützung wollte ich Paula genau diese Gefühle vermitteln, weshalb wir uns schließlich für eine Taufe entschieden. Uwe fand schnell eine geeignete Taufpatin: seine Cousine. Diese Wahl hatte nicht zuletzt traditionell familiäre Hintergründe. Paula sollte allerdings noch einen zweiten Taufpaten bekommen, den wiederum ich auswählen wollte. Ich entschied mich für einen guten Freund aus meiner alten Heimat: Thomas. Thomas war der Einzige meiner Freunde aus alten Tagen, der sich regelmäßig nach Leonies Tod nach meinem Befinden erkundigt und dies vermehrt auch während der Schwangerschaft beibehalten hatte. Zudem fühlte ich mich ihm in besonderer Weise verbunden, da er selbst im März 2007 ein Kind verloren hatte. Ich war mir sicher, dass er deshalb unsere Gefühle bestens nachvollziehen konnte.

Die Taufe gestaltete sich schön und emotional, da die Pfarrerin Leonie mit in die Taufzeremonie eingebunden hatte. Einige meiner Tränen liefen auf Paulas Köpfchen, während ich sie ganz fest an mich drückte.

Als Paula Sophie bereits drei Monate alt war, fuhr ich zum ersten Mal mit ihr in meine alte Heimat. Bereits Tage zuvor freute ich mich auf diese Reise, da ich immerhin seit einem Dreivierteljahr nicht mehr dort gewesen war. Außerdem freute ich mich darauf, Paula voller Stolz präsentieren zu dürfen. Freunde, Bekannte und sogar ehemalige Freunde beglückwünschten mich persönlich und freuten sich mit uns. Währenddessen plagte mich ein merkwürdiges Gefühl: Mit einem Mal fühlte ich mich wieder integriert. Es war geradeso, als hätte ich durch Paulas Geburt neue Kraft und neuen Mut fürs Leben geschöpft. Ich hatte diesen Menschen genauso wenig verziehen wie meinen Arbeitskollegen und blieb bei meinem Entschluss, sie nie wieder Freunde zu nennen. Dennoch gelang es mir, wieder mit ihnen zu kommunizieren und Bekanntschaften beizubehalten, ohne dabei gegen meine Prinzipien zu handeln. Endlich konnte ich wieder von innen heraus lachen, was nicht bedeutete, dass ich Leonie deshalb weniger liebte oder weniger um sie trauerte: Es war einfach anders – die Trauer hatte sich gewandelt.

Oft saß ich zu Hause und dachte plötzlich an Leonie, wenn ich Paula Sophie betrachtete. Mit ihr wurde mir bewusst, was ich verpasst hatte. Mit der Zeit lernte ich jedoch, die Trauer im Stillen weiterzuleben. Anfangs war es mir häufig noch schwergefallen, in der Öffentlichkeit ausschließlich von uns dreien – Uwe, Paula Sophie und mir – zu sprechen. Mit der Zeit begriff ich jedoch, dass Leonie in unseren Herzen weiterlebt. Außenstehende müssen dies nicht sehen können. Mir reicht es zu wissen, dass sie immer bei uns sein wird.

Uwe und ich sehen uns heute, trotz allem, was wir durchleben mussten, als völlig normale Eltern, die einen ganz normalen Babyalltag durchleben, mit allen Höhen und Tiefen.

Seit Paula Sophie vier Monate alt ist, gehe ich jede Woche mit ihr zum Babyschwimmen. Sie liebt Wasser und andere Kinder. Das ist jedes Mal aufs Neue ein großer Spaß. In absehbarer Zukunft versuche ich für uns einen Platz in einer örtlichen Krabbelgruppe zu bekommen, damit wir dort soziale Kontakte knüpfen können; bis es so weit ist, treffen wir uns regelmäßig in einer kleinen Gruppe junger Mütter mit nahezu gleichaltrigen Kindern, die sich über das Internet kennengelernt haben. Früher hatte ich häufig Angst, auf fremde Menschen zuzugehen, was mir heute jedoch dank Paula nicht mehr schwerfällt.

Vor zweieinhalb Jahren hatten mein Mann und ich das Wichtigste in unserem Leben verloren: Leonie. Von einem auf den anderen Tag verloren wir mit ihr unsere Lebensziele. Dank Paula Sophie haben wir heute neue Ziele im Leben: Unter anderem sollen Leonie und sie irgendwann einmal ein weiteres Geschwisterchen bekommen. Ich hoffe sehr, dass uns Leonie dabei helfen und uns als kleiner Schutzengel zur Seite stehen wird. Außerdem wäre es schön, wenn wir ein kleines bezahlbares Reihenhaus fänden, damit Paula dort im Garten spielen könnte. Ansonsten sind wir wunschlos glücklich. Wir haben uns. Viel mehr brauchen wir für unser Glück nicht.

Nachwort Sigrid Frank

Paula Sophie wird Leonie niemals ersetzen können. Sie hilft mir jedoch, das Erlebte zu verarbeiten: Während ich diese Geschichte schrieb, lag sie die meiste Zeit über schlafend auf meiner Brust: Ihr kleines Köpfchen fing in den vergangenen Monaten Unmengen meiner Tränen auf – auf diese Weise half sie mir. Wenn die Erinnerungen unerträglich schmerzhaft wurden, während ich sie zu Papier brachte, hielt ich sie ganz fest und dankte ihr für ihre Anwesenheit und die Tatsache, dass ich sie, im Gegensatz zu ihrer Schwester, nicht gleich wieder hergeben musste.

Hilfreiche Internetadressen

Das Internet hält eine Vielzahl von hilfreichen und informativen Seiten für verwaiste Eltern bereit. Einige davon sind nachfolgend in alphabetischer Reihenfolge aufgeführt:

Homepage zum Buch mit eigenem Forum
www.tiefimherzen.com

Internetforen und Informationsportale
www.engelskinder.ch
www.land-der-sternenkinder.de
www.leben-ohne-dich.de
www.maximilianprojekt.de
www.muschel.net
www.nureinhauchvonleben.at.tt
www.schmetterlingskinder.de
www.sternenkinder.de
www.sternenkinderbruecke.de
www.unsere-sternschnuppen.de

Kinderurnen, Särge und Moseskörbchen (Niederlande)
www.amsterdamuitvaart.nl/page44.htm
www.doodgewonezaak.nl
www.duo-urn.nl/kinderen.htm
www.kindermandjes.nl
www.kinderurnen.nl
www.urnensite.nl/

Therapiemöglichkeiten im Internet
www.internettherapie-trauernde-eltern.de

Totengewänder für Babys
www.rita-schaefer.de

Verbände
www.glueckloseschwangerschaft.at (Österreich)
www.initiative-regenbogen.de
www.veid.de